本書得到
全國高等院校古籍整理研究工作委員會
武漢大學文學院雙一流學科建設
經費資助

學術筆記叢刊

潛邱劄記

〔清〕閻若璩 撰
李寒光 點校

中華書局

圖書在版編目(CIP)數據

潛邱劄記/(清)閻若璩撰;李寒光點校. —北京:中華書局,2023.9
(學術筆記叢刊)
ISBN 978-7-101-15928-8

Ⅰ.潛… Ⅱ.①閻…②李… Ⅲ.筆記-中國-清代-選集 Ⅳ.K249.066

中國版本圖書館 CIP 數據核字(2022)第 189260 號

責任編輯:石 玉
責任印製:陳麗娜

學術筆記叢刊
潛邱劄記
〔清〕閻若璩 撰
李寒光 點校
*
中華書局出版發行
(北京市豐臺區太平橋西里 38 號 100073)
http://www.zhbc.com.cn
E-mail:zhbc@zhbc.com.cn
三河市中晟雅豪印務有限公司印刷
*
850×1168 毫米 1/32 · 19⅞印張 · 2 插頁 · 386 千字
2023 年 9 月第 1 版 2023 年 9 月第 1 次印刷
印數:1-2500 册 定價:80.00 元

ISBN 978-7-101-15928-8

整理前言

閻若璩（一六三六—一七〇四），字百詩，號潛邱，先世山西太原縣人，七世祖閻居閭遷居江蘇山陽。閻若璩是清初著名學者，《四庫全書總目》云「考證之學，則固未之或先矣」（《古文尚書疏證》提要），又曰「若璩學問淹通」，「記誦之博，考核之精，國初實罕其倫匹」（《潛邱劄記》提要）。若璩實爲開清代考據學先河之人。平生頗多著述，撰有《古文尚書疏證》《毛朱詩説》《四書釋地》《孟子生卒年月考》《潛邱劄記》《困學紀聞箋》及詩文等。

《潛邱劄記》是閻若璩的一部以考證爲主要内容的著作，生前並無定稿，卒後由子孫相繼編成，至清乾隆九年（一七四四）付梓刊行，凡六卷，是爲閻學林眷西堂家刻本（簡稱「眷西堂本」），上海圖書館等多家單位均有收藏。這六卷的内容，首二卷雜記讀書考論，包括抄纂他書、考證經史、訓解字詞、詳辨地理水道、傳授讀書方法、評論詩文優劣等等，可謂無所不包；卷三爲釋地餘論，專釋古書中的地理問題；卷四上爲策、跋、序、啓、哀辭等；卷四下爲喪服翼注、補正日知録；卷五爲書信，共一百七十三通，内容幾乎皆答論經史疑惑；卷六爲詩賦，賦僅一篇，其餘皆詩，多有自注。由此可見，《潛邱劄記》的内容十分豐富，若璩學問涉獵極爲廣泛。這也是清初考據學方興，考據之作體例駁雜的普遍面貌。

《潛邱劄記》的版本，除清乾隆九年刊刻的六卷本外，還有早期抄本，以及以刻本爲基礎形成的删定本、選刻本、石印本等。現存最早的版本是清初王聞遠家抄本，共三册，不分卷，現藏南京圖書館。前兩册爲讀書考論，相當於刻本的前二卷；第三册爲喪服翼注、補正日知録和釋地餘論，没有刻本中的書信與各類詩文。此本書前鈐有清初王聞遠「太原叔子藏書記」「王蓮涇鈔書記」等印鑒，知爲王聞遠手録。又有潘耒鈐印「潘耒次畊氏」及朱墨圈點與批注。潘耒去世於康熙四十七年（一七〇八），其時閻若璩下世僅四年，所以，此抄本反映了《潛邱劄記》的早期流傳面貌，具有很高的版本價值。傅增湘還見過一個署名朱彝尊《風庭掃葉録》的抄本，並據以校眷西堂刻本，校勘成果直接寫於天頭或行間，今藏中國國家圖書館。

清乾隆九年，閻學林將《潛邱劄記》刊刻行世，因所收内容駁雜，深受當時學者詬病。《四庫全書總目》即曰：「學林綴輯其祖之殘稿，徒欲一字不遺，遂致漫無體例。」（《潛邱劄記》提要）又曰：「學林尊其家學，不欲一字散失，故全録舊文，漫無體例。」（《别本潛邱劄記》提要）所以，有不少學者試圖通過删改，重新形成一個全新的、極具考據學特色的《潛邱劄記》。他們的做法大多是在眷西堂刻本上直接勾畫批注，以備日後謄録。時至今日，這樣的批校本尚有留存，包括上海圖書館藏吴玉搢等删定本（以下簡稱「上圖本」），湖南圖書館藏梁同書、錢大昕批校本，吉林大學圖書館藏繆荃孫校本，東北師範大學圖書館藏段朝端校跋本，以及流落於拍賣市場的黄裳舊藏本。其中，在《潛邱劄記》的版本源流中，最具價值的是上圖本，而黄裳藏本的批校乃從上圖本過録而來，段朝端校跋本又是黄裳藏本的派生品。

上圖本經多位學者批校删定。根據批校筆跡、署名標記、具體内容及其他文獻佐證，我們考證出吴玉搢爲此本的第一删定者。在此基礎上，華玉淳又進一步修正、調整了吴氏删存意見。之後，阮葵生也參加了此本的删定工作，很可能是受了程晉芳的委托。最後，程晉芳依據各家删改，再次確定抄存條目。考慮到程晉芳在編修《四庫全書》過程中的獻書之舉，我們斷定，這個批校本，乃是《四庫全書》本《潛邱劄記》的底本之底本。因此，上圖本最重要的意義，在於衍生出了一個全新的版本，即《四庫全書》本。

通過對校可知，《四庫全書》的文淵閣本與文津閣本抄自同一底本，整體内容差異不大，但文津閣本錯訛較多，所以我們所用的《四庫全書》本，爲文淵閣抄本（以下逕稱「《四庫》本」）。《四庫》本是在吴玉搢、阮葵生等批校删定的基礎上，進一步删改調整而成的，與眷西堂刻本相比，在内容和形式上都發生了很大變化。第一，卷次改易。眷西堂刻本與《四庫》本均爲六卷，但《四庫》本合刻本卷一卷二爲卷一；卷二爲刻本卷三釋地餘論；又將刻本卷一卷二内考證地理者移出，輯爲卷三；卷四爲刻本卷四下的喪服翼注，又續抄了從刻本卷一卷二移出的喪服考證條目；卷五爲刻本卷四下的補正日知録，以及卷四上的部分序跋；卷六爲刻本卷五的書信。刻本卷六的詩賦一概不抄，理由是「詩賦非若璩所長，且劄記不當及此」（《潛邱劄記》提要）。第二，條目削減。除刻本卷六的二百多篇詩賦全部不見於《四庫》本之外，刻本前五卷的一千三百條（篇/段）札文，僅有七百多條抄入《四庫》本。即從刻本到《四庫》本，削減了大約一半的條目。第三，文字之校改。《四庫》本改刻本之處頗多，包括删掉某些句段後重新舒暢文義、改正訛字、增删詞語、調整語序、改譯等多種情況。有的屬於原本誤而改正，也有原本不誤而誤改的情況，還有的屬於抄寫時無意産生的脱漏、訛誤。總之，《四庫》本是以眷西堂刻本爲原本，屢經删改而形成的一個全新版本。

同樣删削刻本而成的另一個版本，是道光九年（一八二九）廣東學海堂刻、咸豐十年

（一八六〇）補刻《皇清經解》本。因收入經學叢書，所以選刻條目皆與經學考證有關，僅有九十九條，且所刻内容與原書基本無文字差異。此外，《潛邱劄記》的其他版本，還有清乾隆間大成齋本、清光緒十四年（一八八八）上海同文書局石印本，前者從眷西堂本翻刻，後者乃據眷西堂本縮小石印。

《潛邱劄記》向無整理本，本次以上海圖書館藏眷西堂家刻本爲底本，以文淵閣《四庫》本爲主要校本，並以南京圖書館藏清初潘耒批校王聞遠家抄本、清乾隆間大成齋翻刻眷西堂本、清道光九年廣東學海堂刻咸豐十年補刻《皇清經解》本參校。在校記中分別簡稱眷西堂本、《四庫》本、南圖本、大成齋本、《經解》本。全書札記一千零八十九條、詩文二百三十六篇、書信一百七十三通，凡一千四百九十八條（篇／通），俱按眷西堂本分卷或文類編阿拉伯數字順序號；凡《四庫》本抄寫者，在編號前加「＊」標出；卷一、卷二抄入《四庫》本「釋地餘論」「喪服翼注」者，在編號前以「（地）」或「（服）」標出；《經解》本選刻者，在編號前以「（經解）」標出。如「＊（地、經解）65」，表明此條内容抄入《四庫》本，且移入「釋地餘論」，並刻入《經解》本。

在異文校勘方面，遇底本不誤而他本誤，不出校；底本明顯錯誤，在正文中改正，並在校記中説明底本作某及校改依據；底本不誤，他本異文亦不誤，酌情選擇有區別意義的異文寫入校記；清代文化禁毀政策造成的版本異文，出校記説明。遇清帝避諱及孔子名諱，如「玄」「胤」「禛」「弘」「曆」「丘」等，徑改不出校；但「潛邱」二字爲若璩自用字號，不改作「潛丘」。

本書謄録各版本批校，以「眉」「尾」「旁」「脚」「簽」等起首，朱筆者又以「（朱）」標記。凡底本上的批校，一般不冠版本簡稱，但語有歧解、義有疑惑處，特以「上圖本」標明。東北師範大學圖書館藏段朝端校跋本，其批校乃從上圖本輾轉過録，又益以少量段氏手校，本次整理據王春偉撰《〈潛邱劄記〉版本研究》輯録「段朝端跋本所録批語」過録，僅取與上圖本批校明顯不同者。於「眉」「尾」等前冠「段跋本」。南京圖書館藏王聞遠家抄本上的批校，冠「南圖本」簡稱。中國國家圖書館還藏有傅增湘批校的眷西堂刻本，乃據署名朱彝尊的《風庭掃葉録》抄本校勘，包括增補條目、改正錯訛、移易次序等。此本抄寫年代較早，大約與王聞遠抄本同時。本書輯録傅氏批校，冠以「國圖本」簡稱。遺憾的是，湖南圖書館藏梁同書、錢大昕批校本，吉林大學圖書館藏繆荃孫校本，我們未及寓目，其批校内容無法呈現在此整理本中，只好以俟將來。

爲方便讀者使用，本書之末，附録南圖本、國圖本多出刻本的佚文二十條，以及閻詠所撰行述、清光緒十四年上海同文書局石印本爲全書所編的目録、各本題跋、引書來源索引等。

因學識不足，本書整理難免存在錯訛，尚祈博學君子批評諟正！

李寒光

二〇二二年四月

目録

潛邱劄記序〔一〕

沈儼撰

余外舅太原閻先生博學稽古，網羅百代，搜釋貫串，語之詳而擇之精，近世之號爲通儒者，未能或之先也。先生生長世冑，家多藏書，幼即潛心鑽研，抉精剔髓，思成一家言。所交盡海内名流，如李太虚、梁公狄、杜于皇、李叔則、王于一。魏冰叔昆弟時過淮，必主其家，輒留止經年，與先生討覈今古。諸公皆嘆服，謂後來者居上。年二十餘，遊長安，時合肥龔大宗伯以文章奔走天下士，獨深契先生，爲之延譽，而先生遂名滿都下。及返太原故里，適顧寧人處士亦客太原，出所撰《日知録》相示，先生爲之補遺校正，處士無以易也。嗣東海徐大司寇邀至京師，公家盛賓客，爲一世龍門，獨首重先生。公凡著作，必質之先生而後定藁。其傳是樓貯書埒天府，先生皆能尋覽記誦，與公日夕參稽，上下其議論。最後家居，益孜孜于學，所相與往復辨論者，則汪鈍翁、朱竹垞爲多。晚年撰述益富，四方從游者日益衆。商丘宋公開府吴門，賓禮授館，相與質疑訂難，無有虚日，蓋先生之學之邃，

〔一〕眉：存。

爲當代鉅公所推服類如此。

余少侍先生，先生屬望甚殷，教誨懇至。顧余性譾劣，又方事帖括，不知古人何語，聞先生言，茫乎若河漢之無極也。及長，稍知嚮學，而人萎山頹，風流歇絶，又不能力爲表章，如李漢之傳昌黎，此余之所以撫心欷歔而長嘆者也。乙未，余在都門，與復申中翰商輯先生遺書。復申方鋭意收拾，而倏以疾亡，忽忽至今，此事遂置高閣。先生冢孫信斆，佳士也，屈于下吏，位不稱才，有志紹述。己未春，余南行，晤于真州，謂之曰：「眷西堂著述散在人間，及今不傳，則老人一生心血爲他人作嫁衣裳矣。」信斆泣然垂涕。今《困學紀聞注》《四書釋地》二書已鏤板行世，而《潛邱劄記》茲又將告竣，皆同人佽助之力。余不覺以手加額，喜信斆之不墜先業，而諸君子倡此義舉，其有功于斯文者，爲不可没也。

時乾隆九年甲子孟秋，鹽瀆門壻沈儼謹序。

序〔一〕

王允謙撰

余不學，且學爲吏，胸次日益俗，學者亦不顧余，惟是盱目半生，欲求一真學者，了不可得。甲子夏，奉命來牧吴陵，有捧檄爲余屬者，曰信藪閻君，名學林。接其言論，皆有法度，深器之。間捧一編示余，曰：「此先王父徵君潛邱先生所爲劄記也，向散失無紀，近與昆若季殫十數年辛勤之力收拾編次，將授之梓人。」爲乞序於余。余曰：當聖祖仁皇帝時，徵君名譽動宇内，一時名公卿皆與商榷，古今文字之業，以徵君一言以爲宗。余何人，乃敢序先生文？惟積誠幾三十年，欲見一真學者不得。今不見先生，得見先生之書，亦足以自雄而無憾矣。乃爲焚香盥手，受集諷誦。集凡若干卷，六經子史暨古今人影響疑似之論，一皆取而精晰條辨。於中援據禮經，論列喪祭禮儀，以及考正方輿沿訛襲謬之説，爲尤備而確。噫！禮有五，喪祭爲重，曲臺、石渠反覆致詳。他若杜預、衛瓘、孔倫、劉逵、陳銓、賀循、劉德明、孔衍諸賢，皆齗齗辨論。自唐李林甫輩上顯慶新禮，爲凶禮非臣子所宜言，國恤之典遂闕，而禮亦漸置不講。有明至今，以制科取士，士人半多揣摩帖括之作，

〔一〕上圖本無此序，據國圖本補。

禮文涉喪祭者，父兄且不令子弟講誦，而喪祭之制幾若擯於六經之外，亦可慨歟。至若古今方輿之沿革建置，上溯軒轅、唐虞，曰十二次，曰九州，曰十二州。夏復十二曰九，殷、周亦曰九州。秦易郡曰三十有六，漢易部曰一十有三，蜀、魏、吴州郡之割裂，晉之十九，唐之十道，宋三十三路，元、明之十二、十三。外如若亳、若吴、若楚、若齊、若晉、若秦、若虢、若越，何以皆劃曰三？若京、若輔、若川，何以悉列爲四？今請執學士之手而叩之，使之矢口而出，有能井然彊劃、不一謬誤者鮮矣。摯儀、班固、劉昭、范處義、王應麟之徒咸有考誌，非不詳至典確，而各行其是，訛亦互見。若《寰宇》《元和》諸書，引據不經，指陳多舛，非聞見博而取舍精，直爲前賢所詒而不覺。今學者於禮則闕而不講，於輿誌則以浩博難稽而置之，使慎終追遠之典、體國經野之模，使之日蒙日汩而無所論列，不幾爲學者之大懼乎？今躬逢聖朝，詔修《三禮》，而《一統志》之成，大勝於前代。有志稽古之士得先生是書，溯流尋源，不囿於一隅，泛攬群言，折衷至是，以應國家設科取士之實，當亦作者之至願也歟？集中論述，有足補經史子集諸家言所不逮者，不可更僕，余不多頌，頌其詳且至者。稍舒領略，以塞信藪之請，亦以誌嚮往之私云爾。信藪謀集散失，積力十數年，裒然成書，今且付之梓，以公之天下，好古之君子當必有取焉者，敢爲連類及之。是爲序。

旹乾隆十年三月下浣日，後學深澤王允謙頓首拜撰。

潛邱劄記自序〔一〕

近代儒者有言：「雖使游、夏復生，不能盡《學》《庸》《語》《孟》之藴奥。」諒哉斯言，況他人哉。雖然，猶幸有朱子注在焉。愚童而習之，長而遵之，莫敢異説。但中不無未逮，不無錯誤處，朱子尚存，安知不更補焉正焉，以告無憾於聖賢，如改《誠意》章已事哉？愚年滿四十，甫敢出臆見，集衆聞，用纂一帙，以示兒輩。或謂愚輕議先儒，愚曰：輕議先儒，其罪小；曲循先儒，而使聖賢之旨不明於天下後世，其罪大。愚固居罪之小者而已。太原閻若璩。〔二〕

〔一〕「自序」二字原無，爲整理者所加。

〔二〕眉：存。

閻學林識語[一]

閻學林撰

學林按：《劄記》卷一至卷六，乃先大父有疑即録，自爲問難之書。其中有已校訂者，有止存舊説而未校訂者。或謂林曰：「已校訂者自當付梓，未校訂者乃古人舊説[二]，似宜删去。」林對曰：「是皆先人疑而未訂之義[三]，雖存舊説，正多創論，補前人所不及，何敢妄加去取。」至卷五一册，乃仲弟學機竭數年之力[四]，於夙昔往來問難之家，尋先人手跡，陸續成帙。若分門別類，林幼而失學，不敢漫爲分晰，惟依笥中原本付梓開雕，以成先志云爾。

乾隆九年歲在甲子仲冬既望，孫男學林謹識。[五]

〔一〕此標題爲整理者自擬。

〔二〕旁：正是。

〔三〕旁：是何言事。

〔四〕旁：此更不可解。

〔五〕眉：删。

潛邱劄記卷一〔一〕

*1 周靈王二十一年庚戌，即魯襄公二十二年，是年冬十月庚子日，先聖生。十月庚子，即今之八月二十七日。出《孔庭纂要》。〔二〕

2 《禮記疏》：「鄭康成作《詩譜》云：『元子伯禽封魯，次子君陳世守采地。』」〔三〕

3 宣三年，石癸曰：「吾聞姬姞耦，其子孫必蕃。姞，吉人也，后稷之元妃也。」注：「姞姓之女爲后稷妃，周是以興，故曰吉人。」〔四〕

4 金氏《前編》注《武成》云：「先王，后稷也。商有天下，尊契爲玄王；周有天下，尊稷爲先王。」

〔一〕段跋本眉：朱筆華師道先生，墨筆朱竹君、吴山夫先生。段跋本又眉：後晤魚門，云間列己評，非竹君也。

〔二〕南圖本眉：以何休語推之，夫子亦□乃子午卯酉。南圖本尾（朱）：一云二十八日。南圖本尾：《公羊》襄二十一年十月庚子，孔子生。何休曰：時歲在乙卯。

〔三〕眉（朱）：此條宜添入。又眉：抄。

〔四〕眉：凡節鈔古書數句，而别無議論發明者，皆可去之。

*5《前編》〔一〕云：「《史記》載《采薇》之歌，詞怨而氣弱，絶與孔、孟所言夷、齊氣象不同。《外紀》取之，《古史》亦不取焉。」〔二〕

6《荀子·勸學篇》：「昔者瓠巴鼓瑟而流魚出聽，伯牙鼓琴而六馬仰秣。」注：「六馬，天子路車之馬也。」

7《君道篇》：「有亂君無亂國，有治人無治法。」

8《議兵篇》：「六馬不和，則造父不能以致遠。」

9《議兵篇》：「若子之事父，弟之事兄，若手臂之扞頭目而覆胸腹也。」

10《解蔽篇》：「奚仲作車，乘杜作乘馬，而造父精於御。自古及今，未嘗有兩而能精者也。」注：「奚仲，夏禹時車正。黄帝時已有車服，故謂之軒轅。此云『奚仲』者，亦改制耳。《世本》云：『相土作乘馬。』杜與土同。乘馬，四馬駕車，起於相土，故曰『作乘馬』。以其作乘馬之法，故謂之『乘』，並音剩。相土，契孫也。」

11《解蔽篇》：「聖也者，盡倫者也；王也者，盡制者也。兩盡者足以爲天下極矣。」

12《宥坐篇》：「孔子曰：『夫水，其萬折也必東，似志。』」

13《富國篇》：「今是土之生五穀也，人善治之，則畝數盆。」注：「蓋當時以盆爲量。」

〔一〕《四庫》本因不録前條，故此條「前編」前有「金氏」二字。

〔二〕眉：抄。

14《魏世家》：「武王之伐紂，而高封於畢，於是爲畢姓。」
15《李斯列傳》：「二世曰：『夫人生居世間也，譬猶騁六驥過決隙也。』」
16《刑法志》：時惟荀卿明於王道而非之曰：「夫仁人在上，爲下所印，猶子弟之衛父兄，若手足之扞頭目。」
17《晉書·李密傳》：司空張華問：「孔明言教何碎？」密曰：「昔舜、禹、皋陶相與語，故得簡大雅誥。與凡人言，宜碎。孔明與言者無己敵，言教是以碎耳。」
18《倉公列傳》：「詔問故太倉長臣意：『方伎所長，及所能治病者，有其書無有？皆安受學？受學幾何歲？嘗有所驗，何縣里人也？何病？醫藥已，其病之狀皆何如？具悉而對。』」
19《連語》云：「獄疑則從去，賞疑則從予。」
20《莊子》逸篇：「金鐵蒙以大緤，載六驥之上，則致千里。」
21朱子論《易》曰：「事無實證，則虛理易差。」
22《困學紀聞》曰：「《大傳》説《堯典》謂之『唐傳』，則伏生不以是爲虞書。」
23又曰：「桑穀之祥，太戊問伊陟。《韓詩外傳》以爲『穀生湯之廷，三日而大拱，湯問伊尹』，誤也。《漢·五行志》劉向以爲殷道既衰，高宗承敝而起，怠於政事，故桑穀之異見，又誤也。《書大傳》謂武丁之時，先王道虧，刑罰犯，桑穀俱生于朝，武丁問諸祖己。劉向蓋襲《大傳》之誤。」

24 又曰：「嘗考《通鑑》《皇極經世》，秦始皇八年，歲在壬戌。《吕氏春秋》云：『維秦八年，歲在涒灘。』申。曆有二年之差。後之算曆者，於夏之『辰弗集房』，周之『十月之交』，皆欲以術推之，亦已疎矣。」

25 又曰：「古者步百爲畝。周制。古之百畝爲今漢制。四十一畝一百六十步。古之一井爲今三百七十五畝。」

26「歐陽公自云『平生何嘗讀《儀禮》』，而《濮議》爲言者所詆。」

*（經解）27「古以車戰，春秋時鄭、晉有徒兵，而騎兵蓋始於戰國之初。《曲禮》『前有車騎』，《六韜》言『騎戰』，其書當出於周末。然《左氏傳》『左師展將以昭公乘馬而歸』，《公羊傳》『齊、魯相遇，以鞍爲几』，已有騎之漸。」〔一〕

*28「《釋例·終篇》云：『稱凡者五十，其别四十有九。』蓋以母、弟二凡，其義不異故

〔一〕眉：「《左傳》：『鄭商人弦高使遽告於鄭。』凡傳馹，以車曰傳，以馬曰遽，此乘馬之事，又在昭公前矣。」「公羊傳」至「以鞍爲几」旁：即駕車亦必有鞍，此一句似不足爲騎馬之證。又眉：照删者抄。整理者按：《四庫》本無「《公羊傳》齊、魯相遇，以鞍爲几」句。

也。《隋志》有《春秋五十凡義疏》二卷。」〔一〕

*29「《通鑑》載子思言苟變於衛侯，在安王二十五年。《大事記》云去孔子没百有三年。子思逮事孔子，未必至是時尚存。薛常州亦云，子思之年，毋乃過於壽考乎。」〔二〕

*30「《戰國策》云：『不聞老萊子之教孔子事君乎？示之其齒之堅也，六十而盡相靡也。』《孔叢子》云老萊子謂子思曰：『子不見夫齒乎？雖堅剛，卒盡相摩。舌柔順，終以不弊。』《漢·藝文志》老萊子『與孔子同時』。當從《國策》。」〔三〕

31 黎亭在長治縣西南，孔安國《傳》黎國在上黨東北，時郡治長子也。

32 李善注《文選》引《上谷郡圖經》曰：「黄金臺在易水東南十八里，昭王置千金臺上，以延天下士。」

33「名生於真，非其真弗以爲名。名者，聖人之所以真物也。」〔四〕

〔一〕眉：抄。

〔二〕眉：抄。整理者按：二十五年，原誤作「三十五年」，據《資治通鑑》改。周安王在位共二十六年。《困學紀聞》已誤。

〔三〕眉：抄。

〔四〕南圖本脚（朱）：《春秋繁露》。

34 秦秀議何曾謚曰：「宰相大臣，人之表儀，若生極其情，死又無貶，是則帝室無正刑也。王公貴人，復何畏哉！」

35《魏書·辛子馥列傳》：「天平中，除太尉府司馬。長白山連接三齊、瑕丘數州之界，多有盜賊，子馥受使檢覆，因辨山谷要害，宜立鎮戍之所。又諸州豪右在山鼓鑄，姦黨多依之。又得密造兵仗，亦請破罷諸冶。朝廷善而從之。」〔一〕

36《北齊書·方伎列傳》：「由吾道榮，琅邪人，少好道法。與其同類相求入長白太山潛隱，具聞道術。仍遊鄒魯之間，習儒業。」

37《隋書·煬帝帝紀》：大業九年十月，「齊人孟讓、王薄等衆十餘萬據長白山，攻剽諸郡」。

38《隋書·蘇威列傳》：「帝問侍臣盜賊事，宇文述曰：『盜賊信少，不足爲虞。』威不能詭對，以身隱於殿柱。帝呼威而問之。威對曰：『臣非職司，不知多少，但患其漸近。』帝曰：『何謂也？』威曰：『他日賊據長白山，今日近在滎陽汜水。』帝不悦而罷。」

〔一〕眉（朱）：此下六條，如下文所云，載于與石企齊書後。又眉：「以下六條考長白。因劉超宗先生爲青陽縣訓導，言青陽有長白山，爲范文正讀書之地。故潛邱先生歷考史書，皆言長白在今山東，以與之辯。見後與石企齊書中。此六條或附載此書後，方見歷歷證據之意。存之于此，不知所謂矣。」又眉：照此。

39《隋書·周法尚列傳》：「時有齊郡人王薄、孟讓等舉兵爲盜，衆十餘萬，保長白山。頻戰，每挫其鋭，賜奴婢百口。」

40《隋書·王充列傳》：「大業十年，齊郡賊帥孟讓，自長白山寇掠諸郡，至盱眙，有衆十餘萬。充以兵拒之，而羸師示弱，保都梁山，爲五栅，相持不戰。後因其懈弛，出兵奮擊，大破之，乘勝盡滅賊。讓以數十騎遁去。」

41《史記·晉世家》正義引《括地志》云：「故鄂城，在慈州昌寧縣東一里。」

42《輟耕録》：《東觀餘論》斷《瘞鶴銘》爲陶隱居書，決非右軍，亦非顧況。其鑒賞可謂精矣。〔一〕

《史記索隱》曰：「崔浩云：『勃，旁跌也。旁跌出者，横在濟北。』故《齊都賦》云『海旁出爲勃，名曰勃海郡』。」〔二〕

44《南齊書·高逸列傳》：「東陽樓惠明，有道術，居金華山，禽獸毒螫者皆避之。」

〔一〕眉：此條亦人所共知，可不必存。

〔二〕眉（朱）：凡言輿地，皆入「釋地餘論」。

45 平揖古賢，氣吞時輩。詠歌帝載，黼藻王言。〔一〕

46《楊綰傳》：「經誥微趣，學家疑晦者，一見即詣其極。」

47《舊書·綰傳》：「六經則未嘗開卷，三史則皆同挂壁。」

48《舊唐·傳》：「往哲微言，五經奥義，先儒未悟者，綰一覽究其精理。」

49《新唐書·列女列傳》：「山陽女趙者，父盜鹽，當論死。女詣官訴曰：『迫饑而盜，救死爾。情有可原，能原之邪？否，則請俱死。』有司義之，許減父死。女曰：『身今爲官所賜，願毁服依浮屠法以報。』即截耳自信，侍父疾，卒不嫁。」

50 楚幕有烏，楚師遁；齊城有烏，齊師遁。

51《後漢書·獨行傳》：「向栩常於竈北坐板牀上，如是積久，板乃有膝踝足指之處。」

52《尚書是正·禹貢》曰：「禹得《雒書》遇事皆成九段，猶邵子悟《易》遇事皆成四片。古人學有本領，非苟焉已也。」此本鄭樵。〔二〕

53《尚書是正·金縢》曰：「事有一人然而衆不必然者，嚙指動心是也；有偶然而後

〔一〕眉：此四句出何篇？
〔二〕眉（朱）：按此諸條已見《尚書是正》，此非難得之書，則所擇之語可以不録。南圖本眉：此等議論最害事。

不必然者，射石羽没、刺山泉湧是也。凡此于理疑無，于事信有，信信而疑疑，固不害也。余讀《金縢》之書，可謂無其理而有其事矣。」

54《尚書是正·無逸》曰：「文王無日中之食，唯不暇也；商受有長夜之飲，惟多暇也。」

55《尚書是正·顧命康王之誥》曰：「是書與《金縢》皆受遺之事，然《金縢》質而是書文也。《金縢》雷雨滿盈，時丁草昧，天地崩裂，事起倉卒；是書承草昧之後創爲儀注，當倉卒之際示以整暇，覺《金縢》險而是書平矣。讀《金縢》可以觀仁，讀是書可以觀禮。《金縢》周公之書，是書召公之書，皆孔子所取也。蘇氏謂：『太保宜使太史奉册授王于次，諸侯宜入哭于路寢見王于次，王宜哭踊答拜。』嗟乎，此豈行哭時耶？至譏冕服爲失禮，而曰三年之喪，既成服，釋之而即吉，無時而可者，此大不然。于禮，三年之喪，越紼而行事者有三，郊其一也。夫郊，必衮冕大裘，則三年之喪既成服，亦有時釋之而即吉矣。受顧命見諸侯，獨不可以冕服乎？嗟乎，謂三年之喪既成服，釋之而即吉，無時而可，而勢不行也。于是乎以日易月之制起，謂之權制，不忍數刻之嫌，而安終身之痛，不知其可也。君子以是知删書之意深也。」

56《尚書是正·吕刑》曰：「律之所定有限，人之所犯無窮。上下比罪一段，猶今之用例矣。」

*57《紹興古器評》曰：「周犧尊規橅甚大，制作純古，其上作兩犧突然而起，通體飾以雲雷饕餮，真周物也。自漢儒釋犧爲莎，制器者遂至刻以鳳皇之象，其形婆娑然。曲從臆斷，遷就其義。今觀此器，知漢儒爲陋矣。」〔一〕

*58《博古圖》曰：「周犧尊二。魏太和間，得尊於青州，其制様正與此類。王肅注《禮》，以犧、象二尊，並全牛、象之形，而鑿背爲尊，則其説蓋有自來也。漢儒之説，以謂『犧』讀如婆娑之義，而刻鳳皇之象，其形婆娑然。方是時，其器秘於濳壤，未之或見，則曲從臆斷，而遷就其義。以今觀之，蓋可笑矣。」

*59「周象尊。今全作象形，而開背爲尊。《禮記》曰：『犧象，周尊也。』鄭氏則曰『以象骨飾尊』，阮氏則曰『以畫象飾尊』，殊不合古。此作象形而出於冶鑄，則鄭、阮之謬，槩可考矣。其所以然者，三代之器，遭秦滅學之後，禮樂掃地而盡。後之學者知有其名，而莫知其器，於是爲臆説以實之，以疑傳疑，自爲一家之論，牢不可破。安知太平日久，文物畢出，乃得是器以證其謬邪？」

〔一〕眉：以下四條俱抄。

*（經解）60「周素犧罍。考『犧』之字，至漢鄭玄釋『犧』爲莎，又或作『獻』、『戲』，其字不同，其爲義一也。後世用莎之語，遂飾以鳳皇婆娑之狀，曾不知止以犧爲飾耳。因其字畫形聲舛謬，故器亦失其制度。考是器耳鼻皆以犧爲飾，狀若牛首，大槩與周犧首罍相類，但兩耳連環，爲小異也。」〔一〕

61 顏真卿《唐茅山玄静先生廣陵李君碑銘》云：「先生嘗以茅山靈跡剪焉將墜，真經祕籙亦多散落，請歸修葺，乃特詔於楊、許舊居紫陽以宅之。初，山中有上清真人許名穆〔二〕、長史楊君、陶隱居自寫經法，歷代傳寶。時遭喪亂，散逸無遺。先生奉詔搜求，悉備其跡而進上之。初，先生幼年頗工篆籀，而隸書猶妙。客或賞之，云買於其父，因投筆不書。玄宗詔山人王旼彊請先生楷書上經一十三紙，以補楊、許之闕。」

62 裴度《唐西平郡王李公神道碑銘》云：「有子曰愿，故檢校司空河中節度等使贈司徒，五列雄鎮，三爲上公。」

63 顏真卿《唐故太尉廣平文貞宋公神道碑銘》云：「中書令河東公張公，傑出將明之

〔一〕段跋本尾：上欄似當有墨〇，今照程本補。
〔二〕顏真卿《唐茅山玄静先生廣陵李君碑銘》無「名穆」二字。

材，獨運廟堂之上，鏡機朝澈，見事風生。求公規模，悉閱堂案。每至危言讜議，執正守中，未嘗不廢卷失聲，汗流洽背，其爲通賢所服也如此。雅善戲謔，不常矜莊。凡所詼諧，人輒疏取。」

*64《顔真卿家廟碑銘》云：「祖昭甫，工篆籀草隸書，與内弟殷仲容齊名，而勁利過之。父惟貞，少孤，育舅殷仲容氏，蒙教筆法。」則亦以妻弟爲内弟，然而非空同所知。〔一〕

*（地、經解）65 分野之説，古人每詳言之。《周禮》保章之職，既難〔二〕考論，而見於《左氏》内外傳者，猶可類推也。武王克商，歲在鶉火，故伶州鳩曰：「歲之所在，我周之分野也。」則鶉火爲周分矣。晉文即位，歲受實沈，故董因曰：「晉人是居。」則實沈爲晉分矣。襄二十八年，歲淫玄枵，禍衝于鳥尾，周、楚惡之，則鶉尾爲楚分矣。昭十七年，星見大辰，梓慎知宋、鄭之災，曰：「宋，大辰之虚也。」則大火爲宋分矣。獨其説有可疑者，星紀北而吴、越南；井鬼南而秦居西；虚危在北，齊表東海；降婁屬西，魯宅曲阜。或又以受封之始歲星所在爲説。然有絶而復續者，封日既異，前星又豈可據乎？夫春秋、戰國，地域變

〔一〕眉：以下二條抄。
〔二〕難，眷西堂本作「漢」。眉：「漢」字誤，疑是「難」字。上圖本改作「難」，據改。

遷，三晉未分，晉當何區？秦拔西河，魏當何屬？周未東遷，何故已直鶉火？陳滅于楚，何自而入韓分？且中國幾何，蠻夷戎狄，豈日星所不臨哉？天道在西北而晉不害，越得歲而吳受其凶，皆以所在言之也。然豕韋實衛，晉何以吉？吴、越同野，吴何以凶？衛既水屬，何故與宋、鄭同火，裨竈先知之？顓頊之虚，姜氏、任氏實守其祀，是又齊、薛之分矣。此皆不可曉者，前哲要自有見也。

66 錢牧齋〔一〕《復徐世溥巨源書》：「竊觀古人之文章，銜華佩實，晝然不朽，或源或委，咸有根柢。韓柳所讀之書，其文每臚陳之。宋景濂爲曾侍郎志，叙古人讀書爲學之次第。此唐、宋以來高、曾之規矩也。宋人傳考亭、西山讀書分年之法，蓋自八歲入小學，迨於二十四五，經經緯史，首尾鉤貫。有失〔二〕時失序者，更展二三年，則三十前已辦也。自時厥後，儲峙完具，逢原肆應，富有日新，舉而措之而已耳。眉山兄弟出蜀應舉，蓋已在學成之後，方希古負笈潛溪，前後六載，學始大就，皆此法也。去古日遠，學法蕪廢。自少及壯，舉其聰明猛利朝氣方盈之歲年，耗磨於制科帖括之中。年運而往，交臂非故，顧欲以餘景殘

〔一〕上圖本墨筆塗去「錢牧齋」三字。
〔二〕失，眷西堂本原誤作「先」，據上下文改。

畧，奄有古人分年程課之功力，雖上哲亦有所不能，況如僕者流浪壯齒，汩濫俗學。侵尋四十，賃耳傭目，乃稍知古學之由來，而慨然有改轅之志，則其不逮於古人也亦已明矣。」愚嘗舉此段以告人，其言之沈痛深憤，真可流涕，三百年文章學問，不能直追配唐宋及元者，八股時文害之也。杜濬于皇聞之曰：「三百年畢竟未生出昌黎輩來耳。若生出昌黎輩，豈數句時文所能掩其筆端？」趙琳石寅聞之，又曰：「韓昌黎雖爲俗下文字，畢竟未作過八股。若作過八股，其筆端亦必變壞。」愚謂牧齋自指廢日力言，石寅則指壞筆力，亦正可相參。

*67 呂伯恭《大事記》，朱子謂其「有大〔一〕纖巧處，如指公孫弘、張湯姦狡處，皆説得羞愧殺人」。愚謂朱子之説白樂天也亦然：「樂天多説其清高，其實愛官職，詩中凡及富貴處，都説得口津津地涎出。」此豈不令人愧殺乎？至論陶淵明則不然，曰：「晉宋間人物，雖曰尚清高，然箇箇要官職，這邊一面清談，那邊一面招權納貨。淵明真箇是能不要，此所以高於晉宋人物。」嗚呼，此可謂深得淵明之心者矣。乃蘇子瞻者，生平嘗慕二公，至爲之辭曰：「淵明形神似我，樂天心相似我。」合二公而並稱之，其無乃未識二公之心也者。〔二〕

〔一〕大，眷西堂本作「太」，上圖本改作「大」，據改。《四庫》本無「大」字。

〔二〕眉：抄。

*68 趙岐〔一〕序《孟子》：「孝文皇帝欲廣遊學之路，《論語》《孝經》《孟子》《爾雅》皆置博士。後罷傳記博士，獨立五經而已。」朱子謂其説爲妄，《孟子》《爾雅》皆置博士，在《漢書》并無可考，不知《漢書》固嘗有其説也。劉歆《移太常博士書》：「孝文皇帝世，《尚書》初出於屋壁，《詩》始萌牙，天下衆書往往頗出，皆諸子傳説，猶廣立于學官，爲置博士。」此非《孟子》《爾雅》皆置博士之明驗乎〔二〕？特未見《儒林傳》耳，其謂「後罷傳記博士，獨立五經」，則指武帝建元間而言。蓋武帝以董仲舒對策「凡不在六藝之條、孔子之術者，皆絶其道，勿使並進」，故止立五經博士。然《論語》《孝經》，謂之非六藝則可，謂之非孔子之道而亦罷黜之，可乎哉？嘗考諸兩《漢》，《論語》雖不立學官，如蕭望之、張禹、包咸、包福輩猶以之授皇太子與天子。及博士弟子試，亦以之射策。至和帝末，徐防始奏《論語》勿以射策，冀令學者專經，「雖所失或久，差可矯革」。夫曰「所失或久」，則《論語》之與五經同射策固非一日矣。此又論經學者不可不知也。按順帝時翟酺上言：「孝文皇帝始置一經博士，武帝大合天下之書，而宣帝論六經于石渠。」其謂「一經」。〔三〕

〔一〕岐，眷西堂本作「歧」，據《四庫》本改。
〔二〕南圖本旁（朱）：此説已見王伯厚。
〔三〕眉：抄。又眉：「一經」下似未完。整理者按：《四庫》本無此注。

69《兗州府志》：「故顓臾城距古費城六十五里。」注宜採入。

70《萊州府志》：「鄭公鄉在昌邑縣南一百二十里，有鄭公社，即其地。」

71 唐碑稱康成：「是知書有萬卷，公覽八千也。」

*（地、經解）72《春秋》隱公九年，「冬，公會齊侯于防」，杜注：「防，魯地，在琅邪〔一〕縣東南。」十年六月，「辛巳，取防」，注：「高平昌邑縣西南有西防城，宋邑，鄭取以歸于我。」莊公七年，「春，夫人姜氏會齊侯于防」，注：「防，魯地。」二十有九年，冬十有二月，「城諸及防」，注：「諸、防，皆魯邑。諸，今城陽縣。」僖公十有四年，「夏六月，季姬及鄫子遇于防，使鄫子來朝」，注：「鄫，國，今琅邪鄫縣。」〔二〕

73 朱子曰：「俗傳《脈訣》，詞最鄙淺，非叔和本書，乃能直指高骨爲關。」柳貫曰：「朱子取高骨爲關之說，不知其正出王叔和《脉經》也。《脈訣》，乃宋中世人僞託，或曰五代高陽生所著。」〔三〕

〔一〕《經解》本「琅邪」下有「華」字。

〔二〕眉：此當入之「釋地餘論」，以後凡言及輿地者俱倣此。

〔三〕眉：抄。

*74歐陽公曰："令狐楚《碑》文：大師泥洹荼毗之六年，余以門下侍郎平章事攝太尉。泥洹荼毗，是何等語？宰相坐廟堂之上，而口爲斯言耶？皋、夔、稷、契居堯、舜之朝，其語言《尚書》載之矣，異乎此也。"〔一〕

75濟寧州，去古鄒國城若干里。古鄒城在今鄒縣東南二十六里。

76《論衡·命禄篇》云："故曰力勝貧，慎勝禍。"

77《率性篇》云："蓬生麻間，不扶自直；白紗入緇，不練自黑。"

78《書虚篇》云："俗語不實，成爲丹青。丹青之文，賢聖惑焉。"

79《雷虚篇》云："天殺用夏，王誅以秋。天人相違，非奉天之義也。"

80《道虚篇》云："心思道則忘事，憂事則害性。"

81《藝增篇》云："故譽人不增其美，則聞者不快其意；毁人不益其惡，則聽者不愜於心。"

82《非韓篇》云："夫世不乏於德，猶歲不絶於春也。謂世衰難以德治，可謂歲亂不可以春生乎？"

83《説日篇》云："天行已疾，去人高遠，視之若遲。蓋望遠物者，動若不動，行若不

〔一〕眉：抄。

行。何以驗之？乘船江海之中，順風而驅，近岸則行疾，遠岸則行遲。船行，一實也，或疾或遲，遠近之視使之然也。」

84《答佞篇》云：「故曰刑故無小，宥過無大。」〔一〕

85《程材篇》云：「齊部世刺繡，恒女無不能；襄邑俗織錦，鈍婦無不巧。日見之，日爲之，手狎也。」

86《程材篇》云：「從農論田，田夫勝；從商講賈，賈人賢。」

87《宋史·梅堯臣傳》：「工爲詩，嘗語人曰：『凡詩，意新語工，得前人所未到者，斯爲善矣。必能狀難寫之景如在目前，含不盡之意見於言外，然後爲至也。』世以爲知言。」〔二〕

88《程材篇》云：「説一經之生，治一朝之事，旬月能之；典一曹之吏，學一經之業，一歲不能立也。何則？吏事易知，而經學難見也。儒生擿〔三〕經，窮竟聖意；文吏搖筆，考跡民事。」

〔一〕南圖本脚（朱）：僞《尚書》用其語。

〔二〕國圖本眉：卷二第五十六葉亦出此條。國圖本尾：鈔本此條在卷二「均州」條下。整理者按：見卷二第二九四條。

〔三〕擿，眷西堂本誤作「撾」，據《論衡》改。

89《效力篇》云：「世稱力者，常褒烏獲。然則董仲舒、揚子雲，文之烏獲也。秦武王與孟説舉鼎不任，絶脈而死。少文之人，與董仲舒等涌胸中之思，必將不任，有絶脈之變。王莽之時，省五經章句，皆爲二十萬。博士弟子郭路夜定舊説，死于燭下，精思不任，絶脈氣滅也。」

90《別通篇》云：「人之遊也，必欲入都，都多奇觀也。入都必欲見市，市多異貨也。百家之言，古今行事，其爲奇異，非徒都邑大市也。遊于都邑者心厭，觀于大市者意飽，況遊於道藝之際哉！」

91《別通篇》云：「夫閉心塞意，不高瞻覽者，死人之徒也哉！」

92《別通篇》云：「是故盜賊宿于穢草，邪心生於無道。無道者，無道術也。」

*93《別通篇》〔一〕云：「禹主治水，益主記異物，海外山表，無遠不至，以所聞見作《山海經》。非禹、益不能行遠，《山海》不造。然則《山海》之造，見物博也。董仲舒睹重常之鳥，劉子政曉貳負之尸，皆見《山海經》〔二〕，故能立二事之説。使禹、益行地不遠，不能作

〔一〕上圖本「別通篇」上補「論衡」二字。眉：「照改抄。」《四庫》本「別通篇」前有「論衡」二字。
〔二〕南圖本旁（朱）：今《山海經》無重常鳥。

《山海經》」，董、劉不讀《山海經》，不能定二疑。」

94《超奇篇》云：「近世劉子政父子、揚子雲、桓君山，其猶文、武、周公並出一時也。」

95《超奇篇》云：「陽成子長作《樂經》〔一〕，揚子雲作《太玄經》，造於助思，極窅冥之深，非庶幾之才不能成也。」

96《超奇篇》云：「意奮而筆縱，故文見而實露也。」

97《超奇篇》云：「周世著書之人皆權謀之臣，漢世直言之士皆通覽之吏。」

98《超奇篇》云：「俗好高古而稱所聞，前人之業，菜果甘甜；後人新造，密酪辛苦。」

99《寒温篇》云：「説寒温者曰：人君喜則温，怒則寒。」

100《譴告篇》云：「凡物能相割截者，必異性者也；能相奉成者，必同氣者也。」

101《明雩篇》云：「不出横難，不得從説；不發苦詰，不聞甘對。」

102《順鼓篇》云：「然則堯之洪水，天地之水病也；禹之治水，洪水之良醫也。」

103《商蟲篇》云：「夫蟲，風氣所生，蒼頡知之，故凡蟲爲風之字〔二〕，取氣於風，故八日

〔一〕南圖本旁（朱）：名衡，蜀人，見桓譚《新論》，劉昭注八《志》有引《樂經》事。

〔二〕南圖本旁（朱）：《説文》亦引爲倉頡説。

而化生。」

104《齊世篇》云：「揚子雲作《太玄》，造《法言》，張伯松不肯一觀。與之併肩，故賤其言。使子雲在伯松前，伯松以爲金匱矣。」

105《宣漢篇》云：「夫太平以治定爲效，百姓以安樂爲符。」

106《須頌篇》云：「宣帝之時，畫圖漢列士。或不在於畫上者，子孫耻之。何則？父祖〔一〕不賢，故不畫圖也。」

107《佚文篇》云：「故曰：玩揚子雲之篇，樂於居千石之官；挾桓君山之書〔二〕，富於積猗頓之財。」

108《佚文篇》云：「天晏暘者，星辰曉爛；人性奇者，掌文藻炳。」

109《佚文篇》云：「望豐屋知名家，睹喬木知舊都。」

110《佚文篇》云：「夫侯國占人，同一實也。國君聖而文人聚，人心惠而目多采。蹂蹈文錦於泥塗之中，聞見之者莫不痛心。知文錦之可惜，不知文人之當尊，不通類也。」

〔一〕父祖，眷西堂本作「祖父」，據南圖本及《論衡》乙正。

〔二〕南圖本旁（朱）：桓君山之書今不傳。

111《佚文篇》云：「揚子雲作《法言》，蜀富人賫錢十萬，願載于書，子雲不聽。夫富無仁義之行，圈中之鹿，欄中之牛也，安得妄載？班叔皮續〔一〕太史公書，載鄉里人以爲惡戒。邪人枉道，繩墨所彈，安得避諱？是故子雲不爲財勸，叔皮不爲恩撓，文人之筆，獨已公矣。」

112《佚文篇》云：「《詩》三百，一言以蔽之，曰思無邪。《論衡》篇以十數，亦一言也，曰疾虚妄。」

113《論死篇》云：「天地之性，能更生火，不能使滅火復燃；能更生人，不能令死人復見。」

114《言毒篇》云：「天下萬物，含太陽氣而生者，皆有毒螫。」

115《言毒篇》云：「其在人也爲小人，故小人之口爲禍天下。小人皆懷毒氣，陽地小人毒尤酷烈，故南越之人祝誓輒效。」

116《譏日篇》有葬曆，有堪輿曆。

117《譏日篇》云：「又學書諱丙日，云倉頡以丙日死也。禮不以子、卯舉樂，殷、夏以子、卯日亡也。如以丙日書，子、卯日舉樂，未必有禍。重先王之亡日，悽愴感動，不忍以

〔一〕續，眷西堂本作「讀」，據《論衡》改。

舉事也。忌日之法，蓋丙與子、卯之類也。殆有所諱，未必有凶禍也。」

118《定賢篇》云：「傳先師之業，習口説以教，無胸中之造，思定然否之論，郵人之過書，門者之傳教也。」

119《定賢篇》云：「孔子不王，素王之業在於《春秋》。然則桓君山素丞相之跡，存于《新論》者也。」

120《正説篇》云：「略正題目麤麤之説，以照篇中微妙〔一〕之文。」

121《書解篇》云：「居不幽則思不至，思不至則筆不利。」

122《書解篇》云：「秦雖無道，不燔諸子。諸子尺書、文篇具在。」

123《書解篇》云：「知屋漏者在宇下，知政失者在草野，知經誤者在諸子。」

124《案書篇》云：「漢作書者多，司馬子長、楊子雲，河漢也；其餘，涇渭也。」

125《案書篇》云：「案東番鄒伯奇、臨淮袁太伯、袁文術、會稽吴君高〔二〕、周長生〔三〕之

〔一〕妙，眷西堂本作「渺」，據《論衡》改。
〔二〕南圖本旁（朱）：名平。
〔三〕南圖本旁（朱）：名樹。

輩，位雖不至公卿，誠能知之囊橐，文雅之英雄也。」

126《對作篇》云：「實事不能快意，而華虛驚耳動心也。」

127《對作篇》云：「漢家極筆墨之林。書論之造，漢家尤多。」

128《自紀篇》云：「淫讀古文，甘聞異言。世書俗説，多所不安，幽處獨居，考論實虛。」

129《自紀篇》云：「夫筆著者欲其易曉而難爲，不貴難知而易造；口論務解分而可聽，不務深迂而難睹。」

130《自紀篇》云：「言瞭於耳，則事味於心；文察於目，則篇留于手。」

131《自紀篇》云：「美色不同面，皆佳于目；悲音不共聲，皆快於耳。酒醴異氣，飲之皆醉；百穀殊味，食之皆飽。謂文當與〔一〕前合，是謂舜眉當復八采，禹目當復重瞳。」

132《自紀篇》云：「士願與憲共廬，不慕與賜同衡；樂與夷俱旅，不貪與蹠比跡。」

133《北齊書·邢邵傳》：「邵曰：『天下書，至死讀不可徧。』」

134 顔之推《顔氏家訓》曰：「校定書籍，亦何容易，自劉向、揚雄〔二〕，方稱此職耳。」

〔一〕眷西堂本無「與」字，據《論衡》補。

〔二〕劉向揚雄，《顔氏家訓》作「揚雄劉向」。

135「觀天下書未徧，不得妄下雌黄。」

136「學問有利鈍，文章有巧拙。鈍學累功，不妨精熟；拙文研思，終歸蚩鄙。但成學士，自足爲人；必乏天才，勿彊操筆。」

137《後漢書·馬援傳》：「耿舒曰：『伏波類西域賈胡，到一處輒止，以是失利。』」

138《王丹傳》：「丹曰：『交道之難，未易言也。世稱管、鮑，次則王、貢。張、陳凶其終，蕭、朱隙其末，故知全之者鮮矣。』」

139《漢書·劉歆傳》：「初，《左氏傳》多古字古言，學者傳訓故而已。及歆治《左氏》，引傳文以解經，轉相發明，由是章句義理備焉。」

140《周禮序》：「杜子春在永平初年且九十，能通其讀，鄭衆、賈逵往受業焉。衆、逵洪雅博聞，又以經、書、記轉相證明爲解。」

141《宋史·藝文志》：「《孔叢子》七卷。」漢孔鮒撰。朱熹曰僞書也。〔一〕

*(服)142《通典》〔二〕：宋庾蔚之曰：女子既出，則無厭。〔三〕

〔一〕南圖本尾(朱)：非僞書，蓋東漢人所撰耳。

〔二〕南圖本旁(朱)：志。

〔三〕眉：此當入之「喪服翼注」。

*（服）143馬融《儀禮》「君母在則不敢不從服，君母不在則不服」注曰：「從君母爲親服也。君母亡，無所復厭，則不爲其親服也，自得伸其外祖小功也。」《喪服》小功章。〔一〕

144《唐書·經籍志》：「《韓詩》二十卷，卜商序，韓嬰撰。《韓詩翼要》十卷，卜商撰。」〔二〕

145《唐書·藝文志》：「《韓詩》，卜商序，韓嬰注，二十二卷。又《外傳》十卷。《卜商集序》二卷。又《翼要》十卷。」

146《魏書·李先傳》：「太祖問先曰：『天下何書最善，可以益人神智？』先對曰：『唯有經書。三皇五帝治化之典，可以補王者神智。』」

147《宋史·儒林傳》：「陳亮，字同父，永康人。嘗曰：『研窮義理之精微，辨析古今之同異，原心於秒忽，較禮於分寸，以積累爲工，以涵養爲正，睟面盎背，則於諸儒誠有愧焉。至於堂堂之陳，正正之旗，風雨雲雷交發而並至，龍蛇虎豹變現而出沒，推倒一世之智勇，開拓萬古之心胸，自謂差有一日之長。』」

〔一〕眉：此當入之「喪服翼注」。

〔二〕南圖本尾（朱）：《翼要》，侯巴撰。

148《舊唐書·經籍志》：「《孔叢子》七卷，孔鮒撰。」

149《舊唐書·經籍志》：「《今字石經尚書》五卷。《今字石經鄭玄尚書》八卷。《三字石經尚書古篆》三卷。」

*150 胡渭生朏明解《關雎》曰：「流，訓求未得也。采則得之矣。芼，謂既得而擇之也。字義具見淺深，不必改訓。況《詩》之用字，亦有變文以協韻，而義無所別者。如『寔命不同』『寔命不猶』，『何以畀之』『何以予之』，『同』『猶』，『畀』『予』，豈亦有淺深之序乎？」〔一〕

*（服）151 馬融曰：「除嫡子一人，其餘皆庶子也。」〔二〕

*（服）152《開元禮》曰：「出降者，兩女各出不再降，若兩男各爲人後者亦如之。」〔三〕

153 唐岑參《驪姬墓下作》詩自注云：「夷吾、重耳墓，隔河相去十三里。」故詩云：「驪姬北原上，閉骨已千秋。澮水日東注，惡名終不流。蛾眉山月苦，蟬鬢野雲愁。欲吊二公子，横汾無輕舟。」

〔一〕眉：抄。
〔二〕眉：抄。
〔三〕眉：抄。

154 唐李白有《焦山望松寥山》詩。

155 唐李白《題江夏静修寺》自注云：「此寺本李北海舊宅。」詩云：「我家北海宅，作寺南江濱。」

156 《周禮·太卜》「卜立君」鄭注：「卜立君，君無冢適，卜可立者。」《龜人》注：「《世本·作篇》曰巫咸作筮。」〔一〕

157 《校人》注：「《世本·作》曰：相土作乘馬。」

158 《小司寇》「詢立君」鄭注：「立君，謂無冢適，選于庶也。」

159 《考工記》注：「若《世本·作》者是也。」

*160 《士冠禮》鄭注：「婦人於丈夫，雖其子猶俠拜。」俠音甲。俠拜者，前後兩拜。婦人先一拜，男子答拜，婦人再一拜，謂夾一拜在中。〔二〕

*161 《士昏禮》「婦拜扱音插。地」鄭注：「扱地，手至地也。婦人扱地，猶男子稽首。」賈

〔一〕世本作篇曰巫咸作筮，眷西堂本作「世本作曰篇巫咸作筮」，據南圖本改。南圖本眉（朱）：《世本》十五篇，《作篇》論制器之始，或云左丘明撰。

〔二〕眉：以下七條抄。整理者按：《四庫》本「俠音甲」爲雙行小注。

疏：「手至地，則首不至手。空首拜，頭至手，所謂拜手也。」

*162《鄉飲酒禮》：「主人西，南面，三拜衆賓，衆賓皆答一拜。」鄭注：「三拜一拜，示徧，不備禮也。」賈疏：「衆賓各得主人一拜，主人亦徧得一拜，是不備禮。」

*163《鄉射禮》：「主人西，南面，三拜衆賓。」鄭注：「三拜亦徧也。」「衆賓皆答一拜。」鄭注：「壹拜，不備禮也。」

*164《特牲饋食禮》「三拜衆賓」賈疏：「衆賓無問多少，總三拜。」以賤旅之，衆賓共得三拜也。

*165《少牢饋食禮》：「主人西面，三拜養者。」鄭注：「三拜旅之，示徧也。」

*166《有司徹》：「主人降，南面，拜衆賓于門東，三拜。」鄭注：「言三拜者，衆賓賤，旅之也。」

167《明堂位》注：「《世本·作》曰垂作鐘，無句作磬，女媧作笙簧。」

*168《少儀》鄭注：「肅拜，拜低頭也。手拜，手至地也。婦人以肅拜爲正。凶事乃手拜耳。爲喪主則不手拜者，爲夫與長子當稽顙也。其餘亦手拜而已。」〔一〕

〔一〕眉：抄。

169《樂記疏》馬昭云：「《家語》，王肅所增加，非鄭所見。」故鄭注《南風》之詩，其辭未聞也。

170「子[一]曰：無赦之國，其刑必平；多斂之國，其財必削。」

171「子曰：史之失，自遷、固始也，記繁而志寡。」

172「《書》殘於古、今，《論》失於齊、魯。」[二]

173「河上丈人曰：何居乎斯人也？心若醉六經，目若營四海。」

174「子曰：通其變，天下無弊法；執其方，天下無善教。故曰：存乎其人。」

175「文中子曰：議其盡天下之心乎？昔黄帝有合宫之聽，堯有衢室之問，舜有總章之訪，皆議之謂也。」

176「仲長子光曰：在險而運奇，不若宅平而無爲。文中子以爲知言。」

177「子曰：太熙之後，述史者幾乎罵矣。」晉惠帝年號。

178「《元經》書陳亡而具五國。」

〔一〕上圖本「子」上補「文中」二字。南圖本旁（朱）：文中子。

〔二〕論，《中説》作「詩」。

179「子居家，不暫捨《周禮》。曰：『如有用我，則執此以往。』」

180「子謂北山黄公善醫，先寢食而後針藥；汾陰侯生善筮，先人事而後説卦。」

181「不雜學，故明。」

182「薛收問曰：『今之民胡無詩？』子曰：『詩者，民之情性也。情性能亡乎？非民無詩，職詩者之罪也。』」

右《中説》鈔。

183「聖人之言似於水火。或問水火，曰：『水測之而益深，窮之而益遠；火用之而彌明，宿之而彌壯。』」

184「至書之不備，過半矣，而習者不知。」

185「夫能高其目而下其耳者，匪天也夫。」

186「辰乎辰，曷來之遲去之速也？君子競諸。」

187「古者之學耕且養，三年通一經。今之學也，非獨爲之華藻也，又從而繡其鞶帨，惡在老不老也。」

188「侍坐則聽言，有酒則觀禮。」

189「夫欲售僞者必假真。」

190「天不人不因，人不天不成。」
191「問餘、耳，曰光初；竇、灌，曰凶終。」
192「世稱東方生之盛也，言不純師，行不純表，其流風遺書蔑如也。」
193「古者高餓顯，下禄隱。」
194「乍出乍入，淮南也；文麗用寡，長卿也。」
195「或問泰和，曰：『其在唐虞成周乎！觀《書》及《詩》，温温乎其和〔一〕可知也。』」
196「故習治則傷始亂也，習亂則好始治也。」

右《法言》鈔。

197「王仲任曰：『君子無幸而有不幸，小人有幸而無不幸。』」

右《獨斷》鈔。

198 朱子曰：「晁景迂嘗言先儒經解之題，例不敢以己之姓名加之經上，如《春秋左氏傳》《尚書孔氏傳》《周禮鄭氏注》，皆經題在上，姓氏在下，此爲得體。鄙意舊亦嘗謂如此，故每題程先生《易傳》，必曰『周易程氏傳』。後來以告伯恭，伯恭亦深以爲然，爲换却

〔一〕和，眷西堂本作「知」，據《法言》改。

『婺學易傳』籤子。」〔一〕

199 朱子《答程泰之》謂《禹貢》曰：「但著書者多是臆度，未必身到足歷，故其說亦難盡據，未必如今目見之親切著明耳。」

200《語類・中庸》曰：「孫毓云：『外爲都宮，太祖在北，二昭二穆，以次而南。出《江都集禮》。』向作《或問》時，未見此書，只以意料。後來始見，乃知學不可以不博也。」

*201 草廬言：「鄭康成於《中庸》二十九字止以十三字注之，朱子深有取焉。」初不曉所謂，後讀《朱子語類》，乃「雖有其位」一段，鄭氏曰：「言作禮樂者，必聖人在天子之位。」朱子稱其甚簡當，以爲古注有不可易，是也。

202 朱子謂伊川《易》曰：「他說道理決不錯，只恐於文義名物也有未盡。」〔二〕

*(地)203「舊鄭樵好說中原山川，後識者見之，云全不是。」〔三〕

*(地)204「東匯澤爲彭蠡，多此一句。」

*(地)205「禹治水時，想亦不曾偏歷天下，如荆州乃三苗之國，不成禹一一皆到，往往是

〔一〕眉：抄。

〔二〕段跋本眉：「朱子謂伊川易」條上未加墨「∟」，當係漏謄。

〔三〕眉：「舊」字不可解，可去此一字，於文理無礙。又眉：抄。又眉(朱)：此條入「釋地餘論」。

使官屬去彼，相視其山川，具其圖説以歸，然後作此一書爾。故今《禹貢》所載南方山川，多與今地面上所有不同。」〔一〕

206「程子有一策問云：商之盤庚，周之吕刑，聖人載之於書。其取之乎？抑將垂戒後世乎？」

207「鄭漁仲謂《詩》小序只是後人將史傳去揀，并看謚，却附會作小序美刺。」〔二〕

208 大序「亦自有鑿説處，如言國史明乎得失之迹」。按《周禮》史官如大史、小史、内史、外史，其職不過掌《書》，無掌《詩》者。不知明得失之迹却干國史甚事？

209「《四牡》之詩古注云：『無公義，非忠臣也；無私情，非孝子也。』此語甚切當。」

210 論《抑》之詩曰：「以《史記》考之，衛武公即位在厲王死之後，宣王之時，説者謂是追刺，尤不是。」

211「學《春秋》者多鑿説，《後漢・五行志》注載漢末有發范明友冢〔三〕，家奴猶活。明

〔一〕眉：「此二條當合爲一。」上圖本改作與前條合抄，作：「東匯澤爲彭蠡，鄭樵以爲多此一句，朱子取之云：『禹治水時……』」《四庫》本同。整理者按：又見卷二第二一九條。

〔二〕南圖本旁（朱）：漁仲讀書好武斷。其攷校處可取，其論斷全不是。

〔三〕冢，眷西堂本作「冡」，《朱子語類》作「奴」。

友，霍光女婿。説光家事及廢立之際，多與《漢書》相應。某嘗説與學《春秋》者曰：今如此穿鑿説，亦不妨，只恐一旦有於地中得夫子家奴出來，説夫子當時之意不如此爾。」

212「故曰不是郢書，乃成燕説。」

213「某纔見人説看《易》，便知他錯了。」

214「《春秋》難看，此生不敢問。」「《春秋》某煞有不可曉處，不知是聖人真箇説底話否。」

215「《通典》亦自好設一科。又曰《通典》中間數卷議亦好。」〔一〕

216「《書》中間亦極有難考處，只如《禹貢》説三江及荆、揚間地理，是吾輩親目見者，皆有疑，至北方即無疑。此無他，是不曾見耳。」

217「蘇、黄只是今人詩。蘇才豪，然一滚説盡，無餘意。黄費安排。」

218「韓詩平易，孟郊喫了飽飯，思量到人不到處，聯句中被他牽得，亦著如此做。」

219朱子論《孔叢子》，因曰：「天下多少是僞書，開眼看得透，自無多書可讀。」

220「如前者某人丁所生繼母憂，《禮經》必有明文。當時滿朝更無一人知道合當是如

〔一〕南圖本眉（朱）：世人好讀《通志略》，不會看《通典》，直是學問不濟。又南圖本旁（朱）：大約是喪服。

何。大家打鬨一場，後來只説莫若從厚。恰是無奈何，本不當如此，姑徇人情從厚爲之。是何所爲如此？豈有堂堂中國朝廷之上，以至天下儒生，無一人識此禮者！然而也是無此人。」

221「問：『某人不肯丁所生繼母憂。』曰：『禮爲所生父母齊衰杖期，律文許申心喪。若所生父再娶，亦當從律，某人是也。』又問：『若所生父與所繼父俱再娶，當持六喪乎？』曰：『固是。』」

222「母之姊妹服反重於母之兄弟，緣於兄弟既嫁則降服，而於姊妹之服則未嘗降，故爲子者於舅服緦，於姨母服小功也。」現降爲大功，此説非。

223「大抵説制度之書，惟《周禮》《儀禮》可信，《禮記》便不可深信。」

224「『《周禮》亦如《唐六典》，雖成，唐元不曾用。』又笑曰：『禁治蝦蟇，已專設一官，豈不酷耶？』」

225「直卿問：『古以百步爲畝，今如何？』曰：『今以二百四十步爲畝，百畝當今四十一畝。』」疑當作四十二畝五分。〔一〕

〔一〕眉：後又見此條。整理者按：又見本卷第二六五條。

226「古者百畝之地，收皆畝一鍾，爲米四石六㪷，以今量較之，爲米一石五㪷爾。」

227「古升，十六寸二分爲升，容一百六十二寸爲斗。」

228「今之一升即古之三升，今之一兩即古之三兩。」

229「如本生父母事，却在《隋書·劉子翼傳》。江西有士人方庭堅引起，今言者得以引用。」

230「門是外門，雙扇；户是室[一]中之户，隻扇。觀《儀禮》中可見。」

231「某嘗説，看文字，須似法家深刻，方窮究得盡。某直是下得工夫。」

232「江文卿博識群書，因感先生之教，自咎云：『某五十年前枉費許多工夫，記許多文字。』曰：『也不妨，如今若理會得這要緊處，那許多都有用，如七年十載積疊得柴了，如今方點火燒。』」

233「今日天下且得箇姚崇、李德裕來措置，看如何。」

234「人言何休爲《公羊》忠臣，某嘗戲伯恭爲毛、鄭之佞臣。」

235「《孔叢子》恰限到東漢方突出來，不可曉。」

〔一〕「室」，眷西堂本作「空」，據南圖本及《朱子語類》改。

236「本朝歐陽公排佛就禮法上論，二程就禮上論，終不如宋景文公捉得正贓出。見《李蔚傳贊》論華人增加處。佛書分明是中國人附益。」

237「宋莒公曰：『應從而違，堪供而闕，此六經之亞文也。』謂子不從父不義之命，及力所不能養者，古人皆不以不孝坐之。義當從而不從，力可供而不供，然後坐以不孝之罪。」

238「問：『伊川云介甫言律是八分書，是他見得如此，何故曰律是《刑統》？』『此書甚好，疑是歷代所有，傳襲下來，至周世宗命竇儀注解過，名曰《刑統》，即律也。今世却不用律，只用勑令，大槩勑令之法皆重於《刑統》，《刑統》與古法相近，故曰八分書。』」

239「《書苑》：『蔡文姬言割程隸字八分取二分，割李篆字二分取八分，於是爲八分書。』」此條不見《語類》。

240「東坡云『定之生慧不如慧之生定較速』，此説得也好。」

241「某云：『韓公當仁廟再用時，與韓魏公在政府十餘年，皆無所建明，不復如舊時。』曰：『此事看得極好，當記取。』」

242「又問：『使范文正公當此，定不肯回？』曰：『文正却不肯回，須更精密似前日，可學。』」

243論《文中子》曰：「假使懸空白撰得一人如此，則能撰之人亦自大有見識，非凡人

矣。」〔一〕

244「《家語》雖記得不純，却是當時書。《孔叢子》是後來白撰出。」

245「《家語》只是王肅編古録雜記，其書雖多疵，然非肅所作。《孔叢子》乃其所注之人僞作。讀其首幾章，皆法《左傳》句，已疑之。及讀其後序，乃謂渠好《左傳》，便可見。」

246「《孔叢子》鄙陋之甚，理既無足取，而詞亦不足觀。有一處載其君曰必然云云，是何言語。」

247「匡衡上疏議論甚好，恐是收得好懷挾。」

248「人只將〔二〕聖人書玩味讀誦，少間意思自從正文中迸出來，不待安排，不待杜撰，如此方謂之善讀書。」

249「因論唐府兵之制曰：『永嘉諸公以爲兵農之分反自唐府兵始，却是如此。蓋府兵家出一人以戰以戍，并分番入衛，則此一人便不復爲農矣。』」

250「唐口分是八分，世業是二分。有口則有口分，有家則有世業，古人想亦似此樣。」

〔一〕南圖本尾：既有見識，何不主名著書，而必假重前人？愚謂到底見識不濟。

〔二〕上圖本「人只將」前增「朱子云」三字。

251「杜佑可謂有意於世務者。問《理道要訣》，曰『是一箇非古是今之書』，又曰『是一箇《通典》節要』。」〔一〕

252「喪禮只二十五月，是月禫，徙月樂。」「二十五月祥後便禫，看來當如王肅之說。」

253「祖在父亡，祖母死，亦承重。」「庶子之長子死，亦服三年。」二說俱非。

254「服議，漢儒自爲一家之學，以《儀禮·喪服》篇爲宗，《禮記》中《小記》《大傳》則皆申其說者，詳密之至，如理絲櫛髮。可試考之，畫作圖子，更參以《通典》及今律令，當有以見古人之意不苟然也。」大，當作「問」。

255「而今國家法，爲所生父母，皆心喪三年，此意甚好。」

256「問合葬夫婦之位。曰：『某當初葬亡室，只存東畔一位，亦不曾考禮是如何。』安卿云：『地道以右爲尊，恐男當居右。』曰：『祭以西爲上，則葬時亦當如此方是。』」

257「《周禮》亡國之社却用刑人爲尸，一部《周禮》却是看得天禮爛熟也。」

258「東漢明帝謙貶不敢自當，立廟祔于光武廟，其後遂以爲例。至唐，太廟及群臣家廟悉如今制，以西爲上也。」

〔一〕南圖本尾（朱）：《理道要訣》，元時尚存，今不傳。

259「鄧子禮問：『廟主自西而列，何所據？』曰：『此也不是古禮。如古時一代只奉之於一廟，如后稷爲始封之廟，文王自有文王之廟，武王自有武王之廟，不曾混雜共一廟。』」

260「神主之位東向，尸在神主之北。」

261「横渠説墓祭非古，又自撰《墓祭禮》，即是《周禮》上自有了。」〔一〕

262「大抵伊川考禮文，却不似横渠考得較子細。」

*（地）263 趙順孫《孟子纂疏》曰：「滕國在漢沛郡公丘縣東南。」〔二〕

*（地）264「密國在今寧州，阮國在今涇州。共，阮地，今有共池。侵阮徂共，蓋侵阮直至共之地也。」〔三〕

*265「古以百步爲畞，今以二百四十步爲畞，古之百畞當今之四十一畞也。」〔四〕

*（地）266「薛國，即漢魯國薛縣，與滕相密爾。」〔五〕

〔一〕南圖本尾：《周禮》墓祭，非祭先也。

〔二〕眉：此條與後「薛國」一條當合爲一，入之「釋地餘論」。

〔三〕眉：「密國」一條，亦并入「釋地」内。

〔四〕眉：抄。

〔五〕眉：與前「滕國」一條合。整理者按：《四庫》本此條接抄於「趙順孫孟子纂疏」條後。

*267「古者之甲以革爲之，故函人爲攻皮之工，後世始用金曰鎧。」〔一〕

*（地）268「方十里者，以開方法計之，爲九百夫；方百里者，以開方法計之，爲九萬夫。」〔二〕

269長洲朱隗〔三〕序曰：「詩貴獨立，不貴附和。當深求本領，而後博以古人之風軌氣韻，融液而神明之，此昔人論詩之指也。今之爲詩者多矣，大抵務華整則病襞積，而聲調未俊；習清遠則苦淡弱，而神味不深。又往往好言漢、魏、唐初盛，若夫中晚以降，概置不道。然其所爲，故未盡合也。閻子古古自沛來，出其所爲《與木居爨》字草示予，細秀奇麗，當今無兩。復以自淮至吴遊西湖諸詩屬予删定。予謬有點竄，且以隅見質之，謂細秀宜亮，惟拗與澁是傷細秀；奇麗宜雅，入詭與僻乃病奇麗。閻子大然之，投書于予，曰：『英雄多爲欺人語，然欺人也，非可以欺英雄也。當其造語時，已惻惻乎其不〔四〕自安矣，不待人摘之而始見也。乃有摘之而于心不服者，何也？其摘之者未當，則猶欲以不服者欺之也。若夫言刺其心，如藥之攻其病，正自有針芥相投之妙。且有從來不經意處，一加

〔一〕眉：抄。
〔二〕眉：此亦入「釋地餘論」。南圖本尾：右鈔《語類》。
〔三〕南圖本眉（朱）：當是朱雲子。
〔四〕南圖本「不」下有「可」字。

砭示而汗流浹背者，如兄之删弟之詩之謂也。』嗟乎！閻子之以虚受人，則真不可及矣。其所爲〔一〕論詩者，亦既無餘藴矣，余又安能加一語以序閻子也？天下人皆謂閻子狂而自負其才，嗟乎，豈知閻子者哉？若閻子者，骨傲而情深，學愈博而心愈下者也。余蓋自謂與閻子稱知己也夫。」

*270 歸熙甫上公車，賃騾車以行，熙甫儼然中坐，後生弟子執書夾侍。嘉定徐宗伯〔二〕年最少，從容問李空同文云何，因挾〔三〕《空同集》中《于肅愍廟碑》以進。熙甫讀畢揮之，曰：「此亦無他，只文理不通耳。」偶拈一帙，得曾子固《書魏徵傳後文》，挾册朗誦至五十餘遍，聽者皆厭倦欲卧，而熙甫沉吟咏嘆，猶有餘味。宗伯每嘆先輩好學深思，非後生所能窺也。〔四〕

〔一〕爲，南圖本作「謂」。

〔二〕國圖本「徐宗伯」下校補「學謨」二字。

〔三〕挾，《四庫》本作「撿」，傅校作「取」。

〔四〕「宗伯每嘆」至「非後生所能窺也」句，國圖本校作：「吾師靳茶坡嘗舉熙甫此事以告人曰：此即是學而不厭的樣子。」上圖本眉（朱）：「此條有些趣，增入。」整理者按：此眉批被塗去。又眉：抄。國圖本尾：此條抄本在「徐文貞當國」條下。

271雲間夏彝仲上公車者六，不第者五。彝仲曰：「始我初不第時，意中不能無少動。已而出都門，見吾儕被落者，車馬行於道，習習若蟻然。當此時，自視亦蟻中之一也。夫蟻一有求而不得，豈可遂有憤疾悲怒之心哉？即有之，人亦何從知之？而天亦何能憐之？故自此以後，失志而愈安，處謗而益静。即他人代爲不平，而我以爲無庸也。」彝仲生平不飲酒，不作詩，諧謔戲弄之事皆所絶意，獨端居一室之内而讀書焉。

272《朱子文集·答黄商伯書》云：「本生繼母，蓋以名服。如伯叔父之妻，於己有何撫育之恩？〔一〕但其夫屬乎父道，則妻皆母道，況本生之父所再娶之妻乎？」〔二〕

273《答〔三〕黄商伯書》云：「方喪無禫，見於《通典》，云是鄭康成説，而偏〔四〕檢諸篇，未見其文，不敢輕爲之説。《左傳》〔五〕所記，多非先王禮法之正，不可依憑。」《語類》及先配後祖之説，曰：「《左氏》何足憑？豈可取不足憑之《左氏》，而棄可信之《儀禮》乎？」

〔一〕旁：語病，想聖人定服制自有深意。
〔二〕眉：此下二條當入之「喪服翼注」否？
〔三〕上圖本「答」上補「又」字。
〔四〕偏，眷西堂本作「編」，上圖本改作「偏」，據改。旁（朱）：疑「偏」字。
〔五〕傳，眷西堂本作「杜」。眉：「『杜』字是『傳』字。」整理者按：「傳」是，據改。

*274 崑山吴喬論八比時文曰：「自六經以至詩餘，皆是自説己意，未有代他人説話者也。惟元人就古事作雜劇，始代他人説話。八比時文，雖闡發聖經，非注非疏，代他人説話亦然。我故曰俗體也。」〔一〕

*（地）275 傅寅同叔《禹貢集解》曰：「禹之治水，皆自下而上，曰治水者必使其下能容而有餘，易泄而無礙，然後可以安受上流，而不至於衝激以生怒。」又曰：「治其最下而速其行，通其傍〔二〕流而使其中無停積之患，則河之大體無足憂矣。」〔三〕

276 梁武帝千賦百詩，直疏便就。

277 劉熙《釋名》曰：「拜於丈夫爲跌，跌然屈折下就地也。於婦人爲扶，自抽扶而上下也。」

278 謂三墳五典八索九丘曰：「今皆亡，惟《堯典》存也。」

279 《説文解字》：「寣，一曰晝見而夜瘳也。」

280 曹丕《令》曰：「權、備尚存，未可舞以干戚，方將整以齊斧。」

〔一〕眉（朱）：此條雖非至論，增入以助談柄。整理者按：此眉批被塗去。又眉：抄。
〔二〕傍，《四庫》本作「旁」。
〔三〕眉：抄。

281《陳思王集》：桓君山曰：「余前爲王莽典樂大夫，《樂記》云『文帝得魏文侯樂人竇公，年百八十』云。」

282《唐書・李蔚列傳》贊曰：「華人之譎誕者，又攘莊周、列禦寇之説佐其高，層累架騰，直出其表，以無上不可加爲勝。」

283《董仲舒列傳》：武帝即位，仲舒對策曰：「選郎吏又以富貲，未必賢也。」

284《容臺集》曰：「昔蔡君謨書《晝錦堂記》，每一字輒書數十，擇其合者存之，名爲百衲碑。」

285《世説新語》：「王右軍得人以《蘭亭集序》方《金谷詩序》，又以己敵石崇，甚有欣色。」

286《晉書・王羲之列傳》：「嘗與同志宴集於會稽山陰之蘭亭，羲之自爲之序，以申其志曰云云。或以潘岳《金谷詩序》方其文，羲之比於石崇，聞而甚喜。」

*287張彥遠《名畫記》：「吴道子畫仲由便戴木劍，閻令公畫昭君已著幃帽，殊不知木劍創於晉代，幃帽興于國朝。舉此凡例〔一〕亦畫之一病也。」〔二〕

〔一〕例，眷西堂本作「列」，據《歷代名畫記》改。

〔二〕眉：以下六條抄。整理者按：幃帽事又見卷二第一七九條。

*288《晉書・天文志》：惠帝光熙元年，正月戊子、七月乙酉並日蝕，十二月壬午又日蝕。按《通鑑目録》是年閏八月。

*289《象緯訂》曰：「天無體，以二十八宿爲體；天無度，以日〔一〕之行爲度；天無赤道，以南北極爲準而分之爲赤道；天無黄道，以日躔之所經爲黄道；天無十二次，以日月所宿之次爲十二次。」

*290《隋書・天文志》：「後魏末，清河張子信學藝博通，尤精曆數。因避葛榮亂，隱於海島中，積三十許年，專以渾儀測候日月五星差變之數，以算步之，始悟日月交道有表裏遲速〔二〕，五星見伏有感召向背。」

*291《唐書・曆志》：僧一行《日度議》曰：「康王十二年，歲在乙酉，六月戊辰朔，三日庚午。故《畢命》曰：『惟十有二年，六月庚午朏。越三日壬申，王以成周之衆命畢公。』自伐紂及此，五十六年。朏魄日名，上下無不合。而《三統曆》以己卯爲克商之歲，非也。夫有效於古者，宜合於今。《三統曆》自太初至開元，朔後天三日。推而上之，以至

〔一〕《四庫》本「日」下有「月」字。
〔二〕速，眷西堂本作「遠」，據《四庫》本及《隋書・天文志》改。

周初，先天，失之蓋益甚焉。是以知合於歆者，必非克商之歲。自宗周訖春秋之季，日却差八度。康王十一年甲申歲冬至，應在牽牛六度。《周曆》十二次，星紀初，南斗十四度，於《太初》星距斗十七度少也。古曆分率簡易，歲久輒差。達曆數者隨時遷革，以合其變。」

*（經解）292《春秋》日食合者十八，莊二十六年、僖五年、文十五年、宣十年、成十六年、襄十四年、襄二十年、襄二十一年九月、襄二十三年、襄二十四年七月、昭七年、昭二十一年、昭二十二年、昭二十四年、昭三十一年、定五年、定十五年、哀十四年是也。

*293《通鑑》：天寶九載八月辛卯，處士崔昌上言。案是年八月丁巳朔，無辛卯。後讀《玄宗本紀》：「九月辛卯，以商、周、漢爲三恪。」

294 王肯堂曰：「醫家以幼科爲最難，謂之啞科，謂其疾痛不能自陳説也。」

295 黄太沖曰：「準之曆算，如武王克商在己卯，周公營洛在壬辰，成王顧命在壬戌。三者得其時日，則是非不難辨矣。故授時伐紂以至春秋，一從《漢志》。」

296 張以寧曰：「今既有其定説，譬如荊榛塞路，前之人既已薙而開之，以任其甚難者矣。而後之人乃不廓而廣之，而辭其所差易者焉。以一己之嫌疑，而廢前人之功力，非君子忠厚之心也。」

297 又〔一〕曰：「先儒謂朱子之學，一邊作册子上工夫，一邊作心身上工夫，故能上接孔、孟也。至於天文、地理、制度、名物，則多用漢儒之説，而不從其悖理害義者。若其有疑不能自信於心者，則姑闕之。如《魯論》『道千乘之國』，有馬氏、包氏二説不同，於《集注》但曰：『千乘之國，其地可出兵車千乘者。』不知《項氏家説》考以開方法，馬氏、包氏之説一也。若此類者甚多。其他則曰『疑有闕文誤字』，皆不敢彊爲之説也。」〔二〕

298 隋煬帝時，蘇威欲諫不敢，因五月五日獻《古文尚書》。

299 「根證該審。」　「左證其謬。」　「根證章。」

300 「宋璟嘗手寫《尚書·無逸》爲圖以獻，勸帝出入觀省以自戒。其後朽暗，乃代以山水圖，稍怠於勤，左右不復箴規，姦臣日用事，以至于敗。昔德宗嘗問先臣祐甫開元、天寶事，先臣具道治亂所以然。」崔植語。

301 高忠憲曰：「三代而後，聖王不作。於是夫子出，以六經治天下，決是非，定好惡，使天下曉然知如是爲經常之道。越志者欲有所肆焉，民得執常道以格之。故亂臣賊子不旋

〔一〕又，上圖本改作「張以寧」。
〔二〕眉：抄。

踵誅夷，生民之類不至糜爛而無遺餘。是六經者，天之法律也，順之則生，逆之則死。天下所以治而無亂，亂而即治者，以六經在也。」〔一〕

302《讀書劄記》曰：「孟子爲卿於齊，終不受禄。夫君禄且然，況交際乎？蓋守身若此其嚴也。而彭更猶以爲傳食之泰，萬章至比於禦人之貨，其學於孟子之門者，守身之嚴類若此。而今人説取與，便多援《孟子》『交以道，接以禮，斯受之』之説，以自便其私，豈不謬哉！」〔二〕

*303 蔡公鶴江在詞館，與新都楊升菴友善，姓名字見《升菴文集》卷五十七。云：「松江陸子淵深，語予杜詩《麗人行》古本『珠壓腰衱穩稱身』下有『足下何所著，紅蕖羅韈穿鐙銀』二句，今本無之。淮南蔡衡仲昂聞而擊節曰：『非唯樂府鼓吹，兼是周昉美人畫譜也。』」近錢牧齋〔三〕徧考宋刻本，並無，知係楊氏假託。余家有宋本，檢之亦無。因思「紅蕖〔四〕羅

〔一〕眉：抄。
〔二〕眉：抄。
〔三〕錢牧齋，《四庫》本作「朱錫鬯」。
〔四〕蕖，眷西堂本作「渠」，據《四庫》本改。

韈」即〔一〕用杜詩「羅韈紅蕖艷」，「穿鐙銀」用韓偓《馬上見》詩「和裙穿玉鐙」。杜詩無一字無來處，故作杜詩者，亦須字字有出也。疑淮南擊節之言，亦係楊氏假託以自重，特爲辨之。〔二〕

304《列朝詩集》朱參政應登傳：「執政多北人，忌其文曰：『此賣平天冠者。』於是凡號文學士，率不得列清銜。何元朗曰：空同作《朱菱谿志》，其言『是賣平天冠者』與『詩至李、杜，亦一酒徒』。此劉晦菴語也。晦菴北人，樸直，不喜文士，故有此語。同時唯西涯長於詩文，一時後進有文者皆出其門。而李、何及菱谿輩，特自立門户，不爲所牢籠云。」余按《菱谿先生墓志銘》云：「執政者惡抑之，北人樸，以經學自文。曰後生不務實，即詩到李、杜，亦酒徒耳。」此指劉文靖健。又云：「柄文者愈惡抑之，曰是賣平天冠者。於是凡號稱文學士，率不獲列清銜。」此指李文正東陽。空同據其家狀作志，文必不誤，而牧齋以李語爲劉，固誤，何元朗又混劉、李語而一之，尤誤。且文靖號晦〔三〕菴，非晦菴也。偶得《寶應朱氏世録》，遂據以正之。

〔一〕即，眷西堂本作「郎」，據《四庫》本改。
〔二〕眉：抄。
〔三〕晦，上圖本墨筆改作「脢」。眉：「晦」字似誤，疑是「悔」字，記考。

*（經解）305 或問：季友有大功於魯，受費以爲上卿，自此以往，季氏將世世執魯國之柄乎？余曰：未也。僖十六年，季友卒，而臧文仲執政。文十年，臧孫辰卒，而東門襄仲執政。宣八年，仲遂卒，而季文子執政。故成之世文子曰相二君，襄之世文子曰相三君。文子始見文六年。是文子初立，猶未相也，況前此乎？〔一〕

*306「右司馬范欽，字堯卿，號東明。性喜藏書，購海内異本，與王鳳洲家歲以書目取較，各鈔所未見相易。故浙東藏書家以范氏天一閣爲第一。」〔二〕

*（地）307 蔣鳴玉曰：「川西皆岷，岷北流爲洮，入黄河，南流入川爲大江。此知岷、嶓總是一山，只横障西南二處爲異耳。今江水果隨岷、嶓至嘉眉直下，中間如巂州之大渡、沬水，夾江之青衣，犍爲之漢水，無不湊集，至嘉定爲一都聚，合之《禹貢》『岷山導江』一語，地勢愜合。」《漢水記考》。〔三〕

308《齊東野語》：「永嘉甄雲卿，字龍友，辨給雄一時，謔笑皆有餘味。一日登對，上戲

〔一〕眉：抄。
〔二〕眉：抄。
〔三〕眉（朱）：釋地。又眉：入。整理者按：二眉批相連寫作「入釋地」。

問云：『卿安得與龍爲友？』甄倉忙占奏，殊不能佳。及退殿陛，自恨失言，曰：『何不云堯舜在上，臣安得不與夔龍爲友？』聞者惜之。」

*309《輟耕録》：「今人謂駔儈爲牙郎，本謂之互郎，謂主互市事也。唐人書『互』作『牙』〔一〕，『互』與『牙』字相似，因譌而爲『牙』耳。」〔二〕

310《齊東野語》：「理宗朝有待詔馬遠，畫《三教圖》。黄面老子則跏趺中坐，猶龍翁儼立於旁，吾夫子乃作禮於前。此蓋内璫故令作此以侮聖人也。一日傳旨，俾古心江子遠作贊，亦故以此戲之。公即贊之曰：『釋氏趺坐，老聃旁睨，惟吾夫子絶倒在地。』遂大稱旨，其辭亦可謂微而婉矣。」

311《癸辛雜識》：有傳鄧光薦贊文山像云：「目煌煌兮疎星曉寒，氣英英兮晴雷殷山。頭碎柱而璧完，血化碧而心丹。嗚呼，誰謂斯人不在世間。」

312《唐書·宰相世系表》。

313 關氏出自商大夫關龍逢之後，蜀前將軍漢壽亭侯羽生侍中興，其後世居信都，裔孫

〔一〕眉：㸦。《四庫》本「牙」作「㸦」。下「互」字，上圖本改作「㸦」，《四庫》本作「本」。
〔二〕眉：抄。

播相德宗。〔一〕

314 陳繼儒《見聞録》：「楊尚書博爲大司馬時，每過前門武安王廟，必投鄉晚生帖。楊亦山西蒲州人也。」〔二〕

315 陳幾亭曰：「凡事到至當處，無不一貫者。果合人情，決合天理，真學問，只是體得人情透；果便民生，決便國計，真經濟，只是算得民瘼到。」

316《南齊》張融曰：「吾文章之體多爲世人所驚。夫文豈有常體？但以有體爲常，政當使常有其體。」

*317 黃太沖論卦變曰：「李挺之所傳變卦反對圖，可謂獨得其解〔三〕，而又與六十四卦相生圖並出，則擇焉而不精也。其後來知德頗以此説變，而以反對者爲綜，奇偶相反者爲錯，於頤過八卦相反之外取反對者，而亦復錯之。不知奇偶相反之中暗寓反對，非別出一義也。若又有相反一義，何以卦爻略不之及乎？爲卦爻之所不及者，可以無待於補矣。」〔四〕

〔一〕眉：此亦傅會之詞，所謂遥遥華胄也。眉（朱）：宜增。

〔二〕眉：直是可笑。

〔三〕南圖本旁（朱）：「□□□卦爲反對，此宋人之妄。聖人所謂『不知而作也』。卦變亦與漢儒不合。」

〔四〕眉：抄。

318 蔡襄曰：「天子之尊，下視民人遠絶不比〔一〕，然出政化，行德澤，使之速致而均被者，蓋其所關行，有以始而終之者也。惡乎始？宰相以始之。惡乎終？縣令以終之。宰相近天子，而令近於民，其勢固殊。然其相與貫連以爲本末，是必動而相濟者也。」

319 魏了翁《瀘州學記》曰：「大抵先王之時，其人則四民也，其居則六鄉三采五比四閭也，其田則一井二牧三屋九夫也，其食則九穀六畜五牲三犧也，其服則九文六采五色五章也，其官則三吏六聯五侯九伯也，其教則五事五典也，其學則六德六行五禮六樂五御五射六書九數也。民少而習之，長而安之，不奪於奇品異物，不撓於淫辭詖行，不蕩於姦聲亂色。族閭所學，師友所講，無適而非堯舜禹湯文武周公仲尼之道。雖以周之叔季，而車軌書文行倫，莫之或異也。」〔二〕

320 鄭樵《氏族略》曰：「氏同姓不同者，婚姻可通；姓同氏不同者，婚姻不可通。奈何司馬子長、劉知幾謂周公爲姬旦，文王爲姬伯乎？三代之時無此語也。」〔三〕

〔一〕眉：「不比」二字，上下得無有誤？

〔二〕眉（朱）：可增。又眉：抄。

〔三〕眉：此條可不必存，第二卷有一條較此爲詳，存彼可也。整理者按：朱筆塗去「此條可不必」五字。

321 高忠憲言：「經莫尊于《易》，莫古于《書》。《書》有四始焉，言俊德，原文作「精一」〔一〕。而立德者祖之；言放勳，而立功者祖之；言曆象山川，而立法者祖之；言典謨，而立言者祖之。四始備而天下之道具是矣。」〔二〕

322 劉後村克莊《題餘干姚三錫書鈔》云：「頃傳湯序心傾挹，兹得姚鈔手闔開。朱子所疑非孔傳，漢儒之罪甚秦灰。時清縱未經筵召，歲晚寧無掌故來。攬轡遠臣慙力薄，不能爲國論遺才。」

323 汪水雲元量《幽州歌》：「漢兒辮髮籠氊笠，日暮黃金臺上立。」

324 王士禛貽上《跋元人畫》曰：「六朝人畫，多寫古聖賢列女及習禮彝器等圖，此如漢儒注疏，多詳于制度、名物之類也。宋元人畫專取氣韻，此如宋儒傳注廢注疏而專言義理是也。」〔三〕

*（地）325 趙氏德曰：「轉附，作轉鮒，屬萊州。」〔四〕

〔一〕南圖本眉（朱）：「精一」乃僞書，改「峻德」是。

〔二〕眉：抄。

〔三〕眉（朱）：增。整理者按：墨筆塗去「增」字。又眉：抄。

〔四〕眉：可移入「釋地」卷。

326《金史·國語解序》曰：「《今文尚書》辭多奇澁，蓋亦當世之方音也。」

327唐鶴徵《楊龜山先生論》曰：「獨晚年一出，衆口狺狺，極爲可怪。夫所惡於權奸者，非爲其擯斥君子耶？倘用一人，且當就其悔心之萌而與之，何乃併見用之君子而詆訾之也。是使小人絶無從善之機，君子亦無包承之吉，置天下之成敗，以完一身之名節，而後爲君子，是沮、溺賢於仲尼遠矣。不然，亦宜考其人之出，爲世難勔勷〔一〕乎？爲權門鷹犬也。奪王氏之配享，排靖康之和議，必非舉主之所樂聞者。則知先生之所爲出，正其萬物一體之仁。視其君之顛覆，真有若親之見食於狐狸；視其民之陷溺，亦何異於孺子之入井。宜毁言日至，曾不足當其一吷矣。嗚呼，此正大成心法也。」〔二〕

328韓邦奇曰：「今尺惟車工之尺最準，萬家不差毫釐，少不同，則不利載。是孰使之然哉？古今相沿，自然之度也。然今之尺，則古之尺二寸也，所謂『尺二之軌，天下皆同』是也。以木工尺去二寸，則周尺也。」〔三〕

〔一〕眉：「勔勷」二字不作贊襄解，先輩亦隨手誤用。

〔二〕眉：「鶴徵此論，全爲荆川先生而發。荆川晚年爲趙文華所薦而出，當時頗有議論之者。」又眉：抄。

〔三〕眉：抄。

*329《詩詁》云：「九拜，鄭説皆非。一稽首，謂下首〔一〕至地，稽留乃起。二頓首，謂下手，置首於地即起。三空首，謂下手，首不至地。四振動，謂恐悚迫蹙而下手。五吉拜，謂雍容而下手。六凶拜，稽顙而後拜。七奇拜，奇，不偶也，謂禮簡，不再拜也。八褒拜，謂答拜也，古文『報』亦作『褒』〔二〕。九肅拜，謂直身肅容而微下手，如今婦人拜。鄭以稽首〔三〕爲頭至地，頓爲叩地，空爲頭至手。所謂拜手，吉爲拜而稽顙，凶爲稽顙而后拜。奇爲先屈一膝，或爲倚拜。鄭司農以褒拜爲持節拜，鄭大夫以振動爲兩手相擊，皆非也。」〔四〕

330歐陽修得韓愈遺稿，苦志探賾，至忘寢食，必欲并轡絶馳而追與之並。〔五〕

*(地)331張方平曰：「國家都陳留，當四通五達之道，非若雍洛有山川足恃，特倚重兵以立國耳。」〔六〕

*(地)332「後蒙古取襄、鄧，入漢濟江，長驅南下，多用郝經策。得宋之奏議，周知其形勝

〔一〕首，《四庫》本作「手」。
〔二〕眉：「褒」字當書作「褎」。
〔三〕《四庫》本無「首」字。
〔四〕眉：抄。
〔五〕段跋本尾：此條亦當乙〇，今照程本補乙。
〔六〕眉：與下一條似是一氣話，可合作一條。又眉：合下抄。

要害與其守禦之策，用其所保，反而攻之。我無借箸聚米之勞，而彼之地圖兵略，皆轉而授於我矣。此亦後事之師，不可以不戒也。」〔一〕

333《南齊書目録序》曰：「史者所以明夫治天下之道也，爲之者亦必天下之才，然後其任可得而稱也。」

*334 楊維禎《揖拜辯》：「《荀子·大略篇》曰『平衡曰拜』，謂磬折，頭與腰平如衡也。『下衡曰稽首，至地曰稽顙，大夫之臣拜不稽首』，以是推之，則今折腰揖，即古之拜也。今之稽首揖，即古之稽首也。今之拜伏，其頭至地，乃類古之稽顙耳。然今之拜，自是古之跪、俛、伏三事，殊與古拜不同。今之揖，其形用古之拜，其聲用今之喏，亦是兩事，疑皆與古揖不同。古揖舉手而無聲也。」〔二〕

*335「古者不分銀、錫，而銀皆稱錫。《衛風》『如金如錫』，金爲黄金，則錫非銀乎？」〔三〕

〔一〕《四庫》本與上條合抄爲一條。

〔二〕眉（朱）：此條接在前「九拜」後。

〔三〕簽：「某聞今之作鑼者，名爲響銅，中必攙和以錫。又聞鑄錢者，銅中亦加以錫。按此説則銅與錫原可攙和用之。此二條云錫即銀之説，須博考古人議論，若但如此二條中所引，未敢遽信爲必然也。」眉（朱）：此辯入之注中，上加「山陽吴玉搢云」六字。

*336「《考工記》『攻金之工』皆曰金錫。金即銅，錫即銀也。故曰金幾分，錫居幾，以爲斧斤戟刃之屬。『㮚氏爲量，煎金錫，聲中黄鍾之宫』，假如以今之錫，豈可摻和作斧斤戟刃，而量能聲中宫乎？」況今之錫與銅，亦不可摻和以治也。「《史·平準書》《漢·食貨志》皆稱銀錫。漢武〔一〕造銀錫爲白金，其稱猶爲近古也。」立方語。〔二〕

*337《越絶書》：「赤堇之山破而出錫，若邪之谷涸而出銅，歐治用以爲純鈎之劍。」尤可證鑄兵用銅，蓋必兼以銀乃淬利也。同上。〔三〕

338 賈公彦曰：「凡言互文者，是二物各舉一邊而省文，故云互文。」〔四〕

339 趙大洲曰：「物不通方則國窮，見不通方則學陋。」

*340 措大，出《五代史〔五〕·東漢世家》。〔六〕

〔一〕漢武，眷西堂本誤作「武漢」，上圖本改作「漢武」，《四庫》本作「漢武」，據乙。

〔二〕眉：接上。整理者按：《四庫》本無「立方語」三字。

〔三〕眉：抄。整理者按：《四庫》本無「同上」二字。

〔四〕眉：此句又見第五卷，此處無他語，或可不存。國圖本尾：抄本此條在卷二「月令鄭注」條下。整理者按：又見卷五第一三四條。

〔五〕眷西堂本無「史」字，據《四庫》本補。

〔六〕眉：抄。

341《餘冬序録》有漢儒引書異字異義。

342 董斯張曰：「《王霸》《正名》篇，千古奇作。」〔一〕

343 錢牧齋《與卓去病論經學書》：「譬之有遺矢於此，一人逐而甘之，以爲觥飲也。又一人從旁正之曰：『是有擇焉，其可嗜者五穀之精英，其他則糞穢也。』甘之者可謂大愚矣，從而正之者亦未可以爲智也。引喻不經，聊以發去病一笑耳。」

344 權會以誦《易經》散鬼，徐份以誦《孝經》愈親疾。

*（地）345《宋史·地理志》：楚州淮陰縣，嘉定七年徙治八里莊。〔二〕

*346《宋史·趙汝談傳》：「汝談天資絶人，沈思高識，自少至老，無一日去書册。其論《易》，以爲爲占者作；《書》堯、舜二《典》宜合爲一，禹功只施於河洛，《洪範》非箕子之作；《詩》不以小序爲信；《禮記》雜出諸生之手；《周禮》宜傳會女主之書，要亦卓絶特立之見。」〔三〕

〔一〕南圖本旁（朱）：《逸禮》。

〔二〕眉：移入「釋地」卷，與諸論山陽地名者相次。眉（朱）：增。

〔三〕眉：抄。眉：亦是非相半。南圖本尾：此妄男子耳，而以爲卓絶特立，潛邱之陋也。

347《劉蘭列傳》:「排毁《公羊》,又非董仲舒,由是見譏於世。爲國子助教。静坐讀書,有人叩門,蘭命引入。葛巾單衣,入與蘭坐,謂曰:『君自是學士,何爲每見毁辱?理義長短,竟在誰?而過無禮見陵也。今欲相召,當與君正之。』言終而出,蘭少時患死。」〔一〕

348《徐遵明列傳》:「陽平館陶趙世業家有《服氏春秋》,是晉世永嘉舊寫,遵明乃往讀之。」

*349「劉元城歲晚閒居,或問:『公何以遺日?』元城正色曰:『君子進德修業,惟日不足,而可遣乎?』」〔二〕

350《輟耕録》:「嘗聞諸翰林大老云:古碑刻中單書國號曰漢曰宋者,蓋其建國號詔曰漢曰宋也。我朝『大元』二字在詔旨,不可單用。」

351大程子曰:「一命之士,苟存心於愛物,於人必有所濟。」朱子曰:「天地一無所爲,只以生萬物爲事。人念念在利濟,便是天地了也。」

〔一〕眉:「此叩門人公羊邪?抑董邪?果爾,毛西河必當爲考亭縛去。潛邱一生攻擊《古文尚書》,獨不畏孔安國及梅賾邪?爲之一笑。此等話即載之正史,亦不必特録出。」

〔二〕眉:抄。

352羅延年王常《秦漢印統》有韓玉印，覆斗鈕，其文甚工，疑爲漢淮陰侯物。今兒子詠摹於左。〔一〕

*353商丘侯太常執蒲家世戍籍，子恂爲少司馬，將去之。太常貽書曰：「人盡以爲苦，如國家何？若吾獨以爲辱，如吾祖宗何？」卒不易其籍。〔二〕

354《齊東野語》：周益公嘗過范文穆石湖，題名壁間曰：「吴臺、越壘距門纔十里，而陸沈於荒煙蔓草者千七百年。紫薇舍人始創別墅，登臨得要，甲於東南。豈鴟夷子成功於此，扁舟去之，天閟絶景，須苗裔之賢者，然後享其樂邪？」〔三〕

355《揮麈録》：「國朝以來，父子兄弟叔姪以名望顯著薦紳間，稱之於一時者，如三蘇：文安先生洵、文忠軾、文定轍。」

356成二年傳：「宋文公卒，始用殉。」然宣十五年載，初，魏武子病，欲以妾爲殉，則已有之。蓋此乃戎俗也，始染於秦，《秦本紀》武公二十年卒，初以人從死，魯莊公十六年也。次延於晉，至

〔一〕眉：「韓」下宜有「信」字，此印亦未可信，不必存。整理者按：「亦未可」三字朱筆塗去。詠，南圖本作「詒樸」。
〔二〕眉：抄。
〔三〕段跋本尾：此亦當乙〇，今從程本補乙。

於宋，則中原而亦然矣。書曰「始用」，傷中原也。朱子歸其獄於王政不綱，諸侯擅命，殺人習以爲常，無明王賢伯以討其罪。嗚呼，豈非拔本塞源之論哉。

357「闞駰曰：『周成王時，薄姑與四國作亂，周公滅之，以封太公。』」

358 班《志》：「周成王時，薄姑氏與四國共作亂，成王滅之，以封師尚父，是爲太公。」

359《史記》：「周武王時，侯伯尚十〔一〕餘人，及幽、厲之後，諸侯力攻相并。」

*360 胡三省《注通鑑序》曰：「嗚呼，注班書者多矣，晉灼集服、應之義，而辯其當否。臣瓚總諸家之説，而駁以己見。至小顔新注，則又譏服、應之疏紊尚多，蘇、晉之剖斷蓋尠，訾臣瓚以差爽，詆蔡謨以抵梧，自謂窮波討源，構會甄釋，無復遺恨。而劉氏兄弟之所以議顔者，猶顔之議前人也。人苦不自覺，前注之失，吾知之；吾注之失，吾不能知也。」〔二〕

361《大清律·田宅條例》：屯田人等將屯田典賣與人。軍丁人等發邊衛充軍，民發邊外爲民。夫典賣尚不可，況挖廢之乎？此又律例所未載之大罪也。

362「王景文在太學，與九江王阮齊名，阮嘗曰：『聽景文談，如讀酈道元《水經》，名川

〔一〕十，《史記》作「千」。
〔二〕眉：抄。

支渠，貫穿周匝，無有間斷，咳唾皆成珠璣。』」

363 韋孟既歸，猶夢面〔一〕争王室之事；虞世南既死，帝猶夢其進我讜言，真諫苑之異聞，忠臣之盛節也。〔二〕

364《荀子》曰：「喪事之凡，變而飾，動而遠，久而平。」

*365 劉攽《中山詩話》：「杜曰『阜鵰寒始急』，白曰『千呼萬喚始出來』，人皆爲語病。事之終始音上聲，有所宿留今甫然者音去聲，二公詩自非語病。」〔三〕

366「江祏常詣謝朓，朓因言有一詩，呼左右取，既而便停。祏問其故，云『定復不急』。祏以爲輕己，遂構而害之。」

*367「黄中，字仲庸，官修撰，與朱文公同時，往復講辯，欲於實地上用工，不徒託之空言而已。嘗校藝漕闈，學禁方嚴，中發策有云：『平居不以利禄入其心，而培植涵養，如木有根，水有源，用之則回既倒之狂瀾，不用則倡和寂寞之濱，亦足以名世，任此責者誰與？』

〔一〕面，眷西堂本作「而」，上圖本改作「面」，據改。眉：「而」字當是「面」字。
〔二〕眉：抄。
〔三〕眉：抄。

文公後見之，曰：『近年若此等議論，令人歎服。』」〔一〕

*368 唐舒元輿《玉箸篆志》論李斯、李陽冰之書，其辭曰：「斯去千年，冰生唐時；冰復去矣，後來者誰？後千年有人，誰能待之？後千年無人，篆止於斯。嗚呼主人，爲吾寶之。」王安石《倉頡臺》曰：「倉頡造書，不詰自明。嗚呼多言，祇誤後生。」此一銘一詩，俱有不可名言之妙，宜三復焉。〔二〕

369 王道思愼中《沈青門詩序》曰：「君恂恂恭勑，風致藹然，其所爲邊關諸詩，意氣激發，不揜於聲律之外。如彈鋏欲邀公子之車，欵户必得美人之首。攝衣欲從虛左之迎，猶餘矜色；持槊招他人以敵，徐出謾言。又如睨柱秦庭，不辭碎首；擊筑燕市，髮上衝冠。使人讀之，馮軾而有擊轂之争，隱几而有按劒之怒，抑又何也？」亦妙極形容之文。

370 或疑西州當是西川，蓋綿竹縣唐屬漢州，德陽郡西川所領。不知説非也。此自出《漢書·孫寶傳》。

371 錢牧齋曰：「序項王、項伯等某嚮坐者，爲下文舞劒翼蔽張本也。」〔三〕

〔一〕眉：抄。
〔二〕眉：抄。
〔三〕又見卷二第二四八條。

372 薛應旂《四書人物考序》：「夫其汎引雜證，雖嘗删次，而文章事行，苟有裨於問學治理者，咸在所録，固不敢過求其真贋也。」

373 任昉《述異記》：「漢世古諺曰：『雖有神藥，不如少年；雖有珠玉，不如金錢。』」

*（地）374 程大昌曰：「東崤至西崤三十五里，皆在秦關之東、漢關之西。」〔一〕

*375 楊文懿公守陳，謂《舜典》「象以典刑」章乃舜命官語，非史臣記事之詞。〔二〕

*376「湯胤勣，字公讓，東甌襄武王曾孫也。有問古名將者，胤勣以張巡、岳飛爲第一。其人曰：『岳將軍則聞命矣，張睢陽何如人？』胤勣瞋目曰：『子不觀其對令狐潮之語乎：「卿未識人倫，焉知天道！」自唐以下，誰有爲此語者？』其所見如此。」〔三〕

*377「《顏氏大宗碑》《顏君廟碑》俱唐顏真卿書，在今上元縣金陵鄉。宋乾道中移入府學，其碑座尚存故地，猶名顏碑衝。」〔四〕

*378《廟碑》云：「含，琅邪臨沂人。隨元帝過江，已下七葉，葬在上元幕府山西。」七葉

〔一〕眉：移入「釋地」卷。
〔二〕眉：抄。
〔三〕眉：抄。整理者按：又見卷二第四一五條。
〔四〕眉：抄。

者，含、髦、綝、靖之、騰之、炳之、見遠也。八葉曰協，爲梁記室。九葉曰之推，則入北齊爲黄門侍郎、隋東宮學士。十葉曰思魯，入唐。十一葉曰勤禮。十二葉曰昭甫。十三葉曰惟貞。十四葉曰真卿，兄弟凡七人，真卿行六。碑稱第七子，似誤。〔一〕

*379「竊嘗妄論，六經之外，文之譚理而達者無如《莊子》，論事而達者無如《國策》。後之作者，能兼撮二書之勝，無如蘇長公。自韓昌黎振累代之衰，力去浮蔓，以爲奇怪。然其句琢字鍊，猶在虚實之間。至歐學韓而益暢之，并去雕刻，而務出於平易，又一變焉。長公後出，與歐同出〔二〕於用虚，而筆力豪橫，倏忽變化，後有作者無以復變，亦無復能逮矣。」〔三〕

380《齊東野語》：「世傳涪翁喜苦筍。嘗賦苦筍云：『苦而有味，如忠諫之可活國。』陸放翁從而奬之曰：『我見魏徵殊嫵媚，約束兒童勿多取。』於是世以『諫筍』目之。」

*381歐陽公曰：「經非一世之書也。其傳之繆，非一日之失也；刊正補輯，非一人之能也。使學者各極其所見，而明者擇焉，以俟聖人之復生也。」〔四〕

〔一〕《四庫》本接抄於上條之後。
〔二〕出，《四庫》本作「工」。
〔三〕眉：抄。
〔四〕眉：抄。

*382《齊東野語》曰：「書籍之厄，吾鄉故家如石林葉氏、賀氏，皆號藏書之多，至十萬卷。其後齊齋倪氏、月河莫氏、竹齋沈氏、程氏、賀氏，皆號藏書之富，各不下數萬餘卷，亦皆散失無遺。近年惟直齋陳氏書最多，蓋嘗仕於莆，傳録夾漈鄭氏、方氏、林氏、吴氏舊書，至五萬一千一百八十餘卷，且倣《讀書志》作《解題》，極其精詳，近亦散失。」〔一〕

383 又曰：淳祐己酉，「直齋陳振孫二卿修《吴興人物志》」。

384 宋真宗得天書，以問孫奭。奭對曰：「臣愚所聞，天何言哉？豈有書也？」

385 明李應禎命寫佛經，抗疏言：「臣聞爲天下國家有九經，不聞有佛經也。」

386《語録》：「武王當時封許多功臣國，緣當初滅國五十，得許多空地可封，不然，則周公、太公亦自無安頓處。」

*（地）387 隋大業改漢津縣曰漢陽。《寰宇記》云以在漢水之南、章山之陽，故名。〔二〕

388 甬上李鄴嗣曰：「先輩言古今撰述之盛，前無如葛稚川所著書六百餘卷，其次即先

〔一〕眉：抄。
〔二〕眉：移入「釋地」卷。

生所著六百八十九卷，亦極盛矣。」〔一〕

*389 萬曆中黨論起，而吾邑榜名已衰。故鄉先生無顯然爲東林〔二〕，以至膠庠閭里間皆莫能辨别邪正。奄黨楊維垣戍此十五年，問字者屨恒滿户，楊亦繆爲下士，士益日附之。家君嘗獨笑曰：「使此老戍江南，不知何法可得生活矣。」楊又喜談制義，毁〔三〕試童子。大署其門曰「授小兒秘訣」，夜半有人續其後曰「醫太僕官方」。明旦，楊視之大窘。〔四〕

*390 楊〔五〕維垣戍淮時，畫《明妃夢還漢宫圖卷》以見志，屬人題詠。適同宗閻用卿〔六〕先生自沛至，謂人曰：「今聖明在上，手定逆案如山，楊名在案中。果漢宫可還，則逆案可翻矣。諸君紛紛何爲者？」楊聞之，立取卷回，後直指使者誣劾用卿，楊亦與有力焉。〔七〕

〔一〕眉：先生何人？

〔二〕上圖本「東林」下補「者」字。《四庫》本「東林」下有「者」字。

〔三〕上圖本「毁」下補「應」字。《四庫》本「毁」下有「應」字。

〔四〕眉：抄。

〔五〕楊，上圖本改作「又」，《四庫》本亦作「又」。

〔六〕同宗閻用卿，上圖本先塗掉「同」「閻」二字，書「人」字於「宗」旁，後又塗去「人」字。眉：「宗人」字未妥，不如原本。

〔七〕《四庫》本接抄於上條之後。

*391黄太沖《律吕新書數義》云：「鄭世子考羊頭山秬黍，以時制等則秤之，百粒得二分五釐，積至兩龠二千四百黍，重六錢。則今之六錢，爲古一兩，以約度量。今之八寸，即古一尺。今之三斗，即古一斛。度以八爲率，量以三爲率，權以六爲率。」〔一〕

*392宋程實之曰：「讀《尚書》，當識唐、虞、三代氣象。唐、虞君臣交相儆戒，夏、商以後則多臣戒君。禹、皋戒君，儆於未然，辭亦不費。夏、商以後，則事形而後正救之。如《高宗肜日》等篇，反覆詳至，不憚辭費矣。」〔二〕

*393《癸辛雜識》：「管寧初無白帽事，獨杜佑《通典·帽門》載管寧在家，常著帛帽，豈以帛爲白乎？」〔三〕

394夏侯審《詠被中繡鞋》云：「雲裹蟾鉤落鳳窩，玉郎沈醉也摩挲。陳王當日風流減，只向波心覓襪羅。」杜牧《雙行纏》云：「鈿尺裁量減四分，碧琉璃滑裹春雲。五陵年少欺

〔一〕眉：抄。

〔二〕眉：抄。

〔三〕眉：《魏志》作「皂帽」。又眉：「抄。」《四庫全書考證》：「案杜佑《通典》並無帽門，即嘉禮中載冠禮、章服禮，亦無此二語。考《三國志·管寧傳》，『帛』作『皂』，訛謬顯然。但此條具《癸辛雜志前集》中，姑仍其舊。」

他醉，笑把花前出畫裙。」〔一〕

*395《唐書·循吏·薛克構列傳》：「陳思忠居父喪，詔奪服。客往弔，思忠辭以辰日不見。克構曰：『事親者避嫌，可也。既孤矣，則無不哭。』世服其言。」〔二〕

396 錢惟善，字思復，錢塘人。至正辛巳鄉試出《羅刹江賦》，鎖院三千人，皆不知錢塘江爲曲江，惟善據枚乘《七發》引用，因此得名，號曲江居士。官至副提舉，張士誠據吳，遂不仕。

397《世説新語》：「梅賾嘗有惠於陶公，後爲豫章太守，有事，王丞相遣收之。侃曰：『天子富於春秋，萬機自諸侯出，王公既得録，陶公何爲不可放？』乃遣人於江口奪之。賾見陶公，拜，陶公止之。賾曰：『梅仲真厀，明日豈可復屈邪？』」《晉諸公贊》曰：「賾，字仲真，汝南西平人。少好學隱退，而求實進止。」《永嘉流人名》曰：「賾領軍司馬。賾弟陶，字叔真。」

398 楊蟠《金山》詩：「天末樓臺横北固，夜深燈火見揚州。」王平甫曰：「莊宅牙人語也，解量四至。」吳僧《錢塘白塔院》詩：「到江吳地盡，隔岸越山多。」陳後山謂：「分界堠子語也。」

〔一〕眉：此種亦刻入，累先生不小。
〔二〕眉：抄。

399 程篁墩曰：「有若天誘其衷而不泯其迹，以爲後人尋疑勘誤之地。」

400 又曰：「一書之中，固有此得而彼失，亦安知無此失而彼得者？若膠於一而盡廢之，非善於讀史者矣。」

*401 唐張懷瓘《書品》：「後漢杜林，字北山，扶風茂陵人，凉州刺史鄴之子。位至司空。尤工古文，過於鄴也。故世言小學由杜公。嘗於西河得漆書《古文尚書》一卷，寶玩不已。每困厄，自以爲不能濟於亂世，常抱經歎曰：『古文之學，將絶於此。』初，衛宏方造林，未見則暗〔一〕然而服。及〔二〕會面，林以漆書示宏，曰：『常以此道將絶，何意東海衛君復能傳之，是道不墜於地矣。子曰：「德不孤，必有鄰。」豈虚也哉？』光武建平中卒。靈帝時，劉陶删定古文、今文《尚書》，號《中文尚書》，以北山本爲正。陶亦工古文，是謂就有道而正焉。」〔三〕

*402 史稱吕正獻平生以人物爲己任，凡當世名賢，無不汲引。予所尤異者，濂、洛、關、陝諸賢，皆爲所薦。《周茂叔傳》載熙寧初，知郴州，用趙抃及吕公著薦，爲廣東轉運判官。

〔一〕《四庫》本「未」下有「及」字，「暗」作「闇」。

〔二〕及，《四庫》本作「既」。

〔三〕眉：抄。

《程伯淳傳》載用呂公著薦，爲太子中允、監察御史裏行。程正叔薦，則與司馬光共疏其行義，詔爲西京國子監教授，尋擢崇政殿説書郎。《張子厚傳》載公著言其有古學，神宗召見，授崇文院校書。子厚弟戩亦薦焉。邵堯夫雖未爲所薦，公著居洛中，雅敬堯夫，恒相從游，爲市園宅。夫道學諸公之在當世，貴近大臣，能不出力排擊詆侮〔一〕者已難，又從而薦諸朝廷，使一一獲其用焉。嗚呼，若正獻者，不獨得以人事君之義，其增光吾道，爲何如哉？〔二〕

*403 明之士夫積習，師弟重於父子，得罪于父母者有之，得罪于座主者未之有也。門户重于師弟，以師之門户爲門户者固多，不以師之門户爲門户者亦不少也。富貴又重于門户，有始附正人，既而與之爲敵者；有始主邪説，既而窺其黨將敗，遂反攻之者，皆惑于富貴也。

*404 東林書院復於萬曆甲辰。首善書院建於天啓辛酉〔三〕。天下書院毁於天啓乙丑。

〔一〕侮，《四庫》本作「毁」。
〔二〕眉：以下十五條俱抄。
〔三〕辛酉，眷西堂本空闕。上圖本旁（朱）：元年辛酉。眉：空處是二字，可查出補之。又眉：考竹垞集，是天啓元年。元年，辛酉也。整理者按：《四庫》本作「辛酉」。

復社起於崇禎辛未會試。

*405《易》曰：「積善之家必有餘慶，積不善之家必有餘殃。」此主數而言也，理在其中矣。明〔一〕太祖高皇帝〔二〕有言曰：「爲惡或免于禍，然理無可爲之惡；爲善或未蒙福，然理無不可爲之善。」此主理而言也，數有所不足道矣。又曰：「彼爲善而無福，爲惡而無禍，特時有未至耳。」又未嘗不以數言〔三〕。大哉聖訓，真可續入六經矣。〔四〕

*406韓文公之壻李漢爲文公作《集序》，止稱門人而不稱壻。朱文公之壻黄幹爲文公作《行狀》，止稱門人而不稱壻。古人重道統而輕私親如此。〔五〕

*407蘇子瞻一生，人知其見阨于荆公，而不知極得力於荆公。方新法之行也，子瞻力争，以致竄逐，瀕死而不悔，既成其爲元祐之正人。及新法之敗也，子瞻鑒此，遂不復言變

〔一〕明，眷西堂本空闕，上圖本補「明」字，《四庫》本有「明」字，據補。
〔二〕《四庫》本無「高皇帝」三字。
〔三〕上圖本「言」下補「也」字。《四庫》本「言」下有「也」字。
〔四〕《四庫》本無「大哉聖訓真可續入六經矣」句。
〔五〕《四庫》本有雙行小注：「案皇甫湜韓愈墓誌，當愈在日，其女已與李漢離婚，改嫁樊宗懿，其不稱壻蓋以此。黄幹則但見韓集序文，而不考韓女改嫁之故，誤效其顰者也。若璩重道統之説，殊爲謬誤。謹附訂於此。」

更制度，一意勸上以安静，又免其爲早用之安石。故由前言之，則是其不善者惡之〔一〕；由後言之，則是其不善者而改之。子瞻之爲子瞻，其妙正在於此。〔二〕

*408蘇子瞻不附荆公易，不隨温公難；感歐公之知易，感韓公之愛難；辯王鞏之當舉易，劾周穜之妄舉難。

*409予最愛《淮南子》曰：「知性之情者，不務性之所無以爲，盡性也；知命之情者，不憂命之所無奈何，安命也。」二語之妙，置之先儒中，殆不可復辨。後讀《莊子·達生篇》，乃知其全本于《莊子》，但易「生」字爲「性」字，便覺《淮南》爲勝。郭象注曰：「生之所無以爲者，分外物也；知之所無奈何者，命表事也。」二語亦妙。

*410「論道當嚴，取人當恕。」昔人以此八字爲東坡論道之語。〔三〕

*411秦滅魏，聞張耳、陳餘，此兩人魏之名士。「名士」之稱始于此。新垣衍曰：「吾聞魯仲連，齊之高士也。」孔子順與安釐王論天下高士，曰：「其魯仲連乎？」「高士」之稱始

〔一〕旁：此句似將書旨解錯。簽：按「其不善者惡之」句似未將書旨解錯，旁批誤會。整理者按：此簽今在卷五第九四「玉谿生」條眉上。

〔二〕眉：此論亦平平，可去。又眉：此條到底是先生自家説話，仍當存之。

〔三〕眉：一作程子語。

于此。〔一〕

*412 唐應德《序董中峰集》曰：「漢以前之文未嘗無法，而未嘗有法，法寓于無法之中，故其爲法也密而不可窺。唐與近代之文不能無法，而能毫釐不失乎法，以有法爲法，故其爲法也嚴而不可犯。」

*413 立儲與用人同一關紐，宋王成器曰：「國家安則先嫡長，國家危則先有功。」猶丁度對宋仁宗曰「承平無事則守資格，緩急有大事大疑則先材能」之論是也。然二者俱以人用法，不以法勝人。即在承平之世，要當以治人爲急耳，豈真先嫡長而不問賢愚，據資格而不覈功罪乎？

*414 今人稱「廉恥」二字輒相連，其實廉易而恥難。如公孫弘布被脱粟，不可謂不廉，而曲學阿世，何無恥也！馮道刻苦儉約，不可謂不廉，而更事四姓十君，何無恥之甚也！蓋廉乃立身之一節，而恥實根心之大德。故廉尚可矯，而恥不容僞。周子曰：「人之生，大不幸，無恥。」〔二〕

〔一〕簽：「按『名士』字見《月令》，不得謂始見《史記》；『居士』字始見《禮記》。」整理者按：此粘簽今在前第三一五「陳幾亭曰」條上。

〔二〕南圖本眉：從周子《通書》一語生出一段大議論。

*415 三代以下，郭子儀之德比於周公，而其福則過於周公；狄仁傑之志苦於伊尹，而其功則過於伊尹。何以言之？尹猶爲其易，而仁傑實爲其難也。尹能見信于百姓，而仁傑不免見誣于酷吏。尹能感格者，太甲之非心，而仁傑所轉移者，女主之逆志也。尹歸嗣王于亳都，商未嘗亡；仁傑復廬陵爲太子，唐革已久也。

416 天下極厚道之人，可以富，亦可以貧。可以富者，天補〔一〕之也；可以貧者，人制之也。〔二〕

417 天下極可憐之人是自滿，極可恨之人是自棄。

*418 孔子《爲命》一章，其示人以作文之法乎？《小子》一章，其示人以作詩之法乎？孟子論《武成》「取二三策」，便識得讀《書》之法；論《北山》「以意逆志」，便識得讀《詩》之法。〔三〕

*419 嘗考明世宗初，以議禮而獲罪者，如喬莊簡宇、汪文莊俊、何文簡孟春、楊修撰慎、

〔一〕南圖本旁：輔。
〔二〕眉：此論亦好。
〔三〕眉：以下十條抄。

石文隱珤、林貞肅俊，皆出於李西涯之門；以議禮而獲進者，如席文襄書、方文襄獻夫、霍文敏韜、黄尚書綰，皆出于王陽明之門。西涯本以辭章教門人，而門人據經守禮，百挫不回。陽明以理學教門人，而門人反依附揣合，以致貴顯。人固不繫于師承如此。

*420 歐陽公議濮禮，爲臺諫所共非，獨蔣之奇傅會之，而後之劾歐公者，即之奇也。張桂議大禮，爲舉朝所不容，獨楊文襄極稱之，而後之傾文襄者，即張桂也。故曰：「小人都不可與作緣。」〔一〕

*421 歐陽公從祀在嘉靖中，實永嘉以濮議而進之。雖稱其功同於韓愈，實以其議合於己私也。又嘗過釣臺賦詩，譏嚴子陵不爲光武議禮而去。夫已既徼一時之幸，得君擅政，聲勢烜赫，亦可已矣。而必欲牽合古人，紛紛褒刺，吾不知其於永叔何所加，而〔二〕子陵何所損也。

*422 宋元祐中，朝士以類相從，有洛黨、蜀黨、朔黨之分，又有不立黨者，又有戇直無黨者，至章蔡用，而諸賢盡錮爲奸黨，是君子始異而終未嘗不同也。萬曆中，與東林相角者，

〔一〕眉：「永陵以外藩入繼，與英宗育養宮中者不同。歐公之議宜其不見許于諸君子也。張桂初議亦未可盡非，其後則挾私悖禮之甚。蓋其初心亦不過富貴之心切，故至不能自持，與歐公用心迥殊耳。」

〔二〕而，上圖本改作「於」，《四庫》本亦作「於」。

有崑黨、宣黨，又有齊黨、楚黨、浙黨〔一〕三方鼎峙之名，至魏閹出，而諸黨盡化爲逆案，是小人始異而終亦未嘗不同也。然君子始異而終同，同歸於禍；小人始異而終同，同歸于利，則其是非固不待辨而知矣。〔二〕

*423 王荆公爲江東提點刑獄時，與周茂叔相遇，語連日夜。荆公退而精思，至忘寢食。荆公博辯騁辭，人莫敢與抗，獨吕晦叔以精識約言服之。荆公曰：「疵吝每不自勝，一詣長者，不覺消釋。」荆公之屈服於正人如此。何一旦柄國，愎諫自信？豈真性之不可易邪？抑貧賤時能下人，而富貴後遂矜己邪？〔三〕

424 王莽時，求封司馬遷後爲史通子。宋神宗封三閭大夫屈平爲忠潔侯。元至元二年，追謚唐杜甫爲文貞。至正十七年，追謚唐劉蕡爲文節。此數公皆以曠世之才負忠憤之氣，或被讒以死，或賫志以殁，而獨見褒於百世後之人主，亦可謂藝苑之德音、文人之寵遇矣。

*425 韓魏公當英宗初，屢以危言動太后。後簾下忽問：「漢有昌邑王事，如何？」公即

〔一〕《四庫》本無「浙黨」二字。

〔二〕眉：樹黨大非美事，此條議論尚有明季習氣。南圖本尾、國圖本尾：以上二十二則，甲辰。

〔三〕眉：一説荆公與濂溪語不合，遂徑去不顧，曰：「吾不可返而求之六經耶？」遂至拗僻自用，不可解云。

對曰：「漢有兩昌邑王，不知所問何王耶？」太后語便塞。按兩昌邑王者，昌邑王賀之父名髆，武帝子，初封昌邑王，而賀嗣立者也。公蓋援此以折太后，若爲弗識其意者，而太后亦不復敢明言。則上以全國體，下以消母后之邪心，孰謂宰相而可不用讀書之人乎？

426 近代文士，務博而不明理，好勝而不平心，未有過于楊用修慎者也。楊用修平生不喜朱子，以不喜朱子故，遂并濂溪、明道、伊川、横渠、康節諸大儒一一排詆，甚至以孟子爲無稽，朱子爲不識字。以不喜宋儒故，遂并宋人之文章議論爲繁冗、爲不公不明，宋人之功業品行爲不及前代。以不喜宋人故，遂并宋帝王之統系爲偏安、爲似晉。無論其言之是否，只此一念之增遷而不已，尚可謂讀書識字者耶？噫，亦可哀已。

*427 徐文貞當國，畢公在言路。舉朝嚴畢公甚於文貞，議且出畢公於外。文貞曰：「諸公畏之耶？」皆踧踖曰：「豈謂畏之？黄門切直，慮其府禍耳。」文貞曰：「不然，吾亦畏之。顧念人孰無私，私必害公。有若人在，不敢自縱，可寡過也。」聞者歎服〔一〕。

428 南昌王于一爲予言其鄉鄧文潔公，深心禪悦。嘗閉户書經，有一筆涉妄想，即更書。其精嚴如此。

〔一〕《四庫》本無「聞者歎服」四字。

429金正希太史七歲隨父商嘉魚，父爲諸生所訟，將責之。父泣曰：「有一子頗能文，顧以此自免。」令異其言，召正希試，以「學而第一爲政第二」爲題。正希即作一破曰：「學而後入政，未聞以政學者也。」令大驚曰：「子他日必以文章名世，豈終爲商人之子哉？」〔一〕

430平涼趙公時春，年九歲，應童子試，文佳甚，學使者疑其代作，面試以「子曰」二字。公應聲曰：「匹夫而爲百世師，一言而爲天下法。」又命自賦其姓名，公亦應聲曰：「姓冠百家之首，名居四序之先。」使者大驚，寘第一。後九年中會元，蓋公纔十八歲耳。

*431老杜《寫懷》詩「無貴賤不悲，無富貧亦足」，本阮籍《大人先生傳》中語。《傳》曰：「夫無貴則賤者不怨，無富則貧者不争，各足於身，而無所求也。」〔二〕

432顔魯公爲盧杞所惡，欲出之於外。魯公謂杞曰：「先中丞傳首至平原，面上血，真卿不敢以衣拭，親舌舐之。相公忍不見容乎？」痛哉斯言，真所謂猩猩惜猩猩也〔三〕。吾輩誦魯公之書，述魯公之行事，未嘗不爲咨嗟之、拜服之，而終不若魯公之服人之至此極也。

〔一〕眉：此條及下條頗無關係，即不存可也。
〔二〕眉：抄。
〔三〕四「猩」字，上圖本皆朱筆改作「惺」。眉：「猩」字莫是「惺」字否？

則知忠義之心，發于古人者深，而感於今人者淺也，豈不悲哉！

*433韓魏公判大名，上疏極論青苗法。已而文潞公亦以爲言。帝曰：「吾遣二中使親問民間，皆云便甚。」潞公曰：「韓琦，三朝宰相，不信，而信二宦者乎？」至哉斯言，真可以爲人主之龜鑑矣。予因思當仁宗之時，文潞公則能斬史志聰；當英宗之時〔一〕，韓魏公則能竄任守忠，而天子不以爲專，宰相亦不自以爲嫌。何一再傳之後，二公之人猶故也，宰相之權猶故也，而其言則不能與宦者争勝負？此無他，人主之敬大臣與不敬大臣而已矣。敬大臣則誠，誠則明，明則左右不得關其説；不敬大臣則疑，疑則闇，闇則左右得以竊其柄。故神宗之弊，不在於過信大臣，而在不信大臣。然則神宗之於安石，亦爲不信乎？曰：以宦者而信安石，吾猶以爲不信安石也。〔二〕

*434李方叔責蘇子瞻不薦己，子瞻曰：「進退之際，不甚慎静，則於定命不能有毫髪增益，而于道德有丘山之損矣。」此聖賢信命之言也。然天下儘有勸人能信，而己未必能信者。及觀子瞻對宣仁太后曰：「臣雖無狀，不敢自他途以進。」則公之對朋友，即所以對君

〔一〕之時，眷西堂本作「時之」，據南圖本、《四庫》本乙正。上圖本已墨筆乙正。
〔二〕眉：抄。

父者也。《與姪書》曰：「獨立不懼者，惟司馬君實與〔一〕叔兄弟耳。萬事委命，直道而行，縱以此竄逐，所獲多矣。」則公之對朋友，即所以對子弟者也。蓋子瞻好士出於天性，而責善出於血誠，故能不欺如此。〔二〕

*435 王濟謂王湛：「家有名士，三十年而不知。」山簡歎：「吾年幾三十，而不爲家父〔三〕所知。」然則骨肉中知己尤不易得邪？予獨怪以濤之鑒拔，而不能識其子；以湛之癡名，而獨爲父〔四〕所異。知與不知，似有夙因，不可彊也。〔五〕

*436 晉明帝微行于湖察敦〔六〕營壘，敦遣五騎追帝，帝馳去。馬有遺糞，輒以水灌之，後五騎見馬糞冷，以爲信遠而止不追，帝乃獲免。此智即從虞詡增竈得來也。蓋增竈以示彊，彊則不敢追；灌糞以示遠，遠則不必追。其多方以誤敵之計則一耳。〔七〕

〔一〕眷西堂本「與」下有「老」字，上圖本朱筆塗去。《四庫》本無「老」字，據刪。眉（朱）：按本文無「老」字。
〔二〕眉：抄。
〔三〕父，《晉書・山簡傳》作「公」。
〔四〕公，《四庫》本作「濟」。
〔五〕眉：抄。
〔六〕湖察敦，《四庫》本作「湖陰察王敦」。
〔七〕眉：似可存。又眉：抄。

*437《竟陵鍾伯敬集》有《遊武夷山記》，攷其時乃丁憂去職，枉道而爲此。予謂伯敬素稱嚴冷，具至性，能讀書，不應昧禮至此。昔二蘇兄弟居喪，禁斷詩文，再期之内不著一字，陸文安稱爲知禮。何伯敬嚴冷反不及二蘇之放曠者與？登山何事？聞訃何時？而竟優游爲之邪？予尤怪譚友夏撰墓銘不爲隱避，不爲微詞，反稱其哀樂奇到，非俗儒所能測。噫！三年之喪，天下之通喪也，豈不俗人之所能免與？〔一〕

*438王通對楊素曰：「使公可慢，則僕得矣；不可慢，則僕失矣。得失在僕，公何預焉？」與王昶《戒子書》曰：「若己有可毁，則彼言當矣；無可毁，則彼言妄矣。當則無怨於彼，妄則無害於身，又何報焉？」數語竟如出一口。然昶以此自反，通以此自解，又似不同。雖然，通亦爲譖己者言之耳。若己果慢人，聞人言方且慚，謝之不暇，又何敢以人之可慢而爲我之得計哉？故觀通之言者，尤會於言之外可也。〔二〕

439朱子嘗説房、杜是村宰相，莊周是大秀才，「村宰相」「大秀才」正可作對。

*440韋昭領國史，吴主欲爲其父和作紀。昭曰：「文皇不登位，當爲傳，不當爲紀。」以

〔一〕眉：抄。
〔二〕眉：抄。

此忤旨見殺。昭可謂不墮史職矣。近世大臣追崇人主之私親，而又儼然纂實録以垂後世，聞昭之言，獨不少愧乎？予按以追謚帝而作本紀者，自陳壽始；以追尊帝而纂實録者，自明〔一〕世宗時始。五代之亂，典章倒置，可謂極矣。而趙鳳撰唐事，於懿祖、獻祖、太祖曰「紀年録」，於莊宗曰「實録」，猶能以一字示輕重。歐陽脩因之，以三祖世系事跡冠於莊宗之前，而統曰「唐莊宗紀」。嗚呼，其知史職者哉？〔二〕

441　清談之風，一盛於王、何，再盛於嵇、阮，三盛於王、樂，而晉亡矣。范甯謂王弼、何晏之罪深於桀、紂；虞預論阮籍裸袒比之伊川被髮；何曾論阮籍居喪宜擯之四裔，無令污染華夏；桓温謂神州陸沈，王夷甫諸人不得辭其責；石勒謂衍破壞天下，非君而誰，則清談諸人之罪，在當時已有定論，又何煩後人之置辯哉？

*442　《雒閩源流録》曰：「嘉靖己亥，御史論薛文清應祀典，集群臣議。或謂瑄無著述而欲祀孔廟，猶無汗馬之勞而欲配帝享，於義不稱。中允秦鳴夏疏争曰：『興王之業，固有不盡恃于汗馬者，而況吾道之於著述耶？自秦火烈，異端熾，諸儒之傳經守正有足多

〔一〕明，眷西堂本空闕，朱筆填寫「明」。《四庫》本、國圖本有「明」字，據補。
〔二〕眉：抄。

者，時也。迨夫理學既明，家諭户曉，枝葉滋蔓，戕害本根。瑄獨反躬實踐，厭斥支流，遡尋正脉，使學者曉然知所趨向，此其功大於著述矣。臣以爲昭代必欲崇異從祀，以風示來學，非瑄不可。』鳴夏字子享，號白涯，臨海人，嘉靖壬辰進士。萬曆甲辰，東林書院九日首會，山陰劉念臺講《克復》章畢，坐中尚論，微不滿於薛文清。無錫高存之請故。念臺徐曰：『易儲一事，按《薛文清公年譜》，景泰元年二月，以大理寺丞督餉四川、雲南，明年二月歸。易儲則景泰三年五月事，公方爲南大理卿，明年九月調北。文清時以大理卿理餉雲南，歸而不静，猶曰位不在也。于忠肅臨刑，文清時在内閣，建言云：「天子新復辟，不宜誅戮，以傷天地和氣。」于初擬極刑，因文清言擬斬，此事爲慊心否乎？』存之曰：『論至此，却不能爲文清解，可見後世眼可畏，不爲你絲毫隱漏也。』念臺又曰：『所以文清不久去位，以爲曹石之故，非也。只此事，文清已不能安其位。』念臺將别去，存之曰：『此會可以千秋。』愚按山陰此論，其詞雖若不滿，亦可謂善體文清之心矣。」〔一〕

443「按嘉靖間，首疏請祀陸九淵，再疏請祀陳獻章。以爲祀王守仁地者，守仁之徒行人薛侃也。隆慶初，主祀守仁而不果者，輔臣徐階也。至萬曆初而卒成之者，内閣申時行及

〔一〕眉：抄。《四庫》本自「萬曆甲辰」别爲一條。

宗伯萬士和也。其申請之不遺力者，御史耿定向也。噫，薛、耿二子自以爲功在王門矣，豈知其助焰揚波，足以爇程漂朱也與？觀於侃之以妄言獲罪，及定向之晚年隳節，其言又何足據與？方時議之請祀守仁也，給事中蔡汝賢獨上《崇正學祀正儒》一疏，乞以羅從彦、李侗祀，正論快之。蓋王詆朱學，而羅、李乃朱學所自來，名爲祀羅、李，正欲尊朱以抑王耳。然未能勝也。前後疏祀羅、李者，如福建提學金賁亨輩，不一而足。至萬曆四十一年，提學僉事熊尚文上疏，侍讀學士何宗彦等博議，禮部侍郎孫慎行主其事，覆疏以程、朱擬孔、孟。謂：『孔有曾、思，而後孟子接其傳。程得羅、李，而後朱子衍其緒。羅、李之功與曾、思等，宜將二賢列宋儒楊時之下，入廟崇祀。』詔從之。而國家所以尊朱者，亦云備矣。乃考慎行之學，終不免雜王，殊失諸臣初意。則信乎時染之難滌也與！或問：『子爲是録，於陳、王貶之深矣，乃於陳則進諸羽翼之列，而於王獨否，何也？』余曰：『陽明豈無獨得處？但其所得不中不正，且自信太過，語言之失甚多。上得罪先賢，下開誤後學，訖今禍尚未艾，如何混進得他？』」〔一〕

*444「《益智録》云：椒山劾嵩原疏中有冒功一欵，奉旨下部查覆。武選主事王遴覆稿

〔一〕眉：且不必去。又眉：抄。整理者按：段跋本「且不必去」在前條眉上。

言：『嚴效忠鬼名，實無其人。嚴鵠黄口乳臭，身未履邊，何得冒叙以叨世襲之典？』兵部尚書聶豹，嵩黨也，見而令易之，遴執不肯，豹愠形于色。遴曰：『公講良知之學，刻《語録》，負盛名，若抹殺定案，公論之謂何？』豹擲稿于地曰：『汝爲君子，豹爲小人耳。』乃潛致嵩，自疏辭功，而部疏不覆。後豹以諛頌齋醮爲世宗所厭，斥去之，真枉爲小人矣。遴素與椒山交善，左右獄中，慨然以其女許其次子應尾，士皆義之。迨萬曆初，爲户部尚書，值議陽明從祀。遴曰：『某曾司理紹興，備知陽明以才勝，若實踐工夫，難與薛文清同。』又言：『此公一生只是作用，親見其居身居家無實學，止以氣魄議論籠罩從學者。』又曰：『陽明從祀，則朱晦菴、吕東萊皆不足信。』大宗伯沈鯉遂具疏言守仁從祀，宜俟論定，不報。閣臣申時行具揭以請，上以中旨予之。遴號繼津，北直霸州人。」〔一〕

445 或問：「濂、洛、關、閩諸儒，真至〔二〕繼孟子之後乎？抑子亦循用舊説乎？」余曰：少時即嘗爲之説曰：昔人謂天不生仲尼，萬古如長夜。愚則謂天不生宋儒，仲尼如長夜。又曰：周元公，其三代以下之伏羲乎？程純公，三代以下之文王乎？朱文公，三代以下之

〔一〕眉：抄。

〔二〕至，南圖本作「足」。

孔子乎？斯數言者，雖聖人出，不廢。〔一〕

446 或又問：「子於宋儒之理學，既若是其推崇矣，而於其經學反多未合，何也？」余曰：近代崇奉宋儒經學者太過，而貶剥之者亦太過，唯歸熙甫一序最爲平允。曰：「宋大儒始以其自得之見求聖人之心於千載之下，然雖有成書，而多所未盡，賴後人因其端以推演之。」乃淳祐一詔，其書已盛行於世，而不可止矣。間考朱子平生傳注，所最得意者《四子書》，然多未盡。所拳拳屬意不置者，《儀禮經傳通解》，止成得一稿子。所以元之大儒黄楚望氏欲以近代理明義精之學，用漢儒博物考古之功，加以精思，没身而止，意蓋以朱紫陽猶不足以當也。嗚呼，豈易言哉？〔二〕

447 或又問：「朱子以前之經學，可得聞其槩乎？」余曰：先王之造士，僅有《詩》《書》《禮》《樂》四者〔三〕，無所爲六藝也。孔子贊《周易》、筆削《春秋》，經始列爲六。遭秦滅學，而《樂》獨亡，故所立於漢學官者，《易》也，《書》也，《詩》也，《儀禮》也，《春秋》也。人

〔一〕眉：抄。
〔二〕眉：抄。
〔三〕南圖本旁（朱）：《管子》稱「四經」。

各爲專門一家之學，孤陋已極。至鄭康成，始博綜而兼釋之。范史謂之〔一〕自是學者略知所歸。孔穎達紹明其義，爲鄭所壓，莫敢是正，然力亦有不足。逮宋慶曆間，劉仲原父著《七經小傳》，而説者遂日新矣。王安石又加甚焉。朱子出，復大折衷，定《四子書》，猶二程子之志也。深不滿於安石之棄《禮》經任傳，上書欲修之，而卒未竟。然則自宋以迄今，造士之方、經術之備尚未及乎漢人，況先生〔二〕哉？況聖人哉？此余所爲累欷而增歎也。然此亦先儒先正之緒言，予特因子之問而稡成其説如此。〔三〕

448 歐文云：「孟軻之道，愈久彌光。名尊四子，不數臧倉。」

449 違覆而得中，猶棄弊蹻而獲珠玉。

450 山少傅天下名言。

451 邢蒯聵曰：「吾既食亂君之禄矣，又安得治君而死之？」

452 《尚書考靈耀》曰：「秦失金鏡，魚目入珠。」〔四〕

〔一〕上圖本塗去「之」字。
〔二〕生，上圖本改作「王」。
〔三〕眉：抄。
〔四〕國圖本尾：此條抄本在卷二「章帝八王傳」下。

453 王胡之：「若饑，自當就謝仁祖索食，不須陶胡奴米。」

454 劉真長曰：「小人都不可與作緣。」「此自是其勝場，安可争鋒！」

455 「共愈往還，二十餘年不曾説著文章。」

456 何胤曰：「《檀弓》兩卷皆言物始，何必有例？」

457 天隨生曰：「我幾年來忍饑誦經，豈不知屠沽兒有酒食邪？」

458 「史鰌有君子之道三。」一曰「直能曲於人」。

459 「見鍾士季，如入武庫，但覩矛戟。」

460 「此書詎復須注？徒棄人作樂事耳。」

461 「廣無可記，虞多所録，於斯爲勝也。」〔一〕

462 「分其才藝，足了十人。」

463 「經師易獲，人師難遭。欲以素絲之質，附近朱藍。」

464 「我與安期、千里共遊洛水邊，何處聞有蔡充兒也？」

465 公子牟曰：「夫貴不與富期而富至，富不與粱肉期而粱肉至，粱肉不與驕奢期而驕

〔一〕段跋本尾：此數條見《世説》。

奢至，驕奢不與死亡期而死亡至。累世以前坐此者多矣。」

466「白骨疑象，武夫類玉。」

467《三國志注》：「魚豢曰：『諺言「貧不學儉，卑不學恭」，非人性分也，勢使然耳。此實然之勢，信不虛矣。』」

468《喪大記》「公之喪」疏曰：「臣下呼此有地大夫之君爲公，故云公之喪。」〔一〕

469孔疏曰：「虞氏云『有』者，以『虞』字文單，故以『有』字配之，無義例也。」

470孔疏曰：「大社在庫門之内右，王社在藉田，王自所祭以供粢盛，故《詩・頌》云『春藉田而祈社稷』是也。」

471陸德明曰：「『罪』本作『辠』，正字也。秦始皇以其似『皇』字，改爲『罪』也。」

*472《漢書・谷永傳》：「《書》曰：『自絶于天。』」顔注：「今文《周書・泰誓》之辭。」按此乃僞《泰誓》。〔二〕

473《文選》陳琳《爲袁紹檄豫州》云：「割剥元元。」李善引高誘《戰國策》〔三〕注曰：

〔一〕眉：入「丧服翼注」後。
〔二〕眉：抄。南圖本尾（朱）：此本《逸周書》，漢人謂之《大誓》。
〔三〕策，眷西堂本作「等」，誤，徑改。

「元元，善也。」

474「《尚書大傳》成王問周公曰：『舜何以也？』周公曰：『其政也好生而惡殺。』」

*475《漢書·谷永傳》：「永對〔一〕曰：臣聞三代所以隕喪者，皆由婦人，與群惡沈湎於酒。《書》曰：『酒用婦人之言。』」今按此亦僞《泰誓》。〔二〕

476《漢書·武帝紀》：「詔曰：進賢受上賞，蔽賢蒙顯戮，古之道也。」

477王應麟《詩攷自序》云：「文公語門人《文選注》多《韓詩章句》，嘗欲寫出。應麟竊觀傳記所述，三家諸言尚多有之，罔羅遺軼，傳以《説文》《爾雅》諸書，萃爲一編，以扶微學，廣異義，亦文公之意云爾。」

478《鐵鹽〔三〕論》：「殺人者死，傷人者刑，是百王之所同也，未有知其所由來者也。」

*479《延平府志》曰：「案特奏名不在進士之科。」考明翰林王贊撰《温志》，謂屢試不第，憫而收用，謂之特奏名。而莆田翰林黄仲昭撰《通志》，亦于特奏名、明經、釋褐、學究

〔一〕漢書谷永傳永對，上圖本改作「又」。

〔二〕上圖本眉：此條可接上「谷永傳」下，作一條寫。南圖本尾（朱）：此今文《大誓》。整理者按：今按此亦，眷西堂本「今」下有「文」字，「亦」作「乃」，上圖本改作「今按此亦」。《四庫》本亦作「今按此亦」，據删改。

〔三〕鐵鹽，段跋本乙作「鹽鐵」。

諸科之下各疏其義，大抵謂其亞于進士科。蓋《宋志》如此，覽者可類推矣。〔一〕

480 鄭康成《戒子益恩書》曰：「年過四十乃歸供養，游學十餘年。坐黨禁錮十有四年。」己酉起，癸亥止。「若致聲稱，亦有榮于所生。」「末所憤憤者，徒以亡親墳壟未成，所好群書率皆腐敝，不得于禮堂寫定，傳于其人。日西方暮，其可圖乎？」袁、曹相拒于官度，其年六月卒，年七十四。建安六年辛巳。建安五年春，夢孔子告之曰：「起之〔二〕，今年歲在辰，庚辰。來年歲在巳。」辛巳。〔三〕

481「鄭玄括囊大典，網羅衆家，删裁繁蕪，刊政漏失，自是學者略知所歸。」

482 鄭興曰：「臣于書有所未學，而無所非也。」

〔一〕眉：「《寧波府・選舉志》云：『特奏名者，太祖憫鄉舉之士屢試禮部不中，終不得出身。詔貢士至十五舉者，徑許赴殿試，授以郡縣散職，謂之特奏名。恩例嗣後減至四舉、五舉即得奏名。』蓋初或一歲二歲一試，後則定爲三歲一試故也。此段較《延平志》及《温志》爲詳，故録之。」又眉（朱）：「此段入之於注中。」又在二眉批之間有眉：「吴玉搢曰。」整理者按：《四庫》本此條下有雙行小注：「吴玉搢曰：《寧波府・選舉志》云：『特奏名者，太宗特憫鄉舉之士屢試禮部不中，終不得出身。詔貢士至十五舉者，徑許赴殿試，授以郡縣散職，謂之特奏名。恩例嗣後減至四舉、五舉即得奏名。』蓋初或一歲二歲一試，後則定爲三歲一試故也。」

〔二〕起之，《後漢書・鄭玄傳》作「起起」。

〔三〕南圖本眉（朱）：第三頁接此後。

483 范升曰：「誦而不行，知而不言，不可開口〔一〕以爲人師。」

484「桓譚〔二〕以不善讖流亡，鄭興以遜辭僅免，賈〔三〕逵能附會文致，最差貴顯。世主以此論學，悲矣〔四〕哉！」

485 尹和靖言：「經雖以誦説而傳，亦以講解而陋。」

486 堪輿出黄帝時，見《周禮疏》。〔五〕

487《吕氏春秋·仲夏紀·古樂》曰武王以鋭兵克殷於牧野，乃薦俘馘于京太室。

*488《演繁露》曰：「唐制取民者，爲租庸調三色。其曰庸者，一歲而用人力，止於二十日。役不及二十日，則輸絹三尺，是名爲庸。若有事而加役二十五日者，免其調。調，謂輸絹銀之屬也。」〔六〕

*489《中論·治學篇》曰：「故六籍者，群聖相因之書也。」《脩本篇》曰：「夫施吉報凶

〔一〕口，眷西堂本殘缺，據南圖本及《後漢書》補。

〔二〕眷西堂本「桓譚」下有「曰」字，據《後漢書》删。

〔三〕僅免賈，眷西堂本殘缺，據南圖本及《後漢書》補。大成齋本作「免禍賈」。

〔四〕悲矣，眷西堂本殘缺，據《後漢書》補。

〔五〕南圖本眉：此書載《漢·藝文志》。

〔六〕眉：抄。

謂之命，施凶報吉謂之幸。」又曰：「然行善而不獲福猶多，爲惡而不得禍猶少，總夫二者，豈可舍多而從少也？曾子曰：『人而好善，福雖未至，禍其遠矣；人而不好善，禍雖未至，福其遠矣。』」〔一〕

490 劉勰《新論·防慾第二》曰：「情出於性而情違性，慾由於情而慾害情。」

491 「時人不復尋其碑證。」　當是誤證耳。　申證。注：申，明白也。　據證。　此偏舉一隅，未爲通證。　辭證明審，義據通深。

492 文從字順，章妥句適。

*493 《孔叢子》曰：「夫子墓塋，方一里，在魯城北六里泗水上，諸孔氏〔二〕封五十餘所，人名昭穆，不可復識。有碑銘三所，獸碣俱存。」《水經注》。今本《孔叢子》無此文。〔三〕

494 《藝文志》：「六國之君，魏文侯最爲好古。孝文時，得其樂人竇公獻其書，乃《周官·大宗伯》之《大司樂》章也。」

〔一〕眉：抄。

〔二〕氏，眷西堂本作「邱」，據《四庫》本及《水經注》改。

〔三〕眉：抄。

495 歸太僕曰：「先王之禮爲之大法而已，至于因時損益、輕重之宜，一聽之於人，《檀弓記》《曾子問》諸篇可見矣。大禮之精微，不能一一而傳也。」

*496「拕紳使者，入户西行，南面立，致〔一〕詔付璽書。」《兩龔傳》莽遣使者徵勝，「勝稱病篤，爲牀室中户西，句。南牖下，東首，加朝服」。古人室中北墉而南牖。墉，墻也；牖，窗也。室之南面，左户而右奥，牖則居中。〔二〕

*（地）497 雲梯關，海口闊處幾〔三〕十四五里，或七八里。安東而上，大約二三里，此即《禹貢》以來淮水入海之道也。〔四〕

498「昔人歎中峰輟席，不知道隱何方。又言楚石、季潭而後，拈〔五〕花一枝幾熄。由今觀之，不歸於紫柏、憨山，而誰歸乎？」

499「禪門五燈，自有宋南渡以後，石門、妙喜，至高峰、斷崖、中峰爲一盛。由元以迄我

〔一〕致，眷西堂本空闕，據《漢書》補。
〔二〕眉：此條首行尚當詳考。又眉：抄。整理者按：段跋本改「拕紳使者」至「付璽書」句在「加朝服」下。
〔三〕幾，《四庫》本作「凡」。
〔四〕眉：此條移入「釋地」卷内山陽諸地名後。
〔五〕拈，眷西堂本作「招」，據《有學集》改。

國初，元叟、寂照、笑隱，至楚石、蒲菴、季潭爲再盛。二百年來傳燈寂蔑。」

500「伏生所授二十八篇，真上世遺書也，東晉後以增多之書雜之，今之儒者或莫辯别，闇亦甚哉！」

501「宋三百年間鋟板成市，板本布滿乎天下，無漢以前耳受之艱，無唐以前手抄之勤，何其幸也！」〔一〕

*502 朱子曰：「讀書須到不忍舍處，方是見得真味。」黄魯直曰：「棄書册而游息時，書味猶在胸中。」陸務觀詩曰：「睡餘書味在胸中。」〔二〕

*503 程伯子曰：「《尚書》《論語》可以逐句看，《易》《詩》《春秋》不可以逐句看。」朱子曰：「《詩》《書》是隔一重兩重說，《易》《春秋》是隔三重四重。」又曰：「《論語》要冷看，《孟子》要熟讀。」〔三〕

504 許氏《說文解字》云：「豈，還師振旅樂也。」

〔一〕眉：抄。

〔二〕眉：抄。

〔三〕眉：抄。整理者按：《四庫》本此條接抄於上條之後。

*（地）505《説文》云：「陶，再成丘也，在濟陰。《夏書》曰：『東至于陶丘。』陶丘有堯城，堯嘗所居，故堯號陶唐氏。」〔一〕

506「又不喜飲酒」，光武之見稱於馬伏波也。「此敗豈不由酒」，陳叔寶之遺笑於隋文也。

507《一統志》：「楚元王廟在府城内，舊在西門外，宋建炎中，賊李成來攻，王頗著靈異，乃移建城中。」〔二〕

*508 東坡《次孔毅父韻》第三首云：「不如西州楊道士，萬里隨身惟兩膝。」又云：「楊生自言識音律，洞簫入手清且哀〔三〕。」此綿竹武都山道士楊世昌，字子京也。又云西蜀道人楊世昌。〔四〕

*509「晉梅將軍廟，在江寧府聚寶門外雨花臺東，祀晉豫章内史梅公賾也。賾嘗屯營此地，舊名東石子岡，後因公名梅嶺岡。賾在豫章，以《古文尚書》奏上元帝。」

〔一〕眉：入「釋地」。

〔二〕眉：入「釋地」。段跋本尾：此節上亦當有〇。

〔三〕哀，眷西堂本作「表」，上圖本改作「哀」。《四庫》本亦作「哀」。

〔四〕眉：《赤壁賦》「客有吹洞簫者」，即楊世昌。又眉：抄。

*510「梅將軍廟，晉梅賾嘗屯營于雨花臺東岡，後即其地立廟。」明王以旂廟碑，略曰：留都聚寶山麓，有廟一楹，蓋祀晉豫章内史梅公賾也。始公居其地，或云嘗屯營焉，至今人稱爲梅岡。廟圮不治，弘治中有僧感夢，葺于永寧寺側，凡禱輒應。同郡張寅瞻拜廟下，迺徵言鑱石。〔一〕

511 聚寶山在城南山麓，爲梅岡。晉豫章内史梅賾家於岡下，又曰營子岡上。唐李白《登梅岡望金陵贈族姪高座寺僧中孚》。《南唐書》，梅賾岡相接處即謝安墓。

512《李靖列傳》：「妻卒，詔墳制如衛、霍故事，築闕象鐵山、積石山，以旌其功。」

513《李勣列傳》：「陪葬昭陵，起冢象陰、鐵、烏德鞬山，以旌功烈。」

514《阿史那社尒列傳》：「陪葬昭陵，治冢象葱山。」

*(地)515《元史·地理志》：「元起朔漠〔二〕，併西域，平西夏，滅女真，臣高麗，定南詔，遂下江南，而天下爲一。故其地北踰陰山，西極流沙，東盡遼左，南越海表。蓋漢東西九

〔一〕眉：此條前一行可删，以「王以旂碑略」附前條下作一氣寫可也。整理者按：上圖本朱筆塗去「梅將軍廟」至「後即其地立廟」句。「明王以旂廟碑」至本條末，《四庫》本接抄於上條之後，合爲一條。

〔二〕漠，眷西堂本作「漢」，據《四庫》本及《元史》改。

千三百二里，南北一萬三千三百六十八里；唐東西九千五百一十一里，南北一萬六千九百一十八里；元東、南所至不下漢、唐，而西、北則過之，有難以里數限者矣。」〔一〕

516「至元二十年，併淮安府、新〔二〕城、淮陰三縣入山陽。」〔三〕

*（地）517 臨川朱思本曰：「大槩河源東北流，所歷皆西番地，至蘭州，凡四千五百餘里，始入中國。又東北流，過達達〔四〕地，凡二千五百餘里，始入河東境内。又南流至河中，凡一千八百餘里，通計九千餘里。」〔五〕

518《宋史·儒林·何基傳》：「凡所讀，無不加標點，義顯意明，有不待論説而自見者。」

519 李翺《論性書》：「南觀濤江，入于越。」

*（地）520 郭璞注《山經》「泰陸之水」曰：「大陸水，今鉅鹿北廣平澤即其水。」〔六〕

〔一〕眉：抄。
〔二〕眷西堂本無「新」字，據《元史·地理志》補。
〔三〕眉：移寫「釋地」卷，次楚州淮陰縣移治八里莊後。
〔四〕過達達，眷西堂本作「過達□」，據《元史·地理志》補。《四庫》本作「至邊外」。
〔五〕眉：亦入「釋地」。
〔六〕眉：以下四條皆入「釋地」。

*（地）521郭氏注：岷山爲大江所出，崍山爲南江所出，崌山爲北江所出。

*（地）522《山海經》曰：「岷，三江首。」又曰：「大江出汶山，北江出曼山，南江出高山。」郭注：「今江出汶山郡升遷縣岷山，至廣陵郡入海。」〔一〕

*（地）523郭氏曰：「白水，今在梓潼白水縣，源從臨洮之西西傾山來，經沓中，東流通陰平，至漢壽縣入潛。」

〔一〕墨筆小注：汶山，即岷山，字異義同，見《史記·夏本紀》。整理者按：《四庫》本有此小注。

潛邱劄記卷二

*1按〔一〕余嘗愛顧大韶仲恭《禮記正文序》，因加駁正，存于此。其《序》曰：「自《樂》亡而經止于五矣，五經皆經也。然愚謂《戴記》獨不可名經，何者？禮之經，其典章綱紀之大載在《周官》，而周旋曲折之細備于《儀禮》。是二《禮》者，真經也，《戴記》直爲之傳耳。今讀其書，大都周季諸儒之述作論議，而秦、漢人之所掇拾，或厠焉。蓋《大戴》之傳，固已蕪矣。《小戴》頗有删削，然觀其黜《夏小正》而存《月令》，則去取之間，更多可議者。今《周官》《儀禮》並廢，而獨尊《小戴》之所記以爲經，恐好古之士有未安焉。或者謂《周官》止一代之制，而虞、夏、商之遺法，往往散見于《記》中。古稱『禮儀三百』，而《儀禮》所存僅十有七，則其所闕亡，固不啻十之九矣。而推類比附，以求見先民之則，亦必于《記》乎取之。則二《禮》之廢，似不爲過，而《記》之獨尊爲經，亦未爲無説也。自宋以前，爲禮家

〔一〕眉：每條之首多有「按」字與「又按」字，皆可塗去。又眉：以下六條照塗去者抄。整理者按：上圖本多墨筆塗去，《四庫》本多删去。

之學者惟知有鄭注、孔疏耳。然康成臆説，昔人固已疑之，第以其耆德雄辨，壓折千載。而穎達直依阿其旨，無所是正。自宣和有好古之主，于是三代器物，往往間出于墟塚伏匿之中，而學者始知漢人之多謬，然後鄭、孔之説不信。而陳氏之《集説》從此出矣。然未有《集説》以前，學者之患在于疑而不能明。既有《集説》以後，學者之患又在乎明而不能疑。夫明而不能疑，與疑而不能明，均之非自得之學也。故愚以爲不讀鄭注，無以窺宋注之源；不讀陳説，無以證漢注之誤；不盡屏漢、宋而專讀正文，又無以深維作者之意，而成自得之學。則樸菴之刻正文，其殆有微意乎？語云：『熟讀百徧，其義自見。』學者誠能沈酣于正文，而後稽之鄭注以窮其源，參之陳説以定其歸，則于禮經思過半矣。」案《隋·經籍志》，《小戴》本四十六篇，後馬融足《月令》《明堂位》《樂記》三篇，方四十九。今云《小戴》存《月令》，未確。徽宗大觀初，詔倣李公麟之《考古圖》作《宣和殿博古圖》。「宣和」蓋殿名，非年號，時尚未有此年號，當云「自大觀有好古之主」。至「不讀陳説，無以證漢注之誤」，陳氏謂犧尊刻爲犧牛之形，讀爲娑音者，謂畫爲鳳羽婆娑然也。「犧尊，畫鳳羽而象骨飾之，故亦曰犧象。」又謂象，「象尊也，以象骨飾尊」，其説仍遵用康成。案《宣和博古圖録》，犧則全作牛形，象亦象形，鑿其背以受酒者。陳氏謂：「簠内圓而外方，盛稻粱之器；簋外圓而内方，盛黍稷之器。」案《博古圖録》，簠方簋圜，内外並同，皆熟食用匕之器，以銅爲之，非刻木。陳氏謂「罍尊畫爲山雲之形」，亦本康成。案《博古圖録》有犧首罍、素犧罍、象首罍、麟鳳百乳罍、饕餮罍，諸罍致飾不一，僅犧首間錯雲雷，并無畫山雲象者。陳氏謂「觶三升，角四升」，亦本康成。康成則從《韓詩》説來。若以諸觴形制同，升數異，名遂因之而判，殊不知《博古圖録》有立戈觶容四合、父〔一〕貝觶容五合，較雙弓角容七合者固小，不又有容八合之山觶乎？是觶角之别以形，不盡以量。仲恭所云，何違反乃爾？若通篇認四十九篇爲《記》，末忽云禮經，不知禮經者，漢儒《儀禮》之稱云爾。

*2 或問：「《博古圖録》亦云木曰豆，竹曰籩，禮家之言，知多出漢儒臆度。今豆蓋以銅，此足正陳氏《禮運》之説矣，子何獨遺之？」余曰：「『木豆謂之豆，竹豆謂之籩』，乃《爾雅·釋器》之文，非出漢儒。安知始不以木，後乃範以金，圖傳諸永久乎？古器有難以一概論者。

*3 又按傅山先生長於金石遺文之學，每與余語，窮日繼夜，不少衰止。歎問余：「此種學正經史之譌，而補其亡闕，厥功甚大，畢竟始自何代何人？」余曰：魏太和中，魯郡於

〔一〕父，《宣和博古圖》同，《四庫》本作「文」。

地中得齊大夫子尾送女器，有犧尊，純爲牛形，王肅以證其羽婆娑然〔一〕説非是。晉永嘉賊曹嶷於青州發齊景公冢，得犧、象二樽，形爲牛象，傳至梁，劉杳以證象骨飾尊之説非。漢章帝時零陵文學奚景於泠道舜祠下得白玉琯，古目玉作〔二〕，傳至魏，孟康以證《律曆志》竹曰管〔三〕説不盡然。《儒林傳》：「伏生，濟南人也。」魏張晏注曰：「名勝，伏生碑云。」《地理志》：「魏郡黎陽。」黎山在縣之陽，縣當名黎陰，乃云陽者，兼取河水在其陽以名。晉晉灼注曰其山上碑實云。《水經注》：「青州刺史傅弘仁説臨淄人發古冢，得銅棺，前和外隱起爲隸字，言齊太公六世孫胡公之棺也。唯三字是古，餘同今書。證知隸自出古，非始於秦。」《顏氏家訓》：開皇二年，長安民掘地得秦始皇廿六年鐵稱權，上有「乃詔丞相狀綰」之銘。之推與李德林對讀，則知《本紀》丞相隗林爲俗書，「林」當作「狀」。凡是數説，似未有先之者。

*4 又按余嘗謂蓋代文人，無過歐公；學殖之陋，亦無過公。傅山先生聞之曰：「子得毋以劉原父有『好箇歐九』之云從而和之乎？」余曰：「非敢然，實親驗之《集古録跋

〔一〕上圖本「然」下補「之」字。《四庫》本「然」下有「之」字。
〔二〕上圖本「作」下補「琯」字。《四庫》本「作」下有「琯」字。
〔三〕上圖本「管」下補「之」字。《四庫》本「管」下有「之」字。

尾》。」因笑劉原父既對客言「好箇歐九，極有文章，但可惜不甚讀書耳」，他日英宗語及原父，韓魏公對以有文學〔一〕，歐陽公曰：「其文章未佳，特博學可稱耳。」似屬相報。原父文字正自佳。

*（經解）5 愚按鄭樵有言：氏不同而姓同，不可爲婚姻。若僅氏同，如孔子之孔出於子，孔文子之孔出於姞，鄭有二孔氏出于〔二〕姬，此三孔固可相爲婚。何者？姓不同故。説是已。余謂亦有姓同，如黄帝之子十二姓，有己姓，傳至春秋，爲莒子，爲郯子。祝融之後八姓，亦有己姓，傳至商末爲有蘇氏，周初爲蘇忿生。此二己何妨爲婚姻。何者？以各有其所得之姓不同德故。此亦從來論氏族者所未及也。

*6 又按余嘗問人秦始皇何姓，或對曰嬴，或對曰姜，皆非也。此自出《史記·始皇本紀》：生於邯鄲，姓趙氏。蓋秦猶近古，深得古者「天子建德，因生以賜姓」之義，猶黄〔三〕帝以姬水成，遂姓姬；舜生於姚墟，遂姓姚是也。降至於漢，人皆識其爲姓。陸賈曰：「秦任刑法，不變，卒滅趙氏。」燕王旦曰：「尉佗入南，陳涉呼楚，近狎作亂，内外俱發，趙

〔一〕學，《四庫》本作「章」。
〔二〕于，《經解》本作「乎」。
〔三〕黄，眷西堂本作「皇」，上圖本改作「黄」，南圖本、《四庫》本作「黄」，據改。

氏無炊火焉。」顏師古注：「無炊火，言絶祀也。」正指始皇之姓言。太史公遽謂：「秦以其先造父封趙城，爲趙氏。」豈其然哉？余因怪漢家庶事草創，高帝奄有天下，不知更姓改物，但率天下曰劉氏劉氏，一何陋！〔一〕

7《帝王世紀》：帝堯，祁姓；舜，姚姓。〔二〕

*（經解）8 按孔穎達《堯典》疏曰：「百官謂之百姓者，《左傳》隱八年：『天子建德，因生以賜姓。』謂建立有德，以爲公卿，因其所生之地而賜之，以爲其姓，令其收斂族親，自爲宗主。」此即後代宗法之所由起乎？

*（地）9 又按《禹貢》之水，有散見〔三〕於一州，而復總見於導水條者，渭與洛是也。所以陳氏櫟于「導渭自鳥鼠同穴」曰：「灃、涇、漆、沮皆入渭，渭入河。『東會于灃』，即灃水攸同也。『東會于涇』，即涇屬渭汭也。『東過漆、沮』，即漆、沮既從也。灃、涇大，與渭敵〔四〕，故

〔一〕簽：下可疑。旁（朱）：此下似多話，可删。整理者按：《四庫》本無「余因怪」至「一何陋」句。南圖本眉：「其處者爲劉氏，《左氏》有明文，非陋也。」

〔二〕國圖本尾：此條抄本在「傅季友」條下。

〔三〕見，眷西堂本作「大」，據《四庫》本改。

〔四〕敵，上圖本改作「並」。《四庫》本亦作「並」。

曰會。既得灃、涇，渭愈大。漆、沮皆小，故曰過。前分言於雍，而自源徂流言於此也。」新安陳氏于「導洛自熊耳」曰：「此即豫州伊、洛、瀍、澗之源流也。澗、瀍、伊皆入洛，而洛入河耳。」又有散見上文各州，而復總結於末者，「九州攸同」六句是也。所以陳氏大猷曰：「《禹貢》書法簡嚴，經於每州惟舉一隅，至此總結之，以見九州之所同。如宅土惟言於兗、雍，故此以『四隩既宅』總之。旅山惟言於梁、雍，故此以『九山刊旅』總之。經所載之川澤雖多，然九州之川澤不止是也，故以九川〔一〕、九澤之滌、陂總之。經雖各載達河之道，而四方之趨帝都者不止是也，故以四海會同總之。」〔二〕

*（地）10 又按蔡《傳》：「豫州去帝都最近，豫之東境徑自入河，豫之西境則浮于洛而後至河也。」豫州東境并無河，惟北境有之。當改「東境」作「北境」。以上與荆州至于南河合，豫州本《傳》「北距大河」合。蔡氏每自忘前語，何邪？

*（地）11 又按《書傳會選》：「『既修太原』下引朱子曰：『從太原至岳陽，皆修之也。他所舉山川皆先地後績者，覩成功而言也。壺口、梁岐、太原皆先績後地者，本用功之始而

〔一〕川，《四庫》本作「州」。

〔二〕眉：「釋地餘論」，以下二條同。

言也。豈治之有難易歟？』」「恒衛既從」又引吕氏東萊曰：「言水土平於田賦之前者，其害大，當先治之也；言於田賦之後者，其害小，徐治之也。」並當採入《集傳》。

*12 又按《朱子語類》云：「韓無咎嘗説高麗入貢時，神宗諭進先秦古書。及進來，内有六經不曾焚者。神宗喜，詔欲頒行。王介甫恐壞他新經，奏云：『真僞不可知，恐爲外裔所欺。』因止。今本亦不傳。以某觀之，實未必然。蓋招徠〔一〕高麗時，介甫已不在相位。且神宗是甚〔二〕剛明，果有未焚書，豈介甫力所能阻？記得《文昌雜録》説高麗進《孝經》緯經，只是讖緯之書，無進先秦古書事。」余案《宋史》，高麗入貢在熙寧四年五月，置經義局則熙寧六年三月，頒《三經新義》于學官，又八年六月，安石復相時事。韓、朱説皆差。元王惲《中堂事記》云：世祖中統二年，高麗世子植《元史·世祖本紀》《高麗列傳》並作「愖」，植乃國王愖之父也。來朝，宴于中書省。問曰：「傳聞汝邦有《古文尚書》及海外異書？」答曰：「與中國書不殊。」此蓋得其實矣。〔三〕

*（地）13 張説《郭震行狀》云：「初，安西南有毒河源，遠在葱嶺西北。河岸百步，人畜

〔一〕徠，《四庫》本作「來」。

〔二〕《四庫》本無「是甚」二字。

〔三〕眉：抄。段跋本尾：上欄無黑〇。

踏之者輒死。公威振西域，所向無不從者。因驗圖經知其源，率兵三萬人，歷于闐、康居、大食等十餘〔一〕國。所過之國，令供資糧，仍署其國王爲左右總管，率兵前進，北至葱嶺。牙帳前十二國王，兵百萬餘〔二〕。其河源上有大樹，高千餘尺，垂陰數頃。大軍至日，有黄龍繞樹，以口吐毒氣〔三〕而拒官軍，三軍悉覩焉。公手書操檄文，令左拾遺張宣抗聲讀之。畢，黄龍解樹而下。公率諸軍誅之，數日方倒，聚而焚焉，河源且絶。數十里内，悉爲良田。」〔四〕

*14《音注資治通鑑序》云：「自荀悦《漢紀》以下，獨梁武帝《通史》至六百卷。」按此似以《通史》與《通鑑》同一編年體。《隋·經籍志》《唐·藝文志》並列正史。《吴均傳》，武帝「使撰《通史》，起三皇，訖齊代，均艸本紀、世家畢，唯列傳未就」。《史通》云：「其書以《史記》爲本，異者唯無表耳。」此豈編年體哉？《玉海》入雜史類，不入編年，得之。〔五〕

〔一〕《四庫》本無「十餘」二字。
〔二〕萬餘，《四庫》本作「餘萬」。
〔三〕《四庫》本無「氣」字。
〔四〕眉：入「釋地」内。南圖本眉：郭震行狀。
〔五〕眉：以下五條抄。

*15「初，智宣子將以瑶爲後。」按張溥曰：「或問《左氏》終智伯，《通鑑》始智伯。《通鑑》所以接《左傳》者，豈無説乎？」曰：「一以示興亡之戒，一以著周秦之端。晉陽之守，趙以仁興；決水之禍，智以驕滅，此興亡之戒也。晉分則秦彊，秦彊則周亡，此周秦之端也。」

*16《綱目》：「赧王三十六年，趙王欲與樂毅謀伐燕，毅泣曰：『臣疇昔之事昭王，猶今日之事大王也。若復得罪在他國，終身不敢謀趙之奴隸，況子孫乎？』趙王乃止。」按《綱目》減省《通鑑》原文，爲識者所不取。此段則原文所無，而《綱目》補出者，煞有關係。嘗問諸人，人莫能應。余考之，出《三國志·魏武帝紀》注引公十二月己亥令。然則文公門人學儘博，擇亦精矣。〔一〕

*17按朱錫鬯《與顧寧人書》：「『采苓采苓，首陽之巔。』釋者謂苓，蘦也，今甘草是也。而枚乘《七發》云：『蔓草芳苓。』曹植《七啓》云：『搴〔二〕芳苓之巢龜。』李善注並云苓，古蓮字。某因是悟向者箋釋之誤。蓋苓之爲蓮，猶夫茄之爲荷爾。蓮，水花也，而采于山

〔一〕段跋本尾：上無黑○。
〔二〕搴，《四庫》本作「寒」。《四庫全書考證》：原本「寒」訛「搴」，據《文選》改。

巔。五沃之土產蓮，而首陽至瘠之地，正以喻人言之不足信也。鄭氏以爲首陽山之上信有苓矣，豈不謬哉？」客舉以示余。余曰：「此作小題時文者翻弄字眼伎倆耳，何關經學？試看下章『采苦采苦，首陽之下』，苦菜正生山田及澤中，然則人言不又足信與？」客不覺笑。且錫鬯言過矣。古人詩皆被諸管弦，音長而節舒。若只一章止，則短促不成節奏，必合二章、三章爲一闋，故有韻換而義關合者，此「苦」與「下」是；有韻換而無義意，但取音相諧者，又下章「采葑采葑，首陽之東」是。余請賦一詩以謝錫鬯曰：「采薇采薇，首陽之西。人之爲言，苟亦無隨。舍旃舍旃，苟亦無然。人之爲言，胡得焉？」又曰：「采蕨采蕨，首陽之北。人之爲言，苟亦無惑。舍旃舍旃，苟亦無然。人之爲言，胡得焉？」客遂大笑。

*（經解）18 嘗思齊孝公名昭，而其後有昭公；宋平公名成，而其先有成公。爲二國之臣子者，稱昭公、成公之謚，則觸孝公、平公之名；諱孝公、平公之名，則廢昭公、成公之謚，此將若之何？曰：鄭康成之論諱禮曰「於下則諱上」，不聞於上則諱下也。猶之於後則諱前，不聞於前則諱後也。此自謚昭公與名平公者之失考耳，於二公何與哉？然則禮既失於前矣，而爲二國之臣子者，終將若之何？曰：周人以諱事神，名終將諱之，諱之，故謚之。謚者，所以易名之典也，烏得而廢諸？但爲齊之臣子，於昭公則稱昭，而餘則否；爲

宋之臣子，於成公則稱成，而餘則否，此固諱之變禮也。吾於是而知「名子者不以國，不以日月，不以隱疾，不以山川」，爲其易及而難避也。今獨不可增一例，曰「名子者不以謚」乎？以謚則將廢此謚矣。明臣如陳文、王文皆例應謚「文」，以名「文」，遂不得謚「文」，此亦可見矣。

*（地）19 王少伯《出塞》詩「但使龍城飛將在」，徧〔一〕閱《文苑英華》，凡十數本並同，惟宋槧本《王荆公百家詩選》「龍」作「盧」。或者頗以爲疑，來質余。余曰：「『盧』是也。李廣爲右北平太守，匈奴號曰『飛將軍』，避不敢入塞。右北平，唐爲北平郡，又名平州，治盧龍縣。《唐書》〔二〕有盧龍府，有〔三〕盧龍軍。杜氏《通典》：『盧龍塞，在縣〔四〕西北二百里。』其土色黑，山如龍形，故名。若龍城，見《漢書·匈奴傳》：『五月大會龍城，祭其先天地鬼神。』崔浩曰：『西方胡皆事龍神，故名大會處爲龍城。』所以唐竇威《出塞》：『潛軍度馬邑，揚旆捲龍城。』楊炯《從軍行》：『牙璋辭鳳闕，鐵騎繞龍城。』沈佺期《雜詩》：『誰

〔一〕徧，眷西堂本作「編」，上圖本改作「徧」。眉：「『編』字宜是『徧』字。」《四庫》本作「徧」，據改。
〔二〕書，《四庫》本作「時」。
〔三〕《四庫》本無「有」字。
〔四〕「縣」，《通典》作「城」。

能將騎〔一〕鼓，一爲取龍城。』即王少伯《又從軍行》：『去爲龍城戰，正值胡兵襲。』則龍城明明屬匈奴中，豈得冠於『飛將』上哉？龍城，一名龍庭。班固《燕然山銘》：『躡冒頓之區落，焚老上之龍庭。』注曰：龍庭，單于祭天所是也。」或曰：「宋槧本竟如是，莫可擬議乎？」余曰：「亦不然。如謝朓據《南史》改作『朓』，耿緯據《唐書》改作『湋』，萊州據《李頎集》則作『蔡洲』〔二〕，洽涯縣據《通典》則作『涯』，他尚不可勝數。善乎顏介有言：『校定書籍，夫何容易？自劉向、揚雄，方稱此職。』世豈有劉、揚其人者乎？要事求有據，不敢憑臆以決，亦可矣。」〔三〕

20 臣光曰：「正名，細務也。」按：此非細務，當作虛稱也，而孔子先之。

*〔經解〕21 或問：「《傳》記『九月壬戌，戰韓原』，經書『十一月壬戌，戰于韓』。杜氏以九月壬戌爲月之十三日，十一月壬戌爲月之十四日。事在前而書于後者，從赴也。經之從赴而書者衆矣，何獨此而疑其爲夏正邪？」余曰：「蓋從前後之文，而決其爲夏正也。當秦伯伐晉，卜徒父筮之吉，曰：『歲云秋矣。我落其實而取其材，所以克也。』按《禮》：

〔一〕騎，《四庫》本作「旌」，原詩作「旗」。
〔二〕洲，《四庫》本作「州」。
〔三〕眉：入「釋地」。

『季秋之月，草木黄落。』『草木零落，然後入山林。』則所謂落實取材，正夏之季秋之事，豈孟秋乎？已而果九月獲晉侯于韓，則占者之言驗矣。晉獻公嫁伯姬于秦，史蘇占之曰：『不吉。姪其從姑，六年其逋，逃歸其國，而棄其家，明年其死于高梁之虚。』夫曰六年逋，明年死，則是逃歸之明年而死。乃圉以二十二年秋逃歸，二十四年二月始殺于高梁，則其言似不驗。不知晉用夏正，圉歸于二十二年秋者，實歸于晉惠十三年之夏也；懷殺于二十四年二月者，實殺于晉惠十四年之十二月也。其事之相去正隔一歲，則占者之言又合矣。此俱《傳》文用夏正之明驗也。大抵《春秋》之經，爲聖人所筆削，純用周正。《傳》則旁采諸國之史而爲之，故其間有雜以夏正而不能盡革者，讀者猶可以其意得之也。」或曰：「子以《傳》之九月爲即經之十一月，則《傳》之十一月爲即經之明年正月，可知矣。其甲子可得而合乎？」余曰：「何不合之有？自九月十四日壬戌，數至明年正月朔爲戊申，『隕石于宋五』，此即晉侯歸之月也。自戊申朔，數至正月晦爲丁丑，『六鷁退飛，過宋都』，此即殺慶鄭而後入之日也。」或曰：「晉侯之歸，既應在明春，而經不見其事，何與？」余曰：「經從告，告則書。晉侯之歸不告，亦猶晉重耳之入不告，經固不得而書也。」或曰：「經既不書，而《傳》記之，亦應列其事于明春，而《傳》繫之于去年之末者，何與？」余曰：「此《傳》之例也。《傳》固有或先經以始事者，或後經以終義者。如此《傳》本記韓原之戰，而必追叙晉侯之入，是先經以始事也；此《傳》本記晉侯之獲，並叙及晉侯之歸，是後經以終義也。只此一《傳》，而《春秋》之例，亦可類推矣。」〔一〕

*22貞觀君臣之盛，蓋三代以下所絶無而僅有者也。然余觀太宗之爲君，可謂知求治而不知正心；魏徵之爲臣，可謂知規過而不知養德，正程正叔所謂「作事無本」者。故太宗之過，滅于此而復生于彼，懲于前而復作于後。魏徵在，則以人爲之鑑；魏徵亡，雖以房喬之寵遇，猶不敢諫東征之非，而况他人乎？故一時之所就正，可有補偏救弊〔二〕之術，而非有拔本塞源之功也。向使太宗得伊、傅之臣或濂、洛之儒以爲之輔佐，則致治之美，將上與湯、文比烈矣，豈直成、康而已哉？〔三〕

*23人知有齊威王之朝周，而不知其後有趙肅侯之朝周；人知有魯仲連義不帝秦，而不知其先有孔子順義不入秦。

*（地）24《通典》：「山陽，漢射陽縣地，晉立山陽郡。或云漢吴王濞反於廣陵，山陽王

〔一〕眉：以下三條抄。
〔二〕弊，《四庫》本作「治」。
〔三〕眉：太宗大義已虧，恐伊、傅、濂、洛之臣未肯爲之輔佐。南圖本眉：此語談何容易？南圖本又眉：迂闊至此，全不曉事。

率衆于此拒之，因以山陽爲名。」按漢有兩山陽王：一元帝之子，名康，曾徙爲山陽王，既與吳、楚反時絶不相及；一梁孝王之子，名定，景帝中六年立爲山陽王，亦後於吳、楚之反者十年。蓋吳、楚反，乃梁孝王以兵捍之。孝王在，諸子固未嘗王；孝王殁，景帝始順太后意，分梁地爲五，而盡立其諸子。吳王濞初起兵於廣陵，西涉淮，並將楚兵，破梁于棘壁，乘鋭而前，固未聞有人拒之於射陽者。且射陽亦非梁所屬，安得定于此拒之邪？〔一〕

25 柳子厚文：「嗚呼！彼以其飽食無禍爲可恒也哉？」此一句直喚醒李斯。

*（經解）26 按傅山先生少耽《左傳》，著《左錦》一書，秘不示人。余初訪之松莊，年將六十矣。問余：「古人命名應有義，但如文六年，續鞫居，乃狐射姑之族，『鞫居』二字何義？」余曰：「案成二年，『齊師乃止，次于鞫居』，杜氏止注：『鞫居，衛地。』惟劉昭〔二〕引《陳留志》，於『兖州封丘縣』下注〔三〕云：『有鞠亭，古鞠居。』則知此蓋以地命名者。」因難：「何以晉人遠取衛地而名其子邪？」余曰：「則有《風俗通義》在。俗説縣令問主簿：『靈星在城東南，何法？』主簿仰答曰：『唯靈星所以在東南者，亦不知也。』」先生不

〔一〕眉：移「釋地」卷。
〔二〕《四庫》本「劉昭」下有「續漢書注於郡國志兖州封丘縣下」一句。
〔三〕《四庫》本無「於兖州封丘縣下注」八字。

覺笑。〔一〕

*27 按憶甲子初夏，自碧山堂移徐公健菴寓邸。夜飲，言：「今日某直起居注，上云古人有言『使功不如使過』。此語自有出，既思不可得，又不敢上問，奈何？」余對：「丙午、丁未間重策論，讀宋陳傅良時論，有『使功不如使過』題，通篇俱就秦穆公用孟明發揮，應是昔人論此事者作此語。第不見出何書耳。」公曰：「博。」越十五年，讀《唐書·李靖傳》：高祖謂靖逗留，詔斬之，許紹爲請而免。後率兵八百破開州蠻冉肇則，俘禽五千。帝謂左右曰：「使功不如使過，靖果然。」謂即出此。又越五年，讀《後漢書·獨行傳》：索盧放諫更始使者勿斬太守，曰：「夫使功者不如使過。」章懷太子賢注：「若秦穆赦孟明而用之，霸西戎。」乃知全出於此處。甚矣，學問之無窮，而人尤不可以無年也。公凡於余攷據辯析議論，輒手録成帙，署曰《碎金》，以爲談助，惜此條不及入之也。〔二〕

*28 按「西園翰墨林」，「西園」二字〔三〕乃漢靈帝鬻官游戲之所。《通鑑》稱「於西園開邸立庫，以貯天下之錢」，「於西園弄狗」。《張讓傳》所謂「當之官者，皆先至西園諧價，然

〔一〕眉：抄。整理者按：《經解》本無「先生不覺笑」五字。
〔二〕眉：以下三條抄。南圖本眉：使功不如使過。南圖本脚：潛邱以健菴爲師，余親見其手札。
〔三〕上圖本删起首「按」字，於「西園二字」四字上補「按」字。

後得去」是也。於文事無涉。建安七子有「西園」字，亦無涉。因考舊本《張説集》，是「西垣與「園」音同。翰墨林」，蓋題爲「恩制賜食於麗正殿書院宴賦得林字」。麗正殿書院，即開元十三年四月改名集賢殿書院者。按《唐六典》，集賢殿在洛陽宫之右，其爲「垣」字無疑。且以「西垣」對「東壁」，何等工？以天文興起下人文，何等妙？徧考高棅《唐詩品彙》、李攀龍《唐詩選》，並作「園」，知承譌久矣，宜亟正之。《舊唐書》馬懷素等傳，史臣曰以「西垣」對「東壁」，正指麗正殿。〔一〕

*（地）29按《通鑑》：元狩元年，驃騎將軍去病深入二千餘里。四年，驃騎將軍出代右北平二千餘里。太初二年，浚稽將軍趙破奴出朔方西北二千餘里。本始二年，田廣明、范明友、韓增、趙充國、田順期以出塞各二千餘里。無至三千里者。東漢永元元年，竇憲、耿秉至出塞三千餘里，登燕然山。永元三年，憲欲滅匈奴，遣耿夔、任尚破北單于於金微山，出塞五千餘里而還〔二〕。自漢出師，所未嘗至也。兩漢追匈奴有里數者僅此。

*（地）30《宋史·韓世忠列傳》：「初，世忠謂敵至必登金山廟，觀我虛實，迺遣兵百人

〔一〕南圖本眉：西園。

〔二〕《四庫全書考證》：原本脱「里」字，今增。整理者按：眷西堂本有「里」字。

伏廟中，百人伏岸滸，約聞鼓聲，岸兵先入，廟兵共〔一〕擊之。金人果五騎闖入。廟兵喜，先鼓而出，僅得二人，逸其三。中有絳袍玉帶、既墜而復馳者，詰之，乃兀朮〔二〕也。」按《續資治通鑑綱目》《宋元通鑑》「金山」之下、「廟」之上並有「龍王」二字。曾親至其地，疑之。當時兀朮軍江南，太乙孛菫〔三〕軍江北，韓世忠以海艦泊金山下。兀朮不得絶江，豈能輕騎至龍王廟？且既覺，而復能浮江去邪？或曰：「當時有沙洲，故諺云『金兀朮騎馬上金山』。」此尤無稽之談也。昔在崑山輯《大清一統志》，至鎮江府，得舊本《三山志》，載龍王廟北宋時在銀山上，非金山也。然後知修《宋史》者以其時龍王廟在金山，故實以金山，而不知於兵機地形失之遠矣。〔四〕

*31 余嘗發憤歎息，三百年〔五〕文章學問，不能遠追漢、唐及宋、元者，其故蓋有三焉：一壞於洪武十七年甲子，定制以八股時文取士，其失也陋；再壞於李夢陽，倡復古學，而不

〔一〕共，《宋史》原作「合」。
〔二〕本條四「兀朮」，《四庫》本皆作「烏珠」。
〔三〕孛菫，《四庫》本作「貝勒」。
〔四〕眉（朱）：當時銀山實與金山尾聯，但史家記實，不如徑書銀山耳。又眉：入「釋地」。
〔五〕旁（朱）：應增「前明」二字。整理者按：《四庫》本「三百年」前有「前明」二字。

原本六藝，其失也俗；三壞於王守仁，講致良知之學，而至以讀書爲禁，其失也虛。〔一〕

*（經解）32 按胡朏明注韓文，問：「古之所謂鄉先生没而可祭於社者，事何出？」〔二〕余檢《孔融傳》「爲北海相，郡人甄子然、臨孝存知名，早卒，融恨不及之，乃命配食縣社」以對。又「鄉先生」見《儀禮》鄭注：「鄉先生，鄉大夫致仕者也。」獨嘗怪孔文舉並妻子被殺許下，止京兆人脂習撫尸哭之，不知何以遠葬揚州府治高士坊。疑唐人云孔北海墓所非實。然《南史·梁武帝諸子傳》「又理嘗祭孔文舉墓，爲立碑製文甚美」下文云赴其兄南兖州任，又兩云廣陵，則墓真在今揚州無疑。蓋梁距建安尚未遠也。古今事不可考者，此類是也。〔三〕

33 按《秦始皇本紀》：三十六年秋，有人遮使者曰：「爲吾遺滈池君，今年祖龍死。」余嘗疑「今」字必「明」字之譌，證有二焉：一果三十七年七月始皇崩於沙丘平臺，其言驗；一始皇曰「山鬼固不過知一歲事也」，譏其伎倆僅知今年，若彼所云明年之事，彼〔四〕豈能

〔一〕眉：抄。南圖本眉：明文學三失。
〔二〕南圖本眉：《莊子》「社而稷之」，此即啓爲社之始。《史記》有欒公社。
〔三〕眉：抄。整理者按：《經解》本無「也獨嘗怪孔文舉」至末一段。
〔四〕上圖本塗去「彼」字。

預知乎？幸其言不驗。可謂妙解，而苦無文字可據。今日讀李白《古風》詩云：「璧遺鎬池君，明年祖龍死。秦人相謂曰，吾屬可去矣。一往桃花源，千春隔流水。」乃知太白唐時所見《史記》本尚無譌。《通鑑》以不語怪，削此事不載。太白詩本《搜神記》，《記》正作「明年」。〔一〕

34 按《徒步歸行》，此未抵鄜州，乞馬於李公而作，當在《北征》詩前，時尚未見妻子也。下二首倣此。〔二〕

35 按《唐書》曰「畢曜」，不見注。《酷吏·敬羽傳》：「羽與毛若虛、裴昇、畢曜同時爲御史，皆暴忍，時稱毛敬裴畢。未幾，曜流黔中。」曜正肅宗時人，蓋「耀」乃俗字也。又見《叛臣·喬琳傳》：「郭子儀表琳朔方府掌書記，與聯舍畢曜相掉訐。」是也。

36「東絹」，注引坡詩注：「鵝溪在梓州鹽亭縣，出絹甚良。」杜詩「我有一疋好東絹」，蓋謂此也。按《唐·地理志》：陵州仁壽郡，土貢鵝溪絹。

37 按「吕太一」注云云。余思尚有一吕太一，中書舍人，爲張嘉貞所薦。當時語曰：「令公四俊，苗、吕、崔、員。」

〔一〕眉：以下十九條抄。
〔二〕眉：《羌村》三首亦應在《北征》前，「二」當作「五」字。南圖本眉（朱）：注杜數則可采。

38《贈司空王公思禮》，按舊、新二《書》並云「加司空」，非贈官也。公未知何據。

39 按姜宸英曰：「世薄韓退之屢干執政者。然子美始入京師，投張均兄弟，再贈鮮于仲通。二君皆非端士，而窮途不免爲此。士之失志，寧堪問乎？」〔一〕

40《北史》：「裴宣明二子景鸞、景鴻並有逸才，河東呼景鸞爲『驥子』，景鴻爲『龍文』。」則公字幼子以「驥子」本此。

41《送翰林張司馬南海勒碑》，按〔二〕姜宸英曰：「《唐書·呂向傳》：『向進左補闕。帝自爲文，勒石西嶽，詔向爲鐫勒使。』此雖權設，亦以士人爲之也。」

42「鸚鵡啄金桃」，按《唐·西域康者〔三〕傳》：貞觀時歲入貢，致金桃、銀桃，詔令植苑中。

43「烏麻蒸續曬」，按胡麻即巨勝，仙藥也。不聞桑麻之麻可以蒸曬服食。引《南都賦》，大非。

44「草書何太苦」，按遺名子呂總《續書評》：「草書十二人：張彪孤峰削成，藏筋

〔一〕眉（朱）：按《金石録》，顔真卿亦有《鮮于仲通碑》稱述其盛。南圖本尾（朱）：不遭者可以無所不爲，昔人所以致嘩也。

〔二〕上圖本塗去「按」字。

〔三〕眉：「者」字是「居」字否？

露節。」

45《野望因過常少仙》，姜宸英曰：「詩中不見尉意，安知非是人名？若稱尉爲少仙，古人無此牽强文義。」又曰：「幽人，非尉可知。」〔一〕

46 按樓鑰曰：「嘗與蜀黄文度裳食花榫，因問：『蜀中有此乎？』黄曰：『此物甚多，正出閬州，杜詩所謂「黄知橘柚來」誤矣。曾親到蒼溪縣，順流而下，兩岸黄色照耀，直似橘柚，其實乃此榫也。問之土人，云工部既誤，有好事者欲爲解嘲，于其處大種橘柚，終非土宜，無一活者。』」

47「滕王」，注云：「元嬰，高祖第二十二子，都督洪州，數犯憲章，徙授隆州刺史。」按元嬰從洪州都督謫置滁州，起授壽州刺史，方徙隆州。注又云：「滕王亭，即元嬰所建，在玉臺觀。成都楊慎以爲嗣滕王湛然，誤也。」按湛然，元嬰之曾孫，止從玄宗入蜀耳。

48「玉臺觀」，注引《方輿勝覽》：「在閬州北七里，唐滕王嘗遊，有亭及墓〔二〕。」按元嬰陪葬獻陵。

〔一〕眉（朱）：按《白水縣崔少府十九翁高齋三十韻》詩中亦稱少府爲仙伯。尾：少府之爲仙尉、仙伯，洪容齋筆記已言之，西溟未必不知。其疑此者，以不見尉意而指幽人耳。吾山記。

〔二〕墓，眷西堂本作「基」，據《方輿勝覽》《錢注杜詩》改。

49「昆吾御宿」，注云：「羞、宿聲相近，故或云御羞，或云御宿。」按「羞、宿聲相近」亦不是，當云羞者珍羞所出，宿者止宿之義。又按《漢・元后傳》「夏遊篽宿、鄠、杜之間」，師古曰：「篽宿苑，在長安城南，今之御宿川是也。」此則復名篽宿矣。

50 姜宸英曰：「《本紀》肅宗寶應元年，盜發敬陵、惠陵，則金盌之出人間，自是實事。箋曰騷騷有發拙之虞，亦疎矣。」按「敬陵」乃孝敬皇帝弘恭陵，「惠陵」乃讓皇帝憲墓也。

51「太后當朝肅，多才接迹昇」，姜宸英曰：「公以祖故，常屈筆於武后，余所不服。」

52 姜宸英曰：「『因秋瓜相映帶』，故以秋瓜起興，此正文情游戲、天機爛漫處。錢箋欲改爲袁州，則與上秋瓜何涉？」以上二十則，自記錢牧齋《草堂詩箋》。

*（地、經解）53《大清一統志》：「大清河在歷城縣北，自齊河縣流入，又東北入濟陽縣界，其上流即古濟水也。小清河在歷城縣北，即古濼水也。」臣按自漢至隋、唐，惟有濟水，杜佑始有清河之名。宋南渡後，始有大、小清河之分。于欽《齊乘》以大清爲古濟水，而以小清爲劉豫所導，後人皆沿其説，其實非也。以《水經注》《元和志》《寰宇記》諸書考之，濟水最南，漯水在中，河水最北。今者小清所經，自歷城以東，如章丘、鄒平、長山、新城、高苑、博興、樂安諸縣，皆古濟水所行。而大清所經，自歷城以上，至東阿，固皆濟水故道；而自歷城東北，如濟陽、齊東、青城諸縣，則皆古漯水所行；蒲臺以北，則古河水所

經。蓋唐、宋時河行漯川，其後大清兼行河、漯二川，其小清所行，則斷爲濟水故道也。〔一〕

*（地）54 淮安府清河縣，臣按清河有三：一曰清泗，今縣所取名；一曰清濟，在今山東東平州界；一曰清淇，在今直隸廣平府界，即古清河郡也。〔二〕

55 金華王象之《輿地紀勝》：「封州，據邕、桂、賀三江之口。」子鴻曰：「封州，即今肇慶府封川縣。三江口在縣西。」〔三〕

56 范成大《吴郡志》：「今松江之傍有小村落，名三江口。」

57 張守節《正義》：「三江者，在蘇州東南三十里，名三江口。」松江、東江、婁江「於其分處號曰三江口」。

58「顧夷《吴地記》：『松江東北行七十里，得三江口。』」古笠澤江。

59 蘭陵，漢縣，故城在今嶧縣東五十里。《元和志》：「蘭陵故城，在承縣東六十里。」

60 隋大業初，始置東海郡於今海州。

〔一〕眉：以下二條可移入「釋地」。

〔二〕眉：同前。

〔三〕眉：此數條皆係考《禹貢》「三江既入」之文，但類聚于此，而未加論斷耳。

61《宋書·徐羨之列傳》：「嘗有一人來，謂之曰：『可以錢二十八文薶宅四角，可以免災。』」

62《檀道濟列傳》：子植等八人，又夷、邕、演，皆伏誅，「邕子孺乃被宥，世祖世，爲奉朝請」。

63《袁淑列傳》：「十餘歲，爲姑夫王弘所賞。」

64《北史·劉逖列傳》：「黄門侍郎王松年妹夫盧士游。」

65《史記·南越·尉佗列傳》：「南越置酒，介漢使者權，謀誅嘉等。使者皆東鄉，太后南鄉，王北鄉，嘉、大臣皆西鄉，侍坐飲。」

66《三國志·韋曜傳》：「曜素飲酒不過二升。初見禮異時，常爲裁減，或密賜茶荈以當酒。」

*67《詩》疏辯家父、仍叔、凡伯，在《詩》爲一人，在《春秋》又别一人。〔一〕

*68《楚世家》：「陸終生子六人，坼剖而産焉。」干寶曰：「先儒學士多疑此事。譙允南通才達學、精核數理者也，作《古史考》，以爲作者妄記，廢而不論。余亦尤其生之異也。

〔一〕眉：抄。

然案六子之世，子孫有國，升降六代，數千年間，迭至霸王，天將興之，必有尤物乎？若夫前志所傳，修己背坼而生禹，簡狄胷剖而生契，歷代久遠，莫足相證。近魏黄初五年，汝南屈雍妻王氏生男兒，從右胳下水腹上出，而平和自若，數月創合，母子無恙。斯蓋近事之信也。以今況古，固知注記者之不妄也。天地云爲，陰陽變化，安可守之一端，槩以常理乎？《詩》云：『不坼不副，無災無害。』原詩人之旨，明古之婦人嘗有坼剖〔一〕而産者矣，又有因産而遇災害者，故美其無害也。」〔二〕

*（地）69《宋史·河渠志》：「熙寧十年七月乙丑，河大決於澶州曹村。澶淵北流斷絶，河道南徙，東匯于梁山張澤濼，分爲二派，一合南清河入于淮，一合北清河入于海。凡灌郡縣四十五，而濮、齊、鄆、徐尤甚，壞田逾三十萬頃。」〔三〕

*（地）70《元和志》：「兖州乾封縣汶水，源出縣東北原山，西南流經縣理〔四〕南，去縣三里。又有北汶、嬴汶、柴汶、牟汶。《述征記》曰：『泰山郡水皆名汶。』按今乾封縣界凡有

〔一〕剖，《史記集解》作「副」。
〔二〕眉：姑存其説可耳。又眉：抄。
〔三〕眉：抄。
〔四〕理，《四庫》本作「治」。

五汶，皆源别而流同也。」〔一〕

*71《毛詩》「酌言獻之」，傳：「獻，奏也。」箋云：「飲酒之禮，既奏酒於賓，乃薦羞。」「酌言酢之」，傳：「酢，報也。」箋云：「報者，賓既卒爵，洗而酌主人也。」「酌言醻之」，傳：「醻，道飲也。」箋云：「主人既卒酢爵，又酌自飲。卒爵，復酌進賓，猶今俗之勸酒。」〔二〕

*72《後魏書・靈徵志》：「高祖延興三年秋，秀容郡婦人一産四男，四産十六男。」〔三〕

*73 陳師道《後山談叢》：「郯城民妻有二十一子，而雙生者七。」〔四〕

*74 陳第曰：「惟唐韓退之獨知五十八篇爲文字之祖，故《淮西碑》法《舜典》也，《佛骨表》法《無逸》也，《畫記》法《顧命》也，詞意並佳，遂成絶筆。」〔五〕

*（地）75《金史・河渠志》：「都水監田櫟上言：『前代每遇古堤南決，多經南、北清河分流。南清河北下有枯河數道，河水流其中者，長至七八分；北清河乃濟水故道，可容三

〔一〕眉：可移入「釋地」卷。
〔二〕眉：抄。
〔三〕眉：抄。
〔四〕眉：合上作一條。整理者按：《四庫》本接抄於上條之後。
〔五〕眉：抄。

二分而已。』」〔一〕

*（地）76《元史·河渠志》：「賈魯嘗言：『用物之效，草雖至柔，柔能狎水；水漬之生泥，泥與草并，力重如碇。然維持夾輔，纜索之功實多。』」

*（地）77《宋史·河渠志》：「徽宗宣和三年，詔曰：『江、淮漕運尚矣，春秋時吴穿邗溝；漢吴王濞開邗溝，通道海陵；隋開邗溝，自山陽至揚子入江。』」〔二〕

*（地）78王宗沐曰：「海州東海口在州東一十五里，黄、淮之正流於此入海。安東縣張綱海口在縣東北一百二十里，黄、淮之支流於此入海。」〔三〕

*（地）79《金史·食貨志》：「黄河已移故道，梁山濼水退，地甚廣，遣使安置屯田。」自是爲平陸矣。今東平州西十八里有積水湖，尚其遺跡。〔四〕

*（地）80鉅野縣東五里有大野澤，今涸爲平陸。其東偏爲南旺湖，在汶上縣。〔五〕

〔一〕眉：抄入「釋地」。又眉：以下六條同。
〔二〕眉：釋地。
〔三〕眉：釋地。
〔四〕眉：釋地。
〔五〕眉：釋地。

*(地)81《水經注》：「汶水，西南逕桃鄉縣故城西，世所謂鄣城也。」按汶上縣東北四十里有桃城，在汶水南；東平州東七十里有鄣城，在汶水北。酈氏合而一之，非也。〔一〕

82 朽布衣《病馬》曰：「革敝慚教盛馬援，骨留望與付昭王。」自言擬鍾體也。〔二〕

*(地)83 黄宗羲《今水經序》曰：「余越人也，以越水證之，以曹娥江爲浦陽江，以姚江爲大江之奇分，苕水出山陰縣，具區在餘姚縣，沔水至餘姚入海，皆錯誤之大者。」〔三〕

*(地)84「河水源出吐番朶甘思之南，曰星宿海，又名火墩腦兒，其地在中國西南，直四川馬湖府之正西三千餘里，雲南麗江府之西北一千五百里。較之崑崙，胡名騰乞里塔者〔四〕，殆爲近焉。」〔五〕

〔一〕眉：可移入「釋地」卷。國圖本眉：「按《水經注》云：『汶水又西南逕桃鄉縣故城西，王莽之鄣亭也。世以此爲鄣城，非，蓋因巨新之目耳。』然則道元何曾以桃鄉縣爲鄣城乎？百詩乃云酈氏乃合而一之，欲逞己之辨説，而誣前人之著述，過矣。一清識。」

〔二〕段跋本尾批：此條似可乙。

〔三〕眉：釋地。

〔四〕《今水經》无「胡名騰乞里塔者」七字。

〔五〕眉：釋地。眉(朱)：據今《皇輿圖表》，則更越崑崙而西。

*(地)85瓊海潮候〔一〕。「天下之潮,皆一日兩汛。惟瓊海之潮,半月東流,半月西流。潮之大小隨長短星,不係日〔二〕之盛衰。」〔三〕

*86《管晏列傳》:「子孫世禄於齊,有封邑者十餘世。」《索隱》曰:「《世本》云:『莊仲山産敬仲夷吾,夷吾産武子鳴,鳴産桓子啓方,啓方産成子孺,孺産莊子盧,盧産悼子其夷,其夷産襄子武,武産景子耐涉,耐涉〔四〕産微,凡十代。』《世譜》同。」〔五〕

*87《武安侯列傳》:「蚡未貴,往來侍酒魏其,跪起如子姪。」《漢書·田蚡列傳》作「往來侍酒嬰所,跪起如子姓」。師古曰:「姓,生也。言同子禮,若己所生。」〔六〕

*(地)88郭璞《山海經注》曰:「諸水所出,又與《水經》違錯,以爲凡山川或有同名而異實,或同實而異名,或一實而數名,似是而非,似非而是。且歷代久遠,古今變易,語有楚

〔一〕《四庫》本無「瓊海潮候」四字。
〔二〕日,《今水經》作「月」。
〔三〕眉:抄。
〔四〕二「耐涉」,眷西堂本俱作「耐步」,據《四庫》本及《史記索隱》改。
〔五〕眉:抄。
〔六〕眉:抄。

夏，名號不同，未得詳也。」〔一〕

*（地）89景范《湖廣總論》曰：「以天下形勢言之，則重在襄陽；以東南形勢言之，則重在武昌；以一省形勢言之，則重在荆州。」〔二〕

*90《唐書·蔣乂列傳》：「子係善屬文，開成末爲諫議大夫。宰相李德裕惡李漢，以係友壻出爲桂管觀察使，復坐漢，貶唐州刺史。」〔三〕

91《隋書·五行志》：「梁武陵王紀祭城隍神，將烹牛，忽有赤蛇繞牛口。」

*92西溟曰：「古者卿大夫五十不稱字，别以伯仲。天子稱同姓曰伯父、叔父，是稱也達於天下。若去父止稱伯、叔，則是以長幼爲次序，而以父之昆弟同於凡人之稱矣。此後之〔四〕失禮之甚者也。」〔五〕

93《金·輿服志》：「金人之常服四：帶、巾、盤領衣、烏皮靴。其束帶曰吐鶻。」

〔一〕眉：抄。
〔二〕眉：入「釋地」。
〔三〕眉：此條可移置後一張，與「唐書路隋列傳」一條同在一處。又眉：照此抄合。
〔四〕之，上圖本改作「世」。《四庫》本亦作「世」。
〔五〕眉：抄。

*94蘇子瞻曰：「麻衣如再着，墨水〔一〕真可飲。」前輩虛心如此，亦是實理。〔二〕

*95唐德宗以順宗子謜爲第六子，以孫爲子。今吴下多有之，謂之過房。〔三〕

*96宋駙馬尚主，多易其名，使與父同行，太宗之王貽永、李遵勗是也。王偁曰：「英宗以前，公主廢舅姑之禮，主壻輒升行次同諸父。英宗特思所以釐正之。至神宗即位，詔公主出降皆行舅姑禮。」

*97「仁宗康定二年，參知政事李若谷罷爲資政殿大學士，提舉會靈觀。宮觀置提舉，自若谷始也。」

*98《宋史·張洎列傳》：上疏願棄靈武，以省關西饋運，太宗還其疏。又先於仁宗。〔四〕

*99吕溱爲翰林學士，疏論宰相陳執中，仁宗還其疏。溱請付執中，令自辯。還疏之事，僅見於此。〔五〕

〔一〕水，《四庫》本作「汁」。
〔二〕眉：抄。
〔三〕眉：以下十條細看次序，俱抄。
〔四〕眉：此在後。
〔五〕眉：此在前。整理者按：以上二條，《四庫》本合爲一條：「吕溱爲翰林學士……令自辯。初謂還疏之事見此，後讀《宋史·張洎列傳》……又先於仁宗。」

*100元以科目取士。自〔一〕延祐至元統，凡七科而罷。至正二年復舉行，至二十六年，凡九科。

*101唐命魏徵修《隋書》，命長孫無忌修《五代史志》。《志》成，即入《隋書》。故《隋書》志兼齊、周、梁、陳之事。而李百藥、令狐德棻、姚察父子遂不復贅四代之事於其史中。當時發凡起例，必有成説也。

*102鄭康成「大司樂」注：「倍文曰諷，以聲節之曰誦。」賈疏：「倍文曰諷者，謂不開讀之。以聲節之曰誦者，此亦皆倍文。但諷是直言之，無吟咏；誦則非直背文，又爲吟咏，以聲節之爲異。」《文王世子》『春誦夏弦』注：『誦，謂歌樂。』歌樂即詩也，以配樂而歌，故云歌樂，亦是以聲節之。」

*103《唐書·路隋列傳》：「初，韓愈撰《順宗實録》，書禁中事爲切直。宦豎不喜，訾其非實。帝詔隋刊正。隋建言：『臣宗閔、臣僧孺〔二〕謂史官李漢、蔣係皆愈之壻，不可參撰，俾臣得下筆，臣謂不然。且愈所書，非己自出。元和以來，相循逮今，雖漢等以嫌，無

〔一〕《四庫》本無「自」字。
〔二〕孺，眷西堂本作「儒」，據《四庫》本改。

害公誼。請條示甚謬誤者付史官刊定。』有詔摘貞元、永貞間數事爲失實，餘不復改。漢等亦不罷。」

*104《魏書·高允列傳》：「允，字伯恭，渤海人。晚以昔歲同徵，零落將盡，感逝懷人，作《徵士頌》。蓋止於應命者，其有命而不至，則闕焉。」《頌》末曰：「昔因朝命，與之克諧。披衿散想，解帶舒懷。此忻如昨，存亡奄乖。静言思之，中心九摧。揮毫頌德，潸爾增哀。」

*（地）105龍門山在韓城縣東北八十里，與山西河津縣分界。《北魏志》：「梁山北有龍門山，故龍門亦兼梁山之稱。」隋大業十三年，李淵遣王長諧等自梁山濟營於河西，以待大軍，即龍門也。〔一〕

*（地）106黄河在韓城縣東五十里，自延安府宜川縣流入境，歷龍門口而下，有禹門渡，通山西河津縣。《寰宇記》：龍門山北有河口，略似龍門，而不能通。相傳鯀治水時所鑿，績用弗成，今名錯開河。〔二〕

〔一〕眉：釋地。
〔二〕眉：釋地。

＊（地）107龍門關在韓城縣東北龍門山，後周時所立，最爲險阨。或云關之下即禹門渡。〔一〕

108《晉書・鄭沖列傳》：「沖，字文和，滎陽開封人。耽玩經史，遂博究儒術及百家之言。嘉平三年拜司空。及高貴鄉公講《尚書》，沖執經親授，與侍中鄭小同俱被賞賜。」

109《束晳列傳》：「晳，字廣微，陽平元城人。時有人於嵩高山下得竹簡一枚，上兩行科斗書，傳以相示。晳曰：『此漢明帝顯節陵中策文也。』檢驗果然。」〔二〕

＊（地）110《舊唐書・禮儀志》：「天寶十載正月，遣潁王府長史甘守默祭霍山應聖公。」始列爲五鎮。〔三〕

＊（地）111《唐書・李吉甫列傳》：「魏〔四〕田季安疾甚，吉甫請任薛平爲義成節度使，以重兵控邢、洺。因圖上河北險要所在。帝張於浴堂門壁，每議河北事，必指吉甫曰：『朕日按圖，信如卿料矣。』」

＊（地）112《羊祜列傳》：「祜以孟獻營武牢而鄭人懼，晏弱城東陽而萊子服，乃進據險

〔一〕眉：釋地。
〔二〕眉：抄。
〔三〕眉：以下七條抄。
〔四〕《四庫》本「魏」字下有「博」字。

要，開建五城，收膏腴之地，奪吴人之資。石城以西，盡爲晉有。自是前後，降者不絶。」

113「高山尋雲霓，深谷肆無景。束馬懸車，然後得濟。」謂蜀險。

114 利瑪竇《幾何原本序》曰：「我避難，難自長大；我迎難，難自消微。」

*（經解）115 賈氏《儀禮疏》曰：「宮必有碑。案《士昏禮》《聘禮》云三揖，鄭注皆云入門將曲揖、既北面揖、當碑揖，則大夫士廟内皆有碑。《鄉飲酒》《鄉射》言三揖，則庠序之内亦有碑。據《祭義》『既入廟門，麗于碑』〔一〕，則諸侯廟内有碑明矣。但生人寢内不見有廟碑，兩君相朝，燕在寢，豈不三揖乎？明亦當有碑矣。碑所以識日景，觀碑景邪正，以知日之早晚也。宮廟之碑，用石爲之。葬碑取縣繩繂，暫時之間往來運載，當用木而已。」〔二〕

*116「張鶴騰曰：『條鞭之法始於大理白公棟，創之東阿。後司國計者以爲便，遂著爲令甲。山陬海澨，罔不畫然一囊〔三〕於此法。』」

*（地）117「涇野吕氏曰：『鹽池之成，以大河北自蒲州折而東向，轉曲之間，漸漬〔四〕畜

〔一〕《儀禮疏》作「君牽牲麗于碑」。
〔二〕《經解》本無「宮廟之碑」以下句。
〔三〕囊，上圖本改作「哀」，《四庫》本作「衷」。
〔四〕漬，《四庫》本作「積」。

匯，有此奧衍。今陝西花馬池鹽，亦近黃河折流之處，理或然也。』故唐博士崔敖曰：『鹽池乃黃河陰潛之功，浸淫中條，融爲巨浸。』」蓋有所見矣。

*（地）118《解州志》曰：「解鹽池，堯時洪水方殷，池尚淤泥。《禹貢》『鹽絺』但見青州。《周官》有盬鹽，謂不煉治而成，蓋解鹽也。」故《圖經》引《穆天子傳》，有「安邑觀鹽池」之語。

119《元和志》：魯城縣大海在縣東九十里。在滄州北一百里，即漢章武縣也。滄州東北至天津一百八十里。

120《南史》顧歡曰：「若謂黃老雖久，而濫在釋前。是呂尚盜陳恒之齊，劉季竊王莽之漢也。」

121潛邱語：以《禹貢》行河，以《洪範》察變，以《春秋》斷獄，或以之出使，以《甫刑》校律令條法，以三百五篇當諫書，以《周官》致太平，以《禮》爲服制以興太平，斯真可謂之經術矣。

122《唐書·姚宋列傳》贊曰：「唐史臣稱姚崇善應變，以成天下之務；璟善守文，以持天下之正。二人道不同，同歸于治。此天所以佐唐使中興也。」

123《宋璟列傳》：「張嘉貞後爲相，閱堂按，見其危言切議，未嘗不失聲歎息。」

*124《張嘉貞列傳》：對玄宗曰：「昔馬周起徒步，謁人主，血氣方壯。太宗用之，能盡其才。甫五十卒年四十八。而没。向使用少晚，則無及已。陛下不以臣不肖，必用之，要及其時，後衰，無能爲也。且百年壽，孰爲至者？臣常恐先朝露死溝壑，誠得效萬一，無負陛下足矣。」〔一〕

125 馮山公景曰：「王勃卒，當在高宗上元元二。」

126《唐書·儒學列傳》：「元澹以字顯，字行沖。遷通事舍人，狄仁傑器之。嘗謂仁傑曰：『下之事上，譬富家儲積以自資也。脯腊膎胰以供滋膳，參术芝桂以防疾疢。門下充旨味者多矣，願以小人備一藥石，可乎？』仁傑笑曰：『君正吾藥籠中物，不可一日無也。』」

127 元行沖《釋疑》曰：「王肅規鄭玄數千百條，鄭學馬昭詆劾肅短，詔遣博士張融〔二〕按經問詰。融推處是非，而肅酬對，疲於歲時。」

*128《南史·張融列傳》：「融有孝義，忌月三旬不聽樂。」《世説新語》注：「桓玄不立

〔一〕眉：抄。
〔二〕南圖本旁（朱）：此魏博士張融。

忌日，止立忌時。」〔一〕

*129《歷代名畫記》：「盧鴻，一名浩然，高士也。」《新唐書·隱逸傳》作「盧鴻字顥然」。楊升菴妄引《尸子》，以爲「鴻一」其名也，「《綱目》書徵『處士盧鴻』，『鴻』下脱『一』字，竟以鴻爲單名，脱誤如此」〔二〕。

*130《通鑑》：「祖逖與劉琨俱爲司州主簿，同寢。中夜聞雞鳴，蹴琨覺，曰：『此非惡聲也。』因起舞。」《晉書·祖逖列傳》作「荒雞」。《唐韻正》：「古『也』與『邪』通用。《晉書·魏舒傳》：『有主人婦夜産，俄聞有車馬之聲，相問曰：男也？女也？』」

*131《唐書·王璵列傳》：「玄宗在位久，璵專以祠解中帝意。漢以來葬喪皆有瘞錢，後世里俗稍以紙寓錢爲鬼事，至是璵乃用之。」

*132《唐書·百官志》：「五經博士各二人，掌以其經之學教國子。《周易》《尚書》《毛詩》《左氏春秋》《禮記》爲五經。」

〔一〕眉：以下五條抄。南圖本尾（朱）：此齊張融。

〔二〕「竟以」至「如此」，《四庫》本作「謬也」。

*（地）133宋白曰：「華陰分秦、晉之境，邊晉之西則曰陰晉，邊秦之東則曰寧秦。」〔一〕

*（地）134胡三省《通鑑注》曰：「平原本齊地，高帝置郡。禹疏九河，皆在平原、渤海郡界。」

*（地）135又曰：「終南山橫亘關中南面，西起秦隴，東徹藍田，凡雍、岐、郿、鄠、長安、萬年，相去且八百里，而連綿峙據其南者，皆此一山也。」

*136《古今人表》：「敤手，舜妹。」《説文》作「敤首，舜女弟名」。〔二〕

137《唐書》：「虞世南，越州餘姚人，出繼叔陳中書侍郎寄之後，故字伯施。」父荔，兄世基。

*138「嘉靖三年，五星聚於營室，司天樂頀上言：『星聚，非大福，即大禍。聚房周昌，聚箕齊霸。漢興聚東〔三〕井，宋盛聚奎，天寶聚尾。禄山亂，占曰：天下兵謀，星聚營室。』」〔四〕

〔一〕眉：三條皆可入「釋地」。

〔二〕眉：抄。整理者按：《四庫》本下有雙行小注：案《列女傳》作「舜妹繫」，當是誤合「敤」「手」二字爲一字，當以《古今人表》爲是。

〔三〕東，眷西堂本作「五」，上圖本改作「東」。《四庫》本亦作「東」，據改。

〔四〕眉：抄。

*139《春秋長曆》論曰：「《書》《易》所謂言當順天以求合，非爲合以驗天者也。」〔一〕

*140《宋書・天文志》：「《星傳》曰：『四星若合，是謂太湯。其國兵喪並起，君子憂，小人流。五星若合，是謂易行。有德受慶，改立王者，奄有四方；無德受罰，離其國家，滅其宗廟。』今按遺文所存，五星聚者有三：周、漢以王，齊以霸。周將伐殷，五星聚房。齊桓將霸，五星聚箕。漢高入秦，五星聚東井。齊則永終侯伯，卒無更紀之事。是則五星聚有不易行者矣。四星聚者有九：漢光武、平帝元始四年，四星聚柳、張各五日。晉元帝、懷帝永嘉六年，四星聚牛、女。並中興，而魏、漢獻帝初平元年，四星聚心，又聚箕尾。建安二十二年，四星又聚。宋晉孝武太元十九年、安帝義熙三年、九年四星各一聚。並更紀，是則四星聚有以〔二〕易行者矣。」〔三〕

*141「晉安帝義熙三年二月癸亥，熒惑、填星、太白、辰星聚於奎婁，從填星也。」「九年二月壬辰，歲星、熒惑、填星、太白〔四〕聚于東井，從歲星也。」〔五〕

〔一〕眉：此條亦爲星聚而言，所以廁諸條之中，且不必去。又眉：抄。
〔二〕上圖本塗去「以」字。《四庫》本無「以」字。
〔三〕眉：抄。
〔四〕太白，《四庫》本在「填星」前。
〔五〕眉：抄。

*（地）142《唐書·天文志》：「宋元嘉中，南征林邑，五月立表望之，日在表北。交州影在表南三寸，林邑九寸一分。交州去洛水陸之〔一〕路九千里，蓋山川回折使之然。以表考其弦，當五千乎？」〔二〕

*143又曰〔三〕：「天寶九載八月，五星聚于尾箕，熒惑先至而又先去。尾箕，燕分也。占曰：有德則慶，無德則殃。」〔四〕

*144《王勃列傳》：「崔昌請承周漢，廢周隋爲閏，集公卿議可否。集賢學士衛包、起居舍人閻伯璵上表曰：『都堂集議之夕，四星聚於尾，天意昭然矣。』」天寶中。〔五〕

*145《隋書·律曆志》：「開皇以古斗三升爲一升。」「古稱三斤爲一斤。大業中依復古。」

146《竹書紀年》：「堯元年景子。」

〔一〕眉：句中「之」字似衍。整理者按：上圖本塗去「之」字。《四庫》本無「之」字。
〔二〕眉：釋地。
〔三〕又曰，《四庫》本作「唐書天文志」。
〔四〕眉：前後諸條皆説星聚，何必獨去此條？又眉：抄。
〔五〕眉：以下六條抄。

147《晉書・曆志》：「劉洪爲《乾象曆》。獻帝建安元年，鄭玄受其法，以爲窮幽極微，又加注釋焉。」

*（地）148《書疏》云：「衡，即古『横』字。漳水横流入河，故曰横漳。鄭康成亦云『横漳，漳水横流』。」《深州志》：「黄河北流，漳水東注之，河縱而漳横，故曰横漳。」

*（地）149「歐陽修嘗謂開河如放火，不開如失火。與其勞人，不如勿開。」

*（地）150任伯雨奏：「禹之治水，不獨行所無事，亦未嘗不因其變以導之。蓋河流混濁，泥沙相半，流行既久，迤邐淤澱，則久而必決者，勢也。或北而東，或東而北，亦安可以人力制哉？爲今之策，正宜因其所向，寬立堤防，約攔水勢，使不至大段漫流而已。」

*（地）151「漳河源於西山，由磁洺州南入冀州新河鎮，與胡盧河即大陸，非《也備録》葫蘆河，在寧晉縣東南二十里，連大陸澤，判然二處。在新河縣又似一處。云葫蘆河，大陸澤之俗名。合流，其後變徙入于大河。神宗熙寧三年，詔程昉、王廣廉相視，四年開修。」〔一〕

152「太原府草澤史守一，修晉祠水利，溉田六百餘頃。」

*（地）153「元豐元年，二府奏事，語及淤田之利。帝曰：『大河源深流長，皆山川膏腴滲

〔一〕眉：釋地。

漉。故灌溉民田，可以變斥鹵而爲肥沃。朕取淤土親嘗，極爲潤膩。』」〔一〕

*（地）154「熙寧九年，劉瑾言楚州寶應縣泥港、射馬港，山陽縣渡塘溝、龍興浦，淮陰縣青州澗等，可興置，欲令逐路轉運司選官覆按。從之。」〔二〕

*155 侯一元曰：「蓋志有難者八焉：不詳即事不該，而米鹽詳之則蕪；不簡則要不舉，而太簡則傷略；舉其大則見以爲不勤小物，忽羸豕，弛童牛，而細故毛舉則謂之不知類；遠古之事，傳之則忽荒芒昧，近於誣，而不傳即羊去而禮亡；文不酌諸古則不雅醇，而古則遠于俗而不適于用；當世之顯人，善而傳之，則有官盛之嫌，而置之則無以示至公；不善不諱則怨興，而改枋頭則傷於直筆；章而不微則戾周身之防，而微之則或不習其讀而無以鏡後。故志所以難者也。」〔三〕

156《元史·河渠志序》：「昔禹堙洪水，疏九河，陂九澤，以開萬世之利。而《周禮·地官》之屬，所載瀦防溝遂之法甚詳。當是之時，天下蓋無適而非水利也。自先王疆理井田之制壞，而後水利之説興。魏史起鑿漳河，秦鄭國引涇水，漢鄭當時、王延世輩或獻議穿

〔一〕眉：抄。
〔二〕眉：移寫山陽縣諸條後。整理者按：《四庫》本無「從之」二字。
〔三〕眉：抄。

漕渠，或建策防水決。是數君子者，皆嘗試其術，而卒有成功，太史公《河渠》一書猶可考。自時厥後，凡好事喜功之徒，率多爲興利之言，而其患顧有不可勝言者矣。」

*157《唐書·選舉志》：「凡《禮記》《春秋左氏傳》爲大經，《詩》《周禮》《儀禮》爲中經，《易》《尚書》《春秋公羊傳》《穀梁傳》爲小經。通二經者，大經、小經各一，若中經二。通三經者，大經、中經、小經各一。通五經者，大經皆通，餘經各一。《孝經》《論語》皆兼通之。凡治《孝經》《論語》共限一歲，《尚書》《公羊傳》《穀梁傳》各一歲半，《易》《詩》《周禮》《儀禮》各二歲，《禮記》《左氏傳》各三歲。」〔一〕

*158寶應二年，禮部侍郎楊綰上疏言，請以《論語》《孝經》〔二〕《孟子》兼爲一經，未行。

*159李德裕對武宗曰：「臣無名第，不當非進士。然臣祖天寶末以仕進無他岐，勉彊隨計，一舉登第。自後家不置《文選》，蓋惡其不根藝實。」

*160唐韓愈將到韶州，先寄張端公使君《借圖經》詩：「曲江山水聞來久，恐不知名訪每難。願借圖經將入界，每逢佳處便開看。」〔三〕

〔一〕眉：以下三條抄。
〔二〕孝經，《四庫》本在「論語」前。
〔三〕眉：將此條與後「唐會要諸州圖」一條移寫一處，則此條不可去矣。

*(地)161古北口外舊有小興州、大興州、宜興縣、鳳州等處。宋蘇轍《古北道中》詩:「亂山環合疑無路,小徑縈迴長傍溪。彷彿夢中尋蜀道,興州東谷鳳州西。」明初隸版圖,永樂中棄大寧,淪沙漠矣。〔一〕

*162《唐會要》:「諸州圖每三年一送職方。建中元年,改至五年一造送。」宋故事諸州貢地圖初以閏爲限,名「閏年圖」。淳化四年,詔自今再閏一造。明洪武六年,猶命各行省每于閏年繪圖以獻。〔二〕

*163洪武三年二月癸酉,上命中書省臣凡行郊祀禮,以天下户口錢糧之籍陳于臺下。祭畢,收入内庫藏之。〔三〕

*(地)164《元和志》:「晉澤在晉陽縣西南六里。隋開皇六年,引晉水溉稻田,周迴四十一里。」〔四〕

*(地)165《通典》:「枯絳渠在經城縣界。在絳水之東者,古兖州域;絳水之西,則古冀

〔一〕眉:釋地。
〔二〕眉:抄。
〔三〕眉:抄。
〔四〕眉:以下十一條皆可移入「釋地」。

州域也。」經城縣，在今順德府廣宗縣東二十里。

*(地)166《史記正義》引《括地志》云：「沇東至温縣西北爲濟〔一〕水，又南當鞏之北，南入于河。入河而南，截度河南岸，溢滎澤。今無水，成平地。」

*(地)167《括地志》：「滎陽城在今滎澤縣西南十七里，殷之敖地也。」亦曰隞在敖〔二〕山之陽。戰國時韓曰滎陽。

*(地)168滎澤在滎澤縣治南，今縣本《禹貢》「溢爲滎」之地。

*(地)169「敖山在河陰縣西二十里，皇甫謐曰『仲丁自亳徙囂』，即敖也。」

*(地)170鞏城在今鞏縣西南三十里。周鞏伯邑，漢置縣，隋大業初方移治洛口，今縣治也。在河南府東一百三十里，東至鄭州汜水縣六十里，北至懷慶府温縣二十五里。

*(地)171故温城在今温縣西南三十里，周畿内國，漢置縣於此，唐方徙今治。在懷慶府東南五十里。又東南至鄭州汜水縣二十五里。

*(地)172《晉書·地理志》：「古者有分土而無分民，若乃大者跨州連郡，小則十有餘

〔一〕濟，《史記正義》引《括地志》作「泲」。
〔二〕敖，《四庫》本作「隞」。

城，以户口爲差降，略封疆之遠近。所謂分民，自漢始也。」

*（地）173《今水經》曰黑龍江入松花江，松花江入混同江，混同江入海。此語不確，再考。

*（地）174又曰：「大江過城陵磯，下合洞庭諸水，逕岳州府臨湘縣。其流清者爲洞庭，濁者爲大江。」

*（地）175四鎮之增爲五也，自隋開皇間始。〔一〕

*176「梁天監六年詔曰：『頃代以來，元日朝畢，次會群臣，則移就西壁下東向坐。求之古義，王者讌萬國，唯應南面，何更居東面？』於是御座南向，以西方爲上。皇太子以下在北壁坐者悉西邊東向，尚書令以下在南方坐者悉東邊西向。舊元日御座東向，酒壺在東壁下。御座既南向，乃詔壺於南蘭下。」〔二〕

*177「凡舄，唯冕服及具服著之，履則諸服皆用，唯褶服以靴。靴，胡〔三〕履也，取便於

〔一〕眉：亦入「釋地」。

〔二〕眉：抄以下四條。

〔三〕眷西堂本無「胡」字，據南圖本及《隋書・禮儀志》補。

事，施於戎服。」

*178「袴褶之制，未詳所起。」「近代服以從戎，今纂嚴，則文武百官咸服之。車駕親戎，則縛袴，不舒散也。」

*179劉子玄曰：「議者以祕閣梁南郊圖有衣冠乘馬者，此圖後人所爲也。古今圖畫多矣，如畫群公祖二踈，而有曳芒屩者；畫昭君入匈奴，而婦人有施帷冒者。夫芒屩出于水鄉，非京華所爲；帷冒創于隋代，非漢宮所用，豈可因二畫以爲故實乎？謂乘馬衣冠宜省。」

180宣和四年，契丹平州始歸宋。

181《南史·謝靈運列傳》：「會稽太守孟顗事佛精懇，而爲靈運所輕。嘗謂顗曰：『得道應須慧業，丈〔一〕人生天當在靈運前，成佛必在靈運後。』顗深恨此言。」

*182杜預手所定《左傳》，齊武帝以賜晉安王子懋，曰：「知汝所好也。」〔二〕

*183梁蕭琛得班固《漢書·序傳》真本，云是三輔舊書。〔三〕

〔一〕「丈」，上圖本改作「文」。眉：「丈」字改「文」字，非。段跋本眉：《宋書》作「文人」，句不可讀，自當以《南史》爲正。

〔二〕眉：抄。

〔三〕眉：抄。

*184「沈約於郊居宅閣齋，請王筠爲草木十詠，書之壁。皆直寫文辭，不加篇題。約謂人曰：『此詩指物程形，無假題署。』」〔一〕

185「沈約嘗語人曰：『吾少好百家之言，身爲四代之史，自開闢以來，未有爵位蟬聯、文才相繼如王氏之盛也。』」

*186「崔慰祖好學，聚書至萬卷。鄰里年少好事者來從假借，日數十衺。慰祖親自取與，未嘗爲辭。」〔二〕

*187「陶弘景以算推知漢熹平三年丁丑冬至，加時在日中，而天實以乙亥冬至，加時在夜半，凡差三十八刻，是漢曆後天二日十二刻也。」〔三〕

188「王敬則曰：『臣知何物科法，見背後有節，便言應得殺人。』」

189「子瞻云：『詩以奇趣爲宗，反常合道爲趣。』」

190「皎然《詩式》云：『作詩須知變復之道，蓋以返古爲復，不滯爲變也。』」

〔一〕眉：抄。
〔二〕眉：抄。
〔三〕眉：抄。

*191「三百篇中《清廟》《文王》等專爲樂而作詩，《關雎》《鹿鳴》等先有詩而後入于樂。」〔一〕

*192「朱子〔二〕盡去舊序，但據經文以爲注。使三百篇盡出於賦乃可，安得據比興之辭以求遠古之事乎？宋人不知比興，小則爲害於唐體，大則爲害於三百。」〔三〕

193「詩而有境有情，則自有人在其中。」

194「心〔四〕不孤起，仗境方生。」

195「唐詩能融景入情，寄情於景。」

*196「施愚山曰：『今人祇是做韻，誰人做詩。』」〔五〕

*197「四賓主者：一主中主，如一家唯有一主翁也；二主中賓，如主翁之妻妾、兒孫、奴婢，即主翁之分身〔六〕，以主内事者也；三賓中主，如主翁之朋友、親戚，任主翁之外事者也；四賓中賓，如朋友之朋友，與主翁無涉者也。於四者中除却賓中賓，而主中主亦只一

〔一〕眉：抄。

〔二〕上圖本「朱子」下補「詩傳」二字。《四庫》本「朱子」下亦有「詩傳」二字。

〔三〕眉：抄。

〔四〕心，眷西堂本作「必」，據《圍爐詩話》改。

〔五〕眉：抄。

〔六〕分身，《四庫》本作「身分」。

見。唯以賓中主鈎〔一〕動主中賓而成文章，八大家無不然也。」〔二〕

*198「煅者有冷鎚，於成刀劍後細密加鎚也。精鐵得此愈見堅利，毛鐵則破碎。注釋，詩文之冷鎚也，有意則得注精彩倍加，無意則破碎。」〔三〕

*（地）199《元和郡縣圖志》：「寧州定平縣，隋大業十年於此築城，置棗社驛。」〔四〕

*（地）200「故鉏城在滑州衛南縣東十五里，《左氏》『后羿自鉏遷于窮石』是也。」

*（地）201「泗州宿遷縣，淮水入縣境南，與楚州山陽縣分中流爲界。」〔五〕

202「率三十鍾而致一石，六斛四斗曰鍾。計道路所費，凡用百九十二斛，乃致一石。」〔六〕

*（地）203解縣與安邑縣鹽池，「總謂之兩池，官置使以領之，每歲收利納一百六十萬貫」。

〔一〕鈎，眷西堂本作「鈞」，據《四庫》本改。

〔二〕眉：抄。

〔三〕眉：抄。

〔四〕眉：以下十三條皆可移入「釋地」。

〔五〕眉：今宿遷縣境不得至淮，此所言不知何時疆界也。

〔六〕眉：此不知致粟于何處，道路之費如此之多，能考核明白，則妙矣。尾：「三十鍾致一粟，見《漢書·主父偃傳》。潛邱謂人所共曉，故不著篇名。上評甚陋。吾山記。」

*（地）204「郭林宗墳在汾州介休縣東三里，周武帝時除天下碑，唯林宗碑詔特留。」〔一〕

*（地）205古諺曰：襄陽無西，以其西逼萬山；邔無東，以其東逼漢江。界促近也。

206「裴秀曰：『漢氏釋淮水，改秩漢水爲四瀆，以其國所氏。』」〔二〕

*（地）207湯居亳，與葛爲鄰。《寰宇記》曰「相去八十里」。〔三〕

208《元和志》：「開元十五年，李商隱〔四〕奏重置鑾州。」

209中受降城，唐景龍中張仁愿於黃河北岸置，賈耽《古今述》曰：「以地理求之，前代九原郡城也。」

210「《漢書》有滎陽漕渠，如淳曰今〔五〕礫溪口是也。」

*（地）211中牟縣西北七里有圃田澤，范守己據《穆天子傳》以爲自湞川之北直抵中牟之西，東連尉氏，西接新鄭，周迴三百餘里，總謂之圃田。《穆天子傳》「天子次于軍丘，以畋

〔一〕簽：《南齊書·陸澄傳》一條未引。

〔二〕段跋本尾：此上亦當有〇。

〔三〕眉：此條意未詳。

〔四〕眉：似「尚隱」之誤。整理者按：此眉批後用墨筆塗去。

〔五〕今，眷西堂本作「矜」，據《太平寰宇記》改。

于藪」，《鄭詩》「叔在藪，火烈具舉」，而《左傳》所云「取人于萑苻之澤」，是皆其地矣。今中牟得其地什之四，洧川、尉氏各什之三。

*（地）212《大學衍義補》曰：「周以前河之勢自西而東而北，漢以後河之勢自西而北而東。宋以後迄于今，則自西而東，而又之南矣。」〔一〕

*（地）213「洪武十八年、三十一年及永樂初年，皆詔令河南、山東等處荒田，許民儘力開墾，永不起科。」〔二〕

*（地）214「宋紹興二十一年，知臨江軍王伯淮奏曰：『清江縣有税錢四十餘貫，苗米四百餘石。人煙田産，並在高安。經界既定，兩縣隨産認税。』于是清江有税無田，高安有田無税。清江不免以無田之税增均于原額之田，高安即以無税之田減均于原額之税，是高安得偏輕之利，清江得偏重之害矣。」〔三〕

*（地）215《曲洧新聞》曰：「雒陽西至新安，道路平曠。自新安西至潼關，殆四百里，重

〔一〕眉（朱）：此義不可執。整理者按：「義」字朱筆塗去。
〔二〕眉：抄。
〔三〕眉：抄。

岡疊阜，連綿不絶。終日走硤中，亡方軌列騎處。其間硤石及靈寶閿鄉間，尤爲險要。古之崤、函在此，真所謂百二重關也。周在東，不能西禦秦；唐在西，不能東禦禄山，悲夫！」〔一〕

*（地）216懷慶府知府紀誡疏曰：「如《西華縣志》，洪武二十四年，在册地止一千九百九十四頃有奇，嘉靖十一年，新丈地一萬九千七百七十頃有奇。永城縣原地一千五百三十頃有奇，嘉靖十一年，新丈出二萬六千六百一十九頃有奇。二縣如此，他縣可知。是土地實增倍於其舊，則糧宜增而不增，而顧以其糧分灑之，此輕者益見其輕也。至河内縣原編户一百二十餘里，今併爲八十三里。修武縣原編户六十里，今併爲二十九里。他縣亦皆類是。人逃而地漸荒，則土地已非其舊。夫糧宜減而不減，而復以其糧包賠之，此重者益重。無怪乎懷慶之民日困征輸，而卒無以自安也。」〔二〕

*（地）217「渦河在淮之南〔三〕。商船自淮入渦，至河南祥符縣銅瓦廂，在縣西北二十五里。以達陽武。陽武去衛河只六十里，此元人陸運之故道也。倘漕河中梗，河道未能遽復，而又

〔一〕眉：釋地。
〔二〕眉：抄。
〔三〕南，上圖本改作「北」。《四庫》本亦作「北」。

不經黄河之險，此亦備急之一策也。」〔一〕

*（地）218《玉堂嘉話》：「王黄華論汴河：『前宋以洛河入汴爲京西漕路，其後黄河徙南，洛水舊道斷絶。今汴河名存，其實止是京、索、須三水自滎澤南入汴河故道行流。』」〔二〕

219《扶溝縣志》：「田土以二百四十步爲一畝，買地賣地準此。上册徵糧則以三畝七分六釐五毫爲一畝。」

220 蒲州東南一百二十里有永樂城，後周置郡，唐爲縣。

221《越王句踐世家》：「越王曰：『夏路以左。』」劉氏云：「楚適諸夏，路出方城，人向北行，以西爲左，故云『夏路以左』。」〔三〕

*（地）222《括地志》：「故長城在鄧州内鄉縣東七十五里，南入穰縣，北連翼望山。無土之處，累石爲楚固〔四〕。襄王控霸南土，争彊中國，多築列城於北方，以適華夏，號爲方城。」〔五〕

〔一〕眉：釋地。又眉：由祥符至陽武，如何能不經黄河？
〔二〕眉：釋地。
〔三〕眉：抄。
〔四〕楚固，上圖本改作「固楚」。
〔五〕眉：釋地。又眉：「似『累石爲固』是一句，『楚』字連下『襄王』字爲句。然未見原書，不敢改。」整理者按：此眉批用删削符號删去，後書：「累石以爲楚國之固也，前疑非。」

223 一後生問鄧文潔作文之法，曰：「文字須説得汝心明白。」

224《唐書·李密列傳》：「武德元年，詔密以本兵就黎陽。密馳駬〔一〕東至稠桑驛。」

*225 布八十縷爲升。升，登也；登，成也。凡織紝之法，皆縷縷相登上，乃成繒布。〔二〕

*226《尚書疏》：「古之贖罪者皆用銅，漢始改用黃金，但少其斤兩，令與銅相敵。」孔安國傳：「金作贖刑曰金。」黃金自非，疏復附會。黃金、黃鐵皆銅也，尤非。〔三〕

*（地）227 程大昌《禹貢論》曰：「孔穎達謂江南人呼水無大小，皆曰江。此特後世語耳，古何嘗有是歟？經自岷江以外，無得名江者。漢水之大，幾與江埒，其未入江也，止得名漢，不得名江。安有潯〔四〕陽間九小流者，方趨江未至，而肯以江命之乎？不獨江也，淮、河、濟三名者，其正派得之，外此無有混言者。濟之於河，猶不得附借其名，而江、漢分枝，僅得目爲沱潛。其嚴於名稱，大抵如此。」〔五〕

〔一〕駬，眷西堂本作「驛」，據南圖本及《新唐書》改。
〔二〕眉：抄。
〔三〕眉：抄。
〔四〕潯，眷西堂本作「尋」，據《四庫》本改。
〔五〕眉：釋地。

*（地）228又曰：「太湖一湖而得名五湖，昭餘祁一澤而得名九澤。晁氏謂未易可以必其得數之因，其説通也。」〔一〕

229《語類》謂《禹貢》曰：「竊意當時治水事畢，却總作此一書，故自冀州帝畿始。如今人方丈量畢，總作一門單耳。」「南方殊不見禹施工處，當時只分遣官屬，而不了事底記述得文字不整齊耳。」

*（地）230《括地志》：「漢張良墓在徐州沛縣東六十五里，與留城相近也。」故留城在徐州沛縣東南五十五里，今城内有張良廟。〔二〕

231 朽布衣吴先生自誦其詩曰：「遊客倦懷如晚醉，老人新句似秋花。」將出京，作「心栽櫱樹春仍苦，淚滚珠光夜亦明」。參禪未得手作。

*（地）232志稱漢中入關之道有三，而入蜀中之道有二。所謂入關中之道三者，一曰褒斜道，二曰儻駱道，三曰子午道也。所謂入蜀中之道二者，一曰金牛道，二曰米倉關道也。今由關中以趨漢中，由漢中以趨蜀中者，謂之棧道。其北道即古之褒斜，南道即古之金

〔一〕眉：釋地。
〔二〕眉：釋地。

牛。而子午、儻駱以及米倉之道，用之者或鮮矣。〔一〕

*（地）233「隴山在隴州西北六十里，即隴坂也。又小隴山在州西八十里，一名關山，以近隴關即大震。而名也。山長八十里，路通臨鞏。」

234 天井山在隴州南百里。〔二〕

235「金門山在隴州南百四十里，其山如門，渭水經焉。」

*（地）236 太白山在乾州武功縣西南九十里，亦謂之太一山。「《五經要義》：『武功有太一山，一名終南。』蓋終南，南山之總名也。張衡《西京賦》云『終南太一』，是則非一山矣。山接郿縣及盩厔縣界，北去長安三百里，故俗云『武功太白，去天三百』。〔三〕《六典》：『關内道名山曰太白。』柳宗元云：『其地寒，冰雪積之，未嘗已。』又南十里爲武功山，杜彦達曰：『太白南連武功，最爲秀傑，冬夏積雪，望之皓然，故云太白也。軍行山下不得鳴鼓角，鳴則風雨暴至。』又山半有横雲如瀑布則澍雨，諺云『南山瀑布，非朝即暮』是也。」

〔一〕眉：釋地。以下十二條皆同。又眉：有紅〇者是。段跋本眉：釋地。以下二條皆可。

〔二〕上圖本塗去此條。眉（朱）：「略記一二筆而無論斷者，當時定存此以備考，擬悉删之。」段跋本此眉批爲墨書。

〔三〕《四庫》本「三百」下有雙行小注：「案『武功太白，去天三百』乃辛氏《三秦記》中語，若璩但稱『俗云』，蓋偶未考，謹附訂于此。」

*（地）237「惇物山在武功縣東南二百里，《漢志》注『縣東有垂山』。古文以爲敦物。孔氏曰『敦物即太華山』，似誤。」

*（地）238武關在商州東百八十里。《輿程記》：「自武關西北行四百十里至藍田縣，皆行山中，至藍田始出險就平云。」

*（地）239「岐陽廢縣在岐山縣東北五十里，唐貞觀七年置，周太王居岐之陽，即此。」

*（地、經解）240「岐山在岐山縣東北十里，一名天柱山。其峰高峻，狀若柱然。《六典》：『關内道名山曰岐山，俗名鳳凰堆。』山之南，周原在焉，即太王所居，《詩》『周原膴膴』是也。《志》云：『原東西横亘，肥美寬平。』在今縣東北四十里。」

241「陽平關在寧羌州東北九十里，亦曰陽安關。」

*（地）242「宋白曰：『自興元東北至長安取駱谷路，不過六百五十二里。』是往來之道，莫便於駱谷也。而五季以來駱谷漸成荒塞，何歟？」

*（地）243鄭曉解「大野既豬」曰：「由是上源之來，是澤有以受之；下流之去，是澤有以泄之，始得而豬矣。」

*（地）244解「揚州」曰：「今按地勢，山起于西北，澤匯于東南。東南地卑，萬水所湊，揚州是也。彭蠡在揚州西南，合江南、江東、江西諸水以爲澤。三江在揚州東南，分東江、松

江、婁江諸水以爲名。」

*(地)245解「浮于江沱潛漢」曰:「《禹貢》之記貢道者,如記二水曰『浮于淮、泗』,非謂近泗之地必由淮入泗也。此荆州近于漢者,則徑浮于漢,不必自江而入漢也。近于潛者,則徑浮于潛,而入漢亦不必自江也。沱自華容縣出于江,入于沔,沔即漢也。由江入沱,由沱入漢,一路也。潛自漢出,至潛江縣入于江。由江入潛,由潛入漢,一路也。」

*(地)246又曰:「江至東陵而北合于漢,漢至大别而南入于江。」

247《吾學編》:「王恕,字宗貫,三原人,正統戊辰進士,官吏部尚書,謚端毅。年九十矣,猶考論著述。言動必揆矩度,嘗言『我垂老方理會學問』。卒年九十三。子承裕,官南京户部尚書,謚康僖。」〔一〕

*248《項羽本紀》:「項王、項伯東嚮坐,亞父南嚮坐,沛公北嚮坐。」詳叙各坐次不是閒話,總爲下文項莊欲擊沛公於坐,項伯以身翼蔽沛公兩劍舞地耳。使沛公、項王並坐,便有投鼠忌器之事,不得擊殺之。張良西嚮侍,非立也,仍是坐。不言坐者,承上文。此有二證:一「項王未有以應,曰坐,樊噲從良坐」;一《樊噲傳》「時獨沛公與張良得入坐」,

〔一〕眉(朱):《明史》已載其略。

是也。〔一〕

*249《他石録外編・儒辯第二十五》曰：「六經多被混亂，尤甚者《易》，《易》中尤甚者先天八卦。夫卦之方位，『帝出乎震』章，八方有明文。『天地定位』章不言八方，蓋謂有天上地下之否，而亦有地上天下之泰。八卦相盪，以成六十四卦也。逆數者，卜筮而前知吉凶也。先天之文見於乾卦，先讀去聲，非邵子之所謂也。愚嘗得張平叔《悟真篇》之傳〔二〕於方外士，其意與邵子之圖適合。離東者，移火於木位，東三〔三〕、南二同成五也。坎西者，移水於金位，北一西將四共之也。乾南、坤北者，移坎之中實以填離之中虛，而成金丹。三家相見，結嬰兒也。巽居西南坤位，以長女合老陰，黄婆也。艮居西北乾位，以少男合老陽，築基也。兑居東南巽位，以少女合長女，隱寓二七於其中，鼎器也。震居東北艮位，以長男合少男，隱寓二八於其中，藥物也。其於數往知來，遥寓順則成人，逆則仙也。《易》道無所不包，何獨丹法？凡醫藥、相地、三命等，無不倚之以立言。而離於文王處憂

〔一〕眉：抄。
〔二〕《四庫》本無「之傳」二字。
〔三〕三，眷西堂本作「二」，上圖本朱筆改作「三」。《四庫》本亦作「三」。箋：「觀下文『同成五』，則上『東二南二』，兩『二』字中當有一『三』字，方合成五數。『東』下『二』字疑是『三』字之誤。」據改。

患、孔子無大過之意，即非儒道之《易》。希夷，仙也，不妨以丹道説《易》。邵子受於二程，何可出此？考亭於丹道黷有所見，不同佛道之茫然，是以手注魏伯陽之《參同契》，見邵子之圖，欣然會心，入之《本義》，而不計丹道可以倚《易》，《易》不爲丹道作也。《本義》之混濫者多矣，以『天地定位』章爲第一。」〔一〕

*250《説苑・君道篇》：「郭隗曰：『今王將東面目指氣使以求臣，則廝役之材至矣。南面聽朝，不失揖讓之禮以求臣，則人臣之材至矣。西面等禮相亢〔二〕，下之以色，不乘勢以求臣，則朋友之材至矣。北面拘指，逡巡而退以求臣，則師傅之材至矣。』」

*（地）251孔安國曰：「禹治水之後，舜分冀州爲幽州、并州，分青州爲營州，始置十二州。」馬融曰：「禹平水土，置九州。舜以冀州之北廣大，分置并州；燕齊遼遠，分燕置幽州，分齊置營州。」金履祥曰：「分冀州自衛水以北爲并州，醫無閭之地爲幽州，碣石以東接青州之北爲營州，是爲十有二州焉。」〔三〕

〔一〕眉：抄，二條。南圖本眉（朱）：正論不廢。又南圖本眉（朱）：「魏伯陽《參同契》却與《易》合，與邵子之説截然兩途。只納甲之説，坎、離居中，先天爲離東、坎西，所以絶異。」
〔二〕亢，《四庫》本作「抗」。
〔三〕眉：釋地。

252《洹詞》曰：「理之常新，隔世可推；事之成陳，跬步莫得。」

253「陸象山有言：自顔子没，而夫子之傳亡，近時學者述之。」

*（地）254《河渠書》：「禹功施于三代，自是之後，滎陽下引河東南爲鴻溝，以通宋、鄭、陳、蔡、曹、衛，與濟、汝、淮、泗會。」文穎曰：「即今官渡水也。蓋爲二流，一南經陽武，爲官渡水，一東經大梁城，即河溝，今之汴河是也。」〔一〕

*（地）255韓邦奇曰：「古時汳、泗皆在河之東南，故灉入泗。今河徙而南，灉在河西，泗在河東，灉爲河截斷，不復能入泗矣。」

*（地）256王氏炎曰：「王莽時，河行漯川，大河不行於大伾之北，而遂行於相魏之南。則山澤在河之瀕者，支川與河之相貫者，悉皆易位，而與《禹貢》不合矣。」

*（地）257《肇域記》：滎陽縣北三十里有鴻溝，應劭曰：「鴻溝在滎陽故城在滎澤。東南二十里。」

*（地）258《河渠書》索隱引張華云：「大梁城在浚儀縣北〔二〕，縣西北渠水東經此城南，

〔一〕眉：以下五條皆可移入「釋地」。

〔二〕北，眷西堂本作「此」，上圖本朱筆改作「北」。《四庫》本亦作「北」。簽：「浚儀縣此縣，『此』字中恐有脱誤。『此』字恐是『北』字，至『北』字爲句。」據改。

又北屈，分爲二渠，其一渠東南流，是始皇所鑿，引河水以灌大梁，謂之鴻溝，楚漢會此處也，其一渠東經陽武縣南，爲官渡水。」

*259 閩陳第曰：「相鼠，似鼠頗大，能人立，見人則立，舉其前兩足，若拱揖然。愚於薊門山寺見之，僧曰此相鼠也。及檢《埤雅》，已有載矣。蓋見人若拱，似有禮儀，《詩》之所以起興也。今注曰：『相，視也。鼠，蟲之可賤惡者。』意義索然。按《說文》引此詩，亦以相爲視，誤也久矣。」〔一〕

*260《鹽法考》：「成化年間，户部尚書葉淇言：商人輸粟二斗五升，是以銀五分得鹽一引也。請更其法，課輸銀于運司，銀四錢支鹽一引，可得粟二石。是以一引之鹽坐致八倍之利，且商人銀納運司，道近而便安，是上下交利之道。奏可。於是商人引鹽，悉輸銀于運司，類解户部。鹽銀歲驟增至百萬餘兩。諸商墾田塞下者，悉撤業歸。西北商或徙家于淮以便鹽，而邊地爲墟，粟踊貴，石至直五兩。時議者屢言虛邊儲而實太倉非計，顧歲所增入，當數十郡一歲錢穀之數。而縣官經費日繁，即緩急可以支應。慮不能捐目前厚利，以深惟〔二〕邊

〔一〕眉：抄。
〔二〕惟，《四庫》本作「維」。

計。欲復如祖宗時盡輸粟塞下，及薄取八分之利，必不可得矣。」〔一〕

*（地）261《寶應縣志》：「運河隄，自黃浦至界首，長八十里，即唐李吉甫所築平津堰也。」〔二〕

*（地）262邵二泉《禹貢岷山導江之簡》曰：「江漢水漲，彭蠡鬱不流，逆爲巨浸，無仰其入而有賴其遏。彼不遏，則此不積，所謂匯也者如此，故曰北會于匯。匯言其外也，蠡言其内也。于匯不于彭蠡，勢則然也，蓋實志也。江水濬發，最在上流，其次則漢自北入，其次則彭蠡自南入。三水並持而東，則江爲中江，漢爲南江，彭蠡所入爲北江可知已，非判然異派之謂也。且江漢之合，茫然一水，唯見其爲江也，不見其漢也，故曰中江，曰北江。然其勢則相敵也，故曰江漢朝宗。凡《集傳》謂經誤者非是，餘干張克修云，竇亦云。」〔三〕

*（地）263王禕子充《水經序》曰：「『經云『江水東逕永安宫南』，則昭烈託孤於武侯之地也。又其言北縣名多曹氏時置，南縣名多孫氏時置，是又若三國以後人所爲也。」又曰：「意者桑欽本成帝時人，實爲此書。及郭、酈二氏爲傳注，咸附益之。而璞，晉人；道

〔一〕眉：抄。
〔二〕眉：以下三條可入「釋地」。
〔三〕段跋本尾：竇，即二泉名。

元，後魏人也。」

*（地）264王子充曰：「十二野，所以分天之綱者也，其要在明乎纏[一]度而已。九州，所以分地之紀者也，其要在明乎疆界而已。」[二]

265《唐書·白居易傳》贊曰：「杜牧謂其詩纖豔不逞，非莊士雅人所爲。流傳人間，子父女母交口教授，淫言媟語入人肌骨不可去。蓋救所失不得不云。」[三]

266《王忠文公集·蘇友龍小傳》屢稱老泉爲文公，蓋不可誣也。[四]

*（地）267《方輿勝覽》：「《禹貢》梁州之山四：岷、嶓、蔡、蒙。西山皆岷，北山皆嶓，南山皆蒙也。」[五]

268王存《上九域志表》曰：「郡名之下，附以氏族所出。[六]以《禹貢》《周官》考之，皆無

[一]纏，《四庫》本作「躔」。

[二]段跋本尾：纏，疑作「躔」。

[三]眉：白詩未可輕議，杜與張祜俱不滿于白，蓋以私憾。又眉：白嘗有詩記杜佑老不致仕。牧之，佑之孫也。

[四]眉（朱）：此條宜附入辨老泉條後。整理者按：又見卷四上「跋」第七條。

[五]眉：釋地。

[六]南圖本旁（朱）：此駁《寰宇記》。

其文，且非當世先務，兹不復著。國朝以來，州縣廢置，與夫鎮戍城堡之名、山澤虞衡之利，前書所略，則謹志之。至於道里廣輪之數，昔人罕得其詳，今則凡一州之内，首叙州封，次及旁郡，彼此互舉，弗相混殽。」

*（地、經解）269 析支在河州西南徼外，《禹貢》雍州有崑崙、析支，應劭曰：「析支在河關西南千餘里，羌人所居，謂之河曲羌。」《後漢·西羌傳》：自河關之西，濱於賜支，至於河首，綿地千里，皆羌地。賜支，即《禹貢》「析支」也。《水經注》引司馬彪曰：「自賜支以西，濱於河首，羌居其右。河水〔一〕東流，屈而東北，經賜支之地，是爲河曲。」〔二〕

*（地）270《宋·河渠志》趙伯昌言唐黜陟使李承建捍海堰。是承既建常豐堰於山陽，又于鹽城海門建此堰，亦奇矣哉。但混爲一者則非，常豐在山陽東南。

271 祝穆〔三〕《方輿勝覽》曰：「五通廟在徽州婺源縣，乃祖廟。兄弟凡五人，本姓蕭，每歲四月八日，來朝禮者四方雲集。」

272《歙志·風土論》：「至正德末嘉靖初，則稍異矣。出賈既多，土田不重。」

〔一〕《四庫》本無「水」字。
〔二〕眉：以下二條入「釋地」。
〔三〕穆，眷西堂本誤作「睦」。

273《淳熙歙縣志》：「山限壤隔，民不染他俗，勤于山伐，能寒暑，惡衣食。」

*（地）274《華陽國志》：「元鼎六年，分廣漢郡爲武都郡，屬縣九，東接梓潼，西接天水，北接始平。」〔一〕

275 韓愈曰：「土地之書未嘗一得其門户，且謂古之人未有不通此，而爲大賢君子，方欲退而往學焉。」〔二〕

*（地）276 郟僑〔三〕《水利書》曰：「臣嘗論天下之水以十分率之，自淮而北五分，由九河入海，《書》所謂『同爲逆河，入于海』是也。自淮而南五分，由三江入海，《書》所謂『三江既入，震澤底定』是也。」〔四〕

*（地）277 單鍔《吴中水利書》曰：「嘗觀《考工記》『善溝者水漱嚙〔五〕之，善防者水淫之』〔六〕，

〔一〕眉：釋地。

〔二〕眉：非韓愈文也。

〔三〕僑，《四庫》本作「亶」。整理者按：僑爲亶之子。

〔四〕眉：入「釋地」。

〔五〕《四庫》本無「嚙」字。

〔六〕南圖本旁（朱）：潘□□治河之法本此。整理者按：「潘」下二字不可辨。當爲潘昂霄之别署。

蓋謂上水湍流峻急，則自然下水泥沙漱去矣。」〔一〕

*（地）278錢有威曰：「昔周、夏二公治水吴中，民初不便。詢諸父老，父老對曰：『相公開河，功多怨多〔二〕。千載之後，功在怨磨。』二公斷而行之，功施到今。」〔三〕

*（地）279屠隆曰：「昔人之推水學者，曰郟亶，曰單鍔。郟亶詳于治田，單鍔詳于治水。兼而用之，水政舉矣。」〔四〕

*（地）280歸子顧《請治吴松江疏》：「宋時江面原闊九里，可敵千浦，故與錢塘、揚子並稱三江。」〔五〕

*（地）281今四川廣安、大竹、渠縣、鄰水、巴州、通江、南江、達州、東鄉、太平凡十州縣，皆漢宕渠縣地，而故城則在渠縣。至今營山縣界有宕渠廢縣，乃梁置，非漢縣也。

282「無邀正正之旗，勿擊堂堂之陳。」朽布衣欲易「堂堂」爲「寂寂」。

〔一〕眉：抄。南圖本尾（朱）：平□以明《禹貢》治河，今河隄使者安可不讀《書》？

〔二〕多，《四庫》本作「少」。

〔三〕眉：抄。

〔四〕眉：抄。

〔五〕眉：二條可入「釋地」。

*283《唐書·高崇文列傳》：「始，崇文選兵五千，常若寇至。至是，卯漏受命，辰、巳出師，器良械完，無一不具。」〔一〕

*284《藩鎮·魏博列傳》：「田承嗣爲賊前驅，嘗大雪。禄山按行諸屯，至其營，若無人。已而擐甲列卒，閱所籍，不缺一人。禄山異其能，使守潁川。」〔二〕

*（地）285《舊唐書·地理志》：「海州東海縣，縣治鬱州，四面環海。」〔三〕

*（地）286又曰：「自至德後，中原多故，襄鄧百姓、兩京衣冠盡投江、湘，故荆南井邑十倍其初，乃置荆南節度使。上元元年九月，置南都，以荆州爲江陵府。」

*（地）287又曰：荆南節度使、劍南西川節度使、淮南節度使，皆使親王領之。

*（地）288又曰：「東京在西京之東八百五十里。」

*（地）289又曰：「武德三年置瓜州，五年改曰西沙州，皆治於〔四〕三危山，在縣東南二十里。」

〔一〕眉：抄。
〔二〕眉：抄。
〔三〕眉：以下九條皆入「釋地」。
〔四〕於，眷西堂本無，據《四庫》本及《舊唐書》補。

*(地)290 又曰：「沙州壽昌縣〔一〕，漢龍勒縣地。陽關在縣西六里，玉門關在縣西北一百一十八里。」

*(地)291 又曰〔二〕：「武州將利縣，今階州。秦、漢白馬氏之地，漢置武都郡并縣。」愚按《元和志》，將利縣，本漢羌道縣地，非武都縣地也。後魏宣武帝於武都鎮城仙陵山之東。復置武都郡，廢帝改曰武州，唐因之。

*(地)292 胐明曰：「景范云均州，《禹貢》雍、豫二州境最合，爲不知者將『雍』改作『荆』，非也。」

*(地)293 胐明又細考均州爲雍、豫二州境亦非。蓋唐宋之均州自爲郡，兼領鄖鄉，即今鄖縣、鄖西縣地也。此二縣與商州上津縣此指唐。接界，謂之雍、豫二境則可。今均州屬襄陽府，而明成化間别以鄖縣置鄖陽府，則此州直爲豫州之地，不得言二州之境也。鄖及鄖西亦當屬豫，其漢南諸縣則荆也。

294《宋史·梅堯臣傳》：「工爲詩，嘗語人曰：『凡詩，意新語工，得前人所未到者，斯

〔一〕縣，眷西堂本作「壽」，據《四庫》本改。眉：下「壽」字疑是「縣」字。
〔二〕又曰，上圖本改作「舊唐書」。

爲善矣。必能狀難寫之景如在目前，含不盡之意見於言外，然後爲至也。』世以爲知言。」

*295《後漢書·樊儵傳》：「言郡國舉孝廉率取年少能報恩者。」當〔一〕時即有此說。〔二〕

*296 宋陳瑩中言：「使王氏之門有負恩之士，則漢之宗社不至於亡。」其言可感。〔三〕

297 趙武當生於成公元、二年間。〔四〕

*298 蘇子瞻《書傳》：「民至愚而不可欺，凡其所毁譽，天且以是爲聰明，而況人君乎？」〔五〕

299 賀黄公《誦王次回》二句云：「舞鬟溜釵鬆翡翠，歌脣嘗酒濕珊瑚。」〔六〕

*300「《隋書·禮儀志》云：『梁武帝引孔安國傳《尚書》「山龍華蟲」，曰：「華者花也。」』今傳無此語。」〔七〕

〔一〕當，《四庫》本作「是漢」。
〔二〕眉：抄。
〔三〕眉：抄。
〔四〕國圖本尾：抄本此條在卷二末。
〔五〕眉：抄。國圖本尾：抄本此條在卷末。
〔六〕眉：何取乎此？段跋本眉(朱)：妙評，此與上卷詠繡鞋詩亟當删去。
〔七〕眉：抄。

301《荀子・成相篇》:「讓賢推德，天下治。」《周官》。

*302《隋書・經籍志》:「自後漢佛法行於中國，又得西域胡書，能以十四字貫一切音，文省而義廣，謂之婆羅門書。」〔一〕

*303蔡《傳》:「賈逵:《説文》，羿，帝嚳射官。」按《説文》:「古諸侯也，一曰射師。」〔二〕

304蔡《傳》:「屈原曰:『人窮則反本，故勞苦倦極，未嘗不呼天也。』」

305《荀子・君道篇》:「《書》曰:『先時者殺無赦，不逮時者殺無赦。』」

*306《荀子・堯問篇》:「其在中蘬之言也，曰諸侯自爲得師者王，得友者霸，得疑者存。自爲謀而莫己若者亡。」〔三〕

307蔡《傳》:「伊姓，尹字也。」

308《史記・殷本紀》:「湯乃改正朔，易服色，上白，朝會以晝。」

*309「聽其言也厲」，鄭注曰:「厲，嚴正。」無確字解。「夫子哂之」，馬注曰:「哂，

〔一〕眉:抄。

〔二〕眉:抄。

〔三〕眉:後「吕氏春秋」一條移就此條下同寫。又眉:抄。整理者按:此條，《四庫》本在後第三三九「熊過曰周禮掌祧」條後。

笑。」無微笑也之解。「以杖叩其脛」，孔注曰：「叩，擊也。」無微擊之解。大抵《集注》多傅會。〔一〕

310《士喪禮》「升，公卿大夫繼主人東上，乃斂」，注：「公，大國之孤，四命也。《春秋傳》：『吾公在壑谷。』」〔二〕

*（經解）311《燕禮》「若有諸公，則先卿獻之」，鄭注：「諸公者，謂大國之孤也。孤一人，言諸者，容牧有三監。」《鄉飲酒禮》「諸公大夫」，鄭注：「大國有孤，四命謂之公。」賈疏：「謂之公者，若天子有三公也。」〔三〕

312《喪服》「君，傳曰：君，至尊也」，鄭注：「天子諸侯及卿大夫有地者皆曰君。」賈疏：「士無臣，雖有地，不得君稱。」〔四〕

313《喪服》「公、士、大夫之衆臣，爲其君布帶繩屨」，鄭注：「士，卿士也，公、卿、大夫，厭於天子、諸侯。」賈疏：「鄭解公、卿、大夫，天子、諸侯，並言之者，欲見天子、諸侯下皆有

〔一〕眉：抄。
〔二〕眉：入「喪服翼注」。
〔三〕眉：抄。簽：「牧有三監」，記查。
〔四〕眉：以下五條入「喪服翼注」。簽：喪服翼注。

公、卿、大夫，公、卿、大夫下皆有貴臣、衆臣耳。」〔一〕

314《喪服》「公妾」，賈疏：「公謂五等諸侯，皆有八妾。」

315《喪服傳》曰：「諸侯之子稱公子，公子之子稱公孫。」

316《檀弓下》「公之喪」，孔疏：「公者，五等諸侯也。」

*317 蔡《傳》：「築，居也。」案《説文》：「築，擣也。凡土功曰築。」〔二〕

318 傅咸上書：「竊謂奢侈之費，甚於天災。」

319 與毛氏季子論子程子曰：「陳藹公論顔回、范氏子論《大學》，俱在『長留天地間』條後。」

320 摯虞《表喪服》一卷，卷不盈握，而争説紛然，未有知其所由來者也。孔疏：「上古云喪期無數，謂無葬練祥之數。其喪父母之哀，猶三年也，故堯崩云『如喪考妣三載』。則知堯以前喪考妣已三年，但不知定在何時。」〔三〕

*321 長樂敖繼公《儀禮集説序》云：「周公此書乃爲侯國而作也，而王朝之禮不與焉。

〔一〕又見卷四下「喪服翼注」第七條。

〔二〕眉：抄。

〔三〕眉：入「喪服翼注」。

何以知其然也？書中十七篇，《冠》《昏》《相見》《鄉飲》《鄉射》《士喪》《既夕》《士虞》《特牲饋食》凡九篇，皆言侯國之士禮。《少牢饋食》上下二篇，皆言侯國之大夫禮。《聘》《食》《燕》《大射》四篇，皆言諸侯之禮。惟《覲禮》一篇，則言諸侯朝天子之禮。然主於諸侯而言也。《喪服》篇中言諸侯及公子大夫士之服詳矣，其間雖有諸侯與諸侯之大夫爲天子之服，然亦皆主於諸侯與其大夫而言也。由是觀之，則此書決爲侯國之書無疑矣。」〔一〕

*322 又云：「或曰此十七篇爲侯國之書固也，豈其本數但如是而已乎，抑或有亡逸而不具者乎？曰是不可知也。但以經文與其禮之類攷之，恐其篇數本不止此也。是經之言士禮特詳，其於大夫則但見其祭禮耳，而其昏禮、喪禮則無聞焉，此必其亡逸者也。《公食大夫禮》云『設洗如饗』，謂如其公饗大夫之禮也，而今之經乃無是禮焉，則是逸之也明矣。又諸侯之有覲禮，但用於王朝耳，若其邦交，亦當有相朝、相饗、相食之禮；又諸侯亦當有喪禮、祭禮，而今皆無聞焉，是亦其亡逸者也。然此但以經之所嘗言、禮之所可推者而知之也，而況其間又有不盡然者乎？由此言之，則是經之篇數本不止於十七，亦可見矣。」〔二〕

〔一〕眉：抄。
〔二〕眉：抄。

323 林畊，字耕叟，淳祐辛丑進士，衡州州學教授，少穎先生之孫也。曰：「虚齋今文昌趙公，倣朱文公辯孔安國書，著《本旨畊得》，互相詰難。」

324《後漢書·荀爽傳》對策曰：「漢制，使天下誦《孝經》。」

325《雜記下》「如三年之喪，則君夫人歸」，疏：「女子出適爲父母期，而云三年者，以本親言也。」〔一〕

*326《左傳》昭七年「故王臣公」，孔疏：「公者，五等諸侯之總名。」〔二〕

327 唐太宗曰：「王者以天下爲家，何必物在陵中，乃爲己有。」〔三〕

328 范祖禹曰：「藏金玉於山陵，是爲大盜積而標示其處也，豈不殆哉？」〔四〕

*329《通典》：「魏代或問高堂隆曰：『案《逸禮》藏主之處似在堂上壁中。』」〔五〕

*330《魏書·禮志》清河王懌議曰：「孔悝反祏，載之《左史》；饋食設主，著於《逸

〔一〕眉：入「喪服翼注」。
〔二〕眉：抄。
〔三〕眉(朱)：此亦中人所知。
〔四〕眉：歸上一條下。
〔五〕眉：此二條亦是一類話，可合作一條。又眉：抄，照小字。

禮》。」〔一〕

*331丘瓊山曰：「周尺比今鈔尺六寸四分弱。鈔尺者，其長準大明通行寶鈔也，今裁縫尺近之。」〔二〕

*332朱子曰：「府君夫人，自漢以來爲尊神之通稱，漢碑已如此。」〔三〕

*333《史記·高祖本紀》：「五年，高祖與諸侯兵共擊楚軍，與項羽決勝垓下。淮陰侯將三十萬自當之，孔將軍居左，費將軍居右，皇帝在後，絳侯、柴將軍在皇帝後。項羽之卒可十萬，淮陰先合，不利，却。孔將軍、費將軍縱，楚兵不利，淮陰侯復乘之，大敗垓下。」《漢書·高帝紀》止云「十二月，圍羽垓下」而已。〔四〕

334《吕氏春秋序》：「時人無能增損者，誘以爲時人非不能也，蓋憚相國，畏其勢耳。」〔五〕

335顧涇陽曰：「格物只是辯箇本末，要學者認得人分、己分清楚，此是學問大關頭。一

〔一〕以上二條，《四庫》本合爲一條。
〔二〕眉：抄。
〔三〕眉：抄。
〔四〕眉：抄。
〔五〕眉：抄。

是百是，一錯百錯。」〔一〕

*（經解）336 按：室中東南隅謂之窔，窔少右開户。户，半門也。西南隅謂之奥，奥少左開牖。牖，穿壁以木爲交窗也。户東而牖西，皆南鄉。户牖之間謂之依。故曰「天子當依而立，諸侯北面而見天子曰覲」。

*337 鄭康成曰：「孝子聞名心瞿，凡不言人諱者，亦爲其相感動也。」

*338 張耒曰：「有謚不能使欺者傳，無謚不能使實者没。」謂私謚也。

*339 熊過曰：「《周禮》，掌祧守先王、先公之祧，序先王於公之上，王蓋后稷也。司服享先王則衮冕，享先公則鷩冕，序先王於公之上，王蓋后稷。既稱王，則祭當稱王尸，今何以稱公尸哉？然則《鳧鷖》之詩，殆非武王、成、康時詩也。」

340 姚鉉《唐文粹序》：「蕭、李以二《雅》之辭本述作，常、楊以三盤之體演綵綸。」又云：「世謂貞元、元和之間，辭人咳唾，皆成珠玉，豈誣也哉？」

*341《吕氏春秋·恃君覽》：「仲虺有言曰：『諸侯之德，能自爲取師者王，能自取友者

〔一〕眉：以下五條抄。

存，其所擇而莫如己者亡。』」〔一〕

342《吕氏春秋·慎行論》：「梁北有黎丘部，有奇鬼焉，喜效人之子姪昆弟之狀。」

343《吕氏春秋·不苟論》：「故曰精而熟之，鬼將告之。非鬼告之也，精而熟之也。」

344《漢·地理志》：「地東西九千三百二里，南北萬三千三百六十八里。」

345 東坡《秦論二》曰：「凡有血氣必争，争必以利，利莫大於封建。封建者，争之端而亂之始也。自書契以來，臣弑其君，子弑其父，父子兄弟相賊殺，有不出於襲封而争位者乎？自三代聖人以禮樂教化天下，至刑措不用，然終不能已篡弑之禍。至漢以來，君臣、父子相賊虐者，皆諸侯王子孫。其餘卿、大夫不世襲者，蓋未嘗有也。近世無復封建，則此禍幾絶，仁人君子忍復開之歟？」

346《南史·豫章王綜列傳》：「聞俗説以生者血瀝死者骨，滲即爲父子。」

347《南史·何佟之傳》：「爲齊諸生〔二〕講喪服，結草爲絰，屈手巾爲冠。」

348《管子·地員篇》：「凡聽徵，如負豬豕，覺而駭；凡聽羽，如鳴馬在野；凡聽宫，如

〔一〕眉：此條可移在前《荀子·堯問篇》一條下同寫。又眉：皆照抄。

〔二〕生，眷西堂本作「王」，據《南史》改。

牛鳴窌中；凡聽商，如離群羊；凡聽角，如雉登木以鳴，音疾以清。」

*349 梁簡文書曰：「徒以煙墨不言，受其驅染。紙札無情，任其搖襞。甚矣哉，文章橫流，一至於此。」〔一〕

350 江霦云：「厭屈私情，所以上嚴祖考。」〔二〕

*（服）351 羅虞臣《長子亦可爲人後議》：「孫遠死而無嗣，其弟重以長子彬後之。或曰重之命非也，長子不得爲後。曰斯重宗之義也，吾將以重爲知禮矣。昔子思兄死，而使其子白續伯父，以主祖及曾祖之祭，蓋遠嫌也。以兄〔三〕代兄，是謂奪宗。以子繼伯父，則有父命焉。其孔氏之家之變禮乎？重之命惡得爲非？」〔四〕

*352《春秋公羊》莊二十八年傳曰：「春秋伐者爲客，注：「伐人者爲客。讀伐，長言之，齊人語也。」疏：「謂伐人者，必理直而兵强，故引聲唱伐，長言之，喻其無畏矣。」伐者爲主。」注：「見伐者爲主。讀伐，短言

〔一〕眉：抄。

〔二〕眉：此條當見「喪服翼注」卷中，恐彼諸厭條内已有，即不必重見。

〔三〕兄，《四庫》本作「弟」，《羅司勳集》作「己」。上圖本脚：以兄代兄，上「兄」字疑。段跋本尾：「以兄，疑作『以弟』，俟考。或謂以己子之兄行嗣兄之代，亦可通。」

〔四〕眉：抄。

之，齊人語也。」疏：「謂被伐主，必理曲而寡援，恐得罪於鄰國，故促聲短言之，喻其恐懼也。公羊子，齊人，因其俗可以見長短，故言此。」〔一〕

*353 賈公彦曰：「周道然也者，對殷道則不然，以其殷道氏族異，則得昏姻也。」

*354 賈公彦曰：「在上謂之發聲，在下謂之助句。義無取，則是發聲也。」

*355 黄宗羲曰：「公子之字，即宗之爲氏，不必至孫而後稱也。」

356 《唐書·姚崇傳》：「崇，字元之，陝州硤石人。開元四年，山東大蝗，民祭且拜，坐視食苗不敢捕。崇奏：『《詩》云：「秉彼蟊賊，付畀炎火。」漢光武帝詔曰：「勉順時政，勸督農桑。去彼螟蜮，以及蟊賊。」此除蝗誼也。且蝗畏人易驅，又田皆有主，使自救其地，必不憚勤。請夜設火坎其旁，且焚且瘞，蝗乃可盡。古有討除不勝者，特人不用命耳。』乃出御史爲捕蝗使，分道殺蝗。汴州刺史倪若水上言：『除天災者當以德。昔劉聰除蝗不克，而害愈甚。』拒御史不應命。崇移書誚之曰：『聰，僞主，德不勝祆，今祆不勝德。古者良守，蝗避其境，謂修德可免。彼將無德致然乎？今坐視食苗，忍而不救，因以無年，刺史其謂何？』若水懼，乃縱捕，得蝗十四萬石。時議者諠譁。帝疑，復以問崇。對

〔一〕眉：以下七條抄。

曰：『庸儒泥文不知變。事固有違經而合道、反道而適權者。昔魏世，山東蝗，小忍不除，至人相食。後秦有蝗，草木皆盡，牛馬至相噉毛。今飛蝗所在充滿，加復蕃息。且河南、河北家無宿藏，一不穫則流離，安危繫之。且討蝗縱不能盡，不愈於養以遺患乎？』帝然之。黄門監盧懷慎曰：『凡天災，安可以人力制也？且殺蟲多，必戾和氣，願公思之。』崇曰：『昔楚王吞蛭而厥疾瘳，叔敖斷蛇福乃降。今蝗幸可驅。若縱之，穀且盡，如百姓何？殺蟲救人，禍歸於崇，不以諉公也。』蝗害訖息。」〔一〕

*357 姚懿，貞觀中謚文獻。子崇，開元九年謚文獻。是父子同謚也。

*358《隋書·牛弘傳》：「弘以三年之喪，祥、禫具有降殺，朞服十一月而練者，無所象法，以聞於高祖。高祖納焉，下詔除朞練之禮，自弘始也。」

359《月令》鄭注云：「今《尚書》曰『分命義仲，宅嵎夷』也。」

360《周書·常訓解》：「慎微以始，而敬終乃不困。」《文酌解》：「民生而有欲。」《程典解》：「遠格而邇安。」《芮良夫解》：「古人求多聞以監戒。」又云：「寔蕃有徒。」

〔一〕眉：此條存之亦可免繙閱之煩。整理者按：此眉批又用朱筆刪去。又眉（朱）：見末卷。又眉：第六卷《左汾詩話》中一條較詳于此，宜去此存彼，不必重見。

*361崔文敏公銑曰：「孔子删《書》百篇，存者伏生二十八篇，傳信可也。晉人晚出之《書》，傳疑可也。」〔一〕

362《世本》曰：「伯夷作五刑。」

*363《章帝八王傳》：「濟北孝王次九歲喪父，至孝。梁太后下詔曰：『諒闇以來二十八月，自諸國有憂，未之聞也。朝廷甚嘉焉。』」〔二〕

*364《文選·傅季友爲宋公修楚元王墓教》注曰：「墓在彭城，宋公過見，故修之。」〔三〕

365荀悦《漢紀》論中興後經解曰：「《古文尚書》《毛詩》《左氏春秋》《周官》，通人學者，多好尚之，然希各得立於學官也。」

366《董卓傳》論曰：「董卓初以虓闞爲情，因遭崩剥之埶，故得蹈藉彝倫，毁裂畿服。夫以刳肝斮趾之性，則群生不足以厭其快。然猶折意縉紳，遲疑陵奪，尚有盜竊之道焉。及殘寇乘之倒山傾海，崑岡之火自兹而焚，板蕩之篇於焉而極。嗚呼，人之生也難矣，天

〔一〕眉：抄。

〔二〕眉：抄。

〔三〕尾：今以爲在山陽者，非也。眉：增此一句，則此書所以載此條者明矣。又眉：抄。整理者按：「今以爲在山陽者」一句，《四庫》本作大字接寫。

地之不仁甚矣。」

367「汝南太守范孟博，南陽宗資主畫諾。南陽太守岑公孝，弘農成瑨但坐嘯。」

*368《後漢・輿服志》注：「《世本》云：『奚仲始作車。』《古史考》曰：『黄帝作車，引重致遠。其後少昊時駕牛，禹時奚仲駕馬。』臣昭案：服牛乘馬，以利天下，其所起遠矣，豈奚仲爲始？《世本》之誤，《史考》[一]所説是也。」[二]

*369《輿服志》注：「《古文尚書》曰：『予臨兆民，凛乎若朽索之馭六馬。』《逸禮・王度記》曰：『天子駕六馬，諸侯駕四，大夫三，士二，庶人一。』《周禮》：『四馬爲乘。』《毛詩》：天子至大夫同駕四，士駕二。《易》京氏、《春秋》公羊説皆云天子駕六。許慎以爲天子駕六，諸侯及卿駕四，大夫駕三，士駕二，庶人駕一。《史記》曰：『秦始皇以水數制乘六馬。』鄭玄以爲天子四馬，《周禮》：『乘馬有四圉，各養一馬也。諸侯亦四馬。』《顧命》：『時諸侯皆獻乘黄朱，乘亦四馬也。』今帝者駕六，此自漢制，與古異耳。」[三]

370《隋書・經籍志》：「其《喪服》一篇，子夏先傳之，諸儒多爲注解，今又別行。」

〔一〕《四庫》本「史考」前有「古」字。
〔二〕眉：抄。
〔三〕眉：抄。

371《士冠禮》、記。《士昏禮》、記。《士相見禮》、無記。《鄉飲酒禮》、記。《鄉射禮》、記。《燕禮》、記。《大射儀》、無記。《聘禮》、記。《公食大夫禮》、記。《覲禮》、記。《喪服》、記，子夏傳。《士喪禮》、《既夕》、記。《士虞禮》、記。《特牲饋食禮》、記。《少牢饋食禮》、《有司徹》。無記。

372 梅福曰：「諸侯奪宗，聖庶奪適。」

373 劉跂《暇日記》：「劉原父[一]晚年病，不復識字，日月兒女皆不能認。人言知永興軍多發冢墓求古物致此。」[二]

374 梅福曰：「自陽朔以來，天下以言爲諱，朝廷尤甚。郡臣皆承順上指，莫有執正。何以明其然也？取民所上書，陛下之所善，試下之廷尉，廷尉必曰：『非所宜言，大不敬。』以此卜之一矣。」

375《南史·元凶劭傳》：「自前代人君即位後，皇后生太子。唯殷帝乙踐阼，正妃生紂。至此又有劭焉。」

[一] 父，眷西堂本作「先」，上圖本改作「父」，據改。
[二] 眉：抄。國圖本尾：抄本此條在本卷末。

376《後漢書·楊賜傳》:「拜尚書令,數日,出爲廷尉。賜自以代非法家,言曰:『三后成功,惟殷于民,皋陶不與焉,蓋吝之也。』遂固辭。」

377《北史·高允傳》:「允以獄者人命所係,常歎曰:『皋陶至德也,其後英、蓼先亡。劉、項之際,英布黥而王。經世雖久,猶有刑之餘釁,況凡人能無咎乎?』」

378《三國志》注:「傅巽在荆州,目龐統爲半英雄。」

*379 陸深曰:「《詩》中有三章,而辭義無大相遠者,如《樛木》《螽斯》之類。蓋樂之三成,猶今之三闋、三疊是已。」〔一〕

380「民墜塗炭」〔二〕,炭,火也。非。案《説文》:「炭,燒木餘也。」《正韻》:「燒木未灰。」〔三〕

*(地)381《三國志·董昭傳》:「太祖將征烏丸,患軍糧難致,鑿平虜、泉州二渠入海通

〔一〕眉:抄。
〔二〕上圖本「民墜塗炭」下補「蔡傳」二字。
〔三〕眉:抄。尾:「按蔡《傳》釋『塗』爲泥,『炭』爲火,猶言民陷于水火之中也。此解語意,非釋字義也。必欲從《説文》『炭』字本義,反覺此句轇轕。」整理者按:「説文」,段跋本批作「釋文」。

運，昭所建也。」〔一〕

*（地）382陳湯每過城邑山川，常登望；鄧艾每見高山大澤，輒規度指畫軍營處所。

383《孫策傳》注引《江表傳》：「廣陵太守陳登治射陽。」

*384曹操軍國之饒，起於棗祗，而成於任竣，皆屯田也。〔二〕

385《漢書·叙傳》：「商竭周移，秦決南涯。自兹距漢，北亡八支。」

386《唐書》：「李晟，字良器，洮州臨潭人。貞元七年，以臨洮未復，請附貫萬年。詔可。九年薨。」〔三〕

*387高文襄曰：「國初無考察，始正統元年，嗣是以往，亦皆十年一行耳，未有一定之題目、一定之處分。至弘治十七年，始令六年一次考察，遂迄今爲然。然事例有八目四科：曰貪，曰酷，爲民；曰不謹，曰罷軟，冠帶閒住；曰老，曰疾，致仕；曰才力不及，曰浮躁淺露，降調外任。法可謂密矣。」〔四〕

〔一〕眉：「釋地」。二條同。
〔二〕眉：抄。
〔三〕又見卷五第五九條。
〔四〕眉：抄。

388《南史·孔靖傳》：「遷吴興太守，郡言項羽神爲卞山王，居郡聽事，二千石常避之。」

389《梁書·蕭琛傳》：「遷吴興太守，郡有項羽廟，土民名爲憤王，甚有靈驗。」

*390 宋真宗咸平二年，禮官言：「故事：帝后同陵謂之合葬，同塋謂之祔葬。」〔一〕

391 傅冠有言：「伯樂非徒能相馬也，其奇乃在能相相馬者。今之大臣，其必能相相馬者而後可乎？」

392 牧齋曰：「昔謝莊分《左氏》經傳，隨國立篇。製木方丈，圖山川土地，各有分理，離之則州别縣殊，合之則寓内爲一。吾每嘆之，以爲絶學。」〔二〕

*393 新安程元初曰：「昔諸葛武侯以一隅抗衡魏、吴，曾築讀書臺，藉多士之力。攷《華陽國志》，木牛流馬亦一士人所獻，武侯採而用之。」〔三〕

*394 李德裕曰：「帝王之雄辯不足以服奸臣之心，唯能塞諍臣之口。」〔四〕

〔一〕眉：抄。
〔二〕眉：抄。
〔三〕眉：抄。
〔四〕眉：抄。

395 李德裕曰：「桓靈之主，與小人氣合，如水之走下，火之就燥，皆自然而親結，不可解也。」

*396「金之將亡也，臨事不肯分明可否。相習低言緩語，互推讓，號養相體。」〔一〕

*（地）397「元人進《金史》表曰：『勁卒擣居庸關，北拊其背；大軍出紫荆口，南搤其吭。此古今都燕者防患之明驗也。』」

*（地）398 又曰：「西北之山東起醫無閭，西接太行。其爲要害之關，曰紫荆、居庸、倒馬。居庸巖險易守，倒馬去燕稍遠，紫荆則夷於居庸而近於倒馬。金人知守居庸，不知扼紫荆，非失計耶？」

*（地）399「楊守謙每閱紫荆輿圖，見所謂五虎嶺者，爲元人敗金兵之處，則汗流浹背，神不怡者累日。嗚呼，勞臣志士之心事，至今尤〔二〕可以歎息也。」

*（地）400 紀昀有言：「疆界雖遠，險要必爭之地不過數四，猶人六尺之軀，要害亦數處耳。」大江之南，上流之要害，江陵、武昌、襄陽、九江是也。江水源于岷山，下夔峽而抵荆、

〔一〕眉：以下四條抄。
〔二〕尤，《四庫》本作「猶」字。

楚，則江陵爲之都會。嶓冢道漾，東流爲漢，漢、沔之上，則襄陽爲之都會。諸葛亮謂荆州北據漢、沔，利盡南海，東連吴、會，西通巴、蜀，此用武之國也。沅、湘諸水合洞庭而輸之江，則武昌爲之都會。豫章西江與鄱陽之浸匯于湓口，則九江爲之都會。昔人言天下之勢，秦、蜀爲首，東南爲尾，中原爲脊。周瑜語孫權曰據襄陽以蹙操，北方可圖也。庾翼謂襄陽西接梁、益，與關、隴咫尺，北去河、雒不盈千里，進可以掃蕩秦、越，退可以保據上流。岳飛謂襄陽等六郡爲恢復中原基本。此用荆襄以制中原之策也。孫氏奄有公安、江陵，都武昌、鄂州，江南已定，遂定都建業。江左以來，但有揚、荆、湘、江、梁、益、交、廣，荆、揚二州爲天下根本。陸抗有言：無江陵是無荆州也，無荆州是無吴也。江陵有急，當傾國争之。是故江、淮所恃以爲藩籬者，江陵也。江陵所恃以爲唇齒者，襄陽也。此用荆、襄以固東南之策也。〔一〕

*（地）401元有得宋奏議以獻者，下諸將議。郝經獻議曰：「彼之素論，謂有荆、襄則可以保淮甸，有淮甸則可以保江南。先是我有荆、襄，有淮甸，上流皆自失之。今當先荆後淮，

〔一〕眉：釋地。國圖本眉：此條與本卷二十六葉「吕祉曰」一條前半略同。整理者按：「吕祉曰」一條見佚文第九條。

先淮後江，從彼所保，以爲吾攻。」〔一〕

*（地）402王宗沐建議於萬曆曰：「唐都秦，右據岷、凉，左通陜、渭，有險則天寶、興元乘其便，無水則會昌、大中受其貧。宋都梁，背負大河，面接淮、泗，有水則景德、元祐享其全，無險則宣和、靖康受其病。國家都燕，北有居庸、醫巫閭以爲城，南有大海以爲池，天造地設，山環水衛，而自塞其利者何也？都燕之受海，猶憑左臂從腋下取物也。置海漕而專力於河，一夫大呼，萬艪皆停。腰脊咽喉之譬，先臣丘濬之諄復者，不可不慮也。」〔二〕

403錢牧齋《何季穆墓誌銘》云：「蓋自唐宋以來，經世大典，如杜、鄭、馬、丘四氏之書，儒者多不能舉其凡例。而季穆攟摭解剥，竊極指要，久之涵肆貫通，儼然如專門名家。凡古今地理、官制、河漕、錢穀，與夫立國之彊弱，用兵之利害，上下千餘年，年經月緯，如數一二。間有所舉正辯駁，矯尾厲角，若質古人於窗户之間而與之抗論也。」

*404陳同甫、王道甫之没也，葉正則立新例併志之，其言曰：「同甫得無以死後餘力引而齊之，使道甫亦傳而信乎？」古之君子悼賢人志士之抑没，而惟恐其不得而信也，其用

〔一〕眉：釋地。國圖本眉：此段乃卷一脱文。整理者按：見佚文第三條。

〔二〕眉：釋地。

心至于如此。〔一〕

405 錢牧齋《馮嗣宗墓誌銘》云：「年四十餘始見本朝實録，謂《通紀》詳而野，《吾學》裁而疎。弇山炫博，妄而繆。憲章典則，自鄶無譏。作編年書駁正得失，曰《明右史略》，草創未就而没。」

*406《唐書·后妃列傳》：「德宗昭德皇后王氏，帝爲魯王時納爲嬪，生順宗。既即位，册號淑妃。貞元二〔二〕年，妃久疾，帝念之，遂立爲皇后，册禮方訖而后崩。群臣大臨三日，帝七日釋服，葬靖陵。李紓上謚册，曰大行皇后。帝謂不典，詔翰林學士吴通玄改譔册，曰咨后王氏。然議者謂岑文本所上文德皇后册，言皇后長孫氏爲得體。永貞元年改祔崇陵。」〔三〕

407《唐書·德宗本紀》：「貞元二年十一月甲午，立淑妃王氏爲皇后。丁酉，皇后崩。」

*408《唐書·三鄭列傳》：「鄭餘慶，憲宗立，復拜同中書門下平章事。子澣，本名涵，第進士，累遷右補闕，敢言無所諱。憲宗謂餘慶曰：『涵，卿令子，而朕直臣也，可更相

〔一〕眉：抄。
〔二〕二，《新唐書》作「三」。
〔三〕眉：抄。

賀。』」是父爲相，子居言職之明驗也。鄭覃，文宗太和九年拜同中書門下平章事。弟朗，由山南幕府入遷右拾遺。是兄爲相，弟居言職之明驗也。蓋下文云「朗開成中擢起居郎」。開成凡五年，其所爲「中」，應指三年四年。而《宰相表》覃以開成四年五月罷，非適兄弟同時乎？同歲同月，止後一日拜同中書門下平章事者李石，石當國，弟福爲監察御史，見《宗室宰相列傳》。福與朗後亦俱至相。他若竇參相，而族子申爲給事中。鄭絪相，而餘慶子澣爲其從孫，右〔一〕補闕。皆班班可考。惟杜佑之子從郁元和初爲左補闕，崔群等以宰相子爲嫌，僅此一見。初非有如宋故事，必相避也者。〔二〕

*409《唐書·韋貫之列傳》：「宰相杜佑子從郁爲補闕，貫之與崔群持不可，換左拾遺。復奏：『拾遺、補闕爲諫官等，宰相政有得失，使從郁議，是子而議父，殆不可訓。』卒改他官。」〔三〕

*410《宋史全文》《續資治通鑑》：「乙丑，元豐八年冬十月丁丑，詔尚書、侍郎、給、舍、諫議、中丞、待制以上，各舉堪充諫官二員以聞。初，中旨除范純仁爲左諫議大夫，唐淑問

〔一〕《四庫》本「右」上有「爲」字。

〔二〕眉：抄。

〔三〕眉：抄。

爲左司諫，朱光廷〔一〕爲左正言，蘇轍爲右司諫，范祖禹爲右正言，令三省、樞密院同進呈。太皇太后問此五人何如，章惇曰：『故事：諫官皆令兩制以上奏舉，然後執政進擬。今除自〔二〕從中出，臣不知陛下從何知之，得非左右所薦？此門不可浸啓。』太皇太后曰：『皆大臣薦，非左右也。』惇曰：『大臣當明揚，何以密薦？』由是呂公著以范祖禹，韓縝、司馬光以范純仁親嫌爲言。惇曰：『臺諫，所以糾繩執政之不法。故事：執政初除，親戚及所舉之人見爲臺諫官者，皆徙他官。今當循故事，不可違祖宗法。』光曰：『純仁、祖禹作諫官，誠協衆望，不可以臣故，妨賢者進。臣寧避位。』惇曰：『縝、光、公著必不至有私，萬一他日有姦臣執政，援此爲例。』純仁、祖禹請除他官，仍令兩制以上各得奏舉。』故有是詔。淑問、光廷、轍除命皆如故。純仁改爲天章閣待制，祖禹爲著作佐郎。」〔三〕

*411 傳是樓藏李燾《長編》：仁宗皇祐元年春正月辛酉詔曰：「自古爲治，必戒苛察。

〔一〕廷，《四庫》本作「庭」，下同。

〔二〕自，《四庫》本作「目」。

〔三〕眉：「此移皆惇、布等執政日造作語言，增飾字面，以誣宣仁后及司馬、呂、蘇、范氏者，史家載之，無識已甚，百詩先生何取之爾？」又眉：「詳觀前後諸公奏對之語，未見宣仁后及司馬、呂、蘇、范氏之不是，特見章惇立意排擠賢者耳。載之簡册，讀者立見其賢姦，亦何不可取之有？」又眉：抄。

近歲風俗，争事傾危，獄行滋多，上下睽急，傷累和氣，朕甚悼焉。自今言事者，非朝廷得失、民間利病，毋得以風聞彈奏，違者坐之。」〔一〕

*412《宋史·吕誨列傳》：「仁宗時，誨爲殿中侍御史，廷臣多上章訐人罪。誨言：『臺諫官許風聞言事，蓋欲採納以補政。苟非職分，是爲侵官。今乃詆斥平生，暴揚曖昧，刻薄之態，浸以成風，請下詔懲革。』」

*413《高麗史·宣宗世家》：「辛未八年，爲宋元祐六年，五月丙午，户部尚書李資義還自宋，奏云：『帝問我國書籍多好本，命館伴書所求書目録授之。乃曰雖有卷第不足者，亦須傳寫附來。』書目則百篇《尚書》以下、《計然子》十五卷以上，凡一百二十九部云。内《黄帝鍼經》九卷。」《宋史·高麗列傳》：「元祐七年，遣黄宗慤來獻《黄帝鍼經》。」《哲宗本紀》元祐八年春正月庚子，「詔頒高麗所獻《黄帝鍼經》于天下」，即其事。不聞別有所獻，則其國之書籍亦未備，况百篇《尚書》乎？原哲宗意，或聞先臣歐陽修有《日本刀歌》：「傳聞其國居大海〔二〕，土壤沃饒風俗好。前朝貢獻屢往來，士人往往工詞藻。徐福行時

〔一〕眉：以下八條抄。
〔二〕海，《四庫》本作「島」。

書未焚，《逸書》百篇今尚存。令嚴不許傳中國，舉世無人識古文。」謂日本既有，高麗應不獨無，故命其使者往求於海外。不知歌特詩人寄興之辭，不必核實，曷足據？乃明豐坊之父豐熙忽稱家藏古書《世本》，曰箕子朝鮮本，曰徐市倭國本。倭國即日本，若以實歐陽公之歌辭，殆怪而可笑者矣。」

*414《梁書・高祖三王列傳》：「南康王績，天監八年封邑二千户，出爲輕車將軍，領石頭戍軍事。」時年五歲。

*415《晉書・顔含傳》：「郭璞嘗遇含，欲爲之筮。含曰：『命[一]在天，位在人，修己而天不與者命也，守道而人不知者性也。自有性命，無勞蓍龜。』」《通鑑》：「令狐潮圍張巡於雍丘，朝廷聲問不通。謂巡曰：『向見雷將軍，方知足下軍令。然其如天道何？』巡謂之曰：『君未識人倫，焉知天道？』」

*416世傳五月十三日爲關公生辰，《明會典》亦載之，但云其八字爲四戊午，則不可不辯。公死於獻帝建安二十四年己亥，史不言其壽。元人胡琦考之，當在六十上下。果生於戊午，僅四十有二耳，不合一。戊午乃靈帝光和元年，考《通鑑目録》，是年四月庚戌朔，

〔一〕命，《晉書》作「年」。

五月無戊午，不合二。古人始生，止記年月日，不及時，即唐李虚中推命猶不以時，見《韓昌黎集》，安有公生東漢間，而傳其爲戊午時於千載下乎？不合三。〔一〕

*417 陸深《書輯》曰：「科斗，今之蝦蟆子是也。上古未有筆墨，以竹挺點漆書竹簡上，竹硬漆膩，畫不能行，故首麤尾細，自然成象。後人巧擬形狀，失本意矣。」

*418《黄氏日抄》曰：「夫《詩》非序，莫知其所自來。作者去千載之下〔二〕，欲一旦盡去自昔相傳之説，别求其説於茫冥之中，誠亦難事。」〔三〕

419《宋書·謝靈運傳》論曰：「歌詠所興，宜自《生民》始也。」《隋書·經籍志》曰：「《書》之所興，蓋與文字俱起。」

*420 宋陳無擇曰：「二十四銖爲兩，每兩古文六銖錢四箇，開元錢三箇。至趙宋廣科，以開元錢十箇爲兩。今之三兩，得漢唐十兩明矣。《千金》《本草》皆以古三兩爲今一兩，以古三升爲今一升。」〔四〕

〔一〕又見卷五第二條。

〔二〕「莫知其所自來作者去千載之下」，《四庫》本作「莫知其所自作去之千載之下」。《黄氏日抄》同。

〔三〕南圖本尾（朱）：此論正。

〔四〕眉：抄。

*421 宋林億等校正仲景醫書，序曰：「先校定《傷寒論》，次校定《金匱玉函經》，今又校成《金匱玉函要略方》，凡三卷。此三卷，王洙得之於館閣蠹簡中，依舊名曰《金匱方論》。」由此觀之，則今世所傳《傷寒論》十卷。即首所列者也，《金匱要略》三卷。〔一〕即末所列者也。惟《金匱玉函經》不傳。《文獻通考》以《金匱玉函經》爲即《要略》，似非。〔二〕

*422 焦弱侯曰：「往蘇子容聞人語故事，必檢出處。坡老每有撰著，雖目前事，率令少章、叔黨諸人檢視而後出，其精審乃爾。」〔三〕

423 賈誼《新書·匈奴》云：「舜舞干羽而三苗服。」又前於《淮南子》。

424 《唐書·藝文志》：「《王肅孔安國問答》三卷。」

425 王肅注《孔子家語》十卷。

426 《韓詩外傳》：「韶用干戚，非至樂也。舜兼二女，非達禮也。聽獄執中者，臯陶也。」故曰「民協于中」。

〔一〕「十卷」「三卷」，《四庫》本作大字正文。
〔二〕眉：抄。
〔三〕眉：抄。

427《經典釋文》：「元帝時，豫章内史梅賾，字仲真，汝南人，奏上孔傳《古文尚書》，亡《舜典》一篇，購不能得，乃取王肅注《堯典》，從『脊徽五典』以下分爲《舜典》篇以續之。」

428《揮麈録》：「吴才老，舒州人。」

429 山陽人云：「京田一頃，算時田四頃二十二畝四分四釐。時田一頃，算京田二十三畝六分七釐三毫。」

潛邱劄記卷二〔一〕

釋地餘論〔二〕

*（經解）1 按地理之説，襲謬踵譌，固不勝數，而一欲鑿空出新，反不如舊説之安者，顧寧人論幽、并、營三州在《禹貢》九州之外是也。寧人曰：「幽，在今桑乾河以北，至山後諸州。并，在今石嶺關以北，至豐、勝二州。營，在今遼東大寧。並有塞外之地，舜蓋至此始有。先儒謂以冀、青地廣而分者，殆非。」余時同客太原，面質正曰：「此不過從『肇者始也』臆度耳。其實《周禮·職方氏》：『并州，其澤藪曰昭餘祁。』昭餘祁在今介休縣東北三十二里，俗名鄔城泊。吾與君所共游歷者，非石嶺關以南乎？且亦知先儒之苦心釋經

〔一〕《四庫》本爲卷二。

〔二〕眉：此本全寫。又眉：每條首多有「按」字，據文理皆可省。整理者按：眷西堂本各條多以「按」「又按」起句，上圖本、《四庫》本多删去。

處乎？知分冀東恒山之地爲并州，則以周并州鎮曰恒山故。知分冀東北〔一〕醫無閭之地爲幽州，則以周幽州鎮曰醫無閭故。又知分青東北、遼東等處爲營州，則以《爾雅·釋地》『齊曰營州』故也。不然，微《周禮》《爾雅》二書，欲於禹九州外枚舉舜三州之名且不可得，況疆理所至哉？《舜本紀》稱『其地北發、息慎』，息慎即肅慎，爲今寧古塔，去京師三千二百四十二〔二〕里。宋許亢宗《奉使行程録》：自雄州起，直至金所都會寧府，二千七百五十里，除却燕山府以南二百四十里，止二千五百一十里，與此不合。然亢宗言直至，又言彼中行程無里堠，但以行轍一日輒記爲里數，故與今不同。下訖三代，武王通之，來貢楛矢。成王伐之，遂來賀。況在有〔三〕虞盛世，其爲營州之地無疑。尚得謂非以境界太遠，始別置之哉？」〔四〕

*（經解）2 又按鄭康成云「舜以青州越海，分置營州」，《晉·地理志》並同，此足補注疏之闕。冀之分而并也，幽也，既以地廣，而帝都所寓民物號稱阜繁，亦以人衆。說者又謂，外厚藩屏而内尊王畿，尤其深遠之意。青之分而營也，則不獨以地廣，實以吏民有涉海之

〔一〕北，《四庫》本作「西」。
〔二〕《四庫》本無「二」字。
〔三〕有，《四庫》本作「唐」。
〔四〕又見卷四下「補正日知録」第三五條。

險，故別置爲州，可以從陸。漢光武以遼東等屬青州，後還幽州，與明嘉靖十三年改遼陽附順天鄉試者略同。然則古今情形，亦不相遠云。〔一〕

*3 按錢牧齋〔二〕引程大昌注杜詩《潼關》云：「《西征賦》『遡黄巷〔三〕以濟潼』，至唐，始于其地立關。」余每讀此失笑，牧齋亦〔四〕不記《後出師表》「殆死潼關」語乎？《通典》華陰縣注云有潼關，即《左氏》桃林塞。秦函谷關在漢弘農郡弘農縣，即今陝郡靈寳縣界。武帝元鼎三年徙于新安縣界，至後漢獻帝初平元年，董卓脅帝西幸入函谷關。自此以前，其關並在新安。其後二十一年爲建安十六年，曹公破馬超于潼關，即是中間徙於今所。國之巨防，不爲細事，史官闕載，斯亦失之。

*4 又按《史記》止言老子去周至關，關令尹喜曰：「子將隱矣，强爲我著書。」書成而去。不言關爲何名。張守節《正義》引《抱朴子》作「散關」，又曰「或以爲函谷關」。余以《列仙傳》「之流沙之西」、《高士傳》「去入大秦，過西關」證之，散關洵是。故王勃《散關晨

〔一〕「漢光武」以下，《經解》本不録。
〔二〕按錢牧齋，上圖本改作「近有人」。《四庫》本亦作「近有人」。
〔三〕巷，眷西堂本作「卷」，據《四庫》本改。
〔四〕牧齋亦，上圖本改作「獨」。《四庫》本亦作「獨」。

度》詩：「白馬高譚去，青牛真氣來。」然則杜詩「東來紫氣滿函關」，得毋以「散」字仄聲，易「函」字以合占〔一〕乎？余曰：非也，蓋嘗讀錢牧齋注而灑然〔二〕。上句「王母」指楊貴妃曾爲女道士，下句則用田同秀事。天寶元年，田同秀言見玄元皇帝於丹鳳門，空中告以「我藏靈符在尹喜故宅」，上遣使於故函谷關尹喜臺旁求得之。皆借古事以詠今，諷刺隱然，言之無罪。惟錢獨得其解，而非朱長孺輩所能夢及〔三〕。或曰：然則函谷關於老子絶無與？所謂老耼西度、田文東出皆此關者，其説非歟？余曰：亦未盡非。趙景真書：「昔者李叟入秦，及關而歎。」此關則函谷關，第無青牛紫氣之事耳。酈道元注必以尹喜候氣當於西入關，而不於西出關者，過矣。

*5 按客有遺余以《揚州府志》者，偶抽一帙，東漢名宦曰歐陽歙，揚州牧；張禹，揚州刺史。告之曰：「東漢揚州非今之揚州也，今之揚州，在東漢爲廣陵郡，屬徐州，西晉猶然。此後僑置，更易不一。隋開皇九年，方於此置揚州總管府。故煬帝《泛龍舟曲》云『借問揚州在何處，淮南江北海西頭』，其分畫疆域之精，無踰此詩。」客曰：「西漢黄霸，揚州

〔一〕占，《四庫》本作「黏」。
〔二〕《四庫》本無「蓋嘗讀錢牧齋注而灑然」句。
〔三〕《四庫》本無「言之無罪」至「所能夢及」句。

刺史，亦不當祀於此乎？」余曰：「曾亦疑及。《漢・地理志》於廣陵國云屬徐州，而武帝《賜廣陵王策》云：『古人有言曰：大江之南，五湖之間，其人輕心，揚州保彊，三代要服，不及以正。』却又以廣陵爲揚州，意者《策》文所引乃古人成語，而今王之制，則屬徐州耳。」

*6按近修《山陽縣志》，有以此地何由得名來問者。余曰：郡名山陽，始晉安帝義熙中，土斷，分廣陵立山陽者，僑置之名。不待云郡爲僑置，則所治之縣名與之同，且又同時立，亦應爲僑置可知，獨此地山陽〔一〕，《宋書・州郡志》謂以境内地名得名，恰與僑置之郡巧相符合，亦異事。曾問人地名爲何，俱不能答。考諸《三國志・蔣濟傳》文帝欲燒船於山陽池中，《通鑑》「池」作「湖」，即精湖。戴延之《西征記》：「山陽，津名。」池也、湖也、津也，一也，蓋以水名爲縣名者。故孔衍爲廣陵郡，石勒常騎至山陽，桓温伐燕回，屯散卒於山陽，是時未置郡縣，山陽地名已著聞。《通典》不知，謂「吴王濞反，山陽王率衆於此拒之，因名」。濞反時漢無山陽王，山陽王立在後此十年。《晉・地理志》「分廣陵郡之建陵、臨江、如皋、寧海、蒲濤五縣，置山陽郡」，不知此分與海陵郡者，誤繫山陽。山陽別領四

〔一〕可知獨此地山陽，《四庫》本作「後考」。

縣，見《宋志》。善乎沈約言「名號驟易，境土[一]屢分」，「尋校推求，未易精悉」，斯可爲知修志之難者矣。

*7 按有以小學書引《顔氏家訓》「此乃恒、代之遺風乎」問者，余曰：托跋[二]魏都平城縣，縣在今大同府治東五里，址猶存。縣屬代郡，郡屬恒州。所云「恒代遺風」，謂是魏氏之舊俗耳。

*（經解）8 按《通典》以歷代郡縣析於禹九州之中，甚善。獨謂「自嶺而南，當唐、虞、三代爲蠻夷之國，謂之南越」，於是特立南越一目，以與上九州别。併譏《晉書》《隋書》皆謂交、廣二州之地爲《禹貢》揚州之域非是。余請得而折之，曰：《南越尉佗傳》：「秦以并天下，略定揚越。」張晏曰：「揚州之南越也。」顔師古注《漢書》：「本揚州之分，故曰揚粤。」「置桂林、南海、象郡。」此三郡盡有今廣東、廣西、交趾之境，漢武帝平爲七郡，名交州。三國吴分交州置廣州，晉滅吴，因之。下逮隋，二史並以交州、廣州爲禹揚州，《新唐史》亦然，豈無所根據者哉？至謂九州封域，皆以鄰接相屬。五嶺之南果禹迹，則屬荆，不

〔一〕土，眷西堂本作「上」，據《四庫》本改。
〔二〕托跋，《四庫》本作「拓拔」。段跋本「托」字旁注「拓」。

應捨荆而別屬揚。斯又不然。塞上嶺又名大庾嶺者，在南安府城西南，無論今入粵正道，漢樓船將軍出豫章，下横浦，即此，豈是鑿空？余嘗謂東漸于海，西被于流沙，東、西皆有地名。而朔南暨，南、北却無。欲以《舜本紀》「北發息慎，南撫交趾」二地補注之，正太史公所謂「書缺有間矣，其軼乃時時見於他説」是也。息慎既爲營州，如是其遠，則揚州之有交趾，亦復何疑。且不獨舜撫，顓頊已南至于交趾矣。或曰：「子於上世幅員若是其侈言之，何與？」余曰：後代儒生止緣見秦、漢之君務勤遠略，開地斥境，快其心志，以爲聖人必不爾，不知聖人乃自然德化所感，人盡來王，非有心者。觀《顓頊本紀》「動静之物，大小之神，日月所照，莫不砥屬」，《嚳本紀》「日月所照，風雨所至，莫不從服」，豈後世德不及遠，乃紀於近者，所可髣髴其萬一與？

*（經解）9 又按《皇華紀聞》曰：「韶州府城東北八十里有韶石，相傳帝舜南巡，奏樂此山，因有雙闕、毬門、鳳閣等名，今遂稱韶州爲虞城，究其始，不見於傳記。」余謂特不見《水經注》耳，吾友胡朏明既主《通典》，兼持此説，作《禹貢錐指》，因謂「嶺南，虞舜聲跡所不及」。余曾面質正曰：「韶州之更名也，始自唐貞觀元年，計其時，《圖經》應有舜嘗奏樂于此之説，不然，昌黎《酬張韶州端公》詩云『暫欲繫船韶石下，上賓虞舜整冠裾』，豈鑿空附會者？子所據僧一行山河之象，存乎兩戒。云至于衡陽，乃東循嶺徼，達東甌、閩中，是謂

南紀，以限蠻夷，故《星傳》謂『南戒爲越門』。東甌，今温州及台；閩中，今福建，明不及嶺之南。」余謂：「下文一行不云『自江源循嶺徼南，東及海爲蠻越』乎？又云『逾嶺徼而南爲東甌』，東似當作西，謂駱越别種者。又云『南逾嶺徼爲越分』，故歷斥漢之郡若鬱林、合浦、蒼梧、南海、珠崖，唐之州若富、昭、象、龔、繡、容、白、廉等，所包甚廣，不得執一説以相難也。」復據昌黎《送廖道士序》「中州清淑之氣，於嶺〔一〕焉窮，最高而横絶〔二〕南北者嶺」，此即酈注引古語「五嶺者，天地以隔内外」意也。余謂：「昌黎在潮州，不又云『禹跡所揜，揚州之近地』乎？猶且不謂之遠。《蔡澤傳》：『吴起爲楚南收揚越。』《吴起傳》作百越。《貨殖傳》：『與〔三〕江南大同俗，而揚越多焉。』下即云『番禺一都會』，皆足證。不史遷、昌黎是信，而徒據杜君卿，何也？且《堯典》云『宅南交』，證以《舜本紀》『南撫交阯』、《顓頊本紀》『南至于交趾』，則交爲交趾，洵有如小司馬所注者，不復疑。子讀《堯典》如是之闊，而讀《禹貢》乃頓爾隘耶？」朏明不覺嘆曰：「吾書刊矣，不及追改，奈何？」

*（經解）10 又按楚在春秋，地雖廣，不瀕於海。屈完曰：「寡人處南海。」解者曰：「對

〔一〕嶺，眷西堂本作「領」，上圖本改作「嶺」。《四庫》本亦作「嶺」，據改。
〔二〕絶，眷西堂本作「紀」，據《四庫》本改。
〔三〕與，眷西堂本無，據《四庫》本補。

上北海之文，以所近者言也。」而子囊謂共王「赫赫楚國，而君臨之，撫有蠻夷，奄征南海，以屬諸夏」，南海，今廣州府治，爲當日百越地，雖未屬楚，要爲楚兵力之所及。鄭伯謂莊王：「其俘諸江南，以實海濱，亦唯命。」此句具有兩層義，人多未析。如楚文王滅羅，徙羅子於長沙，故長沙有汨羅。鄭若滅，得徙於楚之南徼，爲江南，此一義也。「實海濱」，《楚世家》作「賓之南海」，古「以」「與」字通用，言不得徙楚境内，即填實於百越之地，爲海濱之民，此又一義也。亦見楚號令及於南海。逮後始皇二十五年，王翦悉定荆江南地，因南征百越之君，猶前志也夫。

*（經解）11 又按《通典》謂《禹貢》物産貢賦、《職方》山藪川浸皆不及五嶺之外，以知嶺南地非九州之境。説尤不然。今嶺南多金銀，非揚所貢之金乎？多孔翠犀象，非揚所貢之齒革及羽乎？多蕉多木綿，非所貢之卉服織貝乎？君卿曾官節度于嶺南，寧不見之耶？至職方川浸，原不及海，而宣王時《江漢》之詩，詠召穆公虎之成功，曰「于疆于理，至于南海」，豈得捨今祠祀之南海，而他有所屬哉？〔一〕

*（經解）12 按梁元帝《法寶聯璧序》云「北平堯柳」，楊升菴賞其新，而未詳所出。曾徧

〔一〕南圖本眉：駁《通典》。

訪之，亦無解者。近方悟《堯典》「宅西曰昧谷」，康成古文作「柳谷」。虞翻所見鄭氏本是「卯」字，曰：「古大篆卯、柳同字，此柳谷也。」王伯厚謂魏明帝時，張掖柳谷口水溢涌，寶石負圖，即其地。余案《隋·地理志》於張掖縣注云有大柳谷。張掖爲今甘州衛，正在西北，故曰「北平堯柳」。上句「南通舜玉」，升菴誤記作「舜梧」，以爲「舜梧」「堯柳」極工。陳耀文又以舜蒼梧非吉祥善事，余因竄改之，曰「東平舜蒲，西通堯柳」。〔一〕

*13 按杜詩「還如何遜在揚州」者，遜爲建安王偉記室，偉天監六年，遷使〔二〕持節、都督揚南徐二州諸軍事、右軍將軍、揚州刺史。七年，以疾表解州。遜掌其書記，正在揚州，故曰「何遜在揚州」。自晉以來，揚州刺史治丹陽郡，郡治建鄴縣，爲今江寧府，於廣陵迥不相涉。若徐湛之出爲南兖州刺史，此却在廣陵，起風亭、月觀、吹臺、琴室，亦偶與後來遜《咏早梅》詩「枝横却月觀，花遶凌風臺」臺觀之名略合，豈得便附會爲一？梁沿晉制，州治並同。劉穆之所謂揚州根本所係，不可假人；又謂爲神州治本，是豈廣陵足當之乎？近杜注號精審勝前代，亦不能別白至此。〔三〕

〔一〕《經解》本僅刻「堯典宅西曰昧谷」至「張掖爲今甘州衛」。

〔二〕使，眷西堂本作「史」，據《四庫》本改。上圖本已改作「使」。

〔三〕《四庫》本無「近杜注」至「別白至此」句。段跋本尾：史，當作「使」。

*14 又按杜注〔一〕「漢家山東二百州」，山東者，太行山之東也，殊非。從來惟胡三省于《通鑑》「秦孝公時，河山以東彊國六」注云「河自龍門上口，南抵華陰而東流，秦國在河之西，山自鳥鼠同穴，連延爲長安南山，至于泰華，秦國在山之西，韓、魏、趙、齊、楚、燕六國皆在河山以東」爲得其解。余參以賈誼言「所謂建武關、函谷、臨晉關者，大抵爲備山東諸侯」，則可見自秦之外皆謂之山東。《太史公自序》：「蕭何填撫山西。」張守節注「謂華山之西也」。《趙充國辛慶忌傳》贊曰：「秦漢已來，山東出相，山西出將。」山西，班固明言「天水、隴西、安定、北地處埶迫近羌胡，故秦詩」云云〔二〕，知山西，益知其爲山東矣。〔三〕

*15 又按白詩「七月七日長生殿，夜半無人私語時」，范元實謂長生殿乃齋戒之所，非私語地，若改作飛霜殿，則脗合矣。蓋《長安志》：「天寶六載，改温泉爲華清宫，殿曰九龍，以待上浴；曰飛霜，以奉御寢；曰長生，以備齋祀。」楊升菴又引《津陽門》詩「金沙洞口長生殿，玉蕊峰頭王母祠」以實其駁正。余謂胡三省《通鑑》卷二百七「長生院」注云：

〔一〕注，南圖本墨筆改作「詩」。
〔二〕眉：「詩」字，疑是「時」字。整理者按：故秦詩云云，《四庫》本作「故秦時云」。
〔三〕又見卷四下「補正日知録」第三八條、卷五第一五九條。段跋本尾：上無朱墨圈，及「又按」二字未塗，殆臨本偶遺。後仿此。

「院即長生殿，明年五王誅二張，進至太后所寢長生殿，同此處也。蓋唐寢殿皆謂之長生殿。此武后寢疾之長生殿，洛陽宮寢殿也。肅宗大漸，越王係授甲長生殿，長安大明宮之寢殿也。白居易《長恨歌》所謂長生殿，則華清宮之寢殿也。」此殿本名飛霜，蓋同一長生殿也。學者讀顧況《宿昭應》詩「武帝祈靈太乙壇，新豐樹色繞千官。那知今夜長生殿，獨閉空山月影寒」，當知爲齋宿之殿；李義山《驪山有感》詩「驪岫飛泉泛暖香，九龍呵護玉蓮〔一〕房。平明每幸長生殿，不從金輿惟壽王」，當知爲寢宿之殿。

*（經解）16 按《通鑑地理通釋》曰：「碣石凡有三，騶衍如燕，昭王築碣石宮，身親往師之。此碣石特宮名耳，在幽州薊縣西三十里，寧臺之東，非山也。秦築長城，所起自碣石。此碣石在高麗界中，當名爲左碣石。其在平州南三十餘里者，即古大河入海處，爲《禹貢》之碣石，亦曰右碣石。」其説可謂精矣。或獻疑曰：「《後漢書》常山國九門縣，劉昭補注曰：『碣石山，《戰國策》云在縣界。』《史記·蘇秦列傳》索隱曰：『《戰國策》碣石山在常山九門縣。』不又一碣石乎？王氏説尚有未盡。」余曰：「九門縣自西漢，五代猶沿，宋開寶六年，始省入藁城。今藁城縣西北二十五里有九門城，四面五百餘里皆平地，求一部婁塊

〔一〕蓮，眷西堂本作「連」，據《四庫》本改。

皁以當所謂碣石之山，亦不可得，故康成云：『今驗九門無此山也。』康成《戒子書》：『吾嘗遊學，往來幽、并、兗、豫之域。』蓋亦以目驗知之。王伯厚生長晚宋，足不曾至中原，即以信康成者削《國策》不數〔一〕。古人譔著屹如堅壘，豈易攻與？」〔二〕

*（經解）17 按黄子鴻，篤信《水經注》者。憶〔三〕初晤碧山堂，問曰：「《後漢・志》『温縣，濟水出，王莽時大旱，遂枯絶』，是河南無濟。今且千六百七十餘年矣，何酈道元言之詳且析也？」子鴻曰：「新莽時雖枯，後復見，酈氏所謂『其後水流逕通，津渠勢改，尋梁脉水，不與昔同』是也。祇緣杜君卿不信《水經》，專憑司馬彪《志》。竊以彪不過紀一時之災變耳，非謂永不截河南過也。君卿云云，遂真覺河南無濟，疑誤到今，今尚有宗主其説者。」余曰：「枯而復通，既聞命矣。敢問除酈注外，抑別有徵乎？」子鴻曰：「未聞。」余退而考杜預《釋例》云：「濟水自滎陽卷縣東，經陳留，至濟陰北，經高平、東平，至濟北，東北經濟南，至樂安博昌縣入海。」郭璞《山海經注》云：「今濟水自滎陽卷縣東，經陳留，至濟陰北，東北至高平，東北經濟南，至樂安博昌縣入海。」張湛《列子注》云：「濟水出王屋

〔一〕數，《四庫》本作「知」。
〔二〕又見本卷第四七條。
〔三〕憶，上圖本塗去。

山爲沇水，東經温爲濟水，下入黄河十餘里，南渡河爲滎澤，又經濟陰等九郡而入海。」稡此三説，以覆子鴻曰：「酈注經，余更注酈。吾與子同爲善長之忠臣，何如？」子鴻喜獲所未聞，復難余：「今不見河南有濟，畢竟復枯於何代？」余曰：「諾。」復考得《後漢書·王景傳》「濟渠」下章懷太子賢注云：「濟水出今洛州濟源縣西北，東流經温縣入河，度河東南入鄭州，又東入滑、曹、鄆、濟、齊、青等州入海，即此渠也。王莽末，旱，因枯涸，但入河内而已。」似不知中有復通之事。合以許敬宗對高宗「濟潛流屢絶」，是自唐以前，濟已復枯，直至今矣。

*（經解）18 或問：「北嶽祀典畢竟該在貴省渾源州，抑仍曲陽耶？」余曰：曲陽是也。萬曆十六年，大同巡撫胡來貢疏請改北嶽，沈文端鯉爲宗伯，覆疏詳駁。此駁出，足以塞異議者之口矣。第惜其引史僅及漢宣帝，未上及武帝元鼎三年，常山王徙，然後北嶽在天子郡内，天漢三年泰山修封，還過祠常山、瘞玄玉二事，引經亦僅及《周官》《禹貢》。余爲詳補曰：《舜典》「十有一月朔，巡守，至于北岳」，傳曰：「北岳，恒山。」《禹貢》「太行、恒山」，疏曰：「恒山在上曲陽西北。」《爾雅》兼殷制，《釋山》曰：「河北恒。」《周禮·職方氏》「正北曰并州，山鎮曰恒山」，注曰：「恒山，在上曲陽。」是虞、夏、殷、周，異代同揆。則舜當日蚤覲北諸侯于今曲陽大茂山之下，非《山經》所稱今渾源之北嶽、《水經》所稱之

玄嶽，歷歷可知，豈容議？議之者以定鼎於燕，曲陽在南，渾源少北，改而祠之，於方位宜。余謂則有孔穎達《毛詩・崧高》之疏在，曰：「若必據己所都以定方位，則五岳之名，無代不改，何則？軒居上谷，處恒山之西；舜居蒲坂，在華陰之北，豈當據己所在改岳祀乎？」余嘗愛王導云「古之帝王[一]不必以豐儉移都」，此名相之言也。孔穎達云「天子不據己所都以定方岳」，此名儒之言也。金世宗大定間，或言今既都燕，當別議五岳名，不得仍前代。太常卿范拱輒援《崧高》疏數語以對，後不復改。明以來之人獨未讀《金史》乎？因思「崧高維嶽」，非當時以太室山爲嶽，乃詩人借嶽來贊美之，曰有崧然而高者，維是四岳之山。其山高大，上至于天。維是至天之大嶽，降其神靈和氣，以生甫國之侯及申國之伯。《爾雅》撰於三百篇後，緣此遂實指嵩高爲中嶽。《太史公》又出於《爾雅》後，并補注《堯典》曰：「中岳，嵩高也。」是殆忘却《禹貢》之太岳矣，將堯有二中岳耶？漢武登禮太室，易曰崈高，中嶽名益顯，皆爲《爾雅》所誤者。或曰：「然則周竟無中嶽乎？」余曰：周仍以唐、虞時霍山爲中嶽矣，觀《職方》「河内曰冀州，山鎮曰霍山」可知。蓋自有宇宙，便有此山。黄帝正名百物，蚤已定五嶽之稱。禹主名山川，又從而奠之。下訖周、秦，悉不敢

〔一〕王，眷西堂本作「三」，上圖本改作「王」。《四庫》本亦作「王」，據改。

移，豈有如武帝以衡山遠，移南嶽之祀於灊霍山者乎？或曰：「如子言，周不曾以岍爲西嶽，岍何得有嶽名？」余曰：《職方》「河西曰雍州，山鎮曰嶽山」，蚤已得嶽之名，豈待周移嶽於此而後云爾乎？漢既移南嶽，唐肅宗在鳳翔，亦曾改汧陽吴山爲西嶽，以祈靈助，要皆後王事。余最愛康成注《大司樂》「四鎮、五嶽」，取諸《職方》九州之山而徧足。少嫌其以嶽爲西嶽，不以霍山爲中。又嫌其《宗伯》注仍襲《爾雅》，雜以嵩高，自忘却《大司樂》注，殆由未善於讀《崧高》之詩也哉？〔一〕

*（經解）19 按秀水徐善敬可爲人撰《左傳地名》訖，問余成二年鞍之戰，杜注止云齊地，《穀梁傳》則云鞍去國五百里，恐非。以下文有華不注山，山下有華泉證之，鞍似去此不遠，當屬今歷城縣地。余曰：《通典》濟州平陰縣注云：「《左傳》齊、晉戰鞍，故城在縣東。」《括地志》《寰宇記》同。蓋唐世鞍故城尚存，故杜以爲據。余意鞍在今平陰東北〔二〕四五十里，其去華不注山亦一百三四十里。朝而戰於鞍，勝而逐之一百三四十里之山下，且三周焉，晉人之餘勇真可賈哉。齊奚足云！蓋古駟駕一車，車僅三人，御復得其法，故取道致

〔一〕《經解》本無「萬曆十六年」至「余爲詳補曰」一段。
〔二〕北，眷西堂本作「作」，據南圖本、《經解》本改。

遠，而氣力有餘。今人不明乎此，徒以平陰屬兖州，歷城屬濟南，中隔長清縣境。如是其遠，豈能一日通作戰場？兹所以見《通典》亦未知信與。〔一〕

*20 按羊流店，晉羊叔子故里，在新泰縣西北六十里，南、北孔道也。余庚午春經此，問叔子之後裔有存者，往尋其祖墓，隆然高阜者三，即《傳》出折臂三公之所。復往尋其居，遺址隱然若城郭，綿亘八里許，因歎叔子以上九世皆二千石卿校，可爲東漢第一世家。當時聚族而處，居以積久，日加闢遠。又蔡邕亡命江海，遠跡吳會，往來依太山羊氏，以此地爲淵藪，孰敢過問之？種種皆與史傳闔合。獨《後漢書》：「羊續，太山平陽人。」平陽即西漢之東平陽，晉爲新泰縣。叔子，《晉書》却泰山南城人〔二〕。南城，原魯南武城。《晉·地志》亦三字名，故城在今費縣西南九十里，距新泰二百四五十里。意新泰，叔子之祖貫，已則占籍南城耳。觀武帝咸寧中，詔以泰山之南武陽、牟、南城、梁父、平陽五縣置南城郡〔三〕，封叔子南城侯，以其爲南城人也。叔子且死，從弟琇述素志，求葬於先人墓次。狐死正丘首，正欲葬其隆然高阜之旁也。兹撰《一統志》，繫續於新泰人物可也。叔子以孫從祖，奈

〔一〕又見卷五第一〇〇條。
〔二〕叔子晉書却泰山南城人，上圖本改作「晉書叔子却屬太山南城人」，《四庫》本同。
〔三〕《四庫全書考證》：原本「父」訛「武」，據《晉書》改。整理者按：眷西堂本作「父」。

《晉書》何？且新泰縣建置沿革並未見何年改南城一筆，人物豈有無根者哉？要須別繫叔子於費縣人物，不必拘《元和志》然後可。

*21 按黄子鴻言：「趙奢解閼與之圍，閼與凡有四。《水經注》梁榆水逕梁榆城南，即閼與故城也，趙奢破秦於此。盧諶《征艱賦》云『訪梁榆之虚郭，弔閼與之舊平』，梁榆城在今遼州和順縣。《括地志》：『閼與聚落，今名烏蘇城，在潞州銅鞮縣西北二十里，趙奢破秦軍處。』銅鞮，今沁州。《郡國志》：『上黨涅縣，有閼與聚。』劉昭注云：『《史記》趙奢破秦兵閼與，涅在今武鄉縣。』《隋·地理志》：『武安縣有閼與山。』《元和志》：『閼與山，在縣西南五十里，即趙奢拒秦處。』武安屬今彰德府磁州。」東海公曰：「若在武安，去邯鄲僅六十里，何須奢卷甲而趨之二日一夜至乎？當在貴省潞州者近是。」余曰：「然。《奢傳》云『秦伐韓軍於閼與』，閼與乃韓邑，自屬上黨一帶，廉頗、樂乘並言其道遠。閼與去邯鄲四百里，故奢言道遠險狹，譬鼠鬬穴中。以閼與必穿太行山過，而沁州武鄉，亦多叢山也。果在武安，豈容作斯語？」越明日，告子鴻曰：「子抑知止有二閼與乎？一爲韓之閼與，一爲趙之閼與。」子鴻驚問焉。《趙奢列傳》：「秦伐韓，軍於閼與。」《趙世家》：「惠文王二十九年，秦、韓相攻而圍閼與。」此韓之閼與也。《魏世家》：「哀王八年，昔者魏伐趙，拔閼與。」《秦本紀》：「昭襄王三十八年，胡傷攻趙閼與。」《王翦列傳》：「始皇十一年，翦將攻

趙閼與，破之。」此趙之閼與也。韓閼與當并沁州與武鄉者爲一，何者？涅故城在武鄉縣西五十五里，而武鄉在沁州東北六十里，則涅在沁州之北矣。閼與又在涅縣西，則在沁州西北可知。相距幾何，正屬一邑。趙閼與的在和順縣，觀《始皇本紀》「十一年，王翦攻閼與、橑陽」，二邑比鄰。橑陽，今遼州和順，距本州九十里，若到沁州閼與城，幾二百餘里，各爲一邑可知。至武安之有閼與，則是唐人誤會史遷文義，見武安西南有山，蒙以閼與之名。山豈有口自鳴曰我非閼與也哉？然《史記》實有疏處。蓋秦伐韓，軍於閼與，此一枝兵也。秦軍軍武安西，鼓噪，屋瓦盡振，此又一枝兵也。秦當日蠶食三晉，三晉無歲不被兵，所在多有。遷若作時秦軍有軍武安西者自明。軍中候有一人言急救武安，奢立斬之。非斬其犯令，乃斬其妄言惑衆心也。奢受命救閼與，不救武安，縱解得武安之圍，猶非。韓昭侯曰：「非不惡寒也，以爲侵官之害甚于寒。」七國悉遵此法。秦間來入，乃從閼與軍至者，間還報秦將，輒大喜曰：「夫去國三十里而軍不行，乃增壘，閼與非趙地也。」此句亦妙，蓋閼與原韓地，非關邯鄲，奢自不應來救，故懈而不設備。奢遂窮日夜力趨至，據山以擊破之。山自在今沁州、武鄉間，此間豈少山哉？《括地志》固已疑山在洺州，謂其太近，恐潞州閼與聚城是所距據處，真可爲先得我心。世稱魏王泰《括地志》爲首，于兹益信。所云閼與有四，譌者削之，僅存其三；析者并之，僅存其二。混者别之，則孰爲韓閼與〔一〕，孰爲趙，顯顯然在吾目前矣，故曰閼與有二。復越明日，告子鴻曰：「子既知二閼與矣，抑知二閼與皆爲趙奢敗秦軍之地乎？」子鴻益驚。余曰：《戰國策》：「趙背秦，秦王大怒，令衛胡易伐趙，攻閼與，趙奢將救之。魏令公子咎以鋭師居安邑以挾秦，秦敗於閼與。」此即《秦本紀》「昭襄王三十八年中，更胡傷〔二〕攻趙閼與，不能取」之事。秦史諱其敗績，曰「不能取」。《國策》承趙史所書，直曰「秦敗於閼與」，下文曰「大敗秦師」，亦足徵國史書法互異處。《水經注》以梁榆城爲奢破秦于此，亦是。但移却惠文王前一年二十九年事於此，則誤。道元且勿論，史遷生當六國未遠時，其作《年表》，於趙惠文王二十九年曰「秦拔我閼與，趙奢將擊秦，大敗之」，三十年曰「秦擊我閼與城，不拔」，於前閼與不曰韓曰趙，更混而并之爲一閼與。然則地理之學真難言矣哉！

*22按憶庚午重九病新愈後，東海公招登高莫釐峰，酒中云：「乃〔三〕古人之事，應無不可考者。縱無正文，亦隱在書縫中，要須細心人一搜出耳。」舉坐默然，顧向余曰：「某此

〔一〕《四庫》本無「閼與」二字。

〔二〕「胡傷」下，《四庫》本有雙行小注：即《國策》衛胡易。

〔三〕乃，上圖本朱筆塗去。簽：「『乃古人之事』，『乃』字文理不可解，宜去之否？」《四庫》本無「乃」字。

論爲濟水發，枯而復通，畢竟在何時，子其爲我考之。」余曰「唯」。復考〔一〕《王景傳》云：「初，平帝時，河、汴決壞，未及得修。建武十年，陽武令張汜上言：『河決積久，日月侵毁，濟渠所漂，數十許縣。』逮後三十五年，汴渠成，明帝巡行，下詔曰：『河、汴分流，復其舊迹。陶丘之北，漸就壤墳。』」此汴壞而濟亦壞、汴治而濟亦治之徵也。又考《晉書·傅祗傳》：「武帝時爲滎陽太守，自魏黄初大水後，河、濟汎溢。鄧艾常著《濟河論》，開石門而通之，至是復浸壞，祗乃造沈菜〔二〕堰，兖、豫無水患。」《郄超傳》：「太和中，桓温將伐慕容氏，引軍自濟入河。超諫曰：『清水入河，無通運理。』」《毛穆之傳》：「温使穆之鑿鉅野百餘里，引汶會于濟。」此豈竟枯絶者哉？大抵王莽世，天災雖甚，然皆不遠而復。如王横言天嘗連雨，東北風，海水溢西南，出寖數百里，九河地已爲海所漸矣。今九河故迹固具在，酈氏言「濟當王莽之世，川瀆枯竭，後水流逕通」。余謂此班氏注於垣縣云：「王屋山沇水出東南，至武德入河，軼出滎陽北地中，又東至琅槐入海，過郡九，行千八百四十里。」蓋以目驗者言也。祇緣司馬彪下語太重，若改「遂枯絶」爲「會枯絶」，則妙妙耳。輒録

〔一〕復考，上圖本塗去，《四庫》本無。
〔二〕菜，《四庫》本作「萊」。

以覆。

*23自《周官》屢言天下土地之圖、九州之圖及地圖，圖於地理爲尤切矣。班固撰《地理志》，一則曰秦地圖，再則曰秦地圖書。故蕭何入咸陽，盡收丞相御史圖書藏之。帝具知天下阸塞户口多少彊弱處，民所疾苦者，以得此圖書也。光武帝至廣阿，舍城樓上，披輿地圖，指示鄧禹曰「天下郡國如是」。馬援曉勸隗囂亦曰「披輿地圖，見天下郡國百有六所」。武帝封三王，御史奏輿地圖，請所立國名。光武封十子爲公，群臣請大司空上輿地圖。明帝封皇子，悉半諸國，案地圖。章帝則篤愛諸弟，案輿地圖，令諸國户口皆等。漢使窮河源，莫知何所出山曰昆侖，天子按古圖書而名云。漢藩諫誅閩、越，曰以地圖察其山川要塞，相去寸數，而間獨數百千里。漢相私國土，多租四百頃，曰以平陵佰爲界，太守更郡故圖而正之。李陵至浚稽山，舉圖所過山川地形，遣騎以聞。趙充國曰：「兵難隃度，臣願馳至金城，圖上方略。」李恂使幽州，所過皆圖寫山川、屯田、聚落，悉奏上。齊人延年上言可案圖書觀地形，令水工準高下以開河。明帝引見王景，賜以《山海經》《河渠書》《禹貢圖》，俾修汴渠，渠卒成。即謀不軌者，如淮南王安曰夜按輿地圖，部署兵所從入。江都王建具天下之輿地及軍陳圖，至張千秋口對兵事，畫地成圖。馬援聚米爲山谷，指畫形勢。臧旻口陳西域百餘國狀，手畫地形。皆得圖之髣髴者，猶動人如是，圖詎不重

哉！晉裴秀曰周秦地圖、祕書殆絶，僅有《漢氏》及《括地》諸雜圖，麤具形似，不爲精審，於是作《禹貢地域圖》。今亦不可得見矣。見者元道士朱思本《輿圖》，所謂蓋其平生之志而十年之力者。明人轉相增竄，名以己圖，漸失其本真，獨計里畫方之法猶遵若王〔一〕律。余謂亦自唐賈耽來也。《舊書》云：「其令工人畫海内華裔圖一軸，廣三丈，從三丈三尺，率以一寸折成百里。」《新書》謂「以寸爲百里」。表獻于上，曰：「縮四極於纖縞，分百郡於作繢。宇宙雖廣，舒之不盈庭。舟車所通，覽之咸在目。」讀之真令人爽然。隋宇文愷曰：「裴秀輿地，以二寸爲千里。」

*24 按余謂窮經者須知地理，元董鼎注蔡《書傳》云：「西伯戡黎，其國蓋在黎陽之地，而非上黨壺關之黎。武王伐商，兵渡孟津，道過黎陽，先戡黎而後至紂都。如齊桓伐楚，先潰蔡而遂入楚境也。」引吴才老戡黎伐紂時事爲證。余案紂都朝歌，今在衛輝府淇縣北，黎陽故城在大名府濬縣西南三里。武王以正月二十八日次孟津，明日己未至癸亥五日，孟津至朝歌四百餘里，故須日行八十里有奇。然僅及商郊而止，所以者何？赴敵宜速，不拘日三十里成法也。牧野跨衛輝之汲、淇兩縣界，距紂都十有七里。若黎陽，則又

〔一〕王，大成齋本作「玉」。

自朝歌東出七十里，豈得道先經此？且武王於紂，聲罪致討，名其爲殘，士女歡迎，豈同齊桓以諸侯之師侵蔡，蔡潰，遂伐楚，兵行詭道者比乎？儒生不知兵，復不諳地理，其舛錯如是。

*25 按《禹貢》蔡《傳》謬者莫過九河苞淪於海，且託之酈道元，不知道元《水經注》凡三見，皆指碣石入海，未一及九河。云九河者乃王莽時王横一家之言，未詳考驗者。兹欲正其謬，惟取孔穎達《書疏》、元于欽《齊乘》二條，補於九河既道之下。詳《四書釋地續》。

*26 又按蔡《傳》引《爾雅》九河「六曰簡潔」，《爾雅》本作「絜」，與簡各爲一河。河以一字名者，李巡曰：「簡，大也。絜，苦也。河水多山石，治之苦絜。」唐孔氏、宋邢氏疏並同，即朱子《孟子集注》亦曰「曰簡曰潔」，然已謬爲〔一〕「潔」矣。〔二〕

*（經解）27 按專門明經於地理有不若人君之言者〔三〕，「浮于濟、漯，達於河」是也。穎達疏云：「從漯入濟，自濟入河。」上句真亂道。惟唐高宗問許敬宗曰：「《書》稱『浮于濟、漯』，今濟與漯斷，不相屬。」敬宗對曰：「沇、濟自溫入河，伏地南出爲滎澤，又伏而出曹、

〔一〕爲，眷西堂本作「而」，據《四庫》本改。
〔二〕此二條，《四庫》本接寫作一條。
〔三〕《四庫》本無「專門明經」至「之言者」句。

濮之間，汶水從入之。故《書》又言『浮汶達濟』。不言合漯者，漯自東武陽至千乘入海也。」《新唐書》亦不通地理，沇、濟自温入河，作「今自漯至温而入河」。夫高宗灼知濟與漯斷，則此至温入河乃濟水，非漯水明矣。敬宗雖姦，敢面欺以必不然之水道乎？且其學素號博矣，明屬宋景文亂竄，不及其原對之文。然敬宗之所可議者有二：一是不正解《禹貢》經文以告君，一是言伏地南出爲滎澤，不深明乎濟水之故。余嘗案《漢·地理志》：「河東郡垣縣，沇水所出，東南至武德入河，軼出滎陽北地中，又東至琅槐入海。東郡東武陽縣，《禹貢》漯水出〔一〕，東北至千乘入海。」

*（經解）28 又按《水經注》：「河水自滎陽、黎陽、濮陽、鄄城，又東至東武陽，漯水出焉。又東北至臨邑，有四瀆津。東分濟，亦曰泲水受河也。又東北至高唐，漯水注之。又有南北二濟水，皆自滎陽分河，東北流，至臨邑，有四瀆津通于河。」合此二説補注於下曰：大河水自滎陽分流爲濟。又東北至武陽，分流爲漯。又東至臨邑，復與濟通。二水源流雖皆與大河相通，然濟在河南，漯在河北，二水不能自通，唐高宗云「濟與漯斷」是也。《禹貢》所云蓋謂兖州之貢或浮于濟，則自滎陽達河；或浮于漯，則自武陽達河。二道皆達于

〔一〕禹貢漯水出，《漢書·地理志》作「禹治漯水」。

河耳。至既東爲濟入於河，非是潛伏地中，乃穿河腹中行，不至如蔡《傳》「入河穴地，伏流絶河」之説。曾有人伏水底，見渾河中有清流一道直貫之者，此濟也。故古文每言「如河、濟之不相亂」。余親見渭水至清，以涇而濁，濟水至清，却不以河而濁。蓋水各有性，濟之性則獨勁也。故語云「勁莫如濟，曲莫如漢」。溢出南岸爲滎，仍然至清。自滎澤至定陶約四百四十里，中有濟陽城，今在長垣縣界者，須行過此地而伏，伏而旋出於陶丘之北。《禹貢》九叙導水皆無「出」字，獨至此下一「出」字，豈無故？明係伏而復見，斷而復續。或曰：「濟陽至陶丘百四十里而近，此百四十里之間便有伏而復見之事與？」余曰：《括地志》：「沇水出王屋山頂崖下，石泉停〔一〕而不流，深〔二〕不測，既見而伏。至濟源西北二里平地，其源重發而東南流。」此不過八十里耳，見而伏，伏而又見，況將倍此之地乎？後代祇緣王莽末濟瀆曾枯，不見有溢爲滎，又烏知陶丘北有濟復出之事哉？記〔三〕載闞駰如，惟許敬宗知之，曰「伏而出曹、濮之間」。《新書》亦曰「洑而至曹、濮，散出於地，合而東」，殆善會經旨。《新書》又載其對高宗曰：「古者五行皆有官，水官不失職，則能辨味與色。潛

〔一〕停，眷西堂本作「渟」，據《四庫》本改。
〔二〕《經解》本「深」下有「而」字。
〔三〕記，眷西堂本作「紀」，據《四庫》本改。

而出，合而更分，皆能識之。」余謂「潛而出」即「東出於陶丘北」之注脚也，「合而分」即「入於河，溢爲滎」之注脚也。

*（經解）29又按胡朏明問：「『滎』字，《説文》曰『絶小水也』，何義？」余曰：《爾雅》「正絶流曰亂」，邢昺疏：「正，直也。」孫炎所謂横渡是也。濟水截河南過爲滎，故以「絶」字解「滎」。至「小水」二字，則有唐高宗、許敬宗問答在。高宗曰：「天下洪流巨谷，不載祀典，濟甚細，而在四瀆，何哉？」敬宗曰：「瀆之言獨也，不因餘水，獨能赴海者也。濟潛流屢絶，狀雖微細，獨而尊也。」此可以爲其注脚矣。

*（經解）30又按顧景范《川瀆異同》力詆三伏三見之説出近代俗儒，漢、唐迄宋諸儒無主是説者。余謂至温入河，自不得言一伏，特再伏再見耳。又謂曰：「出者折旋之間，因丘爲隱見耳。濟初發源，或有伏見之分，至截河而南之後，未曾伏而復出，經文固已明言之。曰『浮於汶，達於濟』，又曰『浮於濟、漯，達於河』，豈有伏見不常，而可爲轉輸之道者哉？」殊可稱偉論。然以愚斷之，兖州貢道，浮濟必經陶丘，即青州貢道〔一〕。浮汶者亦由壽張縣安民亭入濟，一百五六十里至陶丘北，向所云「浮於淮、泗」，當作「達于菏」。浮菏

〔一〕眷西堂本無「道」字，上圖本「貢」下補「道」字。《四庫》本亦有「道」字，據補。

者亦由乘氏縣入濟，五十里至陶丘北。皆至此而止。然後舍舟登陸，至濟陽城西，復登舟，以至滎陽，入于河，此當日貢道也。或曰：「果如是，則兖州貢道當如荆、梁二州用『逾』字，曰『浮於濟，復逾於濟，達於河』，不得直接以因水入水之『達』字矣。」余曰：固有説。荆之漢也、洛也，二水而異名者也，本不相通，貢道須此，故曰逾於洛。梁之沔也、渭也，亦二水而異名者也，本不相通，貢道須此，故曰逾於渭。若兖州之濟本屬一水，雖中少間阻，無復異名，故經文亦不屑屑分疏之。且不有浮於漯在，連類而及之，因從而省文者乎？顧氏第見明永樂十三年會通河成，漕舟浮江涉淮，泝河絶濟，而北達於漳衛，輸之太倉，無復有陸運之苦，因亦上疑濟水。此何異元行海運，習爲坦途，明人有更講求其説者輒摇手相戒，幾同談虎。嘗考《唐六典》，東都曰含嘉倉。自含嘉倉轉運以實京之太倉，自洛至陝運於陸，自陝至京運於水。李泌自集津至三門鑿山開車道，以避底柱之險。宋都大梁，四方皆可由水以直抵，而開寶八年乃擇幹彊之臣，在京分掌水陸路發運事。明永樂之初，亦經水與陸交運，故牒猶存，不必溺於今而議古。〔一〕且陶丘不過兩丘相重累耳，形甚微，非比高山巨嶺足以蔽虧濟水，致忽隱而忽見。如顧氏解，余謂縱能障蔽濟流，經文當

〔一〕《經解》本無「顧氏第見明永樂十三年」至「不必溺於今而議古」段。

作「東出於陶丘南」，不當曰「東出於陶丘北」。蓋出者明係伏地至此復見之名也。余是以篤信經文，參諸古今運道之變，一水直達者少，著其論如此。

*31 又按胡朏明聞余論，復出一説以助之，曰：虞夏貢物與後代漕粟不同，當時甸服之中納緫銍秸粟米，其食取諸冀州而已足。餘八州所貢，初無繁重難致之物，即以兖言之，曰漆絲織文而已。青州所貢較多，亦不過曰鹽絺海物、絲枲鉛松、怪石檿絲而已。他州倣此。要非繁重難致者，豈惟虞夏？《周禮·大宰》以九貢致邦國之用，一祀貢、二嬪貢、三器貢、四幣貢、五材貢、六貨貢、七服貢、八斿貢、九物貢。度與虞、夏不相遠，豈有漕粟數百萬石餉京師，如漢、唐以下之所行者哉？《宋史·食貨志》言川廣所貢之物，亦皆輕約易齎，故水陸兼運。由是推之，虞、夏貢物間有陸運，人必不以爲苦。濟水斷續，何害其爲貢道哉？

*32 按孔穎達雖亂道，不至如蔡《傳》之甚。疏云「計沔在渭南五百餘里，抵沔須陸行而北入渭」，此真禹迹貢道也。蔡《傳》引：「漢武帝時人有上書欲通褒斜道及漕，事下張湯問之，云：『褒水通沔，斜水通渭，皆可以漕。從南陽上沔入褒，褒絶水至斜間百餘里，以車轉從斜下渭。如此，則漢中穀可致。』經言沔渭而不言褒斜者，因大以見小也。」案《漢·溝洫志》，上書人言：「今穿褒斜道，少阪，近四百里。而褒水通沔，斜水通渭，皆可

以行船漕。」則禹之時，褒雖出衙領山入沔，算不得與沔通，不可以行漕。故斜亦出衙領山北入渭，算不得與渭通，不可以行漕。故經文止言沔渭，不及褒斜。當日貢道，原無須此二水也，非屬省文。顔師古曰：「褒、斜，二谷名。」其中皆各自有水耳，正指漢武未穿道以前言。蔡氏不讀全本《漢書》，似從一節本書録來，謂因大以見小，其臆解有如此者。

*33 按蔡《傳》載潏水李氏曰：「禹鑿龍門，起於唐張仁愿所築東受降城之東，自北而南至韓城北安國嶺盡。」案東受降城在今朔州北三百五十里，本漢定襄郡之成樂縣，去《禹貢》龍門一千五百餘里，禹輕百姓力竟至此乎？真正妄談，不足與辨。蔡《傳》又云舊説相傳禹鑿龍門，而不詳其所以鑿。余謂《尸子》「古者龍門未開，吕梁未鑿，河出於孟門之上，大溢逆流，無有丘阜高陵，盡皆滅之，名曰鴻水」，此即欲鑿之由。賈讓奏：「昔大禹治水，山陵當路者毁之，故鑿龍門，辟伊闕，析底柱，破碣石，墮斷天地之性。」此即當鑿之故。《水經注》：「孟門，即龍門之上口也。實謂黄河之巨阸，此石經始禹鑿，河中漱廣，夾岸崇深，傾崖返捍，巨石臨危，若墜復倚。古之人有言：『水非石鑿，而能入石。』信哉，其中水流交衝，鼓若山騰，濬波頽疊，迄於下口。」又云：「梁山，即經所謂龍門矣。《魏土地記》曰：『梁山北有龍門山，大禹所鑿，通孟津河口，廣八十步。巖際鐫跡，遺功尚存。』」《元和郡縣圖志》：「孟門山俗名石槽，實爲黄河巨阸。今案河中有山，鑿中如槽，束流懸注七十

餘尺。」此皆詳其鑿之之跡，曷云不詳？大抵此等書，蔡氏并未寓目，即見亦不復能記憶。荀卿嘗謂「陋也者，天下之公患也」，余則謂陋也者，儒生之公患也。

*（經解）34 按顧氏《肇域記》：「《左傳》桓二年，『其弟以千畝之戰生』，杜注以爲『西河界〔一〕休縣南，有地名千畝』，非也。穆侯時晉境不得至介休，當以《趙世家》注引《括地志》『岳陽縣北九十里有千畝原』爲是。」余謂當日千畝之戰，或在岳陽，或在介休，誠不敢定，但謂晉境不得至介休，則有辨。《晉世家》叔虞封於唐，方百里。其子燮改曰晉。曾孫成侯徙曲沃，八世孫穆侯徙絳，不言何代徙都翼。昭侯元年，封叔父成師於曲沃，曲沃邑大於所都翼〔二〕。則徙翼當在昭侯前，穆侯徙絳之後，中間可知。入春秋六年，晉逆翼侯納諸鄂，謂之鄂侯。鄂，《索隱》曰：「今在大夏。」大夏者，吾鄉太原縣也。又後十三年，曲沃滅翼，王立哀侯之弟緡于晉，晉亦太原縣。太原至翼城六百五十里，中道必由介休，當日盡屬晉，方得兩侯分立。《肇域記》非是。余於是獨歎晉啓封百里，逮成侯時，何啻五倍。王綱不振，兼國侵小，不待入春秋而已然矣，可不懼哉？

〔一〕界，《四庫》本、《經解》本皆作「介」。
〔二〕《四庫》本無「昭侯元年」至「所都翼」句。

*（經解）35 又按《周語》：「宣王即位，不藉千畝。虢文公諫，王弗聽。」此千畝乃周之藉田，離鎬京應不甚遠。末云「三十九年，戰於千畝，王師敗績於姜氏之戎」。《左傳》繫此事絶有深意，蓋自元年至今將四十載，天子既不躬耕，百姓又不敢耕，竟久成舄鹵不毛之地，惟堪作戰塲，故王及戎戰于此。因悟《趙世家》周宣王時伐戎，及千畝戰，奄父脱王，正此地。《括地志》以晉州岳陽縣北千畝原當之，不應去鎬京如是其遠，殆非也。噫，安得盡舉經傳子史注地理誤者一一釐正之哉？

*（經解）36 按寇有來路，亦有去路。其逐而出之也，即從其來路，可必不引入我門庭之内，别從一路以出者。玁狁侵鎬及方，至於涇陽。鎬等三地名，皆在雍州，則大原地名，亦即在雍州。近代説《詩》者，指原州言。然原州乃今固原州，舊高平鎮。後魏孝明帝正光五年，置原州，蓋取「高平曰原」爲名。古此地未必以此名，惟鄭注《禹貢》「原隰底績」云「《詩》『度其隰原』即此原隰，其地在豳」近是。要高平曰原，秦中地面以原名者，至不可勝數，今亦不能定指何地也。「來歸自鎬」，劉向曰：「千里之鎬。」顔師古注：「非豐鎬之鎬。」至於大原，余亦謂雍州之大原，必非周并州之大原也。更有證者，宣王既喪南國之師，料民於大原。大原，與《詩》同一地。若是晉陽，周已封唐叔虞爲侯國，天子豈得料其民乎？仲山父諫不謂其少而大料之，是示以寡少，諸侯避之，其非屬甸侯之地可知。既知

《國語》，益知《詩》矣。〔一〕

*37按「治梁及岐」，孔安國傳：「梁、岐二山在雍州。」晁以道本《水經注》作「吕梁狐岐」，改入冀州，今亦未論其確與否。第蔡《傳》云：「梁在石州離石縣東北。」是今汾州府永寧州東北一百里之吕梁山，本名骨脊山者，去黄河一百五十餘里。岐在汾州介休縣，今却在孝義縣西八十里盤村，原山名狐岐者，去黄河二百三四十里，謂堯時洪水懷襄，大河汎濫，至此二山下，須禹治之則可。蔡氏竟認爲古河逕之險阨，與龍門一般，二山河水所經，治之所以開河道也，不幾眯目而道黑白者乎？雖生長東南，誤不應至此。蔡《傳》當云狐岐之山，勝水所出，東流合文水，又東南入汾汴。今作「東北」，誤。

*（經解）38按《春秋正義》曰：「堯治平陽，舜治蒲阪，禹治安邑。在今夏縣西北十五〔二〕里。三都〔三〕相去各二百餘里，皆在冀州。」余亦謂晉入春秋前後，四都相去亦只在平陽府百五十里之内。晉孝侯號翼侯，翼故城在翼城縣東南三十五里。曲沃武公滅翼，以一軍爲晉侯。《史記》云「始都晉國」，晉國即其始封之曲沃，他日號稱宗邑者，在今聞喜縣東北，去

〔一〕本條「大原」，《四庫》本及《經解》本均作「太原」。
〔二〕十五，《四庫》本作「五十」。
〔三〕南圖本眉：三都，晉四都。

冀都約一百五十里。子獻公九年城絳，《史記》云「獻公始都絳」。絳，即今太平縣南二十五里故晉城是。余親歷其地，遺址宛然，方悟從前説盡錯，東去冀都約一百里也。越七世，至景公十五年，遷於新田，在曲沃縣南二里，正有汾水、澮水，西北去故晉城僅五十里耳。此四都者，至今人民繁庶，資産富饒，西北諸州邑莫有過焉，豈非霸國之餘烈哉？

*（經解）39 按鄭康成言：「周時〔一〕齊桓公塞之，同爲一河。今河間弓高以東，至平原鬲津，往往有其遺處。」蓋據《尚書中候》《春秋寶乾圖》之文云爾。蔡《傳》駁之，謂「曲防齊所禁，塞河宜非桓公所爲」，亦是尋好話頭。其實葵丘五命，特以約束諸侯，躬自犯者多矣，奚有于河？惟〔二〕于欽《齊乘》曰：「河至大陸趨海，勢大土平，自播爲九，禹因而疏之，非禹鑿之而爲九也。禹後歷商、周，至齊桓時，千五百餘年，支流漸絶，經流獨行，其勢必然，非齊桓塞八流以自廣也。」論最確。余因思齊桓卒於襄王九年戊寅，至定王五年己未，甫四十二年。而《周譜》云：「定王五年，河徙。」《水經注》：「周定王五年，河徙故瀆。」蓋下流既壅，水行不快，上流乃決，理所宜然。河之患始此矣。善乎朱了有言：「禹治水只

〔一〕「周時」下，上圖本補「九河」二字。《四庫》本亦有「九河」二字。
〔二〕《經解》本無「蔡傳駁之」至「惟」句。

是從低處下手，下面之水盡殺，則上面之水漸平。」得之矣。

*（經解）40 按上〔一〕謂鑿空出新不若舊説之安者，尤莫甚近日碣石入海之説。陽信有劉世偉者，注〔二〕論曰：「海豐縣北六十里有馬谷山，一名大山，高三里，周六七里，疑即古之碣石，爲河入海處。」夫事無所證，當求之跡；跡有不明，當度之理。以跡而論，九河故道咸屬齊，鬲津等三〔三〕在縣之界，而碣石不當復在他境。以理而論，禹之治水，行所無事。齊地洿下濱海，以禹之智，不從此入，而反轉遶千里之外，乃自平州而入海耶？況平州地形高，此山既在九河之下，又巍然獨出于勃海之上，爲碣石似無疑。顧寧人賞其新，東海公載入《一統志》中。余曾正告之曰：九河見兗州，碣石則在冀州，皆《禹貢》明文，未易可移。果如世偉言，當移碣石爲兖州之山矣。古九河闊二百餘里，長約四百里，其爲逆河之地者，亦須長闊相等，方外受海水之朝夕〔四〕入，内容河水之九派注。今馬谷山之旁與上，何處著此一片地耶？果爾，當删《禹貢》「同爲逆河」四字，以「入于海」接上「又北播爲九

〔一〕上，上圖本改作「前」。
〔二〕注，上圖本改作「著」。眉：「當是『著』字。《肇域志》作劉文偉。」《四庫》本作「著」。
〔三〕《四庫》本「三」下有「河」字。
〔四〕朝夕，《四庫》本作「潮汐」。

河」然後可。東海公不覺笑。余曰：無論經，聊以史證之。蘇秦說燕曰「南有碣石之饒」。秦始皇三十二年，「之碣石，使燕人盧生求羡門、高誓，刻碣石門」。二世元年春，「東行郡縣，李斯從，到碣石，刻始皇所立刻石」。《封禪書》：「並海上，北至碣石，巡遼西。」《貨殖傳》：「夫燕，勃、碣之間一都會也。」尚得謂碣石不在昔平州、今昌黎等縣處耶？《永平府志》已進呈，未及正之云。

*41 按山西名司，自太行山；而山東，人無解者。曾與黄子鴻討論，訖，歎曰：「山東之名起於金，本宋之京東東路、京東西路。金以都既不在汴，易『京』爲『山』，而不知『山』字無著也。湖廣之名起於元，本宋荆湖北路、荆湖南路，止當沿其故稱，不必如孫休分交州置廣州，名以『廣』，蓋『廣』字涉虚也。」

*42 按局中諸公曾問〔一〕以何謂之〔二〕四至，何謂八到。多笑而不答，反以詰余。余曰：東至某地若干里，南至某地若干里，西至某地若干里，北至某地若干里，謂之四至。東南到某地若干里，西南到某地若干里，西北到某地若干里，東北到某地若干里，此謂之

〔一〕曾問，《四庫》本在「局中諸公」上。
〔二〕之，上圖本塗去。《四庫》本亦無「之」字。

八到。惟杜氏《通典》係刻本，宛然可考。若《元和郡縣〔一〕志》《太平寰宇記》繕寫本多譌，或原有不備者矣。

*43 按《一統志》有關隘一項，下載至某鋪，或某集、某鎮，在縣東若干里。又若干里爲某鋪，又若干里爲某鋪，達某縣界，最有益。或病其碎且名不雅馴者。余曰：昔宋紹興三十一年，金主率大軍臨西采石楊林渡。初奏言已犯采石，而不言東西，朝廷大驚。次報已到楊林，而不言楊林渡，莫知其在江之南北，益懼。求當塗歷陽人問楊林所在，言楊林，西采石之渡口也。於是憂疑少定。余謂使當日諸州所上閏年圖備載村鎮及津渡之處，可一檢而知，不必外訊諸人矣。

*（經解）44 按有《碣石叢談》郭造卿著。者，疏碣石山所在，既小誤，復未盡。余爲補正之曰：《前漢志》右北平郡驪成縣有大揭〔二〕石山，《後漢志》遼西郡臨渝縣有碣石山，文穎《漢書注》碣石山在遼西絫縣，魏收《地形志》肥如縣有碣石山，《隋志》盧龍縣有碣石山，《唐志》平州石城縣有碣石山，《明一統志》碣石山在昌黎縣西北二十里。諸縣或省或改，

〔一〕縣，眷西堂本作「國」，據《四庫》本改。
〔二〕眉：二「揭」字似當作「碣」，取《漢志》校之。上圖本頁下：「揭」，《前志》即作「揭」，可不改。整理者按：《四庫》本作「碣」。

則今之盧龍、撫寧、昌黎及灤州界耳。此山綿跨四地，故班固曰大揭石山。今人第因天橋柱屬諸昌黎，隘矣。又《唐志》營州柳城縣有東北鎮醫巫閭山祠，又東有碣石山。碣石凡有四。

*（經解）45 又按《齊都賦》云「海旁出爲渤」。今海自山東登州成山，折而西，逕寧海州福山、蓬萊、招遠縣。又西，逕萊州掖縣、昌邑、濰縣。又西，逕青州壽光、樂安、諸城縣北界。折而西北，逕濟南、利津、霑化、海豐縣。又北，逕直隸河間、鹽山、滄州、靜海縣東界。又北，至天津衛。折而東，逕順天寶坻、豐潤縣。又東，逕永平、灤州、樂亭、盧龍、昌黎縣。又東出山海關，逕遼東寧遠、廣寧衛南界。折而南，逕海、蓋、復、金四衛西界。又折而東，逕金州南界，有旅順口，南與登州海口相對。皆謂之渤海。歷覽《太史公書》，如《河渠書》「同爲逆河，入于渤海」，謂永平府之渤海也。《封禪書》「四曰陰主，祠三山」；「五曰陽主，祠之罘」；「六曰月主，祠之萊山。皆在齊北，並渤海」，謂登、萊兩府之渤海也。《蘇秦列傳》說齊宣王「未嘗倍泰山，絕清河，涉渤海」，張守節《正義》曰：「渤海，滄州也。」則指天津衛之海言。《朝鮮列傳》「遣樓船將軍楊僕從齊浮渤海，至王險」，王險，城名，非海之在遼東而何？皆渤海也。奈何有臣瓚者，徒知漢以渤海名郡，遂狹視渤海，謂《禹貢》河入海乃在碣石？武帝元光三年，河移徙東郡，更注渤海，禹時不注也。若以太史公增《禹貢》原文

一「渤」字爲誤，不知非誤也，正謂碣石邊之渤海也。或曰：亦別有證乎？余曰：莫妙于太史公《天官書》「中國山川東北流，其維，首在隴蜀，尾没於渤碣」。班固增其文曰「尾没于渤海碣石」，益復明顯。是《禹貢》自碣石入海，還與固同出一口者也。〔一〕

*46 又按《武帝紀》元光三年春，河水徙，從頓丘東南流入渤海。頓丘，漢縣名，在今大名府清豐縣，其東南則今曹州、濟寧州之境。《溝洫志》元光中，河決於瓠子，東南注鉅野，通於淮、泗是也。至於渤海，却在頓丘東北千里，豈能東南流入之乎？案文當于「東南」二字截住作句，謂河水所徙之處，在頓丘東南一帶，而流入海，則自東北至直沽。直沽，今天津衛是。所以《地理志》金城郡河關縣注云：「河水行塞外東北，入塞内，至章武入海。」章武，《元和志》爲魯城縣，在滄州北百里，西去大海九十里，此河漢〔二〕所徙之新道，非《禹貢》故道。或曰：抑別有證乎？余曰：莫妙于《地理志》魏郡鄴縣注云：「故大河在東，北入海。」北入海者，至右北平郡驪城之揭石山入海，非章武也。或曰章武亦可稱北海。然而《溝洫志》同爲逆河，入于渤海，與《河渠書》同。《天文志》尾没於渤海碣石，益加增釋。

〔一〕「海謂永平府之渤海也」至「同出一口者也」，《經解》本誤接在上條「碣石凡有四」後。

〔二〕漢，《四庫》本作「水」。

是禹河入海在碣石，固與遷真同出一口者也。《通鑑》書「河水徙從頓丘東南流」，删「入渤海」三字，説見《考異》。

*（經解）47 又按[一]一誤於臣瓚，再誤於穎達，三則余《尚書古文疏證》第二卷所論。是亦不復削去，惟就穎達疏有云：「安國傳同合爲一大河，入于渤海。渤海之郡當以此海爲名。計渤海北距碣石五百餘里。河入海處遠在碣石之南，禹行碣石，不得入于河，蓋遠行通水之處，北盡冀州之境，然後南迴於河而逆上也。」亦是誤認河從章武入海，不得復至碣石。謹據經文正之。「夾右碣石，入於河」，安國傳「禹夾行此山之右而入於河，逆上也」，則河入海順流而下，亦即在此處可知，證一。禹導山，固以[二]相視其源委脉絡，實以治山旁諸水，使皆入海，而諸水河爲大，河果至直沽入海，則「至于碣石」四字爲衍文，證二。導河北播爲九，尾合爲一，不加「至碣石」字入於海者，蒙上文也，省文也，安國傳所謂「互相備」也。遽以無是三字而謂河入海不在碣石，何異癡人説夢？證三。且碣石不能入河，是海島之夷以皮服來貢者，僅夾碣石山畔，須西上數百里而後達河，經文何不見有「西」字，

〔一〕又按，上圖本旁注「渤海二字」。《四庫》本作「渤海」。

〔二〕以，上圖本改作「在」。《四庫》本亦作「在」。

以合荆州南河、雍州西河之例乎？蓋河口碣石，斷無疑也。後代言水道之可信者莫過酈道元，一則曰「河之入海，舊在碣石，今川流可導，非禹瀆也」，再則曰「碣石山在臨渝縣南，大禹鑿其石，右夾而納河」。余謂賈讓《治河策》：「昔大禹治水，山陵當路者毁之，析底柱，破碣石。」鑿即破也。酈注有本如此，今人不能取徵乎此，復舍神聖經文，而第指晚近流派之分合、水道之通塞、地名之同異，以立説別解可也，吾未見其可與論禹迹矣。

*48 又按「中國山川東北流，其維，首在隴屬，尾没于渤碣」，僅十有八字，能將《禹貢》「導岍及岐」至「至于碣石，入于海」、「導河積石」至「同爲逆河，入于海」兩節九十一字吸取殆盡，無復遺義。錢牧齋謂詩家有採鉚縮銀、攢簇烹煉之法，以杜律十四字出謝康樂詩四句爲證。抑知史家尚有此等神奇處否？〔一〕《史記》，昔人稱其明于山川條例，得《禹貢》遺法，兹豈惟條例，且縮萬里于尺寸之間，可舒三言爲百千言，而未有既者矣。

*（經解）49 按《宋史·河渠志》元祐三年，王存奏：「自古惟有導河、塞河。導河者，順水勢自高導，令就下；塞河者，爲河堤決修塞，令入河身。不聞幹引大河，令就高行流也。」於是收回回河詔書。然亦不盡然者。太史公不於《禹貢》「北」字下、「過降水」之上，

〔一〕《四庫》本無「錢牧齋謂」至「此等神奇處否」句。

增其文曰「載之高地」乎？蓋過降水，至于大陸，播爲九河耳。王横曰：「禹之行河水，本隨西山下東北去。」又曰：「使緣西山足，乘高地而東北入海，迺無水災。」杜佑曰：「西山，則太行原文有「恒山」二字，疑〔一〕衍。也。」余因悟河行平地，易散慢無力，惟一邊就西山踵趾以爲岸，又一邊築土爲隄，高數丈許，載河以行。方建瓴而下，但折而向東北，以至大陸，復播爲九，以趨于勃、碣。賈讓《策》「河西薄大山，東薄金隄」正指此。誰謂金隄非禹作乎？又誰謂河北有鯀隄而無禹隄乎？宋李垂《導河形勝書》推禹故道，其水勢出大伾、上陽、太行之間。上陽，樂史謂即枉人山。要東則大伾、上陽，西則太行，與賈讓所奏無異。治河者當識此變處。

*50 按局中復有爲新論者，以河自直沽入海，不得遠至碣石之旁。從《漢志》，不從《天官書》。説有二：一説曰滹沱、滱、易、桑乾、濡、潞皆爲大川，從直沽入于海，横接大河北注之路。大河豈能自河間以北遶出漁陽、北平之界，抵碣石而入海乎？故知亦從直沽入海也。余曰：詳考水道，惟滹沱、桑乾、易、潞入直沽，而濡水流不遠輒合易。滱水雖長，然亦至長城注易。長城在新安、安肅界也，不自達海，止當舉四水耳，并及滱、濡者非。一

〔一〕疑，眷西堂本作「宜」，據《四庫》本改。

説曰蘇轍言燕薊地高，水皆南流，大河豈獨能北注，不就近入直沽之海，而仰從碣石之海以入乎？余曰：蘇子由無此言，《宋·河渠志》載蘇轍疏：「臣聞契丹之河自北南注，以入于海。」蓋地形北高，此或指沽河、濡水、大遼水從塞外來者南入于海而言，非上四水之謂。愚嘗讀《漢志》「濁漳入清漳，清漳東北至阜城入大河」。阜城在今阜城縣東二十里，此已與《禹貢》漳入河處不合，蓋河既徙後之新道也。《水經》「清漳入于濁漳，濁漳東北過平舒縣南，東入海」。平舒乃東平舒，今霸州大城縣。此又河既徙，班氏以後之新道也。唐人見漳能獨達海，遂請以爲瀆。《宋志》神宗熙寧三年，前漳變徙，復入大河。《元志》無漳，而《金志》雖有，不聞其變徙。明初忽入衛。今且附滹沱而入海，不自達海矣。其變遷不常如此。安知大禹時河直北注碣石之海，而滹沱也、桑乾也、易也、潞也不先入於河，而河挾以入碣石乎？不謂河能統川，而反疑川能阻河，是枝水加于經水矣。不從河未徙之前求禹跡，而妄意禹跡於屢徙久湮之日，是漳水終古在鄴縣矣。且尤可證者，《山海經》碣石之山，繩水出焉，而東流注于河。河果止于直沽，碣石旁焉得有河？碣石旁有河爲海口又奚疑？是不獨前所稱經證而已。或曰：瀕海地，將不高乎？余因親至瀕海一帶，兼咨土人，比之腹内特高，故濬治海口，亦宜倍深，不然，内低外高，難乎水之東注矣。曾謂神禹當日智不及此，而不濬深海口，以任大河百川之滔滔東逝也哉！

*51 按《一統志》在京師輒進呈者爲保定府，内多載及水利，有已施行者，有未行者，允稱有用之書。余續得二事，一出《河汾燕閒録》，一出《湧幢小品》。陸文裕深曰：「晉水澗行類閩、越，而悍濁怒號特甚。雖步可越處，輒起濤頭作湔湃，源至高故也。夏秋間爲害不細，以無堰埸之具爾。某行三晉諸山間，嘗欲命緣水之地聚諸亂石，倣閩、越間作灘，自源而下，審地高低以爲疏密，則晉水皆利也。有司既不暇及，而晉人簡惰，亦復不知所事，甚爲可恨。閩諺云『水無一點不爲利』，誠然，亦由其先有豪傑之士作興，後來因而修舉，遂成永世之業。故某謂閩水之爲利者，盈科後進。晉水之不爲利者，建瓴而下爾。」朱文肅國禎曰：「隄之功莫利於下鄉之田，尤莫利於上鄉。辛丑，某南歸，經磁州，遍野皆有水溝，深不盈二三寸，闊可徑尺，縱横曲折，隨地各因其便，輿馬可跨而過，禾黍蔚然。異之，問輿夫水何自來，遥指西山曰此泉源也。又問泉〔一〕那得平流，則先任知州劉徵國從泉下築隄障之，高丈許。隄高，泉與俱高，因地引而下，大約高一尺，可灌十里，一州遂爲樂土。」余因歎此即青烏〔二〕家急脉緩受、緩脉急受之法也。先參議起家湖司李與朱文好，朱

〔一〕《四庫》本「泉」下有「源」字。

〔二〕青烏，南圖本作「文章」。

亦曾口述手畫其事云。

*52按顧寧人謂代凡三遷，春秋末趙襄子所言代，則今之蔚州，乃古代國也。漢高帝立子恒爲代王，都晉陽，後遷中都。晉陽，今太原縣；中都，今平遥縣，皆非今代州。今代州之名自隋開皇五年始。固已不知漢光武以盧芳爲代王，居高柳。高柳故城在唐雲州定襄縣，晉愍帝以猗盧爲代王，城盛樂爲北都，修故平城爲南都。拓拔珪立爲代王，都雲中，在朔州北三百餘里。後徙都平城，置代尹。是代尚有四，不止如寧人云三遷也。或問古學以何爲難，曰不誤。又問，曰不漏。〔一〕

*53按江西之名有三，顧寧人僅知其二，謂六朝以前之稱江西者並在秦郡、今六合。歷陽、今和州。廬江今廬州府。之境，蓋大江自歷陽斜北下京口，故有東西之名。唐乾元後，則以江南西道，省其文曰江西，乃今豫章等處。是不知《三國志·吴主傳》曹公恐江濱郡縣爲權所略，徵令内移，民轉相驚，廣陵等户十餘萬皆東渡江，江西遂虚。《南史·文學·祖皓傳》：大同中爲江都令，後拜廣陵太守。侯景陷臺城，皓在城中，將見害，乃逃歸江西。百姓感其遺惠，每相蔽匿。是今揚州亦名江西。他日以語王慈峨，入其《府志》中，亦一典

〔一〕《四庫》本無「或問」至「不漏」句。

證也。〔一〕

*54《元史·河渠志》：至正十一年，賈魯治河工畢，歐陽玄製河平碑，以旌勞績云云。先是歲庚寅，河南北童謡云「石人一隻眼，挑動黄河天下反」。及魯治河，果於黄陵岡得石人一眼，而汝潁之妖寇乘時而起。議者往往以謂天下之亂，皆由賈魯治河之役勞民動衆之所致，殊不知元之所以亡者，實基於上下因循，狃於宴安之習，紀綱廢弛，風俗偷薄，其致亂之階，非一朝一夕之故，所由來久矣。不此之察，乃獨歸咎於是役，是徒以成敗論事，非通論也。設使賈魯不興是役，天下之亂詎無從而起乎？今故具録玄所記，庶來者得以詳焉。〔二〕

*55按朱子不甚嫻地學，又臆解字義。故《陳風·防有鵲巢》毛傳云：「防，邑也。」劉昭引《博物記》云：「邛地在陳國陳縣北，防亭在焉。」孔穎達疏云：「以鵲之爲鳥，畏人而近人。非邑有樹木，則鵲不應巢焉。故知防是邑也。」此與隄防之解絶不相蒙。而《詩集傳》乃云：「防，人所築以捍水者。」余因戲語人，原來臧武仲得罪出奔後築隄障水，以其

〔一〕眉（朱）：《史記·項羽紀》「會稽守通謂項梁曰江西皆反」云云，其所指更廣，亦應考。

〔二〕《四庫》本無「今故具録」至「得以詳焉」句。

功，求立後於魯國。人聞之愕然，詰此語何出。余曰：只管防有築以捍水者解法，何必管是〔一〕臧氏〔二〕食邑在今費縣西北六十里〔三〕乎？人聞之，轉大笑。

*56 又按不特此也，《詩·王風》集傳云：「甫，即吕也，今未知其國之所在，計亦不遠於申許。」請證以《潛夫論》：「炎帝苗胄，四嶽伯夷，或封於申，城在南陽宛北序山之下，故《詩》云『亹亹申伯，于邑于序』，宛西三十里有吕。」更證《齊太公世家》注：「徐廣曰：吕在南陽宛縣西。」又司馬貞曰：「《地理志》：申在南陽宛縣，申伯之國。吕亦在宛縣之西也。」三證酈注淯水條：「宛西吕城，四嶽佐禹治水，虞、夏之際受封於吕。」所以《括地志》最可信者，云：「故申城在鄧州南陽縣北三十里，故吕城在鄧州南陽縣西四十里。」然則兩國相距四十八里有奇，其密邇明析至此。而朱子不知，蓋緣誤本《通典》，謂申在今鄧州信陽軍之境。申既不確，吕遂茫然，宜哉。

*57 按晉懊儂歌云：「江陵去揚州，三千三百里。已行一千三，所有二千在。」晉揚州

〔一〕《四庫》本無「余因戲語人」至「何必管是」句。

〔二〕上圖本「臧氏」上補「然則」二字。《四庫》本「臧氏」上亦有「然則」二字。

〔三〕上圖本「六十里」下補「亦捍水者」四字。《四庫》本「六十里」下亦有「亦捍水者」四字，無下「人聞之轉大笑」句，後接下條「不特此也」，二條併爲一條。

刺史平吴後徙治建業，爲今江寧府治。據《明一統志》，相距二千七百二十五里，歌不合。及讀《宋書·州郡志》：「江陵縣去京都水三千三百八十里。」故宋襄陽樂亦云「江陵三千三，西塞陌中央」是也。西塞，山名，在今大冶縣東。此則古今路有不同，非里數異也。唐杭州勝果寺在鳳凰山之右，僧處默詩云「到江吴地盡，隔岸越山多」，與春秋時吴、越分界不合。及讀《會稽典録》，朱育曰：「漢順帝永建四年，歲在己巳，劉府君上書：『浙江之北，以爲吴郡，會稽還治山陰。』」詩蓋用此事，界畫宛然，非謂唐之制正爾也。枚乘《七發》云：「將以八月之望，與諸侯遠方交游兄弟，並往觀濤乎廣陵之曲江。」近解者多知以曲江爲浙江，八月之望即俗所云潮生日，濤最迅猛，闔郡往觀之事。然終無以爲廣陵二字解。案李善曰：「枚乘事梁孝王，恐孝王反，故作《七發》以諫之。」孝王薨於景帝中六年丁酉，則此《七》作於丁酉前。考爾時會稽郡省併入江都國，是江都之所統，不獨至錢塘江，且遠至今建寧福州古名冶縣者，其疆域如此。作者本欲云江都之曲江，但以二江字相犯，易古地名曰廣陵。唐代尚詞章，兼嫻地志，故李善據文勢已云赤岸當在遠方，非指廣陵。李太白《送友人尋越中山水》云「濤白雪山來」，又云「八月枚乘筆」。孟浩然《初下浙江舟中口號》云「八月觀潮罷」。僧皎然《送劉司法之越州》云「八月欲觀濤」。至昌黎謂李翺觀濤江，翺亦自言暮宿濤江，皆錢塘江也，其疑似而誤。翻在《南齊書·州郡志》、山謙之《南徐州記》耳。大抵讀古者須考作之時日，談地者須考代有沿革，方克決其所由然。余實因讀班氏自注，發瘤於中，以告吾友黄俞邰。俞邰慫慂宜立草一説，以曉學者。忽忽十有三年，病懶未就。兹又因竹垞《文類》與越闓《書辨》僅得其半，故特爲補之，并爲正之云爾。

*（經解）58 按《禹貢》「沿于江、海，達于淮、泗」。揚州貢道由江順流入海，由海逆流入淮、入泗，是禹時江、淮決不相通，明矣。其通之者，在哀九年，「吴城邗溝通江淮」。杜注：「於邗江築城穿溝，東北通射陽湖，西北至末口入淮，以通糧道。」然亦是引江入淮，與《孟子》「排淮入江」水道尚相反。隋開皇七年，將伐陳，韓擒虎於揚州開山陽瀆以通漕。大業元年，以邗溝水道屈曲，發民濬治，自山陽至揚子入江，渠廣四十步。《孟子》之言蓋至是始驗。〔一〕所以唐白居易詞「汴水流，泗水流，流到瓜州古渡頭」是也。近河臣疏云：「孟子大賢，去禹僅千餘年，必不爲無據之言。況舊迹至今可考，以盱眙縣治東二十里有聖人山，山下有禹王河，一名古河，土人咸稱大禹治水導淮入江故道爲據。」余考之《明一統志》，盱眙縣山川有新河，在彭城鄉，宋發運使蔣之奇開浚，以避淮流之險，猶未詳。及

〔一〕本條以下文字，《經解》本不録。

讀《宋史·蔣之奇列傳》：「元豐六年，之奇擢江淮荆浙發運副使，請鑿龜山左肘，至洪澤爲新河，以避淮險，自是無覆溺之患。詔增二秩，升發運使。」《河渠志》：「元豐六年正月戊辰，開龜山運河，二月乙未告成。長五十七里，闊十五丈，深一丈五尺。初，發運使許元自淮陰開新河〔一〕，屬之洪澤，避長淮之險，凡四十九里，久而淺澀。熙寧四年，皮公弼請復濬治，起十一月壬寅，盡明年正月丁酉而畢，人便之。至是，發運使羅拯復欲自洪澤而上，鑿龜山裏河，以達于淮。帝深然之。會發運二字當作「副」。使蔣之奇入對，建言上有清汴，下有洪澤，而風浪之險止百里淮，邇歲溺公私之載不可計。凡諸道轉輸，涉湖行江，已數千里，而覆敗於此百里間，良爲可惜。〔二〕宜自龜山蛇浦下屬洪澤，鑿左肋爲複河，取淮爲源，不置堰牐，可免風濤覆溺之患。帝遣都水監丞陳祐甫經度，祐甫言：『往年田棐任淮南提刑，嘗言開河之利，其後淮陰至洪澤竟開新河，獨洪澤以上未克興役。今既不用牐蓄水，惟隨淮面高下開深河底，引淮通流，形勢爲便，但工費浩大。』帝曰：『費雖大，利亦博矣。』祐甫曰：『異時淮中歲失百七十艘，若捐數年所損之費，足濟此役。』帝曰：『捐費尚

〔一〕眉：許元所開，即今日烏沙河之故道也。

〔二〕眉：「諸公所言淮湖情形皆宋時事，與今日大不同矣。宋時淮自淮，洪澤自洪澤，雖水道相通，未嘗匯而爲一。今日自泗州盱眙以下統名爲洪澤湖，更從何處開複河耶？」

小，如人命何？』乃調夫十萬開治。〔一〕既成，命之奇撰記，刻石龜山。後建中靖國初，之奇同知樞密院，奏淮水浸淫，衝刷堤岸，漸成墊缺，請下發運司及時修築。自是，歲以爲常。」乃知疏所謂聖人山者即盱眙縣東北龜山也。下有禹王河，即蔣之奇元豐六年所開龜山運河也，一名古河，又即《一統志》所載之新河。豈可以土俗無稽之言而據爲金條玉律哉？又豈可以《孟子》一時之誤記而謂《禹貢》爲不足信哉？曩嘗聞諸先輩言江高而淮下，禹必自淮浦入海者，正行其所無事，以下爲趨也。今欲從瓜埠入江，無論謝家、鍾家、曾家岡及分水嶺爲所畫斷，勢必燒山鑿道。且江受淮水，而地形實高；淮水趨江，而形實窊下，奈何？疏又云：「循沿河形，細閱有現在河形淤涸成田者，有溪流溝澗寬窄不一者，有山岡平陸高低不等者。」疏已自言有山岡，禹時導淮入江，不虞此山岡阻塞乎？抑此山岡乃陡生於禹治水之後乎？自相矛盾，莫此爲甚。至淮徑入江，不復濟淮揚運道，不數年而國計民生交受其病有不可言者，則人所共曉，不復贅云。

*59 按《郡國志》云：「凡縣名先書者，郡所治也。」此惟東漢時則然，而西漢不爾。然亦有郡國下所書之第一縣即爲郡國之治者，若南郡之江陵縣是也。南郡先書江陵縣，縣

〔一〕眉：前許元所開乃由淮陰至洪澤之河，此陳祐甫所開乃洪澤以上之河。

即郡治，以《郊祀志》知之。天水郡先書平襄縣，縣即郡治，以《五行志》知之。南陽郡先書宛縣，縣即郡治，以《地理志》、翟方進及王莽《傳》知之。潁川郡先書陽翟縣，縣古爲韓都，今爲郡治。；廣陽國、高帝燕國先書薊縣，縣古爲召公都，今爲國治，俱以《地理志》知之。楚國先書彭城縣，縣即國治，以楚元王交及龔勝《傳》知之。趙國先書邯鄲縣，縣即國治，以趙幽王友及趙敬肅王彭祖《傳》知之。齊郡先書臨淄縣，縣即郡治，以齊悼惠王子及主父偃《傳》知之。河南郡先書雒陽縣，縣即郡治，以伍被及賈誼及酷吏、游俠《傳》知之。廣陵國，景帝四年更名江都，先書廣陵縣，縣即國治，以江都易王非及廣陵厲王胥《傳》知之。山陽郡，武帝天漢四年更爲昌邑國，先書昌邑縣，縣即國治，以《昌邑哀王髆傳》知之。會稽郡先書吴縣，縣即郡治，以嚴助、朱買臣及梅福《傳》知之。九江郡先書壽春邑縣，縣即郡治，以《梅福傳》知之。東海郡先書郯縣，縣即郡治，以于定國及尹翁歸《傳》知之。沛郡先書相縣，縣即郡治，以《薛廣德傳》知之。蜀郡先書成都縣，縣即郡治，以《王貢兩龔鮑傳》序及《循吏傳》知之。上黨郡先書長子縣，縣即郡治，以《鮑宣傳》知之。東郡先書濮陽縣，縣即郡治，以王尊及翟方進《傳》知之。東平國先書無鹽縣，縣即國治，以東平思王宇及翟方進《傳》知之。魯國先書魯縣，縣即國治，以《孔光傳》知之。巴郡先書江州縣，縣即郡治，以《揚雄傳》注知之。涿郡先書涿縣，縣即郡治，以《酷吏傳》知之。犍爲郡先書僰道縣，牂柯郡先書故且蘭縣，越巂郡先書邛都縣，益州郡先書滇池縣，縣俱爲郡治，以《西南夷傳》知之。至梁國先書碭縣，却不爲治，治於睢陽縣，以《梁孝王武傳》知之。蓋吴楚七國反，梁王城守睢陽，後廣睢陽城七十里，大治宫室，王國以内史治其民。而梁内史韓安國從王於睢陽，非以睢陽爲治而何？左馮翊先書高陵縣，亦不爲治，治長安城中，以《趙廣漢傳》及《景帝紀》注、《百官公卿表》注知之。而《韓延壽傳》云「延壽爲左馮翊，出行縣，至高陵」，證最分明。汝南郡先書平輿縣，却不爲治，治上蔡縣，以《翟方進傳》知之。其傳首叙次與《賈誼傳》正同。曾具以告友人，友人以爲聞所未聞。偏考顧寧人、顧景范、黄子鴻撰著，兩漢並同，都未解此。此而不解，何以談地理？或以《高帝紀》南陽守齮戰敗于犨，東走保城，守宛，宛爲南陽郡治；《陳勝傳》秦嘉等將兵圍東海，守於郯，郯爲東海郡治；《項籍傳》初起兵吴，吴爲會稽郡守治，此三者何不引，而引嚴助、朱買臣等《傳》爲何？余曰：此秦制，而非所論于漢也。抑知秦與漢有不同乎？如梁國在秦爲碭郡，治碭縣，故沛公軍碭，遂以沛公爲碭郡長，長即守也。至漢改爲梁國，便治睢陽。河南郡在秦爲三川郡，治滎陽縣，故李由爲三川守，守滎陽[一]。宋白以爲是時治此，至漢改爲河南郡，

[一]《四庫全書考證》：原本「三」俱訛「山」，據《漢書·地理志》注及《史記》改。整理者按：眷西堂本俱作「三」。

便治雒陽，安得謂秦制如此？沿而下之，漢與之同，又安得以東漢制如此？溯而上之，必西漢已然與？或又以郡國一百三，據上所考，先書縣不爲治者僅二，而爲治者二十有六，安知餘七十四不復同？余曰：生千載下而仰論千載上事，苟非典籍具存，證佐明白，固不可憑私臆度也。譬如有物十焉，吾數其九悉同，而其一未數者，安知不忽異？郡國治所亦爾。且吾之著書也，寧質毋夸，寧拘毋達，寧闕人之所共信，毋徇己之所獨疑，此平生志也。《漢書》〔一〕注引《茂陵中書》有云：「象郡治臨塵，去長安萬七千五百里。珠崖郡治瞫都，去長安七千三百二十四里。沈黎郡治莋都，去長安三千三百三十五里，領縣二十一。臨屯郡治東暆縣，去長安六千一百三十八里，十五縣。真番郡治雪縣，去長安七千六百四十里，十五縣。」治所歷歷，今不備知百三郡國之治者，以此書亡也。噫，放失舊聞，豈獨地理一事爲然哉？

*60 又按唐人地理之學的有源委，去西漢未遥。《元和志》曰：「什賁故城在夏州朔方縣，理北〔二〕即漢朔方縣之故城。漢武帝元朔二年，收河南地，置朔方郡，使校尉蘇建築。」

〔一〕眷西堂本無「書」字，據《四庫》本補。
〔二〕《四庫》本「理北」下有雙行小注：案「理」即「治」字，《元和志》避唐高宗諱也。

則朔方郡治朔方縣，縣居班《志》之第二，其第一縣爲三封，固注云「元狩三年城也」。勝州榆林縣，本漢沙南縣地。漢雲中郡，故城在縣東北四十里，則雲中郡治沙南縣，縣居班《志》之第八。長垣故城，一名倉垣城，在汴州開封縣北二十里，漢陳留太守所理，縣居班《志》之第十四。漢景帝二年以前，濟南郡爲國，時理歷城縣，縣居班《志》之第十一。淄州高宛縣，本漢舊縣作宛，漢千乘國，故城在縣北二十五里，則千乘郡治高宛〔一〕縣，縣居班《志》之第十四。漢中郡自漢已還多理南鄭，高帝都之，縣居班《志》之第三。故漢所理江夏郡，前書多言在安陸，今安州雲夢縣東南四里有古城縣，居班《志》之第八。漢改秦黔中爲武陵郡，移理義陵，今辰州叙〔二〕浦縣是，縣居班《志》之第十。即昭帝時犍爲郡，自僰道移理武陽，今眉州彭山縣西北五里有犍爲故城，猶歷可考，縣居班《志》之第三。其不即治第一縣，于兹益驗。其不與東漢郡治相同，于兹又驗。即治第一縣，則東郡理濮陽縣，東萊郡理掖縣，膠東國理即墨縣，西河郡理富昌縣，常山郡理元氏縣，丹陽郡理宛陵縣。餘與下酈注同者不録。

*61 又按《元和志》容有牴牾〔三〕，如以汝南郡治平輿、河内郡治懷，自相牴牾，如以朔

〔一〕宛，眷西堂本作「苑」，據《四庫》本改。
〔二〕叙，《四庫》本作「溆」。
〔三〕牴牾，上圖本改作「誤」。《四庫》本亦作「誤」。

方郡治三封、陳留郡治陳留之類。酈道元則近而加核矣。《水經注》曰漢武帝元朔二年，開朔方郡，治窳渾縣，縣居班《志》之第六。又云元朔二年，取河南地爲朔方郡，築朔方城，王莽曰武符，似又以此城爲郡治，縣居班《志》之第二。漢高帝元年爲殷國，二年爲河内郡，治埜王縣，縣居班《志》之第二。唐縣，中山郡治，漢高祖立，縣居班《志》之第四。無終縣，秦置右北平郡治，《田疇傳》：舊北平郡治在平岡。縣居班《志》之第十三。漢李廣爲郡於此，縣居班《志》之第二。漢武帝元鼎三年，改爲天水郡，似指隴西郡言，治上邽縣，縣居班《志》之第二。上蔡縣，漢高祖四年，置汝南郡，縣居班《志》之第二十四。其第一縣平輿云東漢汝南郡治。睢陽縣，漢高祖五年，爲梁國，縣居班《志》之第八。其第一縣碭曰秦立碭郡。秦始皇即句踐故都爲琅邪郡，漢因之。班《志》於琅邪縣下注句踐嘗治此，則琅邪郡治琅邪縣，縣居班《志》之第十二。秦惠王置漢中郡，南鄭縣即郡治，漢因之，縣居班《志》之第三。其第一縣西城，則云屬縣也。漢武帝蜀郡，初治廣漢之雒縣，元鼎二年，始徙治成都，雒縣居班《志》之第四。漢高祖六年，分巴蜀治廣漢郡於乘鄉，王莽曰廣信即廣漢縣，縣居班《志》之第六。漢高帝六年，置江夏郡，治安陸縣，縣居班《志》之第八。漢武帝元鼎六年，置合浦郡，治合浦縣，縣居班《志》之第三。漢武帝元鼎六年，開日南郡，治西捲縣，縣居班《志》之第四。泉陵縣，零陵郡治，漢武帝元鼎六年，分置縣，居班《志》之第八。漢武帝太初四年，以休屠王地置武威縣，爲武威郡，縣居班《志》之第三。而即治先書〔一〕第一縣者，則隴西郡之狄道縣也，金城郡之允吾縣也，安定郡之高平縣也，五原郡之九原縣也，鴈門郡之善無縣也，上郡之膚施縣也，弘農郡之弘農縣也，千乘郡之千乘縣也，平原郡之平原縣也，太原郡之晉陽縣也，河東郡之安邑縣也，濟陰郡之定陶縣也，濟南郡之東平陵縣也，山陽郡之昌邑縣也，臨淮郡之徐縣也，清河郡之清陽縣也，魏郡之鄴縣也，趙國之邯鄲縣也，鉅鹿郡之鉅鹿縣也，信都國之信都縣也，河間國之樂成縣也，涿郡之涿縣也，上谷郡之沮陽縣也，廣陽國之薊縣也，漁陽郡之漁陽縣也，遼東郡之襄平縣也，玄菟郡之高句驪縣也，樂浪郡之朝鮮縣也，河南郡之雒陽縣也，武都郡之武都縣也，潁川郡之陽翟縣也，淮陽國之陳縣也，楚國之彭城縣也，沛郡之相縣也，泰山郡之奉高縣也，東平國之無鹽縣也，魯國之魯縣也，東海郡之郯縣也，城陽國之莒縣也，〔二〕甾川國之劇縣也，齊郡之臨淄縣也，高密國之高密縣也，九江郡之壽春邑縣也，廣陵國之廣陵縣也，南陽郡之宛縣也，六安國之六安縣也，蜀郡之成都縣也，巴郡之江州縣也，南郡之江陵縣也，越嶲郡之邛都縣也，益州郡之滇池縣也，牂

〔一〕先書，眷西堂本作「書先」，據南圖本乙正。

〔二〕《四庫》本無「魯國之魯縣」到「城陽國之莒縣也」句。

柯郡之故且蘭縣也，鬱林郡之布山縣也，九真郡之胥浦縣也，交趾郡之羸𨻻縣也，蒼梧郡之廣信縣也，南海郡之番禺縣也，長沙國之臨湘縣也，桂陽郡之郴縣也，豫章郡之南昌縣也。至云舊朔方郡治臨戎，舊定襄郡治善無，故河内郡治懷，舊代郡治高柳，故天水郡治冀，故琅邪郡治開陽，並指東漢而言，驗諸司馬彪《志》而一一相〔一〕同矣。《舊唐書·地理志》亦及漢郡治所，除誤者、複者不録，録其三，曰渤海郡即治浮陽縣，張掖郡即治觻得縣，酒泉郡即治禄福縣云。

*62 又按余告徐司寇健菴曰：「郡縣始自秦，作輿地表，自當以秦縣名之可考者實之，不獨以郡。」曰：「子能知秦四十郡所治之縣乎？」曰：「雖不能盡知，要可考者，秦内史則治咸陽縣也，漢更名渭城。漢内史治長安城中。三川郡治雒陽縣，或曰滎陽。潁川郡治陽翟縣。南陽郡治宛縣。邯鄲郡治邯鄲縣。鉅鹿郡治鉅鹿縣。上黨郡治長子縣。太原郡治晉陽縣。雲中郡治遠服縣，漢曰雲中，或曰王莽始更漢雲中縣爲遠服，然焉知莽非本秦舊乎？九原郡治九原縣。河東郡治安邑縣。東郡治濮陽縣。碭郡治碭縣，一曰睢陽。上郡治膚施縣。上谷郡治沮陽縣。漁陽郡治漁陽縣。代郡治高柳縣，與東漢同，與西漢異。觀西漢西部都尉治高柳，不爲郡守治可知。右北平郡治無終縣。遼西郡治陽

〔一〕相，眷西堂本作「扶」，據《四庫》本改。

樂縣。遼東郡治襄平縣。南郡治江陵縣。漢中郡治南鄭縣。黔中郡治沅陵縣，故郡城在唐辰州沅陵縣西二十里。長沙郡治青陽縣，漢曰臨湘。薛郡治魯縣。泗水郡治沛縣，漢更名沛郡，便治相。九江郡治壽春縣。鄣郡治鄣縣，漢以郡去而名其縣曰故鄣，丹陽郡所領唐湖州長城縣西八十里有鄣郡故城。會稽郡治吴縣。齊郡治臨淄縣。琅邪郡治琅邪縣。巴郡治江州縣。蜀郡治成都縣，《元和志》其理本在青衣。閩中郡治回浦縣，東漢更名章安。南海郡治番禺縣。象郡治象林縣，漢更名日南郡，便治西捲。不可考者，雁門、隴西、北地、桂林郡治耳。」曰：「奈四省已進呈，不及追補何？」余曰：「李吉甫元和六年復相，八年上《元和郡縣圖志》，内載己所嘗建白者四事。詔更置宥州，則在九年五月。計此工成，又須兩三月，是距其十月薨相位日無幾。書進御彌久，猶不憚繕寫增續，古大臣之用心不以小嫌而掩國計。宋司馬公成《通鑑》後，知有牴牾，終以未請旨，不敢更。此亦足見文網之密，議論之苛，宋甚于唐矣。」張守節云：「蔚州飛狐縣北百五十里有秦漢故郡城。」飛狐，漢廣昌縣地，則漢代郡治廣昌縣，秦亦爾。上云治高柳者，恐誤。

*63 又按胡身之注《通鑑》地理號稱佳者，然亦不知西漢第一縣非必郡治。如云班《志》襄平縣遼東郡治所猶可，而云漢中郡治西城縣豈可乎？又云漢五原郡即秦九原郡，

治稒陽縣，不知班《志》明言東部都尉治稒陽郡〔一〕，太守不與都尉同一治所。齊孝王孫澤謀發兵臨菑，殺青州刺史雋不疑，此自青州刺史適在臨菑，非必治所。胡氏乃云臨菑，青州刺史治，豈不知西漢刺史稱傳車，居無常治，不比東漢者乎？又云龔勝楚人，史逸其所居縣。勝本傳首言楚人，中言勝既歸鄉里，又言王莽使者與郡太守縣長吏等入勝里，末即補出勝居彭城廉里，文字針線密如此，是不獨所居縣，且標名其里，胡氏胡未詳？《郡國志》不純稱司馬彪曰，間稱劉昭，不知昭僅作細注耳，須各有析別。至楊僕從齊浮渤海以討朝鮮云，僕浮渤海，蓋自青、萊以北，幽、平以南，皆濱于海。其海通謂之渤海，非指渤海郡而言也。斯見解，出同時王伯厚右矣。

*64 又按王伯厚嘗仕吴郡，見長洲宰扁其圃曰「茂苑」，蓋取《吴都賦》中語。伯厚告之曰：「長洲非此地也，吴王濞都廣陵，《漢・郡國志》廣陵郡東陽縣有長洲澤，吴王濞太倉在此。東陽，今盱眙縣，此地長洲名縣，始於唐武后時。」余謂是已，但未及所以名長洲者爲何。案萬歲通天元年析吴縣置長洲，蓋取《越絶書》《吴越春秋》「走犬長洲」以名，非枚乘所説「長洲之苑」者。又《漢・王莽傳》：「臨淮瓜田儀等爲盜賊，依阻會稽長洲。」亦指

〔一〕簽：「陽郡」二字誤「縣」字否？

在蘇州者言，非東陽縣也。果屬東陽，不得冠以會稽。《元和志》苑在長洲縣西南七十里，吴王闔廬游獵處，又一長洲苑矣。〔一〕

*65 又按山陽，漢射陽縣地。射陽故城，章懷太子賢曰「在今楚州安宜縣東」，應劭注《地理志》「在射水之陽」，張晏注《廣陵厲王胥傳》射陂下曰「射水之陂在射陽縣」，終竟不知今何者爲射水。近讀《寶應縣志》，白水塘在縣治西八十五里，舊名白水陂，一曰射陂，遂躍然曰此其爲射水乎，城正在射水北，湖亦在射水北。《明一統志》遽以射陽湖即廣陵王胥之射陂，大非。又思其地素號土膏，當廣陵王時尚未經耕墾，故相勝之名爲草田，奏奪之以賦貧民。魏鄧艾於此屯田，積穀以制吴，唐證聖、長慶中兩皆開鑿之，古今情狀頗不相遠云。寶應邑人朱曰藩詩：「山陽濁水不可白，射陂草田那得青。」不讀「濁」爲「瀆」，解「草田」爲荒田，〔二〕竟認作清濁之濁、草木之草。詞人趁筆之語，固無庸苛論耳。

*66 又按漢射陽縣，高帝以封項白〔三〕纏者，惠帝三年國絶，與〔四〕楚元王交都彭城王三

〔一〕又見卷五第一四八條。

〔二〕《四庫》本無「不讀濁」至「爲荒田」句。

〔三〕白，上圖本塗去。《四庫》本亦無「白」字。整理者按：「白」當作「伯」，項伯，名纏，字伯。

〔四〕與，眷西堂本作「於」，上圖本改作「與」。《四庫》本亦作「與」，據改。

十六縣者不相屬。自宋建炎來，城中即有楚元王廟，頗著靈異，未詳所始。楚州淮陰郡，唐隸淮南道，非江南也。武后垂拱四年，狄仁傑爲江南道巡撫大使，奏焚淫祠，留有伍員廟，廟自當在吴越間。《明一統志》以爲城外英烈王廟即是，且改江南爲江淮，殊非。漢地節四年，封長安男子張章爲博成侯。《功臣表》注曰：「淮陰，蓋博成者，淮陰之鄉名也。」當時此地一鄉至有户三千九百一十三，較之高帝歎曲逆爲壯縣，僅五千餘户者，不見承平久，户口之滋殖乎？曹操拜陳登爲廣陵太守，時治射陽。孫亮拜吴穰爲廣陵太守，即治廣陵。但不知中間孫權爲吴王，及僭位時，皆孫韶爲廣陵太守，治於何所。而史稱韶爲邊將，常遠斥候。魏淮南濱江屯候皆徹兵遠徙〔一〕，徐、泗、江、淮之地不居者各數百里，乃知此地又曾〔二〕爲甌脱。嗚呼，即此地〔三〕而論，古今之變豈可勝道哉？〔四〕

*67 又按山陽縣西南四十里曰高家堰，堰不見史，而僅見郡志，爲漢建安五年廣陵太守陳登所築。余因考《三國志》注，登曾任典農校尉，乃巡土田之宜，盡鑿溉之利，蓋精於水

〔一〕徙，眷西堂本作「從」，上圖本改作「徙」。眉：「『從』字誤，當作『徙』。」《四庫》本亦作「徙」，據改。
〔二〕曾，眷西堂本作「會」，據《四庫》本改。
〔三〕《四庫》本無「地」字。
〔四〕南圖本卷二末重出此條，曰出閻若璩《博湖掌録》。

利者。當時廣陵太守，《江表傳》以爲治射陽，則此堰尤其密邇，爲登築復奚疑？獨怪自建安五年至明永樂平江伯陳瑄修治時，凡一千二百十五六年，中間并無有人云及高家〔一〕堰者，豈湮廢無迹與？抑堰止受洪澤諸湖，黄、淮尚未合，而不聞其有潰決之患與？及讀《宋史》，楚州司户參軍李孟傳〔二〕加葺境内徐績墓，修復陳公塘，有灌溉之利。陳公塘即今高堰也。堰固不乏修治，第史文不備耳。同時真州東有陳公塘，一名愛敬陂，漕臣錢沖之修復，門下李道傳爲作記，何一時而並舉與？予於此別自有感矣。史稱陳元龍才兼文武，志在濟民，其時吴寇壓境，蓋岌岌矣，乃能興屯彊兵，保障江、淮，一南一北，水利永賴。今平江伯既有專祠矣。吾以上當冠以元龍，下當嗣以潘季馴，爲三公合祠〔三〕，蓋皆勤於高堰者。或亦此地食安瀾之福者所宜動心也與？

*68 又按《寶應縣志》載邑人土田議曰：「竊見直隸各布政司起科則例，有大地小地、上中下地〔四〕之殊，有一二等至六七等、三四則至數十則之別，不但各司不同，即一司之中，

〔一〕眷西堂本無「家」字，據《四庫》本補。
〔二〕傳，眷西堂本作「傳」，據《四庫》本改。眉：當作「孟傳」。
〔三〕祠，《四庫》本作「祀」。
〔四〕《四庫》本無「地」字。

各府、各州、各縣亦多互異，蓋地形有高下平陂，土性有沙鹵肥瘠，古人則壤成賦，固不彊之使同也。但《賦役全書》内將各則田地注明折數者固多，而遺漏未注者亦復不少。某江南揚州人，即以揚屬論。江都之田一萬七千餘頃，額徵銀五萬餘兩，《全書》幸注明折數矣。若高郵田二萬五千餘頃，額徵銀四萬一千餘兩；泰州田九千餘頃，額徵銀四萬四千餘兩，非泰州之田僅高郵三分之一，非泰州之賦重於高郵三倍也，蓋泰州大地，而高郵小地也。又如興化田二萬四千餘頃，額徵銀二萬八千餘兩；寶應田二千餘頃，額徵銀二萬餘兩，非寶應之田僅興化十分之一，非寶應之賦重於興化十倍也，蓋寶應大地，而興化小地也。小地則一畝爲一畝，大地則數畝折一畝。一畝爲一畝，則賦輕；數畝折一畝，則賦重。而《全書》之内，皆未經注明也。其未注明，不獨某一鄉爲然，竊謂錢糧欵項不可不簡，而田畝大小尤不可不明，故名曰『簡明新書』。」愚讀至此，而不覺有感於吾邑近事也。山陽原額，制田一萬零八百四十二頃八十一畝五分三釐六毫六絲一忽，今折時田四萬六千頃，刊諸易知由單者班班可考，崇禎及順治間皆然。秪緣《賦役全書》偶遺「今折時田四萬六千頃」九字，而河隄使者以爲山陽田有隱漏也，丈量議起，將奪民田四之三以入官，勢甚洶。民執兩易知由單以争，弗省也。賴特奉嚴綸，方行停止。予因上考魏襄王時，史起曰：「魏氏之行田也以百畝，鄴獨二百畝，是田惡也。」此即折數也。《周禮·大司徒》：

「不易之地家百畮，一易之地家二百畮，再易之地家三百畮。」鄭司農注：「不易之地，歲種之，地美，故家百畮；一易之地，休一歲乃復種，地薄，故家二百畮；再易之地，休二歲乃復種，地又薄，故家三百畮。如此則民授田有多寡，而所獲則無不齊。」此亦即折數也。然則折田之制，由來尚矣。後居洞庭山中討論直隸、真定、廣平諸志，而後益曉然于今制折田之故。蓋明國〔一〕初新罹兵燹，地悉抛荒，太祖有儘着開墾，永不起科之令，由是太平日久，田日加闢，每多無糧而有糧者，苦其不均也，請行清丈，又并洿下鹻薄磽瘠本無糧者一槩丈出。故原額制田者，明初洪武之定數不容增損，名曰大地是也；今折時田者，屢次丈量之實數浮于故額，名曰小地是也。當時良有司恐畝數增多，取駭於上，而貽害於民，乃以大畝該小畝，取合原額之數。此後上行造報，則用大地以投黄册；下行征派，則用小地以圖均平。是以各縣大地，有小地一畝八分以上折一畝者，有二畝以上折一畝者，有三畝以上折一畝者，有七畝以上折一畝者，有八畝以上折一畝者。折畝之少者，其地猶中中；而折畝之多者，其地殊低薄。又皆合一縣之丈地，投一縣之原額，以攤一縣之原糧，而賦役由之以出。故各縣地之折算雖有多寡，而賦之分派則無移易，宜無不均也。山陽田之

〔一〕國，上圖本塗去。

折也，亦若是而已矣。說者謂起天啓間孫令肇興通行均丈，以四畝折一畝，私爲惠於邑民，不知孫北人也，亦舉向來北方之例而行之。議其槩折無差等則可，議其隱田，損上而益下豈可哉？且清丈較他處最晚，而民食均徭之惠也亦最淺，豈忍復有所更變哉？或曰如是則山陽之賦最輕。予又以爲不然。嘗經過保定府新城縣，其土田甲天下，古所謂督亢地，至今禾稼樹藝最勝，而田賦最輕。合計夏税、秋糧及草，每畝徵銀五釐五毫足矣。以山陽視之，值米價賤，尚一倍有餘，安在其爲最輕也？且山陽産之腴者，水旱咸登，不足十分中之一。他若有糧而田荒，或永沉水底者〔一〕，不可勝數。今不于此等議蠲議減，而偏思所以奪其産，是與於不仁之甚者也。嗚呼，果報之説雖儒者不道，然林機議緩蜀賑，禍至滅門，馬默奏除投海，天賜兒女，王安石議復肉刑，父子冥謫，王僕射請貸饑夫，神報相位，布在傳記，歷歷不誣。漢武帝之横征，危而不至亡，祗在田賦不加；明思宗之勤樸，卒無補于危亡，則在屢加田賦，此誠古今治亂之大關。具以淮、揚兩府折田之數告徐司寇健菴，令纂入《一統志》中。公曰：「是吾心也。」因記之。

*69 按徐司寇健菴問余：「子知蘇、松二府糧重之故乎？」余曰：「蓋嘗聞其略。」因以

〔一〕者，眷西堂本作「也」，上圖本改作「者」。《四庫》本亦作「者」，據改。

《日知録》所載考一篇示余，其辭曰：「官田自漢以來有之，而宋紹興以後，亦嘗詔鬻之矣。開禧三年誅韓侂胄，明年置安邊所，凡侂胄與其他權倖没入之田及圍田、湖田之在官者皆隸焉，輸米七十二萬二千七百斛有奇，錢一百三十一萬五千緡有奇而已。景定四年，殿中侍御史陳堯道、右正言曹孝慶、監察御史虞慮、張晞顔等言，乞依祖宗限田議，自兩浙江東西官民户，踰限之田抽三分之一買充公田，得一千萬畝之田，則歲有六七百〔一〕萬斛之入。丞相賈似道主其議行之，始於浙西六郡，平江、江陰、安吉、嘉興、常州、鎮江。凡田畝起租滿石者，予二百貫，以次遞減。有司以買田多爲功，皆繆以七八斗爲石。其後田少，與磽瘠虧租，與佃人負租而逃者，率取償田主，六郡之民多破家矣，而平江之田獨多。《似道傳》：包恢知平江，督買田，至以肉刑從事。元之有天下也，此田皆別領於官。《松江府志》言元時苗税，公田外復有江淮財賦都總管府領故宋后妃田以供太后，江浙財賦府領籍没朱清張瑄田以供中宫，稻田提領所領籍没朱國珍管明田以賜丞相脱脱〔二〕，撥賜莊領宋親王及新籍明慶、妙行二寺等田以賜影堂寺院、諸王近臣。又有括入白雲宗僧田，皆不係州縣元額。而《元史》

〔一〕《四庫》本無「百」字。
〔二〕脱脱，《四庫》本作「托克托」。

所記賜田，大臣如拜住燕帖木兒〔一〕等，諸王如郯王徹徹秃〔二〕等，公主如魯國大長公主，寺院如集慶、萬壽二寺，無不以平江田，而平江之官田又多。至張士誠據吴之日，其所署平章太尉等官皆出於負販小人，無不志在良田美宅，一時買獻之産偏於平江，而一入版圖，亦按其租簿没入之。已而富民沈萬三等又多以事被籍，是時改平江曰蘇州，而蘇州之官田多而益多。故宣德七年六月戊子，知府況鍾所奏之數，長洲等七縣秋糧二百七十七萬九千餘石，其中民糧止一十五萬三千，一百七十餘石，官糧二百六十二萬五千九百三十餘石，是一府之地土無處皆官田，而民田不過十五分之一也。且夫民田僅以五升起科，而官田之一石者，奉詔減其什之三，而猶爲七斗，是則民間之田一入於官，而一畝之糧化而爲十四畝矣。此固其極重難返之勢，始於景定，訖於洪武，而徵科之額十倍於紹熙以前者也。於是巡撫周忱有均耗之法，有改派金花官布之法，以寬官佃，而租額之重則一定而不可改。若夫官田之農具車牛，其始皆給於官，而歲輸其税，浸久不可問，而其税復派之於田。然而官田，官之田也，國家之所有，而耕者猶人家之佃户也；民田，民自有之田也，各

〔一〕拜住燕帖木兒，《四庫》本作「拜珠雅克特穆爾」。
〔二〕徹徹秃，《四庫》本作「徹辰圖」。

爲一册而徵之，猶夫《金史》所謂『官田曰租，私田曰税』，而未嘗併也。相沿日久，版籍譌脱，疆界莫尋，村鄙之氓未嘗見册，買賣過割之際往往以官作民，而里胥之飛灑移换者，又百出而不可究。所謂官田者，非昔之官田矣，乃至訟端無窮，而賦不理。於是嘉靖二十六年嘉興知府趙瀛創議：『田不分官民，税不分等則，一切以三斗起徵。』蘇、松、常三府從而效之，自官田之七斗、六斗，下至民田之五升通爲一則。而州縣之額各視其所有官田之多少輕重爲準，多者長洲至畝科三斗七升，少者太倉畝科二斗九升矣。國家失累代之公田，而小民乃代官佃納無涯之租賦，事之不平，莫甚於此。然而爲此説者，亦窮於勢之無可奈何，而當日之士大夫，亦皆帖然而無異論，亦以治如亂絲，不得守一二三百年紙上之虚科，而使斯人之害，如水益深而不可救也。抑嘗論之，自三代以下，田得買賣，而所謂業主者，即連陌跨阡，不過本其錙銖之直，而直之高下，則又以時爲之。地力之盈虚，人事之贏絀，率數十年而一變，奈之何一入於官，而遂如山河界域之不可動也？且景定之君臣，其買此田者，不過予以告牒會子〔一〕、虚名不售之物，逼而奪之，以至彗出民愁，而自亡其國。四百餘年之後，推本重賦之由，則猶其遺禍也，而況於没入之田本無其直者乎？至於今日，佃非

〔一〕子，眷西堂本作「于」，上圖本改作「子」。《四庫》本亦作「子」，據改。

昔日之佃，而主亦非昔日之主，則夫官田者，亦將與册籍而俱銷，共車牛而皆盡矣。猶執官租之説以求之，固已不可行。而欲一切改從民田，以復五升之額，即又駭於衆而損於國。有王者作〔一〕，咸則三壤，謂宜遣使案行吴中，逐縣清丈，定其肥瘠高下爲三等，上田科二斗，中田一斗五升，下田一斗，山塘塗蕩以升，以合計者附於册後，而槩謂之曰民田。惟學田、屯田乃謂之官田。則民樂業而賦易完，視之紹熙以前猶五六倍也。捐不可得之虚計而非損上也，立百世之永利而非變古也。使唐、宋兩太宗當此，朝聞而夕行之矣。」余謂何必兩太宗，明宣宗蓋嘗有意於此矣。《實録》載其五年詔減官田舊額糧，七年又申命減免，不許有司故違。但上壓於祖制之不遠，下復有行在户部之戛戛焉，不克充其仁心，成其仁政。迄今誦其詩曰：「官租頗繁重，在昔蓋有因。而此服田者，本皆貧下民。殷念惻予懷，故迹安得循？下詔減十三，行之四方均。先王視萬姓，有若父子親。」嗚呼，百世而下，猶令人感激涕零也。〔二〕

〔一〕有王者作，上圖本改作「欲知古者」。《四庫》本亦作「欲知古者」。

〔二〕眉：雍正四年，憲皇帝命蠲蘇、松浮糧幾百萬，應補注此條之下。又眉：云「入釋地」者皆入此條之後，計其頁數多寡，釐作二卷，爲卷三、卷四。

潛邱劄記卷四上〔一〕

策

1 修史

今夫一代之中，必有一代人物事蹟以爲之經緯，而一代之規以定。一代之後，必有包舉此一代之人物事蹟以爲之筆削，而一代之史以成。蓋必爲之于易世則論自公，出之於朝廷則權尤重。此我皇上汲汲以修《明史》爲務也。明有天下三百年矣，其間人之是非，物之臧否，事蹟之成敗得失，莫不各有其原委。使不及時以爲之網羅，則放失舊聞，無論無以昭一代之規，即我國家之所謂鑒于有夏、鑒于有殷者，亦且茫無適從矣，安得不爲之加意哉？然愚則不患無作史之意，而患無作史之才。抑不患無作史之才，而患無作史之法。此其故何也？購遺文、開書局、選儒臣以從事焉，不可謂無意也。當此右文之朝，博

〔一〕眉：此卷雖整飭無疵，然亦人所共見，竟全删去。整理者按：此眉批又用墨筆塗去。

物洽聞之臣既集于上，留心文獻之士亦起于下，而能合而聚之，以共從事焉，亦不可謂無才也。而獨所謂法者，有編年，有紀、表、志、傳。而紀、表、志、傳之難，有更倍于編年者，此不可不預思而熟講之也。史固莫重于本紀矣，本紀之修，必取徵于實録。然實録之所載，以方正學之抗節，而史臣至誣之爲乞哀；以謝餘姚之持正，而史臣至詆之爲媚后。蓋或爲其君諱，或爲其身諱，遂至顛倒是非而不顧。然則佞如泌陽，固不足以信矣，而賢如文貞，抑果可謂之信史歟？他如世、穆兩朝，獨裁于江陵，則簡核而可喜。神宗一代，補綴于衆手，則踳駁而不倫。光宗欲正其訛而不果，懷宗以下欲補其闕而未能。誠能信其所可信，疑其所可疑，詳其所當詳，略其所必略，而一以謹嚴爲體，則一代之紀成矣。問同姓之封，而玉牒故在也；問異姓之侯，而兵曹可考也。叙公卿則有列署之題名，叙時月則有累科之履歷，而一代之表成矣。國家之典制、百司之職守，莫備于《會典》一書，而能發凡起例，如曆律、禮儀、河渠、食貨之類，不過二十餘目，而已統括無遺矣，則一代之志又成矣。至列傳則更有難言者。以實録之中非大臣不得立傳，而人或略矣；非章奏不得載入，而事或略矣。故必參之以鄭曉、雷禮、王世貞之所撰，然後旁搜于野史，别證于家乘。謂野史爲不足信，則温公不應有《考異》；謂家乘爲不足信，則鄴侯不應有《家傳》，要亦信其所可信，疑其所可疑，詳其所當詳，而略其所必略，一以雅贍爲體，則一代之傳成矣。凡此，皆愚之所謂作史之法也。史既成，而後輯之爲通鑑，則編年之法具是也；約之爲綱目，則褒貶之法具是也；分之爲紀事本末，則編事之法具是也。一書成，而三書莫不粲然備矣，何怪我皇上之汲汲以修《明史》爲務也。

2 郊祀

嘗聞善言天者必有徵於人，善援古者必有合於今，要未有不達於天人今古之際，而可以成一代之鉅典，正千載之紛更，如郊祀之禮者也。郊祀之禮，果安所折衷哉？主合祭者本於《周頌》，主分祭者本於《周禮》，其一分一合，皆出於周家一代之遺文，而莫有定論，又何怪後世之既分而復合，與既合而復分，與或分或合而莫知適從者歟？要其制，則可得而詳考也。漢成采匡衡之議，始定爲南北郊，後又用王莽之議，改合祀於南郊。光武因之，而東京二百年不易焉。唐合而行者三百年，其間之特祭地祇者，睿宗一人焉而已。雖宋之制嘗主於分，然自元豐、政和、建炎而外，其一祖六宗，又未嘗不以合祀天地爲兢兢。則分之時少，而合之時多，亦可概見矣。明太祖分而行者九年，合而行之者二十二年，而其後子孫莫不合也。世宗合而行者九年，分而行之者三十六年，而其後子孫亦莫不分也。當時不以世宗爲加於太祖，則分之不如合也。故愚嘗統而論之：開創之君多主合，而繼體之君或主分；喜更張者多主分，而樂循禮者多主合。夫開創之君孰有過於我世祖，而郊祀之禮，亦孰有善於我世祖之定合祀者乎？〔一〕自合舉以來，神受其職，民樂其業，二十年間，莫復有嗟風雨之不節而寒暑之不時者。則天心之克享，抑可見矣。論者必以爲物鉅費繁，人主之出宜簡，故合之爲便。此出於弱宋之見，而非所論於本朝。又以爲天與地並祭，猶父與母同牢而食。此近於人道之爲，而非所論於上帝。曷不觀諸冥漠之際乎？天之氣一動，而地即承之以流行，故地之滋育萬物，莫非天之功也。天不能離地而獨生，地亦不能離天而獨成。蓋天下陽外無陰，而陰外無陽。而謂宰此陰陽之氣者有二帝也，吾不信也；無二帝，而猶謂不可合祭者，吾又不知其何説也。當百物告成之時，修報本反始之典，日月星辰之屬，效一職於天之中者，莫不群然秩而祀之，以致其報。而未嘗疑於與天並抗，而獨疑夫地焉，亦不經之甚矣。要天與地並列，而天未嘗不獨尊；地與天並列，而地實有以相配。是以古聖人與天地合其德，即與天地合其報。蓋實有見於天人感格之至理，古今制作之源流，而非一切議禮之臣之所能窺測者也。後世之聖子神孫守兹不變，雖與天無極可也，又何必以圜丘方澤之異其地，黄琮蒼璧之異其文，而遽從周家一代未成之書也哉？

〔一〕眉：目今正是分祭。觀此文，則是本朝初年亦是合祭，不知改于何時，當考明之。

3 經學

嘗謂六經非一世之書，其將與天地無終極而存也。以無終極，視漢、唐、宋數千歲于其間，不過頃刻爾。然經學之爲廢爲興、爲隱爲見，紛紛于此數千歲之間，而莫知紀極者。苟不得大儒之論定，則聖人之意不明；苟不輔以人主之表章，則大儒之意亦不明。要其間之經學，或得其全，或得其偏，與雖得其全而猶有未盡者，正賴後之人各以其心證悟之，而非一切傳注與功令之可得而盡焉者也。試進論之。漢承秦火之後，而諸儒存亡繼絶不遺餘力，傳《易》者有田何，傳《書》者有伏勝，《詩》有申公，《禮》有高堂生，《春秋》有胡毋生，皆各執一經以相授受。而馬融、鄭康成出，始兼群經而纂釋之。其網羅遺逸，博存衆家，意深遠矣。唐貞觀中，命諸儒稡章句爲義疏，定爲一是，於是前代儒者僅存之書皆不復傳。蓋唐人崇進士之科而經學幾廢，與漢人重博士之官而經學大盛，殆不侔矣。宋大儒始以其自得之見，求聖人之心于千載之下，然雖有成書，而多所未盡。乃淳祐一詔，其書已大行于世，而明人遂用以取士。學校科舉之格，不免有唐世義疏之弊。非漢人宏博之規，學士大夫循常襲故，有陷于孤陋而不自知者。嗟乎，此豈其端使然哉？亦久而後失之耳。明太祖詔《易》主程、朱《傳》《義》，而不聞止《本義》也；《書》主蔡氏《傳》及古注疏，而不聞止蔡氏也；《詩》主朱子《集傳》；《春秋》主《左氏》《公羊》《穀梁》，胡氏、張洽《傳》，而不聞止胡氏也；《禮記》

主古注疏，而不聞有陳澔也。後纂修《大全》者，始一斷于朱、蔡、胡、陳之説，而學士大夫有詢以三《傳》之全文與張洽之姓名且不能曉矣，又安望其盡明聖人之意哉？今即就四人而論，而朱子之《易》與《詩》，愚固不敢竊議矣。然朱子嘗欲以《儀禮》爲經、《禮記》爲傳，并採他書之及于禮者，然後成全禮，曰《經傳通解》，而陳澔能之乎？《書傳》雖受命于朱子，然古文、今文之未正，《金縢》《召誥》之疎脱，有非其遺命者。《春秋》，朱子嘗不敢説，而胡氏一時進御之言，意存獻納〔一〕，是故不免于激〔二〕偏；索聖人之精意于一字筆削之文，是故不免于覈而深。名其可通者曰常例，而彊名其不可通者曰變例，究之此例變，而類于此者又未嘗變，于是遷就附會其説，而不免于窮焉。嗟乎，朱子出，而前乎朱子衆儒之説得朱子而論定；朱子亡，而後乎朱子衆儒之説，又安得起朱子而折衷哉？要此心同，此理亦同也。學者誠能以心合聖人之心，而即以心證聖人之經，沉潛以體之，涵泳以通之，不敢以先儒之成説爲可安，不敢以後儒之異説爲可廢，唯一以自然的當、不可移易爲主，而廣集衆説，以成一書，以上之天子焉。則六經之在學官，有漢人之宏博而無唐人之

〔一〕獻納，上圖本改作「納約」。
〔二〕上圖本「激」下增「而」字。

隘，有宋人之精醇而無明人之陋，聖人之道不昭昭然若日月之麗于天者，吾不信也。

4 守令

今天下守令之苦，何其甚也。苟不知，猶當有以察之，而況其彰彰者乎！夫以朝廷日夜所拊循之民而寄之於守令，銓部多方所簡拔之才而後任之爲守令，而乃使之居于民上，皇皇然但知避罪而不肯立功，但知奉上而不肯恤下，一有恤下立功之心，而遂不終日而使去，于是守令之苦已極，而待治於守令者之苦益復可知。如是而猶以爲天下已安已治者，吾蓋未之信也。今言守令者，必曰禄薄不足以養廉，權輕不足以行志，遷速不足以成功。吾即問之：必如漢光武之增秩，宋藝祖之益俸，而後吏無内顧之憂，以樂就吾職，此可得之事乎？必如漢制令之上止二千石，二千石之上止刺史，一切以便宜從事，無復得而侵撓之者，此可得之事乎？又必如漢之居官者長子孫，少亦不下十餘年，即有報政于天子，而賜之璽書以復其任焉，此可得之事乎？不可得，而守令之苦如故；即可得，而守令之苦猶如故也。何也？守令之苦在考成，而考成之苦在催科。昔之設官也以撫字，而催科次之；今之課吏也以催科，而撫字不問焉。夫府曰知府，縣曰知縣，謂其于一府之事與一縣之事，無所不當知也。今則謂之知一府之錢穀而已矣，知一縣之錢穀而已矣。有爲守而敢勑縣不得催科者乎，如趙槩者乎？有爲令而敢詣府請寬限者乎，如盧坦者乎？但見其戴星而出，秉燭而咨者，爲錢穀也。文簿鉤校于其前，鞭箠紛飛于其下者，爲錢穀也。夫現任之錢穀無論已，而併前官之所逋，與前官之前之所逋，而併萃于一人，是以一人而兼數人之責也。抑今歲之錢穀無論已，而併累年之所欠，與來年之所預借，而併徵于一時，是以一時而兼數年之事也。此即若救火揚沸，如古之嚴酷者之所爲，吾猶恐不足勝其任而愉快，而况猶是一手一足之守令乎？始也以爲吾以官殉之，既也有不止于官者矣。始也以爲吾以身殉之，既也有不止于身者矣。嗟乎，守令之苦，至今日而已極；守令之弊，亦至今日而已極也。愚聞革弊者必追其弊之所由始，立法者必思其法之所由變。蓋嘗上下數十年間，而知弊之始與法之變，未嘗不嘆息痛恨于明之懷宗也。當懷宗之四年冬，考天下有司，先核在任之税糧，于是不問撫字，專于催科，而法制一變，而明亦遂不可爲矣。我國家定鼎以來，以財用爲急，沿其法而未改，曰是明之固然者也，而不知其流弊已二十餘年矣。嘗觀漢宣帝號稱綜核名實，人莫敢欺，獨于僞增户口之王成下詔褒之，自是俗吏争爲虚名以應上。而傳至章帝，已百餘年，猶厭苦俗吏緣飾外貌也。夫一事之善不旋踵而或變，而一事之害遂至蔓延于無窮，則人主之舉動如此者，蓋不可不慎也。我皇上誠能鑒明之所以失而即知明之所以得，釐明末之陋規而即復明初之善制，則不過一反掌之間，而吏治民生，已蒸蒸然起矣。議者必以國用爲言，愚請得而詰之。夫十八年前之錢穀不爲少矣，我皇上以軫念民瘼，遂盡蠲而去之。國用亦未嘗不足，獨奈何踵明末之陋規，而遂莫知變計也哉？果能變計矣，然後精選銓曹以清守令之始，慎擇督撫以厲守令之終。由是而大法小廉，共修職業，吏治不遠追乎兩漢之盛者，未之有也。善乎朱子知潭州上封事曰：「安民係守令賢否，而本源則在朝廷。」故愚以爲，今日之事，亦在朝廷而已矣。

5 經筵

嘗謂天下治亂係宰相，君德成就責經筵，天下之重任，惟此而已。然以愚論之，君德不修，雖治難保；君德既成，雖亂易治。則知經筵之重，尤居於宰相之先。是以三代以上，宰相與經筵常合而爲一；三代以降，宰相與經筵遂未免判而爲二。此主德之所以隆替，而君學之所以消長，蓋出於此，不可不察也。何以言之？經筵者，古之所謂坐而論道者也，而三公以之。宰相者，古之所謂冢宰，掌邦之治者也。此其職若不相兼，而周公嘗以冢宰之尊而上兼乎師保以居于王前，則其望重有以生人主嚴憚之心，而不至如後世之說書侍講之職而已；其德隆有以起人主效法之志，而不至如後世之徒以解釋經傳而已。且也虎賁宿衛宦寺之流，凡布列於王宫而迫近於人主之左右者，一舉而盡屬之冢宰，使得治之以有司之法度，其時自無敢有導上以不法者，而亦不必如後世經筵之臣之欲識上之動息矣。且也下至酒漿醯醢、幕幄次舍之事，無不關由於大府，而冢宰得以其制樽節之，人主亦不得以快其私，則亦不必如後世經筵之臣之欲節上之服用矣。且人時相對則意通，年相若則易入。使伯禽與成王處，而示之以君臣父子之道，則亦不必如後世之欲擇臣僚家子弟十歲以上入侍習業矣。凡周公之所爲輔導者，其詳且善，至於如此。降至於宋文潞公，亦賢相也，而未嘗有程子之道，故不敢自居乎師傅。程正叔，大儒也，而未嘗有宰相之權，故不能竟行其志於經筵。此判而爲二者之所以難行也。雖然，宰相合經筵，豈真謂一手一足之力所能辦哉？要必博選天下之名儒，精簡在廷之誼士，以環侍左右，夾輔前後，使所聞者皆正言，所見者皆正事，所涵養而薰陶之者無一而不出於正，而後所謂一日之中，接賢士大夫之時多也。夫日接足矣，而必加之以夜對邇英；崇政足矣，而必加之以直宿禁中。古人之意，又曷爲是兢兢也哉？蓋以人主一心，攻之者甚衆，非聲色之溺人，則宴安之易狎。故當晝日便朝，薦紳儼列，昌言讜論，陳説於前，不啻與古先王之陟降而酬對，則其保守也猶易。若夫深宫之中，暮夜之際，所接者貂璫之輩、嬪御之徒，紛華盛麗雜然交眩於其目，奇技淫巧群然共蕩乎其心，則其持養也難。此夜對之益所以尤深于晝接，入直禁中所以補經筵講幄之所不逮與？嗟乎，人主之學，而至於夜猶無間焉，則不以盛寒盛暑之罷講可知也，則不以隻日雙日之間講可知也，則不以風雨有故而免講可知也。蓋其心無一日而不向於學，無一時而不向於學，則其氣質之變化，德器之成就，有不知其然而然者矣。推此以治天下，豈顧問哉？故曰經筵之重，實居宰相之先。而爲宰相者，尤不可不合經筵而一之也。

跋〔一〕

*1 素問

元人葛恒齋，即可久諸父行也，嘗立説以爲醫當視時之盛衰爲益損。劉守真、張子和輩值金人强盛，民悍氣剛，故多用宣洩之法。及其衰也，兵革之餘，饑饉相仍，民勞志困，故張潔古、李明之輩多加補益。至宋之季年，醫者大抵務守護元氣而已。此説實發《内經》所未備。

*2 家禮

按《年譜》，乾道五年，文公年四十，丁母祝孺人憂，始輯《家禮》，其明年書成。門人黄勉齋作《行狀》，謂其後多損益，未暇更定。楊信齋亦謂《家禮》乃初年本也。今姑即《喪制》考之，其與經傳異者五。齊衰悉有衰負版辟領，一也。婦人不衰，二也。既葬無受衰，

〔一〕上圖本塗去類名。眉：「此下多可存者，但不必立跋爲一類，此非刻全集也。」《四庫》本删去此文體題名，於各篇名上多加「跋」字，抄於卷五「補正日知録」之後。

三也。大祥用忌日，則僅得二十四月又一日，似乖二十五月而畢之義，四也。若大祥僅二十四月一日，假使禫祭得卜在二十七月後一旬，則是間二月而禫，非間月矣。卜祭先上旬，次中旬，與禮喪事先遠日相反，五也。自明《孝慈録》《集禮》《會典》俱遵用此書，以故沿襲至今，殆非文公本意。若萬曆中坊本間有增損，則益失其舊矣。唯此爲正德以前所刻，附以楊氏注、劉氏增注、補注，雖有闕譌，差可喜也。

*3 火經

余家藏是書，不記自何年，實方伯公與《群芳譜》手授先祖者。後《群芳譜》不知何往，而此書展轉流傳，獨插敝架上，似冥冥中有相之者。今年入長安，司寇公聞之，欣然請觀，遂以歸池北書庫，幸題數語，以見寒舍雖衰，猶曾與高門有孔李之舊云。聞書庫饒異本，只將宋王伯厚鈔本集及其門人袁清容《居士集》假閲，可以計日奉還。長安酒貴，或不須我一瓻乎？預白。

*4 金石要例

錢牧齋宗伯告〔一〕徐巨源曰：「古人合葬，題不書婦。今日暨配某者，空同以後不典

〔一〕《四庫》本無「錢牧齋宗伯告」六字。

之辭也。」余徵之空同文集，凡八篇，題有「合葬」字，無「暨配」字，故曰「以後」，其即指王道思輩哉？頗不誤。汪苕文亦〔一〕與人書：「刻石時篆蓋及誌文首行，宜但云某銜某府君，幸勿加『暨配』字面，有碑刻文集可考，古人非略之也，於此固有深義。蓋女子從夫，故祭曰祔食，葬曰祔葬。凡祔食者，惟立男尸而無女尸，故曰同几則一尸，亦此義。」旨哉言也，不可以人廢〔二〕。

余戊午、己未間在京師見汪苕文《繆封公墓志》，載及高祖，謂之曰：「古人叙人家世皆自曾祖以下，無及高祖者。間及高祖，亦必以其人其事足書，非空空僅及其名諱而已。歷覽韓、歐、王荊公以及明初宋潛溪皆然，此唐、宋以來高、曾之規矩也。但古人文多口訣，未嘗筆諸書，故難卒曉，要在讀者善體會。雖以君所痛詆之牧齋〔三〕，猶不失此規矩，《初學集》〔四〕可按也。」時苕文怒甚，有代之答者曰：「家先生本元人。」余曰：「近得《柳文肅集》於廟市，亦是曾祖叙起，渠非元人耶？」後見三刻《堯峰文鈔》，此篇削去「高祖諱

〔一〕亦，上圖本塗去。
〔二〕不可以人廢，上圖本塗去。《四庫》本亦無此句。
〔三〕牧齋，《四庫》本作「前輩」。
〔四〕初學集，《四庫》本作「其遺集」。

某某」五字。此又當爲書祖文廣一例耳。惜道遠，不及質黄太沖。〔一〕

黄太沖神道解有二，余按《後漢書·中山簡王傳》「修冢塋，開神道」，注曰：「墓前開道，建石柱以爲標，謂之神道。」是又一神道解。引孫何《碑解》，不當遺《文賦》「碑披文以相質」，以爲始李翺。又《文心雕龍》亦單名曰碑。高祖上一世則稱五代祖，最確。以此例之，玄孫下一世則稱五代孫。故《漢書·孔光傳》「光，孔子之十四世孫」，是。司馬光以孔順爲孔子六世孫，蓋自孫數起，與古不合矣。權文公爲王端碑書孫，以其葬王父。白文公碑崔孚書孫，以其求文。余按元微之誌杜甫書孫，以其葬王父兼求文云。至韓昌黎長女改適樊宗懿，而李漢猶自居於子壻，其故，俟他日詳言之。

*5 邵文莊簡端録

余年二十五歲，始從同里吴太易先生學，見先生手不蹔捨此書。問請而觀焉，復於先生曰：「未見甚佳處。」先生微笑。蓋先生病耳聾，以爲此自其恒狀。越後二載，取而復讀，徹首徹尾，不覺沈酣尋味者彌旬。以復先生，先生喜曰：「吾當日若嗤子，子未必服，固知吾子必有今日解悟在。」其善開發人如此。

〔一〕又見卷五第一條、第五八條、第六七條。

*6 春秋左傳屬事

余年二十前，從同里靳茶坡先生學，此書蓋得於其家，世頗希有，紙亦靡〔一〕爛不可久。今冬豐暇日，以錢百文付匠裝裱，遂新若手未觸。顔介有言：「借人典籍者，闕壞就爲補治。此亦士大夫百行之一也。」況己物乎？吾子孫其謹識之。顧寧人《左傳杜解補正》止引邵二泉《左觿》、陸貞山《左傳附注》及此書《辨誤》而作，未引趙子常《補注》，縱間及其語，似實未見全書。近方一刻於崑山，再刻於江都，真元人所謂自科舉之學廢而古書少〔二〕出者也。或難余：「今科舉未曾廢。」余答：今科舉文字無復一毫體要，倖中者至爲人夢想所不及，雖不廢，猶廢矣，噫！首有太倉二王公序：「元美似一活套子，隨題填寫。元馭則道着肯綮。」或曰：「元馭以《春秋》舉南宮第一人，號名家，宜乎其言之津津有味。」余曰：元美習《周易》，何嘗不錯引，爲陳晦伯所駁正耶？不覺一笑。〔三〕

〔一〕靡，上圖本改作「縻」。眉：「『靡』字可不改，《孟子》『靡爛其民而用之』，今本始改作『縻』字耳。吾山。」《四庫》本作「縻」。
〔二〕少，《四庫》本作「稍」。
〔三〕「顧寧人左傳杜解補正」至「不覺一笑」，《四庫》本另起一段抄寫。

*7 老蘇集

楊用九自吴門歸，以余好收書，於時下刊本尤易致也，購以餽余。其籤題不曰「老蘇全集」，而曰「蘇老泉先生」，是父冒子號矣。蓋蘇氏先塋有老人泉，子瞻取以自號，不知何年譌以稱老蘇。一辨於葉石林，再辨於焦弱侯，以家藏子瞻墨蹟有「東坡居士老泉山人」圖書證，尤妙。此尚不曉，何以刊爲？楊君謙見吴原博送新修《姑蘇志》，正盥面，瞥其籤題，輒以水灑其使者，不開卷，擲而還之，殆亦未爲過矣。

越明年，庚辰首春，戴唐器書來，憶東坡得鍾山泉公書，寄詩爲謝云：「寶公骨冷唤不聞，却有老泉來唤人。」果老蘇號老泉，坡敢於僧泉公者稱曰老泉乎？真解頤新語，惜不令焦文端聞之也。

8 益智録〔一〕

此書刻成之五年，余至京師得之。長夏無營，披閲一過，惜未及刊其誤，遠寄兒輩〔二〕爲我置眷西堂。低一字多孫公自著語，當别録爲一帙，然亦有誤。潛邱老人記。

〔一〕眉：此條可不存。
〔二〕「兒輩」二字，眷西堂本爲小字，偏於右側，上圖本於左側圈注。眉：此二字不必偏。

或問余：「子年四十四，何得稱老？」余曰：杜詩「昭代將垂白，途窮乃叫閽」，時年正四十，已云爾矣。又記。

9 江文石遺集〔一〕

嘗謂天下人莫柔於蘇州，而實有勁直如弦者；莫鄙於徽州，而實有如朱子云〔二〕士君子好爲高行奇節者。蓋風俗之不可概論，此二地爲尤著。如江文石先生者，豈非朱子之所畏也哉？余欲爲之執鞭，猶恐所不屑云。獨竊怪先生生平師事金文毅。徽俗重貨財，喜分析，兄弟叔姪間緣一毛一粟之争而起訟，必得鄉先生有素望者主之方無慮，鄉先生獲遂不貲。文毅固數數於休寧矣，猶可解曰賢者不免，乃何爲者浸淫及於歙縣？歙縣鄉先生以爲病，勿顧也。或曰文毅性雖冷，而學本禪宗，宜乎其多圓通耳矣。潛邱老人題。

10 堯峰文抄

何屺瞻告余陸放翁之才萬頃海也，今人第以其「疎簾不捲留香久，古硯微坳積墨多」等句，遂認作蘇州一老清客耳。余爲失笑，竊以鈍翁詩中沾沾自喜處，殆又一清客而兼山

〔一〕眉（朱）：此條似亦可删。

〔二〕云，眷西堂本作「者」，上圖本改作「云」。眉：予嘗見此書底本，「朱子」下本是「云」字，不知何人用筆塗去，改作「者」字，刻本遂依之，致此段文理不通。

人者也。嘗以俚語評之曰好喫怕動。或蔬食，或腥味，言及輒津津涎欲流，非好喫乎？每説休官閑居爲上策，及睡味美，非怕動乎？憶昔與鈍翁辯喪禮，初盛氣詆我，及重刻稾出，盡改以從我，安知此評地下聞之，不亦笑而首肯乎？

戊午、己未薦舉時集京師，馮圃芝摘其「戲蝶翩翾排闥過」，呼此蝶爲蝶中樊噲。余舉「寂寂精藍晝又開，隔籬飛蝶鎮徘徊」，謂此蝶爲君家之倢伃。圃芝問故，余曰：合兄所摘句觀之，此蝶不如《漢書》所云「熊之上殿何其勇，今何怯也」乎？圃芝鼓掌，一時喧傳以爲口實。回憶已二十一年，圃芝、鈍翁俱已下世，獨余在耳。追理緒言，不覺惘然。〔一〕

錢牧翁評騭陳仲醇，謂聊可裝點山林，附庸風雅。人於鈍翁亦云然。仲醇御物才神絶，鈍翁居鄉品高絶，士固不浪得名耳。

*11 古文尚書寃詞

孔穿曰：「謂臧三耳甚難而實非，謂兩耳甚易而實是，人將從難而非者乎？抑將從易而是者乎？」余則反其辭曰：「僞《古文尚書》甚難而實是，不僞《古文尚書》甚易而實非，人將從易而非者乎？抑將從難而是者乎？」此余所以不復與毛氏辯而但付之閔默爾。

〔一〕又見卷五第二三條。

何休好《公羊》學，著《公羊墨守》《左氏膏肓》《穀梁廢疾》，康成迺《發墨守》《鍼膏肓》〔一〕《起廢疾》。休見而歎曰：「康成入吾室，操吾矛，目伐我乎？」余謂此自是學海遠遜經神，故云爾。若在今日，豈其然？

*12 僧某某書千字文

千字文本有二篇，一周興嗣，一蕭子範。子範製久失傳，而所次韻之書，《梁書》以爲義之，《宋史》以爲鍾繇，要《梁書》近而得其真。或曰興嗣當梁武帝朝，被勑撰文，能不染佛氏一語，信有勁骨者。余謂四大字有二，一出《老子》，一出《圓覺經》，詳篇中四大字，非指地水火風乎？然則時風衆勢所趨，真能不染其片語隻字者，不綦戞戞乎難哉？僧家故習懷素書，此獨宗懷仁〔二〕，秀潤一洗惡習，或疑轉捩太方，是不知惟宋搨本乃見鋒稜耳。

*13 太上感應篇

右《太上感應篇》，不知起自何時，而唐宋經籍、藝文志俱不載，惟宋理宗命鄭清之作序，自是始大行于世。前代儒者如高忠憲亦兩序其書。抑聞之爲惡或免于禍，然理無可

〔一〕上二「盲」字，眷西堂本皆作「盲」，據《四庫》本改。
〔二〕懷仁，《四庫》本作「晉人」。

爲之惡；爲善或未蒙福，然理無不可爲之善。此主理言也。天下孰有尊於理者哉？竊以理即感，得禍蒙福，斯應之矣，蓋未有感而無應者。樸園先生外現儒風，内修道行，宜乎於此篇晨夕誦持不少懈。獨歎余少曾有志，中遂蹉跎，對此不覺汗流竟趾。

14 潘孟升詩集[一]

錢氏《有學集》有《秋日曝書得鶴江生詩卷題贈四十四韻》，注云：「生名高，金壇人。」初不知何姓字，已而知爲潘孟升。戊寅殘臘，過毘陵徐學人家，學人曰：「吾舅氏也。」《南村詩集》雖刊未印，余勸其廣爲流通。越明年春，回舟得二部，行至界首，爲波臣所攫取。復索，又得二部，以一歸寤硯齋，一即此本。學人名永宣，行四，是秋登賢書，世其先中丞之家，殊可喜云。天台周道士言潘孟升薄遊長安，一貴人素不工詩者寓其邸，以所作壽詩就孟升教。孟升面告曰：「姚淶楊維聰只會中狀元，何以詩爲？」貴人遜謝：「願爲我代作。」許焉。久而竟忘，且焚棄其稿。貴人探知大怒，辱之，至驅出都。今考集中有《癸丑暮春奉寄四七律》，似不盡然。然貴人不如其伯兄號平原、孟嘗者遠甚。附記于此。奉寄詩，有「亦將檢束酬知故，無奈蹉跎枉歲年」之句，恐亦微詞云爾[二]。己卯除

[一] 眉：無關係，可不存。

夕題。

*15 賀黄公載酒園詩話

老友吴喬字係先諱。〔一〕先生嘗言：賀黄公《載酒園詩話》、馮定遠《鈍吟雜録》及某《圍爐詩話》可稱談詩者之三絶。余急問賀書何處有，曰金陵有，須價銀一錢二分。余以三錢付黄俞邰使者，回家購之。不半月，以八分購賀書，餘盡如余所屬，買套櫻桃乾，蓋素嗜此也。到日，同胡朏明大噉細讀，〔二〕口眼俱快，沁入心脾，嘆吾老友之知言也。康熙庚午秋，寓〔三〕洞庭東山席氏館題。

16 變雅堂集〔四〕

《變雅堂集》，刻原未全，故此止二本，無卷數。嘗思安得有青蚨十五千，遠寄其家三

〔一〕《四庫》本無此注。
〔二〕「須價銀一錢二分」至「大噉細讀」，上圖本改作「即託黄俞邰使者購之不半月以書至同胡朏明細讀」。《四庫》本據此抄寫。眉：「如此删節，便覺少趣，下文『口』字亦無著。吾山。」段跋本並删「急問賀書何處有曰金陵有」句，又於「購之」下補「金陵」二字。
〔三〕《四庫》本無「寓」字。
〔四〕眉：不必存。

郎武功，屬繕寫詩第一，次及雜文，并制舉義亦不遺，作一副本，以流通天壤間。忽忽已十餘年，美志不遂，良可痛惜。曹子桓所致慨于著書者，今則謂鈔書矣。夫■〔一〕閱此正信，其壻葉藩桐初至，以雨阻未晤。康熙己卯十月八日也。

開卷第一行「山以南爲陰」，是何等語？潛邱老人題，年六十有四。

*17 題劉隨州詩集

劉長卿之爲盛唐也無可疑，而分劉爲中，嘗推其故，蓋高棅誤讀《中興間氣集》，以中興爲中唐，于是所選錢起、劉長卿等二十六人，除孟雲卿外，盡從而中之。此致誤之由，水心猶未核及。〔二〕至謂安禄山天寶三載爲范陽節度使，六載進御史大夫，劉有《落第送楊侍御赴范陽充安大夫判官》詩，詩云「泣憐三獻玉」，此豈開元二十一年進士，如《極玄集》所云者哉？亦具眼人也。

*18 刊正楊升菴石經考

漢靈帝熹平四年，蔡邕書六經於碑，使工鐫刻，立于太學門外，此所謂一字石經也。

〔一〕眷西堂本墨釘，大成齋本爲空白。
〔二〕眉：鹽城劉水心先生有《較刻劉隨州詩集》。

魏邵陵厲公正始中，邯鄲淳書石經，亦立于太學，此所謂三字石經也。晉裴頠爲祭酒，奏修國學，刻石寫經，是爲晉石經。後魏孝明帝神龜元年，祭酒崔光請補漢所立三字石經之殘缺，此魏立也，非漢。〔一〕唐文宗開成二年，國子監九經石壁成〔二〕，從宰相領祭酒鄭覃之請也，今尚在。孟蜀廣政十四年鐫《周易》，至宋仁宗皇祐元年《公羊傳》工畢，是爲石室十三經。仁宗慶曆初，命刻篆、隸二體石經，後僅《孝經》《尚書》《論語》畢工，是爲嘉祐石經。高宗紹興間親書《易》《詩》《左氏傳》《論語》《孟子》及《禮記》五篇刊石，孝宗淳熙四年詔建閣以覆之，是爲紹興御書石經。蓋古來凡七刻矣，與升菴所考迥異。

19 春郊送別圖

商志先生示我以春郊送別圖卷，不獨新城司寇詩爲擅場，抑且可謂人人握靈蛇之珠，抱荊山之玉矣，豈選而後作？或文生於情，自遠勝一切酬應塗鴉者耶？爲喜而弁數語於首。太原潛邱弟閻某，距癸酉二月已九易春秋矣。

*20 周郡守晉祠碑亭記二則。

〔一〕眉：「按《魏書·崔光傳》，但請補治漢魏石經，未嘗專指補漢所立三字石經也。及《通鑑》載此事，乃專從漢三字石經叙起，微誤。」

〔二〕眉：《舊唐書·文宗紀》云鄭覃創文石壁九經，不云九經石壁。

首論祀典釐正，粹然經術之文也。末及顧、傅兩先生言，又歐陽公《集古録》、趙明誠《金石録》之流亞也。至其文勢抑揚往復，有壹倡〔一〕三歎之遺，亦非歐陽公，固不足辨此也。愚嘗妄以晉祠有三絶：吾師此記爲文絶，曹侍郎紀遊十二詠爲詩絶，傅先生大書「晉源之栢第一章」七字爲書絶。有此三絶，然則晉祠之可堪共語，殆不止貞觀片石而已也。嗚呼，此三絶者皆出於十數年之間，何其盛歟！豈非山靈之幸歟？

吾師嘗謂愚曰：「聖母廟既正矣，而此地臺駘廟亦不可不正。蓋臺駘廟之在晉澤者，即《左傳》所謂『障大澤以處太原』，可以獨祀臺駘，而此地則宜并及實沈。今廟内雜祀有土地、五道二神，而不及實沈，是有汾神而無參神也，是知有地理而不知有天文也，豈可乎哉？今亦不必別興〔二〕祠宇，惟於廟内去土地、五道〔三〕二神，而增一實沈像，而更其額曰『臺駘實沈廟』，則允合於祀典矣。蓋臺駘當顓頊世，實沈當帝堯世，以世次爲位次，固不可以《左傳》所序先後爲拘也。」凡吾師之釐正祀典，皆援經據義，不爽錙銖，則其涖政以來神和民安，亦可槩見於兹矣，故附記之。

〔一〕倡，《四庫》本作「唱」。

〔二〕興，眷西堂本作「新」，據《四庫》本改。

〔三〕本條「五道」，《四庫》本皆作「五通」。

愚既跋吾師《晉祠碑亭記》訖，復取縣志閱之。見宣和五年有姜仲謙《晉祠謝雨文》，其首云「致祭于顯靈昭濟聖母汾東王之祠」，中云「惟聖母之發祥兮，肇晉室而開基。王有文之在手兮，其神靈之可知」，爲之狂喜欲絶，益嘆吾師之言信而有徵也。女郎祠之建，實始於天聖，而封號之加，則自熙寧禱應始。宣和五年上距天聖甫百年，其建祠之故與所祠之人必歷歷有據，故仲謙得之於傳聞而載之於撰著。不然，豈牽合傅會，遂至此也？元人弋轂撰《重修汾東王廟記》，亦云女郎祠建因改封汾東王之後，則其相因而及，意有在矣。乃祀典之譌，實自洪武四年始，詔革天下神祇封號，止稱以山水本名。而聖母廟遂改爲晉源神祠，若以聖母爲真水神也者。嗚呼，不知此侶是而實非也。愚故詳考曲證，以信吾師之説，且目爲他日作縣志者補焉。

21 錢清溪遺稿〔一〕

清溪錢先生，年少登仕籍。上陳八事疏，嘉謨盡碩畫。毁撤魏監祠，書院開講席。時郡縣多魏忠賢祠，先生疏請悉毁，改爲書院。從遊南皋子，先生受學于鄒南皋。正學重名節。歷職之所至，義聲奪人魄。衡文齊魯邦，多士手加額。至今朝宁間，彩鳳奮逸翮。雖然遭疑謗，微雲掩

〔一〕眉：此入詩集。

曦赫。其誠能動人，賢者腕爲搤。先生誤中蜚語，冢宰糾之，山陰劉子白其冤，事遂寢。風馳雲影過，天清日復白。義熙有全人，奄焉歸窀穸。人亡四十年，流芳動九貊。遺文金玉論，含輝光四射。撫卷誦琳琅，聲色雅可摘。其人邈千古，其心通一脉。我生在後時，丰采未親炙。聞風懷潛德，幽明不相隔。勿謂微言少，字字等拱璧。吐談張八表，天地亦偪窄。襲什緘篋笥，永言珍手澤。

序〔一〕

*1 初刻唐百家詩選〔二〕

「余與宋次道同爲三司判官時，次道出其家藏唐詩百餘編，諉余擇其精者，次道因名曰《百家詩選》。廢日力於此，良可悔也。雖然，欲知唐詩者，觀此足矣。」

右王荆公原序見集中者，宋刻殘本失去，余從集中取以冠卷端，以見復荆公之舊云。嘗聞錢牧翁撰《列朝詩集》，先採詩於白下，從亡友黄俞邰及丁菡生輩借書，每借輒荷數擔

〔一〕上圖本塗去類名。眉：「不必立序一門。」《四庫》本無此類題。
〔二〕《四庫》本「初刻」上有「跋」字。

至。牧翁〔一〕以人之書也，不著筆，又不用籤帖其上，但以指甲掐其欲選者，令小胥鈔。胥奉命惟謹，於掐痕侵他幅者亦並鈔，牧翁〔二〕不復省視。此與群牧司吏移〔三〕籤置不取小詩上者何異？古今事恒相類。説者謂吏失之嬾，胥失之勤，其爲失則一，可發一笑也。今閲殘本八卷，去取頗精，足徵老眼無花，則《邵氏聞見録》云云，疑傳聞，非事實。而牧翁〔四〕指掐本，余猶就俞邰家見之。回憶五十載前，曾〔五〕遇閩中書賈持翻刻本，正二十卷，啓中丞公廣購之，卒不可得。五十載之事，約如浮雲，須臾變滅，豈惟書可勝慨歎？雖然，羽陵之蠹復完，河東之亡再覯，安知今不有類於古？爲報中丞公且珍此以俟，何如？

*2 補刻唐百家詩選〔六〕

今年中秋後三日，大中丞宋公以賑荒，舟過淮，余以病未往謁。公手《唐百家詩選》全

〔一〕上文「錢牧翁」及此「牧翁」，《四庫》本皆作「前輩」。
〔二〕牧翁，《四庫》本作「後遂」。
〔三〕移，《四庫》本作「遺」。
〔四〕牧翁，《四庫》本作「前輩」。
〔五〕曾，眷西堂本作「會」，上圖本改作「曾」。《四庫》本亦作「曾」，據改。
〔六〕《四庫》本「詩選」下有「序」字。

本，授謁者曰：「子爲我致百詩，作一序以賀余之遭。彼序固有言，珍此以俟。」俟焉，果得矣。命竟未達，豈委之於草莽乎？抑謂我老耄而舍我也？既而有獻疑者曰：「吴下人好作僞，紙非宋箋，刻易而爲繕寫，安知不復如楊公濟所爲，以博公之一笑乎？」余獨以爲不然。公撫軍久，吴人仰若神明，非惟不可欺，實不忍欺。凡事且然，况書籍乎？有試之之法在。高棅見全本，以玄宗皇帝《早度蒲關》爲開卷第一，今其書合乎？合則真矣。陳振孫見全本，非惟不及李、杜、韓三家，而王維、韋應物、元、白、劉、柳、孟郊、張籍皆不及，倘闌入以上之一首，則不合，合又真矣。公觀書之眼如〔一〕月，有隙斯照，苟出近人假託，譬衣百衲者，必不能如前刻八卷一色之精。公固蚤辨及此，而謂其不真可乎？馬貴與〔二〕著《文獻通考》，憾延壽《史》無志，故南北日食多異同。其父門下士李謹思序按唐張太素叔姪撰《魏志》百卷，天文尤備。《中州集》：蔡珪補《南北志》六十卷。今亡矣，夫安得二《志》忽焉呈現，以爲君書之助？公兹殆有相之道耶？雖然，余更有請焉者。錢牧翁〔三〕云吴武陵太守謝承《後漢書》，方從哲從史館持去，世遂不可得。不知吾鄉陽曲縣張氏、傳

〔一〕如，眷西堂本爲墨釘，上圖本朱筆補「如」字。大成齋本、《四庫》本皆作「如」。
〔二〕與，眷西堂本作「異」，上圖本改作「與」。《四庫》本作「與」。
〔三〕錢牧翁，《四庫》本作「聞前輩」。

氏、黄氏皆有，緣城破失去。此永樂年間揚州刊本也，安知世不更有其書乎？牧翁〔一〕苦求李燾《續長編》，後〔二〕于内閣鈔卷初五大本，絳雲樓災，遂成燼。後數十年，錫山人從嘉興高氏購得建隆至治平者，質諸牧翁，牧翁曰：「吾焚香一瓣，首一叩，始敢讀一版。」其欣賞如此，安知世不更有熙寧後以補足乎？曰纂《志》於洞庭，徐司寇出典籍庫中《大元大一統志》十數本，皆蜀中地，計尚有九百八十餘本。曾見葉文莊家書目，此《志》與《經世大典》並列，安知世不更有足本乎？又牧翁慨《唐會要》不可見，今復出。吴草廬《周禮考注》《儀禮考注》，年譜且不載其目，今復出。《太常因革禮》，亡友吴志伊物也，既失而復爲司寇所收。竊以以公之力，上所已出者，或寫或刊，以廣其傳；上所未見者，積誠以求之，寬歲月以待之，如是，則大有功於斯文，不獨詩已也。余終始未見其全本，漫以意序之如此云。

3 宋中丞犖七十壽〔三〕

嘗讀有明《實録》，而知巡撫江南之設，始自宣德初胡公槩，繼其任者，則吉水周文襄公，後此二百年共得七十人，計一人一任。雖久暫互異，要實不能踰三載考績之期。而周

〔一〕此及下四「牧翁」，《四庫》本皆作「前輩」。

〔二〕編後，眷西堂本爲墨釘，據《四庫》本補。大成齋本作「編曾」。

〔三〕眉：不必存。

文襄歷任至二十二年焉，是以久道化成，民愛戴若慈母，尸祝如神明。雖以三原王端毅公、瓊山海忠介公或重望、或直節，而輿誦所歸，有不以彼易此者，則文襄之巡撫可知已。入國朝來，未周六十年，得巡撫十餘人，雖視明代爲差久，求其與文襄後先相輝暎，歷任至今十有一年，猶爲聖天子簡在方新者，則未有如我公商丘先生焉。余竊並提而論，而覺説古今人不相及者固非，即説今人得與古人齊者，亦未爲篤論也。何以言之？文襄深仁厚澤，在減明初之逋税、蘇税額二百九十餘萬石。文襄與賢郡守況鍾曲算疏減八十餘萬，民少甦，後雖兼巡撫嘉湖，築捍海塘，施未及江以北也。若先生請蠲、請賑疏數十上，皆爲吾江北二郡不惜官爵身家與民延旦夕命。甚至移節維揚，窮鄉沮洳，扁舟往返，若人人有巡撫之臨其室摩其頂者。文襄未及者一。文襄號善會計，民無逋負，官有餘積，因而問報饋遺，往往不吝，各得其歡心。余謂此劉晏之餘習也，久掌利權，自宜以利啖人，使不得有所訾短我。若先生弊絶風清，自處蕭然，賓客之過吴門者，第蒙一接見，聆其緒論，或懇求文集，得所刻之書籍，無不各厭飫其意而去，非今之人情廉也，以先生無可覬也。文襄未及者二。崑山有南禪寺，爲文襄所棲止。余屢經過之，僧言文襄當年屏騶從，自擕蒼頭就廚下爨。每南面坐，旁立者一吏一卒，是以兒童、白叟及婦女皆得至前刺刺作吴語，故利病纖悉畢達，若先生不待下堂，而民隱已無不聞矣。又以政事之暇登臨山水，置酒言詠，間遇書畫古奇器物，摩娑鑒別，不爽錙銖，非惟文采之勝人，而其整以暇之才實過之。文襄未及者三。余素崛强，不肯輕下人，獨心折於先生，晚始歌羅景鳴壽涯翁之詩，「白頭王孝逸，北面敢徐徐」，先生笑而頷焉。兹當七十初度，特偕邱子迴渡江往祝，因撰此序以進。先生幕下多鴻生魁士，非苟同人者，肯以余文示之？其必共勸公陶然浮一大白也。〔一〕

啓

1 生日展期

憶先君子六十初度，康熙丙辰重陽後一日也。時妻喪已除，而予小子母喪纔踰大祥之四日。先一月，姻友有謀來祝者，先君子聞之頻顣，進小子而命之曰：「《禮經》：『父必三年然後娶，達子之志也。』然則吾不可聽子易其服以稱吾觴，以忘汝母決矣。其展期一年，古有展重陽，吾獨不可展生辰哉？」越明年八月，寧都魏叔子在揚州，以文來祝稱其達禮，且以江西及嶺南俗皆然爲徵。蓋前十之年必加一而成，後十之年必從一而生，大易貞元義也。

〔一〕眉：非但諂諛太甚，直是文理不通，考據家出醜乃爾。整理者按：此條處有墨筆粘簽：「以三吴張翰杯對句觀，安知上句妙極乎？鄙意『乘』字只宜作仄用。礼山。」此簽已脱落，不知原在何處。

在淮實自先君子始，一時稱述如此。今下元節前一日爲余六十，仰述先事，亦展一年，刊布此箋，以告姻友。倘必欲於今歲相存者，是如李兑謂肥義曰「吾見子已今年耳」，其奚忍？

2 乞言小奏〔一〕

家君以丙辰季秋晉六十，戒閽人毋納祝者詞，璩時未敢遽請。今年丁巳九月十日復值初度，璩先期進曰：「大人昨歲有成言，今其時矣。伏乞俯狥輿情，以展菽水之歡，幸甚。」家君始而戚，既而矙然曰：「余何能違俗？汝不記丁未九月爲二人稱觴時乎？余年五十一，汝母五十，同在是月上旬，此有往例。汝今不逮事汝母，獨余蕭蕭白髮，其何以爲情？況今之月猶昔之月也，存没異視，將奚取？必也同稱，庶愜老懷。」璩退而自維，家君之思，璩之思也，微家君言，璩詎敢忘？敬啣命拜懇先生，願賜一言進之堂上，以慰嚴訓，以闡慈徽，仁孝之感，料大君子所不拒者。用陳梗槩，以告於下執事。家君生丁巳九月十日，籍諸生，字再彭，晚號牛叟。先是，參議公分校閩闈，禱于九鯉湖而生，名字皆夢中夙授。少穎異不凡，性篤孝。先大父母早背，哀毁踰禮。克襄大事，極其誠信。依戀松楸，

〔一〕眉：不必存。

數十年不釋于懷。與先母白首相莊，始終無間言。生平非義之取，雖千駟弗視，交友不侵然諾。常云「欲學没脊骨而不能」，蓋有爲之談也。嗜荔枝，繪圖以寄遐抱。著有《眷西堂詩文》《紅鷗亭詞》行世。先母生戊午九月三日，清河丁文恪公季孫。家君敬之，稱爲濟陽君，從郡望也。孝慧柔慎，尤曉大義，事至不動聲色而就理，御下仁恕，肅然成風。卒之日，無賢愚内外，咸慟惜之。一生善病勿藥，垂危前三日猶禮拜先高妣忌辰吉祥，而逝年屢五十有七。母德罔極，奈何今日虚擬花甲哉？餘見蔡静子、李鏡月先生所著傳并家君書傳後。

哀辭

1　南雷黄氏哀辭〔一〕

維康熙乙亥秋九月甲戌望日，方晡，叩門聲甚急。啓視，乃吾梨洲黄先生凶問也，不覺失聲。越明日乙亥，晨興，走哭於城南戴氏。蓋余聞先生名也久，而知先生愛慕我，肯爲我序所著書，許納我門墻，實自戴氏兄弟曾晟始。「夫由賜也見我，故哭諸賜氏」，禮也。

〔一〕眉：不必存。

且召及門顧子諟、楊子開沅會哭。俄而二子至。先生位南向，余號慟曰：「已矣，吾不獲親及先生之門矣，奈何！當髮未燥時，即愛從海内讀書者游，博而能精，上下五百年，縱横一萬里，僅僅得三人焉，曰錢牧齋宗伯也，顧亭林處士也，及先生而三。錢與家有世誼，先祖先考交，余不獲面。顧余初遇之太原，持論嶽嶽不少阿，久乃屈服我。至先生，則僅聞其名而慕，見其所傳而喜，求往揖其貌，且弗可得矣，而況及其門乎哉？已矣，先生云亡，上距牧齋〔一〕薨已三十有二年，即亭林没亦且十四五年。蓋自是而海内讀書種子盡矣。已矣，真天喪我。」顧子曰：「昔聶雙江欲師事王文成而未逮，文成薨後，始因門人錢緒山爲介，執弟子禮。子獨不可援此例乎？況先師實許子。二戴子在旁，知狀。」余曰：「然。」遂移先生位東向，余北面，以四子爲相禮。將下拜，二戴子止曰：「禮：弟子見師贄，子不可以無贄。顧子今南遊，先經紀先師喪，吾徒各有奠附以往，請以侑此奠者之文以當贄。」余曰：「諸君皆披華振藻，爲先生重，又從游久，誄先生爲宜。余新繫籍者也，且天可繪乎？海可測乎？敢辭。」四子諧聲曰：「子其不得辭。」於是拜，拜而相嚮哭。越十日甲申，乃執筆灑淚爲文，以告於皇清大徵君梨翁夫子之靈曰：「世有東坡，萬里當訪。區區千里，而

〔一〕牧齋，上圖本塗去。

不能往。銜痛蒼穹，結恨黄壤。如何可贖？瓣香敬仰。惟先受業，二戴顧楊。登于黄門，前輝後光。小子後至，久而漸明。豈真入晦？抑亦望洋？嗚呼，先生忠臣冢嗣，真儒高弟。康成經神，邵公學海。兼而有之，餘事文采。裹故難窺，驚覩其外。蚤宗潛溪，既慕表元。一變至葉，溯韓淵源。碑版照裔，干謁填門。先人政迹，託以永存。下逮小子，有書一卷。古文疏證，悉翦譌亂。遠蒙嘉賞，賜序以弁。如此窮經，經神重見。壽比牧翁，又踰三年。不識寧人，每用慨然。詞林鼎峙，卓絕後先。鬱鬱化安，誰表厥阡？彦先生往，緘哀片紙。白馬銀濤，渡彼越水。終期宿草，親承音旨。没而不亡，庶其鑒止。嗚呼，尚饗。」

潛邱劄記卷四下〔一〕

喪服翼注

*（經解）1 按〔二〕愚向謂有當請於朝，早加刊正，無疑誤後人者，莫過「王子有其母死者」之注。注引陳氏耆卿，字壽老，臨海人，著《孟子紀蒙》。曰：「王子所生之母死，厭於嫡母，而不敢終喪。」誤亦有自來。趙岐〔三〕注《孟子》：「王之庶夫人死，迫於適夫人，不得行其喪親之數。」當岐同時，康成亦注《孟子》，未知其解云何。要《喪服記》：「公子爲其母，練冠，麻，麻衣縓緣。既葬除之。」康成注曰：「諸侯之妾子，厭於父，爲母不得伸，權爲制此服，不奪其恩也。」傳曰：「何以不在五服之中？君之所不服，子亦不敢服也。」蓋諸侯尊，絶旁期已下，何有於妾？公子被厭，不敢私服其母。父卒，猶有先君餘尊所厭，亦不過服大功，其嚴

〔一〕眉：此爲卷四、卷五。又眉：全抄。整理者按：《四庫》本爲卷四。

〔二〕眷西堂本「喪服翼注」各條起首多有「按」「又按」，上圖本及《四庫》本多删去。《經解》本多删「又」字。

〔三〕本條「岐」字，眷西堂本皆作「歧」，據南圖本及《四庫》本改。

如此。晉胡濟所生母喪，嫡母尚存，疑不得三年，以問范宣。宣答曰：「嫡母雖貴，然厭降之制，父所不及。婦人無專制之事，豈得引父爲比，而屈降支子也？」説與鄭注合，不知何緣。孔穎達疏《戴記》，多有厭適母之説，流傳至宋，闌入《集注》，朱子亦有取此，遂成不刊之典。明初《大明令》載庶子爲其所生母齊衰期，注謂「嫡母在室者」。後《孝慈録》成，益定制：「子爲母，雖父在；庶子爲其母，雖母在，皆斬衰三年。」於序文中特言之，何其甚也！夫母在，爲所生斬，猶可言也，父在，爲所生並同，不可言也。始焉非所厭而云厭，猶知有母也，既焉竟無復有所厭，是不知有父也。冠履倒置至此，極矣。推其失，《集注》實不能辭。且「公子爲其母練冠」之下、「麻衣」之上仍有一「麻」字，蓋以麻爲絰〔一〕帶，何竟遺去？是不獨請早加刊正，且加補正云爾。

*（經解）2 又按余既緣《孟子》而斷曰母不厭子，因偏檢《儀禮》《禮記》注疏，又得五言。曰祖不厭孫、舅不厭婦、姑不厭婦、夫不厭妻〔二〕、女君不厭妾。若此者，亦可作經讀。〔三〕

*（經解）3 又按鄭康成言服之降有四：君大夫以尊降，公子、大夫之子以厭降，公之昆

〔一〕絰，眷西堂本作「經」，上圖本朱筆改作「絰」。眉：「『經』字當是『絰』字。」《四庫》作「絰」，據改。
〔二〕妻，眷西堂本作「妾」，據《四庫》本改。
〔三〕《四庫》本接上條寫作一條。

弟以旁尊降，爲人後者女子子嫁者以出降。余謂仍有以餘尊降，如父卒，服未除〔一〕而遭母喪，仍服期。公之庶昆弟爲母、妻、昆弟，止大功。蓋一爲父之餘尊所厭，一爲先君之餘尊耳。又殤以年降。是服之降有六也。若此者，亦可補入注疏。

*（經解）4 或問：「母不厭子，姑不厭婦，則吾既聞命矣。乃若宗子母在，爲妻禫，似仍有相厭之意。特爲宗子妻尊，夫爲妻伸禫耳？」余曰：否，此自爲同宗男女，宗子之母在，則不爲宗子之妻服，補明一筆，夫仍禫耳，故朱子言《喪服小記》是解《喪服傳》。孔穎達疏「嫌畏宗子尊厭其妻」，果爾，當云雖宗子爲妻禫，不得有母在字面。陳澔《集説》「然則非宗子而母在者不禫矣」，説益非。

*（經解）5 又按期之喪有禫者二：父在爲母、爲妻是也。三年之喪亦有不禫者二：臣爲君三年而后葬者，但有練祥而無禫是也。或曰：「臣爲君僅二十五月輒除，無復禫，見《通典》。鄭學之徒所云，渠何從而知之乎？」余曰：以《喪服小記》列當禫之喪有四，曰爲父、爲母、爲妻、爲長子，孔疏復補出二禫，曰妻爲夫、爲慈母，終不曰臣爲君，故知之。

*（經解）6 或又問：「父在，爲母期，期之喪莫有重焉，爲妻服與此同，得毋甚與？」曰：

〔一〕除，眷西堂本作「降」，據南圖本及《四庫》本改。

非甚也。段成式《酉陽雜俎》解得致精，一切傳注未及，曰：「今之士大夫喪妻，往往杖者。據禮，彼以父服我，我以母服報之。杖同削杖也。」使子夏復生，聞之亦應首肯。且不特削杖，一也。拜用稽顙，二也。十一月而練，十三月而祥，十五月而禫，三也。爲母期，雖除，猶申心喪三年。爲妻禫已過，夫必三年然後娶，以達子之志。種種皆同，豈他旁親之期所敢並與？

*（經解）7 又按禮有六不厭，而有二厭。一曰君厭臣，公、卿、大夫厭於天子、諸侯，降其衆臣布帶、繩屨是。一曰父厭子，父在爲母降至期，父卒直伸三年之衰，不伸斬是。或問：「何不云夫厭妻？」余曰：妻之言齊也，體與夫敵，不得厭之，使無服，或服爲之降。當又得一言曰夫不厭妻，以補注疏。然則妻之不厭也，貴也。妾之不厭也，賤也。貴貴賤賤，門内之治定矣。

*（經解）8 又按女子子爲曾祖父母、祖父母是正尊，雖出嫁，亦不降。爲世父母、叔父母、姑姊妹是旁親，雖未嫁，苟十五已後，即逆降。父爲嫡子，三年斬縗而不去職者，蓋崇禮殺情也。父在，爲母縗周〔一〕，却罷職居心喪三年，則情伸而禮殺。

〔一〕周，《四庫》本作「期」。

*（經解）9 又按范甯言："子夏傳既云以支子繼大宗，則義以暢矣，不應復云適子不得繼大宗，此乃小宗不可絶之明文矣。"余謂絶有二：有天然而絶者，有以後人而絶者。苟天然而絶，在大宗，則爲之置後，俾適適相承，統領百世之族人；若小宗，則聽之，不必復取他支子以後之，蓋彼不過五世則遷耳。此大宗、小宗之别也。何休曰"小宗無後當絶"，斯言得之。賈公彦曰"適子不得後人，無後，亦當有立後之義"，斯言失之。

*（經解）10 又按汪氏琬與予[一]論禮服京師，不合，頗聞其盛氣，既而歸。近且合刊正、續《類稾》，悉改而從我。其中《儀禮説》二條有可喜者，亟録于此。一曰：先王之制禮也，在父黨，則父之昆弟重，而於父之姊妹恩殺矣，故服諸父期，服姑姊妹大功；在母黨，則母之姊妹重，而於母之昆弟恩殺矣，故服從母小功，服舅緦。先王所以嚴内外、别男女而遠嫌疑者也。唐太宗謂加舅服，使與姨母同，太宗知禮，孰不知禮？二曰：凡父黨之尊者，由父推之，皆父之屬也，世父、叔父、從祖、祖父是也。至父之姊妹，則不可謂之父。不可謂之父，其可謂之母乎？二者皆不可以名，故聖人更名曰姑。《爾雅》"謂我姑者，吾謂之

[一] 與予，眷西堂本作"予與"，據《四庫》本乙正。

姪」，蓋姑亦不敢以昆弟之子爲子也。凡母黨之尊者，由母推之，則皆母之屬也，從母是也。至母之昆弟，則不可謂之母。不可謂之母，其可謂之父乎？二者皆不可以名，故聖人更名曰舅。《爾雅》「謂我舅者，吾謂之甥」，蓋舅亦不敢以姊妹之子爲子也。此先王制名之微意也。予謂《爾雅》僅有「謂我舅者，吾謂之甥」一語，若二語並列，即出子夏傳文，汪氏小誤。

*（經解）11 又按章子留書曰：「母之兄弟曰舅，父之姊妹曰姑。舅，母之次也；姑，父之次也。婦人謂夫之父曰舅，母曰姑。舅，父之次也；姑，母之次也。《白虎通》亦云『尊如父而非父者，舅也；親如母而非母者，姑也』。」余亦曰：男子謂妻之父曰外舅，母曰外姑，蓋彼以我之父爲舅，我亦從而舅之，懼其同於母黨也，故別曰外舅；彼以我之母爲姑，我亦從而姑之，懼其同於父黨也，故別曰外姑。女子謂母之兄弟曰舅，謂夫之父亦曰舅；謂父之姊妹曰姑，謂夫之母亦曰姑，蓋女子居然以父母視其夫矣。女子以父母視其夫，可；以在室服父母之服服舅姑，似猶不可。

*（經解）12 又按三年之喪又有無禫者二：一心喪，一追服三年者。心喪以二十五月爲限，見宋元嘉之制；追服三年無禫，見梁天監二年何佟之議。

*（經解）13 又按古者男子有五斬，女子止一斬。在室爲父，出嫁爲夫。當其爲夫，且降

父之服而爲期矣，何有於舅？失禮自唐貞元中始也。今也男子除父〔一〕爲長子之服、臣爲君之服，斬反有八，蓋母加服斬，自明《孝慈録》始也。母既然，於是承重之祖母、所後之母皆然，繼母、慈母亦皆然。合數之，男子有八斬。女子服母、繼母與父同，是在室有三斬。嫁，服舅姑并及承重之祖舅、祖姑，所後之舅姑、繼姑、慈姑亦皆斬。合數之，女子有九斬焉。何斬之多也？蓋服制之變，於是爲已極。

*（經解）14 又按汪氏琬臨没，删其稾爲《堯峰文鈔》，戴晟、西洮購以示我。讀之，頗有幽冥之中負此良友之感。蓋爲余所駁正者，悉刊以從我。有駁正而未及聞於彼者，承謌仍故，將來恐疑誤後生不小。一爲《喪服或問》一條，一爲《答或人論祥禫第二書》是也。西洮請徵其說，余曰：同母異父兄弟之服，《檀弓》以謂大功，非同父異母者。汪氏乃爲之服曰："禮，同父母之昆弟期，同父異母之昆弟大功。"憶五十人初授翰林官訖，有問此中人物云何者，余答以若吴任臣之博覽、徐嘉炎之彊記可稱二妙，若李因篤之杜撰故事、汪琬之私造典禮，恐亦未必有三焉。一時流傳，以爲口實。私造典禮，正坐此等耳。《答或人論祥禫第二書》曰："昔漢儒有主二十七月者，此據《服問》『中月而禫』之說也。魏儒有

〔一〕父，眷西堂本作"無"，據《四庫》本改。

主二十五月者，此據《三年問》『二十五月而畢』、《檀弓》『祥而縞，是月禫』之説也。唐儒又有主三十六月者，此據《喪服四制》『喪不過三年，三年而祥』之説也。」謬尤不可勝言。三年之喪，天經地義所在，古今來凡數大折衷，爲鄭學〔一〕之徒者一説，王學之徒者一説，杜君卿《通典》出復又一説。直至宋英宗治平二年，禮院奏曰：「謹按禮學，王肅以二十五月爲畢喪〔二〕，而鄭康成以二十七月，《通典》用其説，又加至二十七月終，則是二十八月畢喪，而二十九月始吉，蓋失之也。祖宗朝據《通典》爲正，而未經講求，故天聖中更定五服年月，勅斷以二十七月。今士庶所同，望仍遵用。」大哉斯奏，真所謂群言淆亂，折諸聖者矣。今漢儒主二十七月，自指康成。然《服問》無「中月而禫」之文，《間傳》有之，當改作《間傳》。唐儒主三十六月，當改作二十八月方合。且所據乃《間傳》「又期而大祥，素縞，麻衣，中月而禫，禫而纖，無所不佩」之文，並非《喪服四制》。汪氏云云，唐無是人，人無是説者也。東海公聞而特過我曰：「唐實有主三十六月者，子知之乎？」余曰：「知之，《新唐書·王元感傳》載元感初著論三年之喪，以三十有六月。鳳閣舍人張柬之歷破其説曰

〔一〕眷西堂本重「學」字，上圖本删去。眉：「似多一『學』字。」《四庫》本、《經解》本均不重「學」字。
〔二〕南圖本眉：二十五月，漢人通行之，非王肅之説，肅特主是説耳。

云云。當世謂柬之言不詭聖人，而元感論遂廢。此最作史者妙處。蓋世遠言湮，邪説易以誣民，故不載元感原文者，不足載也。却載他人之文於元感傳中，以正元感也。汪氏果指王元感乎？則犬之拾骨而已矣。尚不至此，大抵讀書不深，又健忘耳〔一〕。」東海公曰：「善，弟將轉告汪鈍翁。」已而不果。余復有感，宋英宗治平二年乙巳至孝宗乾道五年己丑，凡一百五年，朱文公居母祝令人憂，輯《家禮》，小祥用初忌，大祥用第二忌日，各短却一月，與二十五月而畢相乖。中月而禫，乃中空一月，今空至二月，方成二十七月。重服減之，輕服增之，進退兩無所據，不知世儒何緣獨譏王肅、杜預，以短喪黜其從祀也。書爲一行童竊以逃，文公既没〔二〕，書始出，故不及詳刊修，以爲一定，遂成萬世闕典，豈不惜哉？噫，文公若此，於汪氏乎何誅？〔三〕

15 又按天子三年之喪，亦凡經數變，但愈變愈蹙爾。劉貢父曰：「漢文制大功十五日，

〔一〕南圖本眉：此等事，不得以健忘爲解。讀書不深，能蓋不免。

〔二〕此條中二「没」字，《四庫》本皆作「殁」。

〔三〕「又按汪氏琬臨没」至「正坐此等耳」，《經解》本作「按汪氏琬堯峰文鈔」，又無「汪氏果指王元感乎」至「又健忘耳」、「弟將轉告汪鈍翁已而不果」及「書爲一行童竊以逃」以下數句。整理者按：又見卷五第七條、第一八條、第八〇條。

小功十四日，纖七日之服者，蓋斷自既葬後，其未葬之前，仍服斬衰。漢諸帝自崩至葬，有百餘日者，未葬則服不除矣。《翟方進傳》『後母終，既葬三十六日，起視事』，其證也。說者遂以日易月，又不通計葬之日，皆大謬也。」余因考《史記》《漢書》遺詔，並云「已下」，無「棺」字。《索隱》曰：「已下，謂柩已下於壙。」柩已下於壙，始服大紅、小紅等服，則三十六日者，在既葬之後明矣。行之三百七十七年，魏武帝始令葬畢便除，無所爲三十六日之服者。後又不知何代，以三十六日爲除服期，而不論葬與否。唐玄、肅二宗之喪，又降三十六日而爲二十七日，是非禮之中又非禮矣。是真謂以日易月。

*（經解）16 或問：「律文：夫凡承重，妻並從夫服。但爾時姑尚存，自應服其舅。或姑斬，妻從之，是一時而有貳斬矣，抑不從耶？」余曰：禮有之，有適子者無適孫，則有適子婦者無適孫婦可知也，仍服大功。或曰：「婦人既嫁從夫，夫，天也，妻其敢貳於天乎？」余曰：夫服祖父母期，妻則大功；夫服本生父母期，妻亦大功，不從夫而服者多矣，奚有於是？

*（經解）17 或問：「祖卒，孫既承重訖矣。久之，祖母卒，孫又應承重，但祖母其所生者也，承則無重之可言，不承則已已名爲適孫，將若何？」余曰：《喪服小記》「祖父卒而后爲祖母後者三年」，疏曰：「此一經論適孫也。」律文：適孫，祖在，爲祖母承重，止齊衰杖期。

亦指適孫，非庶孫也。竊以庶孫可立而爲適孫，妾必不可以升爲妻，仍服期。汪氏琬有《妾宜無服》一篇，或難：「妾之子而既貴矣，天子且許之貤封，而家長獨不可援古而服緦乎？」琬曰：「天子自貴其卿大夫之母，家長自賤其妾，律文之與勑也、誥也，是皆出於天子，並行不悖者也。」或又難：「律文得毋有闕與？」曰：「國家辯妻妾之分，嚴適庶之閑，其防微杜漸也，可謂深切著明矣，而又何闕文之有？」

*18 或問：「古者父妾不論有子無子，皆得謂之母。唐《開元禮》則云『庶母，父妾之有子者，始爲之緦』，此『子』字，男耶？女耶？」余曰：《開元禮》不可知，若今律文與此同者，則指男而非女矣。何以驗之？子，即齊衰杖期條之嫡子、衆子；斬衰三年條之所生子之子也。或曰：「安知其非女？」女無杖，此有杖，故知指男子也。然則宜何稱？律文：父妾無子則不得以母稱〔一〕。今既已有女爲吾之姊若妹也者，吾亦從而母之，奚不可？但不敢加服焉。是於明太祖隆妾之後，而少寓殺抑之微意，似爲先王之所許〔二〕者。〔三〕

〔一〕眉：《讀禮通考》：父妾有女者亦謂之母。
〔二〕許，眷西堂本爲空白，據南圖本及《四庫》本補。
〔三〕國圖本本卷第二三「又按胡致堂」條書眉處有粘簽：「『父妾』條，衍元案古者云云，此古風極厚處。若有女爲吾姊若妹，吾亦從而母之，此亦是也。倘以男女分，恐未免太苛矣。以限于天者爲斷制，是婦人之大不幸也。」

*（經解）19 又按〔一〕里中劉氏之喪，兄既不拜弟，有以嫂可拜其叔爲疑者。余曰：鄭康成有言：「正言嫂叔，尊嫂也。若兄公於弟之妻，則不能也。」兄公，今之大伯之稱。大伯之尊於弟之妻，猶嫂之尊於夫之弟，雖在流俗，大伯猶於弟妻弗拜，則嫂不宜拜夫之弟，何疑？故曰夫妻牉〔二〕合也。又曰：「夫尊於朝，妻貴於室矣。」

*20 又按或有庶母卒者，其父既從律服齊衰杖期矣，而子來問己宜何服。余曰：無服，蓋律所不載也。或因問：「父既如是其重服，子獨不可準之而少降乎？」余曰：此則以意自爲服也，不可之甚者也。蓋此服載明洪武七年《孝慈録》，原明太祖溺情于孫貴妃之薨，變禮於懿文太子及諸王非其所生者，一時制耳，豈真謂有王者起，視如金條玉律，莫可擬議也哉？噫，沿之而誤，且三百三十有二年矣。

*21 又按自唐武后上元初，表請升母服與父同，然仍齊衰三年耳，非至如明《孝慈録》之一無差等。母同父斬，率情變禮之甚者也，遵行且三百年，未見有人焉議請刊正者，豈非一懾於明太祖之嚴威，再便於己情之得伸，而無所復屈也哉？然周公以來，制服有齊衰

〔一〕按，眷西堂本作「安」，據文意改。
〔二〕牉，眷西堂本作「胖」，據南圖本、《四庫》本及《經解》本改。

杖期、齊衰不杖期、齊衰三月與齊衰三年並列爲四齊，自是没不復見矣。傷哉，余嘗反覆思維，欲上留古制而下適乎時宜，不得已如作春秋調人也者，爲之議曰：「父在母没，請爲母服齊衰三年。父没，然後服斬衰。則厭降之義既行，免懷之恩亦報，而人道不至流於野人者，此爲庶幾耳。」

*（經解）22 又按《喪服傳》曰：「父在爲母期，屈也。至尊在，不敢伸其私尊也。」又曰：「禽獸知母而不知父，野人曰：『父母何算焉？』都邑之士則知尊禰矣。」《喪服四制》曰：「資於事父以事母而愛同，天無二日，土無二王，國無二君，家無二尊，以一治之也。故父在爲母齊衰期者，見無二尊也。」此三條者能日百徧誦之，則褚無量所歎俗情膚淺、不知聖人之心者，庶其有悟乎？

*23 又按胡致堂、真西山並以漢文短喪詔，其大指蓋爲吏民，初未及於嗣君，説非也。漢文明詔天下吏民，令到，出臨三日，皆釋服。三日者，吏民之服也。殿中當臨者，皆旦夕各十五舉音，禮畢罷。以下服大紅十五日、小紅十四日、纖七日，釋服三十六日者，殿中當臨者之服也。殿中當臨，非太子與百官而誰哉？然文帝之意，則詔天下以爲己而服，非詔天下以盡爲其親而服，是文帝固未嘗教天下薄其親也。然此詔以後，天下不復有喪三年者矣。嗚呼，豈非上有好者，下必有甚焉者與？又豈非下之人祇從其意，而不從其令

與？終西漢世，服父喪三年惟原涉，母喪三年惟薛修、河間惠王良，後母喪三年惟公孫弘，師喪三年惟侯芭，外此則杳無聞。《詩》曰「庶見素衣兮，我心傷悲兮，聊與子同歸兮」，其殆五子之謂焉？

*（經解）24又按杜元凱謂：「漢氏承秦，率天下爲天子終服三年。」是三年之喪，在暴秦猶不廢也。平帝崩，王莽令吏六百石㠯上皆服喪三年，是三年之喪，在賊莽猶能復也。由前言之，則漢文之罪大矣；由後言之，則晉武亦未盡善也。

*（經解）25又按古者喪期无數，孔穎達疏云：「哀除則止，无日月限數也。」説頗非，不若其疏《三年問》引此句云：「謂無葬練祥之數，其喪父母之哀，猶三年也。故堯崩云如喪考妣三載，則知堯以前已三年。」余謂豈惟堯以前，蓋自有天地即有人類，有人類即有恩愛，而喪紀緣之而興。善乎荀卿言：「三年之喪，人道之至文者也，是百王之所同、古今之所壹也，未有知其所由來者也。」此九字見前，《小戴》綴於此。《小戴》輯入經。又言：「殺人者死，傷人者刑，是百王之所同，未有知其所由來者也。」班固採入史。兩「未有知其所由來者也」，語致精。

*（經解）26又按「百姓如喪考妣三載」，蔡《傳》云百姓「圻内之民」，大非〔一〕。孔安國傳

〔一〕《經解》本無「蔡傳云百姓圻内之民大非」句。

雖晚出，然多本於王肅，解百姓爲百官。蓋有爵土者爲天子服斬衰三年，禮也。内如舜及四岳九官等，外如十二牧及十二州之諸侯。《孟子》所謂「舜帥天下諸侯以爲堯三年喪」是。蓋「百姓」二字，孟子原知有舜在内，方作此辯證，不然，果圻内之民，孟子生千載下，何從而知舜同諸侯爲堯持服也耶？此即以經解經，恐元陳樵先生不應獨美於前矣。〔一〕

*（經解）27 又按《後漢書·李固傳》：「昔堯殂之後，舜仰慕三年，坐則見堯於牆，食則覩堯於羹。」此即舜居堯喪之實事，注疏皆未之及。〔二〕

補正日知録〔三〕

*1 補《日知録》曰〔四〕：《國語》「凡陳之道，設右以爲牝，益左以爲牡」。《淮南子·墬形訓》「丘陵爲牡，谿谷爲牝」，又「牝土之氣，御于玄天」，又「所謂地利者，左牡而右牝」。

〔一〕《經解》本無「恐元陳樵先生不應獨美於前矣」句。
〔二〕眉：前卷凡入「喪服翼注」者入此後。
〔三〕《四庫》本爲卷五。眉：此標寫〇，全抄。
〔四〕《四庫》本無「補日知録曰」五字。

＊2《全〔一〕唐詩話》：「韓翃久家居，一日夜半，客叩門急賀曰：『員外除駕部郎中知制誥。』曰：『誤矣。』客曰『邸報，制誥闕人，中書兩進名，不從』云云。」是「邸報」字亦見于此。

＊3正《日知録》曰〔二〕：「單名以偏旁爲排行，如衛瓘、衛玠之流。」按《晉書》，玠乃瓘之孫，非弟也。

＊4「《漢書》言李固、杜喬朋心合力，致主文宣。而孝桓即位之詔曰『臧吏子孫，不得察舉』。」按桓即位于閏六月庚寅，先三日丁亥。李固策免、杜喬爲太尉，在次年之六月，詔乃即位後四十四日丙戌下，於李、杜皆不相涉。

＊5「宣防既築，導河北行，復禹舊跡，而梁、楚之地復寧，無水災。自漢至唐，河不爲害幾及千年。」按此説大非。「復禹舊跡，無水災」，此《史記·河渠書》之文，若《溝洫志》則續之曰：「自塞宣房後，河復北決於館陶，分爲屯氏河。」《地理志》魏郡館陶縣下注云「河水别出爲屯氏河，東北至章武入海」是也。雖不知的在何年，要武帝元封二年壬申後、宣

〔一〕眷西堂本無「全」字，據南圖本補。
〔二〕《四庫》本無「正日知録曰」五字。

帝地節元年壬子以前事。余嘗謂禹之時，河自碣石入海，至周定王五年，河徙，從鄴縣東北入海，此一變也。[一]漢武元封後、宣帝地節前，河又從渤海郡章武縣入海，此又一變也。古今何等大事，而亭林亦未考及耶？

*（經解）6 寧老云：「《詩》『儀』字凡十見，皆音牛何反。」按《相鼠》詩「儀」與「皮」爲叶，《東山》詩「儀」與「縭」叶，《湛露》詩「儀」與「椅」「離」叶，《斯干》詩「儀」與「議」「罹」叶，若讀爲延知切，似亦未爲不可[二]。

*（經解）7「堯、舜、禹皆名也，古未有號，故帝王皆以名紀，臨文不諱。」按《曲禮》「《詩》《書》不諱，臨文不諱」，盧植注曰：「臨文，謂禮文也。禮執文行事，故言文也。」鄭康成注曰：「爲其失事正也。」陳澔[三]注曰：「不因避諱而改行事之語，蓋恐有誤於承用也。」[四]從來解「文」字皆如此，而從來引此句多誤，豈寧老亦未之免邪？要當用「《詩》《書》不諱」耳。

*（經解）8「武王伐紂」第二則云：「武王克商，不以其故都封周之臣，而仍以封武庚。

〔一〕眉：「周定王時，河雖徙，其入海處猶是禹時故道。此書云『從鄴縣東北入海』云云，尚當詳考。」

〔二〕南圖本旁（朱）：百詩不知古音。

〔三〕澔，眷西堂本作「皓」，據《四庫》本改。

〔四〕《經解》本無「陳澔注曰」至「承用也」句。

及武庚既畔，乃命微子啓代〔一〕殷，而必於宋焉。蓋不以畔逆疑其子孫，而明告萬世以取天下者，無滅國之義也。故宋公朝周則曰臣也，周人待之則曰客也。自天下言之，則侯服于周也；自其國人言之，則以商之臣事商之君，無變於其初也。平王以下，去微子之世遠矣，而曰『孝、惠娶于商』，《左傳》哀二十四年傳。曰『天之棄商久矣』，僖二十二年傳。曰『利以伐姜，不利子〔二〕商』，哀九年傳。吾是以知宋之得爲商也。」按《左傳》哀二十四年「孝、惠娶於商」，此宗〔三〕人釁夏對魯哀公之言。宋林氏注曰：「稱商不稱宋者，避定公諱也。」此解絶妙，寧老獨未見耶？僖二十二年，楚人伐宋以救鄭，宋公將戰，大司馬固諫曰：「天之棄商久矣，君將興之，弗可赦也已。」不曰棄宋，而曰棄商者，此即下文「寡人雖亡國之餘」之意，亦即一姓不再興之説也。今取以證宋得爲商，竊恐寧老未識當時立言之意，因思僖二十一年，宋人爲鹿上之盟，以求諸侯於楚，公子目夷曰：「小國争盟，禍也，宋其亡乎？」此處

〔一〕段跋本尾：代，當作「伐」。
〔二〕子，眷西堂本、《四庫》本均作「于」，上圖本改作「子」。眉（朱）：「于，《左傳》作『子』。」《經解》本亦作「子」，據改。
〔三〕宗，眷西堂本作「宋」，上圖本改作「宗」。眉（朱）：「宋人，《左傳》作『宗人』，宜改正。」《四庫》本、《經解》本作「宗」，據改。

斷宜稱宋，則彼處稱商，正可意會。哀九年，晉趙鞅卜救鄭，遇水適火。史龜曰：「是謂沈陽，可以興兵，利以伐姜，不利子〔一〕商。」不曰伐齊與宋，而變文言姜、言商者，取與上文「陽」「兵」協韻，《毛詩古音考》：「可以興兵，兵音邦。」此固古人文字之常。只觀下文「伐齊則可，敵宋不吉」二語不用韻協，便直稱齊、宋本號，則可見矣。第三則〔二〕：「遷頑民于洛邑。」按寧老云：「頑民，皆叛逆之徒也，其與乎畔而遷者皆商世臣大族，不與乎畔而留於殷者，如祝鮀所謂分康叔以殷民七族〔三〕，是以陶氏、施氏、繁氏、錡氏、樊氏、饑氏、終葵氏爲殷之庶民矣。」請問上文分魯公以殷民六族，條氏、徐氏、蕭氏、索氏、長勺氏、尾勺氏，使帥其宗氏，輯其分族，將其類醜〔四〕，以法則周公，用即命於周，是使之職事於魯，一則曰宗氏，再則曰分族，尚得謂非商之世臣大族乎？豈同一氏族，而分於康叔者獨爲民乎？此不可解。

*（經解）9《日知録》「豐熙僞尚書」云：「其曰『附後《洪範》一篇』，則所云『惟十有三

〔一〕子，《四庫》本作「于」。

〔二〕《四庫》本自「第三則」起另爲一條。

〔三〕《四庫全書考證》：「宋公將戰」，原本脱「將」字；又「如祝鮀所謂分康叔以殷民七族」，原本脱「七」字，並據《左傳》增。整理者按：眷西堂本有「將」「七」二字。

〔四〕類醜，《四庫》本作「醜類」。

祀，王訪于箕子』者，必冠之以《周書》，文義乃通。」按《左傳》屢引《洪範》，皆目爲《商書》，不曰《周書》，說者謂爲此夫子未删前之書名也。今云「必冠之以《周書》，文義乃通」，亦不必然。

*（經解）10 寧人謂：「《春秋》蓋必起自伯禽之封，以洎于中世。當周之盛，朝覲、會同、征伐之事皆在焉，故曰《周禮》。而成之者，古之良史也。」按杜元凱《春秋經傳集解序》，便知《春秋》一書，其發凡以言例，皆周公之垂法，仲尼從而修之，何必言起自伯禽與成之古良史哉？又《左傳》隱七年「謂之禮經」，杜注曰：「此言凡例，乃周公所制禮經也。」〔一〕

*（經解）11 寧老謂桓十七年五月無夏。按桓十七年五月有夏。〔二〕

*（經解）12 《春秋》自僖公以前，大夫並以長幼之字〔三〕爲稱。按《春秋》自莊十二年，衛大夫已稱子，石祁子是也。大夫稱子，莫先于此。或曰：「何以見祁爲謚？」案「鄧祁侯」杜注「祁，謚也」是也。次則甯莊子，見閔二年。《論語》有卞莊子，爲魯卞〔四〕邑大夫。又

〔一〕南圖本眉（朱）：經禮三百，故稱禮經。
〔二〕眉：《公羊》無「夏」字。
〔三〕長幼之字，《日知録》作「伯仲叔季」。
〔四〕卞，眷西堂本作「下」，據《四庫》本、《經解》本改。

云〔一〕：「孟孫氏之稱子也，自蔑也。」文十五年。按《國語》有孟文子，即《左傳》文伯也。又先蔑之稱子，亦當附見。又云：「叔孫氏之稱子也，自豹也。」襄七年。按《國語》定王八年有叔孫宣子，即《左傳》叔孫宣伯也。又先於豹稱子，亦當附及。又按叔孫豹於襄二年稱穆叔，於襄七年稱穆子，亦稱穆叔，至此後，則或稱穆叔，或稱穆子，不一。又於襄七年稱昭伯，於昭四年稱昭子。一人之身倏字而倏子〔二〕，豈一人之身倏貴而倏賤乎？竊以爲通稱。又云：「季孫氏之稱子也，自行父也。」文十三年、閔元年書季子，二年書高子，皆《春秋》之特筆。按季孫氏之稱子也，自行父也，見文六年，不待十三年。又云：「欒氏之稱子也，自枝。」僖二十八年。按《左傳》桓三年有欒共叔，然《國語》稱爲欒共子，又先於欒氏之有貞子，亦當附見。〔三〕又云：「范氏之稱子也，自會也。」宣十二年。按范氏之稱子也，亦自渥濁也，並見十二年。又云：「魯之三家稱子，他如臧氏、子服氏、叔仲氏，皆以伯叔字焉，不敢與三家並也。」按子叔氏有齊子，即叔老，有敬子，即叔弓，一見襄十四年，一見昭三年，誰謂不敢與三家並乎？又昭四年，「豎牛賂叔仲昭子與南遺」，杜注：「昭子，叔仲帶也。」昭十二年，

〔一〕《四庫》本自「又云」或「第二則又云」起均另爲一條，本條共分爲十條。
〔二〕子，眷西堂本作「字」，上圖本改作「子」。旁（朱）：「疑誤。」大成齋本、《四庫》本、《經解》本均作「子」，據改。
〔三〕眉：魏氏稱子自武子，始見僖二十三年。

「南蒯語叔仲穆子，且告之故」，杜注：「穆子，叔仲帶之子，叔仲小也。」第二則又云：「君前不敢子也。」按文六年亦稱趙衰爲成季，非對君言也，何解？陽〔一〕子，成季之屬也，故黨于趙氏。君前臣名，禮也。孟子稱莊暴於齊宣王前曰莊子，誠所未解。又云：「《論語》之稱子者，皆弟子之於師。」如云「非不説子之道」「衛君待子而爲政」之類。按「陳子禽謂子貢曰」，凡兩稱子，猶曰亢，子貢弟子也，若夫子之於季子然一稱子，於季康子四稱子。陳亢問於伯魚亦稱子，桀溺問於子路亦稱子，子路問於丈人亦稱子，豈皆弟子之於師乎？其説不可通矣。或曰：然則若何？愚曰：改「皆」字爲「多」字，庶乎其尚可耳。〔二〕又云：「《孟子》之稱子者，皆師之於弟子。」然《孟子》於平陸大夫、蚳鼃、沈同、留行之客、畢戰、陳相、景春、戴不勝、淳于髡、告子、慎子、白圭、宋句踐、滕之或人俱稱之爲子，豈皆弟子乎？至曹交者，《集注》〔三〕明謂「不容其受業」，亦稱之爲子，其説尤不可得而通矣。

*（經解）13 寧老云：「外大夫若宋、若鄭、若陳、若蔡、若楚、若秦無謚也，而後字之。」按外大夫無謚者而後書字，請問齊隰朋謚成子見《國語》注，是隰朋固有謚矣，何《左傳》止稱

〔一〕陽，眷西堂本作「楊」，據《四庫》本、《經解》本改。
〔二〕眉：此段辨雖雄，然失顧氏立説之本旨，讀者取《日知録》細看便知。
〔三〕眷西堂本無「注」字，上圖本「集」下補「注」字。眉（朱）：「疑脱『注』字。」《四庫》本、《經解》本有「注」字，據補。

爲隰朋，猶可解曰注也？注本《世本》。再請問鄭子産謚成子見《國語》，是子産亦有謚矣，何《左傳》止稱爲子産、公孫僑與子美，猶可解曰此《外傳》也？再請問鄭子産之子參，字子思，謚桓子，是亦有謚矣，何《左傳》不稱爲國桓子，而必連其字曰桓子思？問至此，當無辭矣。

*14 寧老謂：「古人琴瑟之用皆與歌並奏，故有一人歌，一人鼓瑟。若漢文帝使慎夫人[一]鼓瑟，上自倚瑟而歌是也。亦有自鼓而自歌，孔子之取瑟而歌是也。」按《史記·趙世家》武靈王夢見處女鼓瑟而歌《詩》，亦自鼓自歌者。又云[二]：「衛靈公聽新聲於濮水之上，而使師延寫之，則但有曲而無歌。」按《國語》「晉平公説新聲」，注曰：「新聲者，衛靈公將如晉，舍於濮水之上，聞琴聲焉，甚哀，使師涓以琴寫之。至晉，爲平公鼓之，師曠撫其手而止之曰：『此亡國之音也。師延爲紂作靡靡之樂，後而自沈於濮水之中。聞此聲者，必於濮水之上乎？』」當作師涓，不當作師延。何不用《論語》「鼓瑟希，鏗爾，舍瑟而作」，邢疏曰：「鏗，投瑟聲也。」此即有曲而無歌。

[一] 夫人，眷西堂本作「大夫」，據《四庫》本改。段跋本尾：大夫，當作「夫人」。
[二] 《四庫》本自「又云」起另爲一條。

*15「三年之喪」云：「今從鄭氏之説，三年之喪，必二十七月，其過於古人一也。」按從鄭氏説者正合於古人，王肅乃故與鄭反，朱子所謂「王肅議禮，必反鄭玄」是也。王肅且以此獲短喪之譏，寧老豈未之聞耶？又云〔一〕：「今婦爲舅姑亦服三年，其過於古人三也。」至詳考博辯，則見于愚《眷西堂劄記》。〔二〕按婦爲舅姑三年，吳幼清亦嘗辯之，見《服制考詳序》，甚佳。第二則云：「今人以初喪四十九日〔三〕居於柩側謂之七七。」唐《李翺集》中有楊垂撰《喪儀》，其一篇云《七七齋》。按《魏書·胡國珍傳》詔自始薨，至七七，皆爲設千僧齋，令七人出家。

*16「孟子外篇」云：「《周禮·大行人》注引《孟子》曰『諸侯有王』，《顔氏家訓》引《孟子》曰『圖影失形』，《廣韻》『圭』字下注曰『《孟子》六十四黍爲一圭，十圭爲一合』，今《孟子》書皆無其文，豈所謂外篇者邪？」按王應麟《孟子考異》、焦弱侯《焦氏筆乘》所載古人引《孟子》外篇者，其語甚衆，何僅寥寥引此？近尤詳《繹史》。

*17「兩漢風俗」云云。按晉世祖泰始元年乙酉，以傅玄爲諫官，玄上疏曰「近者魏武

〔一〕《四庫》本自「又云」「第二則云」起均另爲一條，本條共分爲三條。
〔二〕《四庫》本無「至詳考」至「眷西堂劄記」句。
〔三〕日，眷西堂本作「曰」，據南圖本、《四庫》本改。上圖本已改作「日」。段跋本眉（朱）：「曰」字疑誤。

好法術而天下貴刑名，魏文慕通達而天下賤守節。其後綱維不攝，放誕盈朝，遂〔一〕使天下無復清議」云云。是致毀方敗常之俗，魏文，非魏武也。愚嘗爲之説曰：清談之風一盛於王、何，再盛於嵇〔二〕、阮，三盛於王、樂，而晉亡矣。然其端則自文帝始，此亦論世者之不可不考也。〔三〕

*18《日知録》云：「唐宋以前，上下通行之貨，一皆以錢而已，未嘗用銀。」按東阿于文定公《筆塵》所載古今用銀事尤詳。又云〔四〕：「《漢書·食貨志》言秦并天下，幣爲二等，而珠玉龜貝銀錫之屬，爲器飾寶臧〔五〕，不爲幣。孝〔六〕武始造白金三品，尋廢不行。」按孝武始造白金三品，乃雜鑄銀錫爲之，此即《漢書》安息國以銀爲錢之制，竟認作銀，非。其文有龍、有馬、有龜，觀〔七〕《錢譜》可知，所直各不同。王莽即真，始直用銀，朱提銀重八兩

〔一〕遂，眷西堂本作「逐」，據《四庫》本改。
〔二〕嵇，眷西堂本作「稽」，據《四庫》本改。
〔三〕眉（朱）：「《日知録》此條載魏武《求才令》，故足敗俗。潛邱所議未的。」
〔四〕《四庫》本自「又云」起均另爲一條，本條共分爲四條。
〔五〕臧，《四庫》本作「藏」。
〔六〕孝，《四庫》本作「漢」。
〔七〕眷西堂本「觀」下有「載」字，據《四庫》本删。

爲一流，直一千五百八十，它銀一流直千，是爲銀貨二品是也。又云：「唐韓愈奏狀亦言五嶺買賣一以銀。」按張籍《送南遷客》詩：「海國戰騎象，蠻州市用銀。」又云：「金至元光二年，寶泉幾于不用。哀宗正大間，民間但以銀市易，此今日上下用銀之始。」按紹興歲幣銀二十萬兩，絹二十萬疋，又糜費銀一千三百餘兩，非上下用銀之事乎？何必金？大抵見北宋所著書，上下用銀，已不計其數矣。

*19寧老云：「今人但以貢生爲明經，非也。唐制有六科：一曰秀才，二曰明經，三曰進士，四曰明法，五曰書，六曰算。當時以詩賦取者謂之進士，以經義取者謂之明經。今罷詩賦而用經義，則今之進士乃唐之明經也。」按愚嘗見茅鹿門評韓昌黎《贈張童子序》，曰「張本與昌黎同舉進士」，不覺失笑。童子自是明經，昌黎方是進士，兩人出身各不同。今昌黎榜進士凡三十餘人，姓名具在，無所爲童子也。鹿門其亦未識古今貢舉之制乎？今見寧老此論，實獲我心。又按金有經義進士、詞賦進士，進士中兼二種，亦不可不知。

*20「進士有甲乙二科。」按《唐書》諸進士試時務策五條，帖所讀一大經，經策全得爲甲第，策得四帖過四以上爲乙第。第二則[一]云：「甲乙丙科始見《漢書·儒林傳》，平帝

〔一〕《四庫》本自「第二則」起另爲一條。

時歲課博士弟子，甲科四十人爲郎中，乙科二十人爲太子舍人，丙科四十人補文學掌故。《匡衡傳》數射策，不中，至九，乃中丙科。」按《漢書·蕭望之傳》以射策甲科爲郎，《儒林傳》房鳳以射策乙科爲太史掌故太常。如此，則三科故事俱全。〔一〕

*21「八股盛而六經微，十八房興而廿一史廢。」按歸太僕《送童子鳴序》：「嘗見元人題其所刻之書，云『自科舉廢而古書稍出』。余蓋深歎其言。夫今世進士之業滋盛，士不復知有書矣。以不讀書而爲學，此子路之佞，而孔子之所惡。」其議論與寧老正同，寧老始亦習聞鄉先生之緒論者與？

*22「元祐八年三月庚子，中書省言，進士御試答策多係在外準備之文」云云。又云：「是當時即以經義爲在外準備之文矣。」按前云「進士御試答策多係在外準備之文」，此自指策而言，與經義無干。今寧老云「是當時即以經義爲在外準備之文」，當時何曾？第二則〔二〕云：「楊文貞言洪武四年、十七年開科，及十八年，會試猶循元制作經疑。至二十一年，始定今三場之制。今之經義，又不如經疑多矣。」〔三〕按元試士用經疑，亦用經義，此則

〔一〕段跋本眉：「上一條言詩賦爲進士，帖經爲明經，此又言進士分甲乙科，以策帖經第高下，似兩相抵捂，俟考。」
〔二〕《四庫》本自「第二則」起另爲一條。
〔三〕此數句不見今本《日知録》。顧有孝《明文英華》引《日知録》有。

專用經疑，不用經義矣，大非。

*23「六國獨燕無後」云：「七國之時，人主多任其貴戚云云，至秦則不用矣。」按樗里疾，秦惠王異母弟，亦嘗相武王。

*24《日知録》云：「以縣統鄉，以鄉統里，備書之者，《史記》：老子，楚苦縣厲鄉曲仁里人。」按楚非國乎？當增一句，曰以國統縣。又按孔子生魯昌平鄉陬邑，是又以國統鄉，以鄉統邑。又云〔一〕：「書邑里而不言鄉，《史記》：聶政，軹深井里。《漢書》：高祖，沛豐邑中陽里人。衛太子亡至湖泉鳩里。」按陳丞相平者，陽武户牖鄉人也。是又書邑、鄉而不言里。

*25其都亭則如今之關廂。按《漢書·循吏傳》，「召信臣出入阡陌，止舍離鄉亭」，是又有鄉亭。又必有牢獄，《詩·小雅》「宜岸宜獄」，陸云「鄉亭之繫曰岸，官府曰獄」是也。又云〔二〕「司馬相如往臨邛舍都亭」云云。按《漢書·翟方進傳》：北地浩商爲義渠長所捕，亡，長取其母與豭豬連繫都亭下。亦宜考及。

〔一〕《四庫》本自「又云」起另爲一條。
〔二〕《四庫》本自「又云」起另爲一條。

*26「《劉衡碑》云：『爲勃海王郎中令，以兄琅琊相憂，即日輕舉。』」按趙相《劉衡碑》「以兄琅琊相亡，即日輕舉」，非「憂」字也，從《金石録》。又云〔一〕：「《楊著碑》云：『遷高陽令，遭從兄沛相憂，篤義忘寵，飄然輕舉。』」按《高陽令楊著碑》：「拜思善侯〔二〕相，遭從〔三〕兄沛相憂，篤義忘寵，飄然輕舉。」此作「遷高陽令」，誤。

*27「東向坐」第一則云：「古人之坐東向爲尊。」歷引史云云，以今之南面爲尊非是。第二則云：「《舊唐書》：『盧簡求子汝弼爲河東節度副使，府有龍泉亭，簡求節制時手書詩一章，在亭之西壁。汝弼復爲亞帥，每亭中讌，未嘗居賓位，西向俛首而已。』是唐人亦以東向爲賓位也。」按韓昌黎《送幽州李端公序》曰「上堂即客階，坐必東向」，亦可證唐人以東向爲尊。又按《南唐書》，伍喬赴試金陵，「故事：中選者，主司必延之陞堂置酒。時有宋貞觀者首就坐，張洎續至。主司覽其文，揖貞觀南坐，引洎坐於西。酒至數行，喬始上卷，主司歎其傑作，乃徙貞觀處席北，洎處席南〔四〕，以喬居賓席。及覆考牓出，喬果爲

〔一〕《四庫》本自「又云」起另爲一條。
〔二〕侯，眷西堂本作「候」，據《四庫》本改。
〔三〕眷西堂本重「從」字，據《四庫》本删。
〔四〕南，眷西堂本爲空白，據南圖本、《四庫》本補。

首，洎、貞觀次之。時稱主司精於衡鑒。」賓席者，東向者坐也，是五代時亦然。又按宋理宗齋居，夜夢一真人峩冠佩玉，延帝殿上，即東席西向坐，以賓禮揖上東向，面命洋洋，俄而夢覺。見《宋史》。

*28「寺證」云：「《後漢書》：『張湛告歸平陵，望寺門而步。』」注：「寺門，即平陵縣門也。」按《馬援傳》「曉狄道長，歸守寺舍」，注：「寺舍，官舍也。」先於《張湛傳》。又《高陽令楊著碑》：「聞母氏疾病，醳榮投黻，步出城寺。」

*29「正五九月」云「唐朝新格以正五九月爲忌月，今人相沿，以爲不宜上任。考《唐書》」云云。按宋王勉夫《野客叢書》載正五九月爲忌月，其説尤詳，當參閲。

*30「二名不偏諱」云：「杜氏《通典》，大唐武德九年六月，太宗居春宮〔一〕，總萬機。下令曰：『依禮，二名不偏諱，今其官號人名及公私文籍，有『世』及『民』兩字，不連讀者，並不須諱避〔二〕。』」按《通典》載高宗亦有詔不諱其名〔三〕「治」，亦當引及。又注云：「《通典》又言，太宗時，二名不相連者並不諱，至玄宗始諱之。」然永徽初，已改民部爲户部，而

〔一〕宮，眷西堂本作「居」。眉：「下『居』字疑是『宮』字。」《四庫》本作「宮」，據改。
〔二〕諱避，《四庫》本作「避諱」。
〔三〕名，眷西堂本作「民」。眉：「『民』字疑是『名』字。」《四庫》本作「名」，據改。

李世勣已去「世」字，單稱「勣」矣。按吾邑晉祠有唐太宗貞觀二十年御製碑，碑陰載當日從行諸臣姓名，内有李勣，已去却「世」字，單稱「勣」，是唐太宗在日已如此，不待永徽初也。愚嘗謂此段可補史傳之闕，寧老素留心金石文字，豈未暇考及此耶？

*31「祖稱」：「曾祖之父爲高祖，然自是以上亦通謂之高祖。《左傳》昭公十七年，郯子來朝，曰『我高祖少皞摯之立也』，則以始祖爲高祖。昭公十五年，王謂籍談曰『昔而高祖孫伯黶司晉之典籍』，則謂其九世祖爲高祖。」按《周書·康王之誥》「無壞我高祖寡命」，高祖，文、武也。在康王之世，稱文、武爲高祖，是又以曾祖父、祖父爲高祖矣。〔一〕

*32「藝祖」第二則云：「宋王旦《封祀壇序》：『烈祖造新邦，臻大定，經制而未遑；神宗求至理，致升平，業成而中罷。』是以宋太祖爲烈祖，太宗爲神宗，亦古人之通稱也。」按吾《太原縣志》載元豐八年韓絳《崇聖寺碑銘序》，亦屢稱藝祖神宗。神宗，即太宗。

*33「古時有人臣而隆其稱曰君者，君奭、君陳、君牙皆此例也，猶漢時人主稱丞相爲君侯也。」《漢書》兒寬爲御史大夫，奉觴上壽，制曰「敬舉君之觴」。按丞相、御史大夫官猶尊，若嚴助爲會稽太守，武帝賜書曰「君厭承明之廬」，亦稱君。第二則〔二〕云：「人臣稱君，自三代以前有

〔一〕《四庫》本自「第二則」起另爲一條。

之。《孟子》象曰『謨蓋都君』。」按《史記·舜本紀》：「一年而所居成聚，二年成邑，三年成都。堯乃賜舜絺衣與琴，爲築倉廩，予牛羊。」是時舜已爲諸侯，故曰都君，非人臣也。大抵上古時，有德者民便往歸之，奉而爲君，以主一國，觀泰伯之在荆蠻可見。

*34「春秋時稱卿大夫曰主。」按《國語》優施謂里克妻曰「主孟啗我」，須知卿大夫之妻亦稱主也。須知《戰國策》又以主君稱諸侯，《秦策》甘茂引樂羊曰「主君之力」，《魏策》魯君擇言稱「主君之尊」云云，蓋一指魏文侯，一指魏惠王也。

*35「幽、并、營三州在《禹貢》九州之外，先儒謂以冀州地廣而分之，殆非也。」孔安國、馬融並云。按幽、并、營三州自九州分出，從來説家皆如此，而寧老斷然謂在《禹貢》山川之外，謂幽在今桑乾河以北至山後諸州，并在今石嶺關以北至豐、勝二州，營在今遼東大寧，並有塞外之地，其山川皆不載之《禹貢》，故糜得而詳。禹畫九州在前，舜肇十二州在後者，似是臆説，不過從「肇十有二州」，肇者，始也着想耳。并在石嶺關以北，請問《周禮》并州「藪曰昭餘祁」，昭餘祁實在太原府祁縣，非石嶺關以南乎？有爲寧老護法者聞之，謂顧先生必有出處，未可輕議。及愚面詰寧老，果是臆説。人之好名而不務實如此。〔一〕

〔一〕《四庫》本無「有爲寧老護法者」至「而不務實如此」句。

*36班固《漢書·叙傳》：「三代損益，降及秦、漢，革剗五等，制立郡縣。」崔瑗《郡太守箴》：「有嬴驅除，焚典紀舊。蕩滅〔一〕蕃畿，罷侯置守。」蓋自漢以下，文人之論皆謂秦始皇廢封建，立郡縣。以余觀之，殆不然云云。〔二〕按《戰國策》，張儀爲秦連衡，説韓王，韓王曰「客幸而教之，請比郡縣」；又張儀爲秦破從連横，謂燕王曰「且今時趙之於秦，猶郡縣也」；又「昌國君樂毅爲燕昭王合五國之兵而攻齊，下七十餘城，盡郡縣之，以屬燕」；又蒙嘉爲先言於秦王，曰燕王「願舉國爲内臣，比諸侯之列，給貢職如郡縣」。又按《國語》晉公子夷吾私於公子縶曰「君實有郡縣」，君謂秦君，言秦亦自有郡縣，則當秦穆公之世，而固已有郡有縣矣。此證尤妙，真可謂一言破的，何必紛紛。又《史記·秦本紀》「武公十年，伐邽冀戎，初縣之。十一年，初縣杜鄭」，是又先於秦穆公世有縣。又云〔三〕：「《左傳》宣十二年，鄭伯逆楚子之辭，曰『使改事君，夷于九縣』，注：『楚滅諸小國爲九縣。』」按《左傳》宣十一年，楚子殺夏徵舒，轘諸栗

〔一〕旁（朱）：疑有脱誤。
〔二〕以上不見今本《日知録》。
〔三〕《四庫》本自「又云」「又注云」起均另爲一條，本條共分爲七條。

門，因縣陳。」〔一〕又王使讓之，曰「諸侯縣公，皆慶寡人」。獨此條面告，寧老以爲然。又按哀十七年，「彭仲爽，申俘也，文王以爲令尹，實縣申、息」。楚滅息見莊十四年，是莊十四年已有縣。又云：「昭五年，薳啓疆曰晉十家九縣，其餘四十縣。」按《左傳》昭三年「初，州縣〔二〕，欒豹之邑也」；又「文子曰『温，吾縣也』」；又「晉之别縣不唯州」；又「余不能治余縣」。凡四「縣」字，先於薳啓疆曰二年。又注云：「《周禮·小司徒》『四甸爲縣』。」按《周書·作雒篇》「千里百縣，縣有四郡」，宜補於「四甸爲縣」之下。又云：「《戰國策》甘茂曰宜陽大縣，名曰縣，其實郡也。則當七國之世，而固已有郡矣。」按《史記·秦本紀》惠文君十年，「魏納上郡十五縣」；又後十三年，「置漢中郡」。又云「西門豹爲鄴令」云云。按《史記·秦本紀》孝公十二年，「并諸小鄉聚集爲大縣，縣一令」。又云：「蘇代曰：『請以三萬户之都封太守，千户封縣令。』」按《國策》此二語乃趙勝謂馮亭，非蘇〔三〕也。又按《戰國策》馬服君曰「燕嘗以奢爲上谷守」，又秦令韓陽告上黨守靳黈曰，又齊人

〔一〕眉：「按《左傳》僖三十三年『晉人敗狄于箕』篇，襄公以再命命先茅之縣，賞胥臣云云。是又先於宣公十一年矣。」又眉：「是兩『命』字，無『以』字。」整理者按：前批下「命」字原作「以」，後圈去，改作「命」。

〔二〕眷西堂本無「縣」字，上圖本「州」下補「縣」字。眉：「脱一『縣』字。」《四庫》本有「縣」字，據補。

〔三〕《四庫》本「蘇」下有「代」字。

李伯見孝成王以爲代郡守。古郡守止稱「守」，無「太」字，至漢景帝中二年七月，更郡守爲太守，始爲太守。《史記》於景帝以前事嘗叙太守者，此自以後代制度叙前人事迹，其誤甚明，《索隱》所謂「太者，衍字」是也。然《戰國策》叙馮亭上黨事，凡五稱太守。愚竊以爲此後人傳寫者增加，非當時實録也。古書如此類最多，要當識者意會之。

*37「《衛世家》言二世元年，廢衛君角爲庶人，是始皇時衛未嘗亡也。」按《漢書·地理志》，始皇既并天下，猶獨置衛君，二世時乃廢爲庶人，凡四十世九百年，最後絶。此證尤好。又云[一]：「《越世家》言越以此散，諸族子争立，或爲王，或爲君，濱于江南海上，服朝于楚。《秦始皇本紀》言二十五年，王翦遂定荆江南地，降越君。漢興，有東海王摇、閩越王無諸之屬。如今世之土司。是越未嘗亡也。」按《越世家》，後七世至閩君摇，佐諸侯平秦，漢高帝復以摇爲越王，以奉越後，是不特未亡於秦，且從而亡秦矣。

*(經解)38「古所謂山東者，華山以東。《管子》言『楚者，山東之彊國也』。《史記》引賈生言『秦并兼諸侯山東三十餘郡』。《後漢·陳元傳》言『陛下不當都山東』。謂光武都雒陽。蓋自函谷關以東總謂之山東，唐人則以太行山之東爲山東，杜牧謂「山東之地，禹畫九土曰冀州」是也。而非

[一]《四庫》本自「又云」起另爲一條。

若今之但以齊魯爲山東也。」按《戰國策》，蘇秦始將連衡〔一〕，説秦惠王「當秦之隆，山東之國從風而服，使趙大重」，又秦惠王謂寒泉子曰「蘇秦欺寡人，欲以一人之智，反覆山東之君，從以欺秦」，如此之稱山東，不啻數百見，何不一引證？又按《漢書·趙充國辛慶忌傳》贊曰：「秦漢以來，山東出相，山西出將。」贊所謂山西者，明云天水、隴西、安定、北地諸處，正在華山以西，亦一妙證。又按《太史公自序》：「蕭何填撫山西。」《正義》曰：「謂華山之西也。」又按《漢書·地理志》，秦地，其界自弘農故關𠀤西。以之謂秦地則可，謂山西則不可。又按《史記·留侯世家》，劉敬説高帝都〔二〕關中，左右大臣皆山東人，多勸上都雒陽。此事又先於陳元。又按寧老云「自函谷之東，總謂山東」，只當言華山以東，不必及函谷關，蓋函谷距華尚遠也，華原屬晉地。又按老杜《送舍弟穎赴齊州》詩「諸姑今海畔，兩弟〔三〕亦山東。去傍干戈覓，來看道路通」，又有「昔我遊山東，憶戲東嶽陽」，是唐人未嘗不專以齊魯爲山東也。又云〔四〕：「古所謂河内者，在冀州，三面距河之内。《史記正

〔一〕衡，《四庫》本作「横」。
〔二〕眷西堂本無「都」字。《四庫全書考證》：原本脱「都」字，據《史記》增。
〔三〕弟，眷西堂本作「地」，上圖本改作「弟」。《四庫》本亦作「弟」，據改。
〔四〕《四庫》本自「又云」起另爲一條。

義》曰：『古帝王之都，多在河東、河北，故呼河北爲河内，河南爲河外。又云河從龍門南至華陰，東至衛州，東北入海，曲繞冀州，故言河内。』蓋自大河以北總謂之河内，而非若今之但以懷州爲河内也。」按《左傳》僖十五年，「賂秦伯以河外列城五」，杜注曰：「河外，河南也。」亦一證也。《戰國策》蘇子爲趙合從，説魏王曰：「大王之地，北有河外。」注曰：「河外，即河南地。」不又一證邪？《史記·廉頗藺相如傳》秦王欲與趙王會於西河外澠池，注曰：「在〔一〕西河之南，故云外。」則又一證矣。又按《戰國策》，黄歇説秦昭王曰「王又舉甲兵，而攻魏杜〔二〕大梁之門，舉河内」，注曰「屬司隸」，《正義》云「即懷州也，在河南之北，西河之東，東河之西」，是古未嘗不專以懷州爲河内也。《漢書·地理志》河内郡有懷縣，下注曰「莽曰河内」，是莽已以懷爲河内，不止今。〔三〕

*39「水經注大梁靈丘之誤」，「左傳桓九年」云云。按《戰國策》須賈爲魏謂穰侯曰：「初時惠王伐趙，戰乎三梁。」注曰：「《春秋》秦取梁，漢夏陽也。河内有梁，周〔四〕小邑也。

〔一〕眷西堂本重「在」字，據《四庫》本、《經解》本删。

〔二〕杜，眷西堂本作「社」，據《四庫》本改。

〔三〕《經解》本刻「古所謂河内者」至「不止今」。

〔四〕周，眷西堂本此處空一字，據南圖本及《戰國策》補。

陳留、浚儀、大梁爲三，皆魏地。」

*41「太原」第二則云：「《舊唐書・崔神慶傳》曰：『則天時，擢拜并州長史。先是并州有東、西二城，隔汾水，神慶始築城相接，每歲省防禦兵數千人，邊州甚以爲便。』此即《志》所云『兩城之間有中城』者也。汾水湍悍，古人何以架橋立城如此之易？」按《水經注》汾水云：「水上舊有梁，清汫〔一〕殞於梁下，豫讓死於津側，亦襄子解衣之所在也。」此即指晉陽縣。又按唐李勣、馬燧俱引晉水架汾河而東去，故汾河東有晉祠水利，若以語寧老，亦必不〔二〕信。又按萬曆間有僧妙峰者，立願于汾水上建橋，鑿石於西山，石條幾與山齊，惜此僧不久即逝。後取以包太原縣城者，即此石也，未用其百之一。使此僧尚存，橋必有成。夫以一僧〔三〕力尚如此，況崔神慶以朝廷之力乎？所爲跨水聯堞，合而一之，如傳志所云者，正不必爲奇。

*41「泰山立石」云「嶽頂無字碑，世傳爲秦始皇所立」云云。又云：「《後漢書・祭祀志》亦云『上東上泰山，乃上石，立之泰山巔』，然則此無字碑，明爲漢武帝所立，而後之不

〔一〕清汫，《四庫》本作「青荓」。
〔二〕必不，眷西堂本作「不必」，據《四庫》本改。
〔三〕上圖本「僧」下墨筆書「之」字。

讀史者，誤以爲秦耳。」按《後漢・祭祀志》，「乃上石，立之泰〔一〕山顛」，注引《風俗通》曰「石高二丈一尺，刻之〔二〕曰『事天以禮，立身以義』」云云。又《張純傳》，「上元封舊儀及刻石文」，刻石文即「事天以禮」等語也。

〔一〕泰，眷西堂本作「秦」，據《後漢書・祭祀志上》改。
〔二〕之，眷西堂本此處空一字，據南圖本及《後漢書》注補。

潛邱劄記卷五〔一〕

書〔二〕

1 與汪舟次

昨過談匆匆，未盡欲語。弟之偶議鈍翁先生志文也，實以古人叙人家世，皆自曾祖以下，無及高祖者。閒及高祖，必以其人其書足書。若空空名諱，則斷未之及也。歷覽韓、歐、王介甫，以及明初宋潛溪皆然。此唐、宋以來高、曾之規矩也。但古人文多口訣，未嘗筆諸書，故難卒曉，要在讀者善體會耳。雖以鈍翁所痛詆之牧齋，猶不失此規矩，《初學集》可檢也。或曰「此本之元人」。弟對曰：近得柳文肅集於廟市，亦自曾祖叙起，渠非元人邪？乞特致此語於鈍翁，願得一言以報弟，受益不淺矣。

〔一〕眉：此分二卷，爲卷六、卷七。

〔二〕上圖本「書」下有墨筆「簡」字。眉：此卷亦不必立書之一目，當與前數卷一樣寫，而小字偏行寫「與某人」字樣于行末。整理者按：此眉批，後用墨筆刪去。《四庫》本删去此文體題名，於標題「與某人」下多加「書」字。

2 與傅青主二丈〔一〕

昨座上客有云世傳關壯繆生於靈帝戊午，日、月、時並同。案《通鑑目録》，此年五月己卯朔，無戊午日。

*（經解）3 與徐勝力

昨過談，偶及季悼子未執政，蓋死於武子手，故經未書其卒，此亦見之注疏。惜未攜至，容他日檢出奉覽也。先生盛氣欲辯，已而中止，弟不覺匿笑，得毋見弟在失意中，少寬假？然此非所論於學問也〔二〕，請爲先生陳之。政逮於大夫四世：文子、武子、平子、桓子。魯文公薨，君於是失國，政在季氏。季氏者，文子也。宣十八年，「欲去三桓以張公室」；成十六年，「魯之有季、孟，猶晉之有欒、范，政令於是乎成」，皆謂文子。若武子始專國，武子立，襄五年耳。上溯宣元年，凡四十有一年，政將誰歸乎？豈《論語》妄語邪？而《左氏》「忠於公室」之言，果足據邪？蓋朱注之誤原於孔氏，孔注之誤則以無處位置悼子。故自桓子上數四世，至武子止矣。若知季氏中少一世，種種皆合。此非弟言，注疏之言也。〔三〕

〔一〕下墨筆書「説見前」。

〔二〕《四庫》本無「惜未攜至」至「學問也」句。

〔三〕《經解》本刻「政逮於大夫四世」至「注疏之言也」，無「非弟言」三字。

*（經解）4 與宋既庭

承示《詩》論八篇，内及魯申公《詩説》，此出〔一〕近代僞書之尤者也。《漢書·杜欽傳》：《關雎》爲歎康王之后，臣瓚曰「此《魯詩》」。《谷永傳》「閻妻驕扇」，注以爲《魯詩》，「言厲王無道，内寵熾盛」也。「先君之思，以畜寡人」，鄭康成注《記》時尚未得毛傳，故用《魯詩》曰「此衛夫人定姜之詩也」，劉向《列女傳》正同，蓋向家世《魯詩》。故今《詩説》，《關雎》仍屬太姒，《燕燕》仍莊姜，《十月之交》仍幽王，皆與《毛詩》合，安在毛與三家絶異哉？顯誤如此，不待細攻，謹告。

*（經解）5 與陶紫司

承示鈍翁《古今五服考異》，酌古佐今，信爲不刊之典。但序疑及《儀禮》處，謂：「丈夫三十而娶，爲之妻者，乃有夫之姊之長殤之服，不亦異乎？」疑「姊」字誤，不知非誤也。《左氏傳》「國君十五而生子，冠而生子，禮也」，然則古之冠、昏，固有不盡二十、三十者矣。以十五之前之人而有妻，而適遭姊喪，姊尚可爲中殤，且不必至長也。或曰：「諸侯絶旁期，此降在緦麻，已無服，而謂諸侯之夫人服之乎？」弟曰：夫人雖無服，而却有服之理。

〔一〕出，上圖本塗去。《四庫》本亦無「出」字。

古五十命爲大夫，不特無冠禮，亦當無其昏禮。今乃有大夫昏禮，豈非世愈變，而期已不若前乎？臣不殤君，子不殤父，殤者亦聞有子也。且年十六至十九方爲長殤，女子十五許嫁，字而笄之〔一〕，笄即不爲殤，是女子無長殤。何《儀禮》言長殤者不一？傳記紛如，吾欲一以《儀禮》爲斷。此特向吾友弟云云爾，不敢爲鈍翁道也〔二〕。

序又疑大夫絶緦，於其旁親皆然，何獨爲貴臣、貴妾緦？不知此義服也。《周禮》「王爲諸侯緦衰」，天子且然，而況大夫乎？他若王一歲而有三年之喪二，只以《儀禮》「父必三年然後娶，達子之志」解之，故妻喪亦可稱三年。期之喪，達乎大夫，其實大夫已降期，不待大功，今云云者殆又誤會《中庸》之文也。復白。案「王爲諸侯緦〔三〕衰」，鄭注爲弔服。然既葬而除，亦已服五月矣。

*（經解）6 又與陶紫司

適考得《喪服傳》大夫爲昆弟、姑、姊妹之長殤小功，果五十始爵命，安得有兄若姊之尚在十九以下與？鄭注：「以此知爲大夫無殤服也。」此既以見世有奇才盛德，不必要至

〔一〕字而笄之，《四庫》本作「笄而字之」。
〔二〕《經解》本無「此特向吾友弟云云爾不敢爲鈍翁道也」句。
〔三〕《四庫》本「緦」下有「服」字。

五十，而即有幼爲大夫者。又以見已爲大夫，則用士禮冠矣。冠即不爲殤，不爲殤，而後可以服他人之殤。鄭注又云：「昆弟殤死，或謂爲士者。」古四十强而仕，則四十始爲士。今士在殤中，亦有未二十得爲士者。冠也，仕也，服官政也，皆不依常法，周公固已爲變禮制此服矣。若《國語》趙武冠見范文子，冠時年十六七。《家語》「孔子年十九，娶於宋亓官氏」，特衰季之事。以此難鈍翁，鈍翁不必服，固不若以周公所制者還折之也。

*7 三〔一〕與陶紫司

《鈍翁類稿》：有宗婦死，則夫爲之齊衰三年。三年喪，唐儒有主三十六月者，以《喪服四制》「喪不過三年，三年而祥」爲據。竊意此二禮未知何出，或鈍翁因《左氏》叔向語，遂認王爲宗子，后爲宗婦。景王真爲穆后服三年乎？杜氏《通典》折衷鄭、王兩家之説，斷以禫在二十六月終，又終一月禫除，徙月樂，是且二十八月，得毋又誤記爲三十六月乎？欲叩之，恐攖其怒也。宛轉託人致訊，果不出弟所料。學術至此，竟成塗炭矣。

*（經解）8 四與陶紫司

承問：「宗子爲其妻服。果有異乎？」弟曰：有異。《喪服小記》「宗子母在，爲妻

〔一〕三，上圖本改作「又」。上圖本多標識將與同一人書接抄，並將第二通及以下書信標題改作「又」。

禫」而已，禫乃十五月而禫，非二十七月而禫也。宗婦死，有爲之齊衰三月者，未聞三年也。凡喪稱三年，皆再期之謂，及二十五月之謂，非真有三年。近惟窮鄉陋邑目不覩《會典》等書者，真服至三年，不意作《五服考異》者而亦出此。兄嘗謂鈍翁未見大敵，使與牧齋遊，其學故可不翅。然此等典禮，亦不必見牧齋而後無誤也。〔一〕

*（經解）9 又與徐勝力〔二〕

近始從人假得注疏，借書之難如此。昭十二年《傳》「季悼子之卒也」，疏謂：「悼子卒，不書於〔三〕經，其卒當在武子之前。平子以孫繼祖，武子卒後，即平子立也。」昭二十五年《傳》「政在季氏三世矣」，注謂文子、武子、平子。又《孔子世家》，「年十七，是歲季武子卒，平子代立」。皆足證鄙説之不誣。誣不誣亦何足深計，獨怪季孫行父身爲權姦，流毒累葉，而享有忠公室、無私積之僞名，甚至明著聖經歷二千年，爲傳注者莫能指以實之。嗚呼，何以誅姦諛於既死哉？聊因續札，以發一二。〔四〕

〔一〕《四庫》本無「兄嘗謂」至「而後無誤也」句。《經解》本無「近惟」至「而後無誤也」句。

〔二〕眉：移此條與前「與徐勝力」一條相次。

〔三〕眷西堂本無「於」字，據《四庫》本補。

〔四〕《經解》本無「聊因續札以發一二」句。

*（經解）10 與江辰六

承面問：「鈍翁以長子筠卒，以幼子穀詒爲之後，名之曰權。是説也，於禮安乎？否乎？」弟以鈍翁長於《禮》學，而又身爲士夫，不應當哀悼荒惑之餘，任情黷禮，若世俗人所爲者。其亦必有所恃乎？曷恃爾？殆恃《宋文鑑》劉原父爲兄後一議乎？及歸，取其槀讀之，果有《與從弟論立後書》，載劉原父之議曰：「《春秋》之義，有常有變。取後者不得取兄弟，常也；既已取兄弟矣，則正其禮，使從子例，變也。僖公以兄繼弟，《春秋》謂之子；嬰齊以弟繼兄，《春秋》亦謂之子，所謂常用於常，變用於變也。」《春秋》唯《公羊》家多異説，姑勿論。即以其僖公元年《傳》：「此非子也。其稱子何？臣子一例也。」蓋僖公於閔雖庶兄，實北面爲臣。「禮：諸侯臣諸父、兄弟，以臣之繼君，猶子之繼父，其服皆斬。」故《傳》稱「臣子一例」。今鈍翁非諸侯也，然猶可諉者，曰有嬰齊大夫之例在。然今之大夫，非古之大夫也。古天子諸侯及卿大夫有地者皆曰君，《喪服傳》「君至尊也」，爲之斬。故大夫尊，得以降其親兄弟之服止大功。後世此禮不行。而劉炫駁牛弘降服之議曰：「古之仕者，唯宗子一人，由是先王重適。今之仕者，位以才升，不限適庶。與古既異，何降之有？」旨哉，其由此推言之，縱鈍翁無子，猶不得以弟爲之後，而況鈍翁之子筠，不過一士庶人耳，而敢援古大夫之例乎？或又爲之解曰：「鈍翁固云權爾。」權爾，竊以天下何事不可權，而唯倫關父子、事涉宗祧，天經地義之所在，有必不可以權爲辭者。且《公羊》不嘗以權許祭仲之廢君乎？君子深非之。漢雋不疑亦嘗以衛輒拒父，《春秋》是之，斷衛太子之獄，雖一時君臣相顧嘉歎，以爲經術之效，而後世則罪其説之非！善乎鈍翁嘗引蘇氏之言曰：「執聖人之一端以藉其口，夫何説而不可？」然則斯議也，其亦聖人之一端也已矣。

*11 五與陶紫司〔一〕

今日偶見《綱目》，漢惠帝七年，尹氏《發明》曰：「天下不可一日無主。惠帝以八月崩，而太子乃以九月即位，至於曠月無君。考之前史，蓋自戊寅至辛丑二十四日而葬，葬而後即位，則呂氏擅朝之禍可勝言哉。」不覺失笑。兩漢嗣君即位之禮各别，西京陵寢皆生時爲之，故升遐後不復循古制，多或經月，少則旬日便葬。嗣君即位，猶多在既葬之後，蓋葬始可即吉故。至東京，則葬期漸遥，更制令以大行柩前即位，下到今皆遵之。若以惠帝太子遲立，爲呂氏之故，而高帝崩於四月甲辰，惠帝即位於五月丙寅，亦二十三日，抑豈呂氏之故邪？他若景帝嗣文越九日，武帝嗣景越十日，皆以既葬爲斷也。大抵今人不識

〔一〕題下墨筆書「接寫前第四首之後」。

古人，草野人不識朝廷制度，而宋儒又苦以道理硬説，其不試於用者特幸耳。竊念老弟素抱大略，而復深嗤宋儒，故輒獻其説如此。

*12 與王山史

頃問：「《點將録》果出貴鄉王諱紹徽手否？何《逆案》載其事？」先生以此書實出阮大鋮。王偶失魏閹歡，謀所以解之術於阮，阮授以此書，而王上之，而世遂以名之。此鄉曲所共傳者。弟思之，殊不然。兒時讀《點將録》，記没遮攔穆弘乃大鋮，豈有自作此《録》，而竄入己姓名其中者乎？蓋大鋮本東林，以求任吏掌垣，不久遽彊之歸，遂叛去〔一〕。東林諸公留以處魏廓園也，禍由兹始。凡事實不特鄉曲多承譌，即人子孫親述其祖父云何亦互異，此史學之所以難也。

*13 與李天生

十年仰止，始得晤於傳舍親寓，何幸！何幸！先生從横博辯，自一往莫禦，但云古人叙其世系，即子之於母有疑互〔二〕者，弟不勝駭異。因云杜公母崔不待言，而所作《范陽

〔一〕遂叛去，《四庫》本在「魏廓園也」後。
〔二〕互，《四庫》本作「誤」。

盧太君誌》，乃云「冢婦同郡盧氏」。冢婦者，奉天令之妻。是公之母又盧，盧亦名族，何不見詩中有某舅、内弟、表姪之稱若崔者乎？弟歸而詳考《范陽盧太君誌》，與他誌例叙者不同，先叙三男、三女，或存或没；次叙一男、二女，或存或没；然後叙其往葬，既哭成位。有若冢婦同郡盧氏、介婦滎陽鄭氏、鉅鹿魏氏、京兆王氏，皆及見存之子婦。此作於天寶三載，公母崔已早亡，而見存者繼母也，盧即其繼也。公家兩世皆繼娶於盧，詩中若十一舅、十七舅、二十四舅不著崔字面，安知非盧？《送盧十四弟侍御》《懷盧十四侍御弟》，尤明爲表弟。《天寶初南曹小司寇舅於我太夫人堂下纍土爲山》，太夫人既盧，則小司寇舅應亦盧。舅固公之母黨，實亦太夫人之姪耳，故有斯舉。因又歎，博極如牧齋，亦不免誤曰冢婦盧氏的爲傳寫之譌，不知非譌也。鄙見如此，尚望先生教之。

*（經解）14 又與傅青主二丈〔一〕

向在太原日，先生曾以「褚師聲子韈而登席，公怒」下問云：「古人既脱屨，復脱韈乎？雖杜注『古者見君解韈』，然書傳中僅此一見，無别證，何也？」晚不敢對，蓋先生博極

〔一〕又與傅青主二丈，上圖本改作「與傅青主二丈」。

群書，而復精析入毫芒。晚何人，敢知先生之所未逮乎？謹識之不敢忘。越四載，讀陳祥道用之《禮書》，始釋然，今報。〔一〕《禮書》謂「漢、魏以後，朝祭皆跣韈」〔二〕。又謂「梁天監間，尚書參議案禮跣韈，事由燕坐，今極恭之所，莫不皆跣。清廟崇嚴，既絶常禮，凡有履行者應皆跣韈。蓋方是時，有不跣韈者，故議者及之」。可見六朝時猶然，而尤妙者在「案禮跣韈，事由燕坐」二語。古祭不跣，所以主敬。朝不脱履，以非坐故。唯登坐於燕飲，始有跣爲歡，後則以跣示敬。此亦古今各不同處，因怪杜注「見君解韈」，「見君」字不確，要須易爲「古者燕飲解韈」耳。

又考得《漢·哀帝紀》中山王「賜食於前，後飽；起下，韈係解」。此賜食也，非燕飲比，故韈尚存。

*15 與馮圃芝

承示石林源師《義山詩注》，即世盛行之吴江本，然尚苦譌闕。如謂李肱以《霓裳羽衣曲》詩及第，而義山不與肱同年，何亦有「記得大羅天上事，衆仙同日詠霓裳」之句？不知

〔一〕《經解》本無「晚不敢對」至「始釋然今報」句，下「禮書」前有「按陳祥道」四字。
〔二〕眉：《史記·張廷尉傳》載王生顧謂張廷尉「爲我結韈」事，恐漢時朝會不解韈。

開成初，高鍇連知貢舉，第一榜肱爲首，賦試琴瑟合奏，詩則《霓裳羽衣曲》。明年復前詩題爲賦題，而别試太學，創置石經詩。並鍇辭入貢院日，文宗面賜，故不厭重複。義山、畏之正二年進士，其同詠《霓裳》，復何疑焉？

16 又與馮圃芝

亡友趙石寅先生琳，東萊人，善論詩，尤好指摘，以供談柄。一日謂弟：「《詩歸》何不學至此？」遂指宋之問梁宣王、魯忠王挽詞，中云「存没貴忠良」，鍾批「存不必言，説到没處，方知忠良關係」，此武三思崇訓父子也。弟對：昔牧齋笑其以朱仲晦爲王績鄉人，與此以武三思爲唐室忠臣，正可作對。然仲晦之誤，實《詩紀》有以先之。

17 與李公凱

昨酒中縱談云：「聖人之言，述於賢人，少有更易，便不如聖人之確。」兄以爲或過，今請以一事實之。《論語》「杞不足徵」「宋不足徵」，《中庸》易其文曰「有宋存」。孔子七世祖正考甫得《商頌》十二篇於周之太師，歸以祀其先王，而孔子録《詩》時，已亡其七，此非宋不足徵之一明徵乎？群言淆亂，折諸聖，未聞折諸賢。今人則信程、朱勝於孟子，信孟子又勝於信孔子，事之不可解者。馮氏定遠所深致慨，豈欺我哉？

*18 六與陶紫司〔一〕

又考得《唐·儒學傳》，王元感論三年之喪主三十六月，鳳閣舍人張柬之歷破其說，其驗有四，具在《新唐書》。當時以柬之言爲允，而元感論遂廢，豈鈍翁所指唐儒即王元感乎？果爾，亦犬之拾骨，鈍翁尚未至此。大抵《通典》中一段頗難理會，下訖宋治平初，幾三百年。禮官奏，祖宗朝據《通典》爲正，以二十五月終大祥，二十七月終禫，二十八月終禫除。是且二十九月，亦與杜説異。直至弟今日發之。然則亦何怪鈍翁之不解邪？

*19 與陸冰修

昨紫司兄見過云：「人知周公制禮，而不知周姥所制之禮。」弟笑問出何書，曰：「出《鈍翁類藳》，『宗婦死，夫爲之三年』，非周姥所制禮邪？」唐上元中，武后請，父在爲母與父没服同。請之而未果行，後卒行之。蓋天下邪説莫患乎倡其端，後遂河決魚爛，而不可挽止，《春秋》所爲「惡始亂」也。今鈍翁雅有文譽，又新領史職，趨承羽翼之者唯恐後，益哆然以三《禮》自命。萬一世遠言湮，譌以傳譌，一時好異之徒起而宗之，或著爲律令，其有害於世道人心不可勝言，尤酷於武后。王充不云乎：「俗語不實，成爲丹青。丹青之

〔一〕題下墨筆書「接寫前第五首之後」。

文，賢聖惑焉。」先生固素惡夫惑世者，願勿以此等議論爲等閒，而力排之、顯斥之無讓。

*20 與陸翼王

鈍翁毀我於朝，又詈我於私室，終不肯已，曰：「閻某聞有親在堂，奈何用《喪禮》與僕相往復？縱言之是，已非。」因及《檀弓》「之死而致死之，不仁而不可爲也」、《左氏》「豫凶事，非禮也」以佐成其説。嘻，異哉，其亦可謂妄之至者矣。〔一〕《檀弓》所云乃指明器，《左氏》所云乃指生而來贈者，皆非親在而言《喪禮》之謂也。古大功廢業，況於居父母喪，宜一切廢，然獨許之未葬讀《喪禮》、既葬讀《祭禮》者，蓋以二禮繁重，苟非平日從師講肄，復又習於臨時，必不能按其節而合乎度。若如鈍翁説，是取辦倉卒。人縱聖人，其能一一中禮乎？吾恐文王、周公之制也，隳且久矣。孔子命伯魚學禮，凶禮次居第二，未聞舉其二而輟不學也。〔二〕唐顯慶間，許敬宗、李義府用事，謂凶事非臣子所宜言，遂焚《國卹》一篇，凶禮由是闕。今鈍翁得毋類是。近者三月御試，有進三不如之説於上前，以毁百四十三人者。上意寖衰，一時嘩然，以爲與李林甫表賀野無遺賢無異。然則既有林甫，又有敬

〔一〕《四庫》本無「其亦可謂妄之至者矣」句。
〔二〕《四庫》本無「吾恐文王周公之制也」至「而輟不學也」句。

宗、義府並出中吴矣。〔一〕噫，士大夫議論若此，弟深爲世道懼焉。

21　與張毅文

學業之不能逮古人也，無問矣。古無槧本書，欲得一書，必手自繕寫。張參曰「讀書不如寫書」，固已勝今人一。寫畢，必手自讐校，不容錯互，甚至三十年間，聞人有善本，必求而改正之，若歐陽公之於韓文故事，勝今人二。校畢，必朗然成誦，非僅僅寓目而已，勝今人三。有此三勝，而實注以生平全力，又不似今人先耗磨於制舉帖括之陋習之中。此則有牧齋緒言在，不復及。念吾兄發憤斯事，聊相爲云爾。

22　與徐碩林

顧長康道：「畫手揮五絃易，目送歸鴻難。」弟則謂畫彈琴看文君易，春風吹鬢影難。先生固精於繪理者，幸一參焉。

23　與陳其年

家居時，有持鈍翁《說鈴》以示者，皆標榜其所與一時嬉遊之人。因大書其端，曰「群

〔一〕上圖本「者三月御試」旁：删去五字。「於上前」旁：此下三字當删。「上意寖衰」旁：以下亦删。「以爲與李林甫」至「並出吴中矣」旁：此下可删。整理者按：《四庫》本無「近者三月御試」至「並出吴中矣」句。

兒自相貴耳」。鈍翁聞之以爲恨。今閲《類稾》詩，有「戲蜨翩翾排闥過」，又有「寂寂精藍晝不開，隔籬飛蜨鎮徘徊」。因拈合，亦用《漢書》書曰：「此蜨如熊之上殿，何其勇，今何怯也。」書發先生一笑，不知鈍翁聞，益復何如耳。

(經解)24 七與陶紫司〔一〕

又考得范甯《穀梁傳注》云：「禮，爲夫之姊妹服長殤，年十九至十六。如此，則男不必三十而娶，女不必二十而嫁，明矣。」妙在據禮經以正他書，不似鈍翁據他書以疑禮經。此古今人學術迥别處。又引譙周云：「三十而娶，二十嫁者，蓋嫁娶之限，不得復過此云爾。故舜年三十無室，《書》已稱曰鰥。女子二十未有嫁者，《周官》即許其於仲春月奔，不爲止。」尤看得活潑。孔子曰：「夫禮言其極耳。」豈必定以是期哉？宜十九而娶亓官也。

***25 八與陶紫司**

鈍翁引鶴山《雅言》：「經止有曾祖，無高祖之文。若果有高祖稱，則漢惠不應名其父爲高祖矣。」不覺噴飯。孝惠嗣立，至太上皇廟，與群臣上其父廟號，曰太祖，謚曰高皇帝。《史記》始譌而爲高祖，班氏作《漢書》即正之曰《高帝紀》，何得誣孝惠？憶家居時，以明

〔一〕題下墨筆書「寫在前第六首之後」。

既有世宗，而弘光朝又上景帝號曰代宗。蓋代宗即世宗，不重出乎？意牧齋掌邦禮，或不應至此。〔一〕致書興化李映碧先生問之，先生復書曰：「此當日出顧瑞屏手。瑞屏，時文名家，未諳舊典，宜來吾子之譏耳。」老夫耄矣，幸及未死，得聞高論。」噫，其虛懷如是，洵有前輩風範也。

*（經解）26 與徐電發

令宗兄勝力先生來談，因及元儒黃澤、趙汸之學，黃曰：「經在致思而已。」趙曰：「何謂？」黃曰：「如禮有五不娶，一爲喪父長子，注曰『無所受命』。近代說者曰蓋喪父而無兄者也。女之喪父無兄者衆矣，何罪而見絶於人？其非先王意已，姑以此思之。」趙退而精思，久之，得其說曰：「此蓋宋桓夫人、許穆夫人之類爾。注謂『無所受命』，猶未失。若喪父而無兄，則期功之親，皆得爲之主矣。」以復於黃，黃曰：「甚善。」以弟論之，果屬宋桓夫人、許穆夫人之類，不與上文「亂家子不娶」注曰「類不正」相重乎？禮止有四不娶耳，烏得五？先生曰：「然，長子蓋女子長成者，而當嫁，而適遭父喪，故曰喪父長子，故曰『無所受命』。此即《曾子問》『昏禮既納幣，有吉日，女之父母死』，『壻弗取』事耳。」弟不覺擊

〔一〕《四庫》本無「意牧齋掌邦禮或不應至此」句。

節，遽起揖曰：「千年幽室爲子一燈照破，可不謂天啓其衷哉！」猶憶故山有來問五十人人物何如者，弟答以吴志伊之博覽、徐勝力之彊記可稱雙絶，若李天生之杜撰故事、汪苕文之私造典禮，恐亦未必有三焉。語雖戲，殆亦實録云。〔一〕

*(經解)27 九與陶紫司〔二〕

甚矣，《檀弓》之多誣也！季武子之喪，曾點倚其門而歌，是爲魯昭公七年丙寅，孔子甫十七。點少孔子若干歲，未可知。然《論語》叙其坐，次於子路，則必少九歲以上也可知。計此時尚孩幼，安得有倚門而歌之事？即此以推，則世傳孔氏三世出妻以爲實本《檀弓》者，非唯不足信，抑且無所庸其辯焉矣。

*28 三與徐勝力〔三〕

先生《左傳》之熟，殆無復有兩。弟請以一事問：《覲禮》「同姓大國則曰伯父，小邦則曰叔父」。晉非小國也，且勿論。而自唐叔以迄文公、景公，皆稱爲叔父，何昭九年、三

〔一〕《經解》本無「猶憶故山」至「亦實録云」句。

〔二〕上圖本題下墨筆書「接寫前一篇之後」。段跋本墨書：接寫前第八首之後。

〔三〕上圖本題下墨筆書「接寫前第三首之後」。《四庫》本作「又與徐勝力書」。

十二年《傳》于〔一〕平公、定公反改稱伯父?當其伯父也,并惠公亦伯父之。或曰周自景王以下實然。然昭十五年,景之十八年也,何又曰叔父?幸有以答我焉。

29 與王筠長

承論前代人君即位後,皇后生太子,唯殷帝乙踐祚,正妃生紂。至宋又有元凶劭,云出《南史》。然思之亦不盡然。《國語》:「昔昭王娶於房,曰房后,實有爽德。協於丹朱,丹朱馮身以儀之,生穆王焉。」案《史記·周本紀》穆王即位,春秋已五十,而昭王在位五十一年,是穆王之生,當於昭王之二年,且出於嫡,豈獨一商辛哉?雖然,穆亦非周之令主也。

*30 答友人

唐李太白《嘲魯儒》詩云「問以經濟策,茫如墮煙霧」,其弟之謂乎?是以生長黄淮之濱數十年,而懵然於水道。雖然,嘗聞其略矣。潘公季馴號印川者,治河工成,故老傳其要語二句曰「東去只宜開海口,西來切莫放周橋」。此二語者,平平無奇,竊恐神禹復生,不能易已。前之治河者,雖勤勞十二載,專與此二語相反,不惟己不開下河,見人之開,必

〔一〕于,眷西堂本作「子」,上圖本改作「于」。《四庫》本亦作「于」,據改。

從而撓之，俾之去後已。周家橋在高堰南四十餘里，翟壩又在周家橋南二十餘里，皆堅築之以捍淮東侵者。淮不東則淮彊，淮彊則黄弱，然後由清口以達海。彼不惟周橋、翟壩而已，且一帶盡圮之，以聽其衝溢。是以末局雖知建草壩，導淮入運河刷沙，運漸深濬，然不過暫時策耳，豈經久之道哉？今知所以失，則知所以得。惟當確遵印川名言，廣開海口，堅塞周橋，斯無事矣。或曰：「海不可濬，潮汐往來，人力難以施工。」然舊口皆係積沙，水力自能衝刷，故海無可濬之理，惟導河以歸之海，則以水治水，導河即濬海之策也。然河非專以人力導也，欲順其性，先懼其溢。惟繕治隄防，俾無旁決，則水由地中，沙隨水去，治隄即導河之策也。或曰：「海高于内，水不可下。」不知江南、江北弟曾徧歷，凡濒海之地比之腹内特高，但濬治倍深，無礙乎水之東注矣。此今日阻撓下河者，有三等人爲可痛恨也：一鹽城人，懼醎水入内，變傷其田禾；一泰州車兒埠人，富商居宅，横當下河故道；一山陽人，有墳在澗河邊，懼傷其風水。只觀二次勘河疏，皆以開廣興文聞言。興文聞廣，則澗河亦必挑廣，而風水壞。第三次便以不必廣而澗河仍故可見矣。昔人謂救荒無奇策，弟亦謂治水無奇策，苟能守前人成規，勿狥〔一〕近日浮議，則兩河並治，萬世永

〔一〕狥，《四庫》本作「循」。

賴矣。

*31 又與李公凱

徐健菴先生適至，云汪舍親持親在不得言喪禮益堅，欲折之，須經傳有明徵者，亦有之乎？弟對曰：有，一《雜記》，曾申問於曾子曰：「哭父母有常聲乎？」申，曾子次子也。一《檀弓》：「子張死，曾子有母之喪，齊衰而往哭之。」案子張没於孔子後不待言，而是時曾子方有母喪，則孔子在時，曾子母在堂，可知也。既在堂，胡忍以喪禮相往復，若《曾子問》者乎？果若鈍翁言，則曾氏父子乃聖門逆子，而世俗以爲不祥人矣。健菴首肯而去，兹復質諸吾兄。

*32 與趙秋谷宫贊

壬申夏，遇馮三兄於玉峰，首問訊先生起居，知文酒自適，不復以世務縈懷。竊以天之成就我公之高者至矣，他何足云。兒子此番又得而復失，有辜恩門。聞開中書一例，姑聽其就試，亦不知終局何如也。[一]江南北盛傳阮亭先生《唐賢三昧集》專以盛唐爲宗，某亦購而熟讀。其盛唐宜收而不收，及非盛唐，如張旭四絶句本屬蔡忠惠者，亦誤收，且勿

〔一〕《四庫》本無「兒子此番」至「何如也」句。

論。某獨怪〔一〕其於古今地理之學何不講也。如祖詠《夕次圃田店》末云「西還不遑宿，中夜渡涇水」，圃田，在今開封府中牟縣，於關中之涇水遠不相涉，蓋京水也。京水出滎陽，經鄭州入鄭水，證以王維《宿鄭州》詩「明當渡京水，昨晚猶金谷」，宛然可見，豈選王詩至此旋忘之耶？孟浩然《夜渡湘水》末云「行侶時相問，潯陽何處邊」，湘水入洞庭，不復至湖北。漢尋陽縣在黃州府蘄州東，今潯水城是。晉尋陽〔二〕則桓溫移九江府德化縣西，於湘水皆遠不相涉。證以《河嶽英靈集》，蓋涔陽也。涔陽在岳州府澧州北七十里，正合。豈選《河嶽英靈》不能擇善而從耶？高適《燕歌行》云「摐金伐鼓下榆關」，燕，今京師。「榆」當作「渝」，音喻，水名。又曰臨渝關，在永平府撫寧縣東，今山海關即其移而更名者，證以下文「旌旆逶迤碣石間」可見。所以錢牧翁爲先參議作《閣寧前畫像贊》，「全遼金甌，渝關金湯」，正從水不從木。〔三〕至王維「東南卸亭上，莫使有風塵」，「卸」當作「御」，蓋吳大帝駐輦所憩，後人因建御亭，在晉陵。顧颺監晉陵軍事，於御亭築壘以禦蘇峻，庾肩吾《亂後經吳御亭》詩「御亭一回望，風塵千里昏」是。「借問襄陽老，江山空蔡州」，「千里送行

〔一〕《四庫》本無「勿論某獨怪」五字。
〔二〕本條「尋陽」，《四庫》本皆作「潯陽」。
〔三〕《四庫》本無「所以錢牧翁」至「從水不從木」句。

人，蔡州如眼見」，「州」並當作「洲」，蓋後漢蔡瑁居漢水之洲上，故名蔡洲。魏武帝嘗造其家，在襄陽峴山東南一里，見《荆州圖經》等書。竊以阮亭先生才最高，名滿海内，獨少集衆思、廣忠益工夫，遂不克無遺憾。偶發憤一道，不敢以聞他人也，願先生爲我秘之。頃至白下，有傳誦「天上白雲如逝水，草間黄蝶似秋花」之句，豈不使新城失色、侍郎却步〔一〕耶？知高文富有日新，望録示一二，以警憒憒。山川間阻，接席末由，臨紙曷任〔二〕依結。〔三〕

*（經解）33 答萬公擇

前承下問：「古止再拜，今四拜之禮起自何代？」弟學淺識劣，茫然莫知一對，退而竊思，此實古今禮制之大者，不可不考。近少徵〔四〕得梗概，先就古禮以對，可乎？按古再拜，《周官》之「褒讀爲報。𢷬」，即拜字。今之兩揖是也，折腰而已，非頭至地。今四拜，則頭叩地者四。是兩「拜」字雖同，而義各别。即唐杜甫詩「老病人扶再拜難」，韓愈《釋言》「見今相國鄭公，愈再拜謝」，亦止如今兩揖耳，非連叩頭也。或曰：「拜之數既可得知矣，稽首

〔一〕新城失色侍郎却步，《四庫》本作「新城侍郎失色却步」。
〔二〕臨紙曷任，《四庫》本作「臨楮曷勝」。
〔三〕段跋本眉批：秋谷宫贊己未進士，年十七，至壬申才三十耳。
〔四〕徵，眷西堂本作「微」，據《四庫》本改。

之數亦可得詳乎？」曰：稽首止頭一至地而已，無今所謂四拜、八拜〔一〕者。《覲禮》「侯氏降兩階之間，北面，再拜稽首，升成拜」，《燕禮》同。再拜稽首，頭一至地也。升成拜，升而至堂上，復再拜稽首，亦頭一至地。惟《左傳》定四年，「秦哀公爲之賦《無衣》，九頓首而坐」，九頓首而坐，坐即跪也，所以下文云「秦師乃出」。杜注：「《無衣》三章，章三頓首。」據每章闋，祇宜一頓首，今遂三頓首，蓋申包胥故重其禮，以謝秦君。若禮之正，如襄四年「歌《鹿鳴》之三，三拜」。三拜，乃三揖耳，豈得至頓首，而又凡九頓首者乎？故曰此禮之至變也。又按《燕禮》有公答拜，有公答再拜。答拜，《周官》之「奇音羈。𢷾」，鄭氏注「一拜」是也。因思《論語》「拜而受之」，今之一揖也；「再拜而送之」，今之兩揖也。或曰：「《論語》之所謂拜，止指揖而言乎？」曰：否。拜下，今拜乎上，皆指再拜稽首言，豈止揖？故曰夫言豈一端而已，夫各有所當也。至《論語》「揖所與立」「上如揖」，則皆今之拱手，《周官》「肅𢷾」是也。又按《舜典》「禹拜稽首，讓于稷、契暨皋陶」，《詩·大雅》「虎拜稽首，天子萬年」，止言拜，不言再者，省文也。何以徵之？《郊特牲》「拜，服也。稽首，服之甚也」，豈有至服之甚而不先再拜者乎？尤當會於言外。又按《孟子》「北面，稽首，再拜而不受」，先言稽

〔一〕四拜八拜，《四庫》本作「八拜四拜」。

首，後再拜。「再拜，稽首而受」，先言再拜，後稽首。此何以别焉？曰此從未經拈出者也。拜而後稽首，《周官》之「吉拜」是也。稽首而後拜，《周官》之「凶拜」是也。吉拜，拜之常，故主於受；凶拜，拜之異，故主不受。又按朱子有《跪坐拜説》一篇，其略曰：《儀禮》《禮記》《老子》所言坐，皆謂跪也。然《記》有「授立不跪」「授坐不立」，則跪與坐又不同。疑跪有危義，兩膝著地，伸腰及股而勢危者爲跪；兩膝著地，以尻著蹠而少安者爲坐。《小雅》「不遑啓居」，傳「傳」當作「箋」。云：「啓，跪也。」《爾雅》「妥爲安坐」，疏云：「安定之坐也。」夫以啓對居，而訓啓爲跪，則居之爲坐可見。以妥爲安定之坐，則跪之爲危坐亦可知。蓋兩事相似，但一危一安，爲小不同耳。因最賞趙岐《孟子注》於「坐而言」曰「危坐」，於「坐，我明語子」單曰「坐」。蓋危坐者，客跪而言留孟子之言，迨不聽，然後變色而起，孟子於是命之以安坐，以聽我語。此兩「坐」字煞不同，而《孟子》文字止於前後著兩「坐」字，中間絶不叙客起立之狀，而起立自見。此文章家草蛇灰線之法。趙岐〔一〕注則於「勿敢見」下先補一筆，曰「言而遂起，退欲去，請絶也」，爲下文「坐」字張本。漢注精妙至此，宋儒不能及也。案郝仲輿亦云：請勿復敢見者，起而告退之辭。

〔一〕岐，眷西堂本作「歧」，據《四庫》本改。

*(經解)34 與石企齋[一]

漆園，有云在曹縣者，在曹州者。二曹皆春秋之曹國，宋景公滅曹於魯哀公八年，地故爲宋有，故莊周亦宋之官也。竊以《史記》「周嘗爲蒙漆園吏」，「蒙」當作「宋」，則妙不可言。注《史記》以漆園本屬蒙邑，不知一在歸德，一在兗州，相距頗遠也。弟嘗要改古人原文，此等是也。死罪死罪[二]。

*(經解)35 又

監板十三經中，《儀禮》脱誤尤多，《士昏禮》脱「壻授綏姆辭曰未教不足與爲禮也」一節十四字，賴有長安石經，據以補此一節，而其注、疏遂亡。《鄉射禮》脱「士鹿中翿旌以獲」七字，《士虞禮》脱「哭止告事畢賓出」七字，《特牲饋食禮》脱「舉觶者祭卒觶拜長皆答拜」十一字，《少牢饋食禮》脱「以授尸坐取簞興」七字。此則秦火之所未亡，而亡於監刻矣。上見《日知録》。因讀宋楊復《儀禮圖》，末刻《儀禮》十七篇白文，今監板脱者皆全，唯「哭止告事畢賓出」七字作「哭者止賓出」五字，亦不是。寧脱毋删，此尤可笑者。尊札「並」當作

[一] 齋，眷西堂本作「齊」，據《四庫》本改。

[二] 《經解》本無「死罪死罪」四字。

「并」，雖有「並」「并」通用俗字書，不如《廣韻》，古「并」與「並」音義俱異。

*（經解）36 又

岐山既容不得七十里文王囿，而漢、唐靈囿、靈臺，現在今鄠縣東。所以王伯厚《詩地理攷》以「文王之囿」細注於《三輔黄圖》「靈囿在長安縣西四十二里」之下，嘆爲千確萬確者也。「想像」二字，弟不甘受，於傳有之，兩見《孟子》，皆實事，不然，孟子答以「好事者爲之也」，何如何如？來札云「惠王三十一年辛巳，秦虜公子卬，東地至河」，即弟所引《商君列傳》「魏日以削，乃使使割河西之地，獻於秦，以和」者也。但弟素堅持辛巳徙大梁，三十五年乙酉，孟子至梁。三十六年丙戌，惠王死，襄王立矣。襄王五年，與秦河西地少梁，此自襄王事，於惠王無涉，不得如《通鑑》以襄五年作惠四十一年也。可查《孟子生卒年月考》一看，更與弟辯，願聞願聞。至魏地今年入於秦，如兄所引蒲陽即其一，明年又屬魏，後年又屬秦，此等事多不可言。吾兩人一爲輸攻，一爲墨守，皆以孔、孟爲主，朱子次之。

*37 又

讀陳幾亭書，辨史傳載耿弇屠城三百爲萬不可信，以三説破之皆確。因檢此語，出《後漢書·耿弇傳》，而司馬公《通鑑》删滅此一句不存，真大見識。須知觀《鑑》要得其所以不載之意，此古人絶識也。只是不載丙吉問牛喘，則不可解。

*38 又

取女有吉日而女死，壻齊衰而弔，既葬而除。此於《昏禮》六禮爲請期，在納采、問名、納吉、納徵之後，蓋第五禮，恐以前壻不得行弔禮也。以之歎太僕，太僕不受。六禮至納吉，鄭康成曰：「婚姻之事於是定。」前解養尊者必易服亦不確，請自攷之。

39 又〔一〕

頗大用工夫一番，屺瞻考據亦不足信。如明明言「穀圭七寸，天子以聘女」，「穀圭以聘女」乃《春官·典瑞》之文，無「七寸」二字，并注疏亦無。若《秋官·大行人》，則「諸子執穀璧五寸」，無七寸之文。不知是本何等《周禮》。〔二〕

*40 又

《通鑑》有大可議二事。一茅焦諫秦王太后復歸咸陽，《史記·秦始皇本紀》在始皇十年。《六國表》始皇十年，太后入咸陽。《呂不韋列傳》秦王十年，茅焦説王迎太后於雍，歸復咸陽。并不在九年嫪毐才誅之後，不知文正何緣移置早一年，是必有故。因博考載籍，

〔一〕眉：此條大錯，可不必存。

〔二〕眉：「穀圭七寸，天子以聘女」是《考工記》「玉人」之文也，與《春官》《秋官》二處無涉，如何執此以相駁？

得之於劉向《説苑》，所云遷於萯陽宮，茅焦上謁，王按劍，口沫出，復爲母子如初，皆《説苑》之文也。在向自有本，但豈如太史遷本秦史記年月之足信乎？縱不移置紛更，須作數句，見得《本紀》《列傳》《六國表》皆作十年如此，《説苑》則作九年如彼。文正從《説苑》，以俾天下萬世人，知我輩讀書精審也。一《始皇本紀》十年，止逐客令，大梁人尉繚來，説秦王毋愛財物，賂其豪臣以亂其謀，不過亡三十萬金，則諸侯可盡。説者謂秦并天下止二策，范雎創謀遠交近攻於前，尉繚收功於賂其豪臣以亂其謀於後，《史記》凡一百七十一字，如何《通鑑》槩削不載？或曰：「得毋以梁惠王時有尉繚子，此爲重出乎？」不知前後各一人也。《漢志》，《尉繚》一見雜家，一見兵家，亦二人也，自宜删《史記》之文補遺。恐文正復生，不能不心折氣盡也。

孟嘗、平原、信陵，《通鑑》皆及其食客三千人。黄歇、呂不韋亦食客，則削之，似未允。

*41 又

前詆時文大名家如王唐，别字譌事填塞滿紙，可耻可賤〔一〕，皆時文害之也。今讀歸太

〔一〕《四庫》本無「可耻可賤」四字。

僕《五岳山人前集序》，此推爲三百年第一古文今文手者，序云：「荆楚自昔多文人，左氏之傳、荀卿之論、屈子之騷、莊周之篇，皆楚人也。」按荀卿趙人，但晚爲楚蘭陵令耳。莊周，劉向曰宋之蒙人也，蒙城在商丘城外，正宋地，於楚何涉？太僕尚如此，於他人何尤？朱子曰「莊子自是楚人」，亦誤。大抵考據，文人不甚講，理學尤不講。死罪死罪。

*42 又

看得細甚矣，敢不心折？但謂《國語》不足信，殊不然。《大傳》曰：「牧之野，武王之大事也。既事而退，遂率天下諸侯，追王太王、王季、文王，不以卑臨尊也。」武王追王，正在牧野之後，非如尊旨所謂在既有天下大定之後。是《國語》此一段正在布戎於牧之野後，非前也。漢高帝稱父爲太上皇，此不足引。乃因家令言，方上徽號。當時庶事草創如此，無家令言，幾終身庶人矣。

*43 又

鄭康成注：「卜得吉兆，婚姻之事於是定。」此謂男家也。賈公彦疏：「納徵，則昏禮已成，女家不得移改。」此謂女家也。然則納采、問名二禮雖備，尚在未定之天。古禮如此，不可以今日討庚帖便算繩之。此事得長兄一難，既精思，又詳考，似無可疑。總之，古今不同，學不可不講，此講學也。

*44 與吴亦韓〔一〕

按注疏，魯侯爵宜九附庸，而《春秋注》止郳、小郳二國，旋進爵爲子，居然比鄰敵國。顓臾，在《左傳》未見爲魯附庸，《論語》方實指之。桓公十有五年，「郳人、牟人、葛人來朝」，杜預云「皆附庸之世子也」。馬公驌力辯爲臆説，從《公羊傳》作「夷狄」〔二〕最是。謝玄暉《直中書省》詩「風動萬年枝，日華承露掌」，李善注：「晉宫闕名曰華林園，有萬年樹十四株。」《韻府群玉》云「冬青樹也」。無所謂「春入萬年枝」，況「日暖萬年枝」乎？安得先生面訊後指示我？〔三〕「射不主皮」解，主漢不主宋，晚年文公〔四〕輯《儀禮經傳通解》不主「貫革」解，試問吕晚村輩〔五〕舍《集注》外，又讀他書乎？且看汪武曹《大全》何如。

*45 與戴唐器

辯志堂解《顧命》曰：「先言西序，又特言西夾者，成王殯在西序，以西爲重也。」吴三

〔一〕上圖本於「與吴亦韓」上增「附」字。

〔二〕眉：《公羊》「狄」字下有「之」字。 整理者按：《四庫》本有「之」字。

〔三〕眉：「唐人試帖曾有『日暖萬年枝』一題，若古詩中無此一句，如何試士以之命題？當詳考出處，勿遽以爲必無也。」

〔四〕晚年文公，上圖本改作「文公晚年」。《四庫》本亦作「文公晚年」。

〔五〕吕晚村輩，《四庫》本作「近時講家」。

兄疑蔡《傳》止有廟門，路寢之門也。成王之殯在焉，故曰廟，無殯在西序之説，萬經何從而臆決之如此？愚曰此書未可輕議，因檢《檀弓》「夏后氏殯於東階之上，殷人殯於兩楹之間，周人殯於西階之上」，西序與西階密邇，然不如竟作成王殯在西階爲妥。

*46 又

前承面語，「經術家參政」〔一〕指黄東發。弟心知其不然，以未鉉〔二〕知政事，官卑也。〔三〕因考眉山家鉉〔四〕累官端明殿學士，簽書樞密院事，非參政而何？蓋俞邰自以鉉翁授經河間不肯仕比太沖先生，未必盡知先生學問出《日抄》也。昔李西涯與謝方石倡和，李嘗作《匡山》詩一聯，謝意不滿，李以爲無可易。謝笑曰：「觀子胸中似不止此。」最後曰：「廟堂遺恨和戎策，宗社深恩養士年。」謝又笑曰：「微我子不至此。」李又爲《端禮門樂府》，以爲末句未盡，往復再四，最後乃躍然起，即今安石工末句「不見姦黨碑，但見姦臣傳」是也。弟料吾兄胸中才思學識尚不止此四十字，蓋實爲韻脚所縛，不能暢所欲言。另作一

〔一〕旁：此五字，黄俞邰贈黄太沖詩也。

〔二〕以未鉉，上圖本改作「以東發未」。眉：「按『未鉉』字疑誤，又《宋史》作『家鉉翁』。」《四庫》本作「以東發未」。

〔三〕眉：前二行中似有誤字。

〔四〕上圖本「鉉」下增「翁」字。《四庫》本「鉉」下亦有「翁」字。

首，不必和韻，弟當如謝方石矣。

*47 又

近代圖章力駁何雪漁而返文三橋，書家力駁董文敏而歸趙松雪，皆鑿鑿至理。古學復興，亦其一也。適閲《明文案》目録，可惜其中多生平欲見之文，而不得見，亦可惜。吴園次名綺，今揚州人，見在，且爲湖州郡守，豈可與李世熊比而入《明文》也？他文體宜辯，行狀豈可合墓文？題後豈可作弁首？皆紕繆之大者。出牧齋手，必不如此。〔一〕不識吾兄以爲何如？

*48 又

特假《舊唐書》參考，李浙東亦不知何名，或者李翱習之全集出，尚可得其人。然弟老矣，倦於尋訪矣。張籍《寄白樂天使君》「登第早年同座主」，非同年進士，白，貞元十四年，見《舊書》，張，貞元十五年，見《韓集》，但統是禮部侍郎高郢知貢舉，故曰「同座主」也。誰人考究及此？唯吾兄賞識我耳。杜于皇二丈詩「三春看漸好，千古意何如」〔二〕。努力

〔一〕《四庫》本無「出牧齋手必不如此」句。
〔二〕何如，《四庫》本作「如何」。

努力。弟雖老，尤當炳燭〔一〕以行耳。尊作竟不梓一帙，得毋使臣虎葆山空回邪？

*49 又

歸讀《陳處士墓表》，真正庸筆，銘尤不成説話。更取黄先生《陳定生墓誌銘》參看，黄身與其事，自然娓娓言之，所謂「襄昭以下詳」是也。但定生生母王安人以子貞達封者，乃誤作湯孺人，何也？「生死而肉骨」誤作「骨肉」。「配湯孺人，左都御史湯公兆京女」則可笑。湯，字伯閎，宜興人，萬曆壬辰進士，官止御史，卒贈太僕寺少卿而已，何曾爲左都？舍下有十六榜進士履歷及《壯悔堂集》可考。然則云我先生必不誤者，亦所謂淮陰少年，有目無睹者也。至《墓表》云「起左都御史，以言事忤同縣要人削籍」，陳中湛以争驕弁忤崇禎旨去位，於延儒何涉？「輦金巨萬於京師，謀復用」，無此事。其説長〔二〕懷寧起，東林無噍類，此時大鋮之惡不至於此，竟是説夢。「檄未布而事泄」，愈胡説。南都防亂揭，廣

〔一〕眉：《十九首》作「秉燭」，亦可通用「炳」耶？又眉：《文選·曹丕與吴質書》作「炳燭」，注云「秉或作炳」。尾：「《説苑》『老而好學，如炳燭之明』，潛邱自謂年老，正用此語。上二評皆指及時行樂言，非關立言本旨。吾山。」《四庫全書考證》：原本「炳」訛「秉」，按《説苑》「老而好學，如炳燭之明」，今據改。整理者按：眷西堂本作「炳」。

〔二〕眉：「長」字恐誤。

布通衢，且傳四方，弟幼時熟悉之。大鋮竄入其幕中，何曾延儒復相？阮得入其幕，周亦不敢容，但許用其同年馬士英而已。面時當爲吾兄詳言之，此關係甚大也。

50 又

錢牧翁〔一〕嘗教其族孫遵王作詩法曰：「元白二公往復論詩、司空表聖《與李生書》，皆作者之津涉，後人之鍼藥也。」弟則嘗手鈔沈約《謝靈運傳論》、鍾嶸《詩品》上中下三序、元微之《杜子美墓誌序》爲一帙，以爲古今聲詩源委具載其中，惟宜精玩熟誦，何必自措一辭，若贅疣哉？至自宋以下，實自鄶無譏焉。文憲此書，微有可議者，曰「元嘉以還，三謝、顔、鮑爲之首」，又曰「永明而下，抑又甚焉，沈休文、王元長、江文通、何仲言是」。按靈運、惠運，元嘉時人；玄暉，永明時人，三謝實不同時。昔人云：永明之代，王元長、沈休文、謝朓三人皆有盛名於一時，始創聲病之論，以爲前人不知，號永明體。豈得推玄暉而遠之於元嘉中乎？升王昌齡與劉希夷比肩，亦實相遠。以韋應物祖襲謝康樂，似不相似。既云李商隱，又云李義山，歧而二之。意「義山」字傳寫之譌，蓋指李群玉耳。詆訶文章，弟之一癖，不識高明以爲何如？倘更爲古人而詆訶弟，弟所禱祠而求者，敢不拭目以

〔一〕錢牧翁，上圖本改作「虞山」。

竢？牧翁推震川爲有明第一，南雷先生頗以爲否。進瓣香於潛溪，亦允當。弟將購其全集置案上，不知何名目爲全備也，乞指示。

*51 又

《唐書·曆志》曰：「九執曆者，出於西域。開元六年，詔太史監瞿曇悉達譯之。」向承問九執曆，不能答，今得之矣，謹報。只是嘉靖初，五星聚營室，占曰「主有兵謀」，於王陽明之道何涉？而黄先生歸爲陽明之祥，與宋乾德五星聚奎一類，不大謬乎？至天啓，曾四星聚於張，而黄先生增潤爲五星，以爲爲子劉子而現，尤奇之奇者。似當將《蕺山學案》此等語删去，勿予後人口實，則真愛我先生矣。弟固蒙先生愛者，不識高明以爲何如？

52 又

别後細思「憒戈」無論不及「挺戈」，且不通之甚。止有昌黎《石鼓歌》「宣王憒起揮天戈」，二字原合不來。又「憒兵」二字見《魏相傳》，及查，「憒」又是「忿」。嘗熟諸公言，汪氏文不堪指摘，一指摘粉碎矣，誠然誠然。爲韓氏作《南園記》，自屬失言。若感激薦己，至勤勞王事，死於舟中，豈有不與渠往還書札之理？但書無乞哀語則可耳。雖然，後代議論愈刻，忌諱愈多，子孫自然爲其删除，勢所固然。老杜《進封西嶽賦表》「維嶽授陛下元弼，克生司空」，此非楊國忠乎？既上書頌吾君，自及其時相，勢所不得不然。若單乞哀獻文於國忠，則大不可矣。杜於京兆仲通，韓於于頔、李實，亦所不免，何如何如？教我教我。

*53 又

弟嘗謂訓詁之學至宋人而亡，朱子尤其著者。玆偶思歷來字書，皆是石激水曰磯，無有如《集注》水激石之解者。於是講章曲爲附會，曰：磯，水激石也，當云水激於石也。石喻母，水喻子。愚謂石喻子，水喻母，石激水而水怒，猶子激母而母怒也。至《師説》載萬貞一議論，繼引晁以道辯小序一段以證之，亦似是而非。此非面相質正、往復辨析不能定也。〔一〕

54 又

承佳什，萬不敢當，反復展讀，少攄一得之愚。老杜用韻，最可爲法，如一首用庚、青兩韻，每韻必數押之，斷不止押一字。押一字是出韻，不謹嚴矣。「論」字似宜改，「屯」字似誤會，不得以吾間用元韻爲藉口。果用元韻，亦不止兩押而已。仲虺非左相，弟無此議論。左相仲虺出《左傳》，未易抹摋。惟《疏證》末云：「古宰相止一人，從李燾《百官表

〔一〕眉：黄太沖有《孟子師説》〇卷，吾鄉戴氏所刻。

序》。其左相或一時權制，非恒制也。」不如用弟「太甲無稽首，危微義徒醇」二句，以折梅書爲扼要。至其故，非面悉不可。「狺狺」、「犯前齗齗」，皆疊字歇脚。「何況鄉里兒」，意是而語不醒，故僭易。「六蓺」二字欲易曰「斯文」，庶幾媲元祐，文潛先生稱爲元祐學術可耳；仲車先生，元祐無涉，壽最高，終於徽宗間，不如用登進士年號，乃英宗治平。元祐在前，治平反在後，煞有斟酌。死罪死罪。

55 又

《莊子·徐無鬼》云：「聞人足音，跫然而喜。」郭象曰：「跫，巨恭反。」李軌曰：「曲恭反，又曲勇反。」徐邈曰：「若江反，又按扁反。」則《廣韻》以「跫」字入江部者，從晉徐邈之音也。《建炎以來朝野雜記》：「《文鑑》者，吕祖謙被旨所編也。先是，臨安書坊有所謂《聖宋文海》者，近歲江鈿所編。孝宗得之，命本府校正刻板。周益公奏：『去取差謬，莫若委官銓擇。』遂以屬伯恭。書進日，上諭輔臣曰：『祖謙編類《文海》，可除直祕閣。』時益公爲禮部尚書兼學士，得旨撰《文海序》，奏乞名《皇朝文鑑》，從之。」則陳同甫與吕書稱《文海》宜也，時未有《文鑑》之名。既有《文鑑》之名，吾徒仍稱《文海》者非也。

*56 又

王伯厚「余幼好奇」等語，乃效班氏《漢書·叙贊》體。字字精確，竟名曰《叙贊》。似非跛，跛多不用韻。不識尊見以爲若何？

57 又

齋心讀《待訪録》，何異武王下堂，東面而立，端冕聽道丹書之言乎？快心且勿論，心所不快者，謹質諸道兄，乞設身處南雷先生地，一一駁我，以歸一是。真禱祠而求者，勿謂我糊心自是也。禪家有言：「智過於師，乃堪傳授。」昌黎曰「弟子不必不如師」，非吾兄之謂乎？其《原君》曰「屠毒天下之肝腦」，當作「荼毒」，見《湯誥》。弟嘗笑道學先生及江西人多寫別字，豈南雷先生亦不能免耶？抑書者之過歟？以武王爲非弑其君，《孟子》之言也；以武王爲聖人，《孟子》無此言也。余雅愛蘇子瞻曰「武王非聖人也」，爲合於孔子，尊富饗保。舜，武王所同也，德爲聖人，舜所獨也。則孔子之不以武爲聖，槩可知矣。其《原臣》云「吾無天下之責，則吾在君爲路人」，亦似可商。「食土之毛」，此語何解？「嫠〔一〕不恤其緯，而憂宗周之隕」，或曰此主人君言。然人君獨不曰「此吾之赤子」耶？何至視如路人耶？其《學校》曰「祭酒南面講學」，此禮大不是，殆不通經術矣。古者師東面，弟子西面，亦有北面者，所謂「北面而修弟子之禮」是也。其《取士上》曰「取士之弊，至今日制科

〔一〕嫠，眷西堂本作「嫠」，上圖本改作「嫠」，據改。眉：嫠。

而極矣」，「制科」二字亦認錯，豈未讀《文獻通考》耶？制科始於漢文帝二年，晁、董、公孫之對是也。錢牧齋亦以其場屋之文曰制科，大非。三百年無制科，止有科舉。又曰「所謂墨義者，每經問義十道，五道全寫疏，五道全寫注」。徧考《文獻通考》，無此制，不知南雷先生何所本？若曰先生博極群書，必有本，非爾所知，然先生亦多錯誤，不能掩也。又曰「使爲經義者全寫注疏、《大全》、漢宋諸儒之説，一一條具於前，而後申之以己意」，既寫經文，又寫注寫疏，此已畢帖括能事矣，又令之寫《大全》，及申以己意，是人人如宋劉恕道原，見賞於司馬文正然後可，談何容易。顧先生改制何如？《取士下》篇，其議論殆全出《文獻通考》，云「按王安石曰：若謂此科嘗多得人，自緣仕進别無他路，其間不容無賢。若謂科法已善，則未也」。先生不知科目之内十二句，全與荆公議論同，甚精。又「科舉之法」云云，按第一場既以《左氏》爲經，第三場又以《左氏》爲史，自相矛盾。朱子《貢舉私議》亦然，然不足從。又第二場云云，按董仲舒《對策》以爲，不在六藝之科、孔子之術者，皆絶其道，勿進，於是武帝罷黜百家，爲千古盛典。南雷先生當此理明義精之代，反以管、韓、老、莊爲一科，得毋貽譏士林耶？又按哲宗元祐二年，吕公著當國，禁科舉不得以老、莊、申、韓書命題，先生豈未之前聞耶？又云「《宋史》、有明實録爲一科」。南宋嘉泰元年，章良能陳主司三弊，一曰國朝正史與實録等書，人間私藏，具有法禁。惟公卿子弟或因父兄得以竊窺，有力之家冒禁傳寫，而寒遠之士曷由盡知？按明累朝實録，雖未有明禁，自申時行當國，始少少流布，得者至艱，豈得與二十一史之《宋史》爲一科？竊以《宋史》一書，已令人望洋而歎矣。其《建都》篇，按都關中者，有堂又有奥，蜀則帝都之奥也。都燕有堂而無奥。此論莫妙於于無垢。其《方鎮》云「故安禄山、朱泚皆憑方鎮而起」，朱泚何曾憑方鎮而起如禄山乎？彼縁涇原節度姚令言，脅之而起，固退閑在第耳。何不用李希烈、李懷光等？其《田制一》「江南之賦至錢氏而重」一段，總不曾考江南錢糧致重之由，不如顧寧人《日知録》一篇，彼固費數十年講貫而成者也。《財計一》云「宋元豐十二年，蔡京當國」，按蔡京何曾爲宰相？「當國」二字誤。況元豐起戊午，訖乙丑八年爾。又按古未用銀之時，以黄金爲流通之貨，安得云宋元豐時「以金銀爲用，及元起北方」云云？此不通古今之説也。去「金」留「銀」字則可耳。〔一〕《財計二》「崇禎間，桐城諸臣蔣臣言鈔法可行」，「諸臣」，「臣」當作「生」。此蔣一个名臣者，與吾家有交焉。《奄宦上》「奴婢而過失，其過失則爲悖逆矣」，此語亦似可商。《奄宦下》云「勢當數千人」，按天官所屬，奄有四十四人，地官有十二人，春官八人，共計六十四人。成周號稱百官備，庶務繁，數僅如

〔一〕又見本卷第一六九條。

此，安得有數千人之説？鄙見如右，竚望賜教，幸甚幸甚。

又題辭「觀胡翰所謂十二運者，起周敬王甲子」云云。按周敬王四十三爲甲子，至康熙癸亥，凡[一]二千一百六十年，始交入今甲子爲大壯。以叩馬而諫爲無稽，王荆公論之，弟深信之。牧齋言《説文長箋》行而字學繆。弟從事此書凡兩月，直不通耳。今快先生論正同，附聞。

*58 又

凡叙人先世，皆從曾祖起，其間及高祖，必高祖顯人，或有事蹟宜書。區區高祖易，一守備耳，不足及。黄先生及之，似不知此例。遠觀昌黎，近觀牧齋，此例井然[二]。愚向與汪鈍翁辯者正此一事。「掌管詹事府」，官銜中有「管」之一字否？宜去，當增「事」字於「府」下。「以居黄河下，故謂之下河」，大非，下河對漕運河而言。「越職上封事」，「越職」二字宜去，下文明云「應詔言事」矣。「小臣可得而言也，將一束楚」，明明是「芻」字，譌而不覺，何也？以上五條，不知確否？乞覆我。

［一］凡，眷西堂本作「几」，據大成齋本改。
［二］《四庫》本無「遠觀昌黎」至「此例井然」句。

59 又

淮有程子晟，字西平，太現成了。有字〔一一〕晟，字小李，不甚通。更字西李，尤不通。蓋西李，宋丞相李昉之稱。明光宗選侍，有東李、西李之別，又屬婦人。總之，何曾讀《唐書》「李晟，字良器」乎？案字書，晟，明也，熾也，器也，故名晟字良器。愚意更字曰唐器，蓋爲唐代之良器也。根定西平王亦好，不失當年取以表德之意。若同陳剩夫字晦夫，不唯現成，且太勦襲雷同。何至堂堂讀書人，不能自吐一字乎？死罪死罪。君子已孤不更名，更字或亦無妨。且西洮貴表，與西平王洮州臨潭人無涉，一二日趨訪，詩袖上何如？《地理綜要》，近代新安李氏刻，不足爲異書，不過以各省圖從羅念菴摹出，尚少少可據，有資《禹貢》耳。

***60 又**

歸檢《始皇本紀》，並河、並海，俱音傍，依也。古而且確，遠勝「循」字，敬服敬服。右佩玦，出《禮記·內則》，南嚮坐，舉右邊所佩者，以示東嚮坐者，正合，苕文真妙解。閒情，唯認作「閒情」，自有白璧微瑕之刺，使知終歸閑止、曲終奏雅之旨，東坡譬以《國風》，贊以

〔一一〕眉：上「字」字似是「名」字。

屈宋，正合矣。然則彊作解事小兒，直不識字耳。吾兄云殆以體制論，尤寬言之，不若弟直伐毛洗髓也。

*61 又

「過」字曾大加討論，非一朝一夕矣，敢詳所聞，以待吾兄之自擇，可乎？案字書，過，音戈，經也，度也，如「三過其門而不入」「過我門而不入我室」是也。過，音箇，超也，越也，如「地未有過千里」「夫子過孟賁遠矣」是也。又失也，罪愆也，如「可以無大過」「苟有過」「不貳過」是也。是音戈之「過」無超也、越也之解，何以杜詩「吾舅政如此，古人誰復過」「道林才不世，惠遠德過人」作平聲乎？老杜音韻至精，必不誤。因讀《詩集傳》「永矢弗過」，音戈，踰也，非平聲內亦有超也、越也之解乎？但字書不備耳。獨過失之「過」押入平聲，似未有明證。弟生平雅不喜作和韻、限韻詩，詩而限韻、和韻，譬猶與人鬭，而先自絆其手足，豈能勝乎？至步韻，則昔人所深戒矣。小力從鹽瀆至，攜有節蟹，分敬三十隻。昔朱登爲東海相，遺張敞蟹，報書曰：「蘧伯玉受孔氏之賜，必以及鄉人。敞謹分斯貺于三老尊行者，曷敢獨享之？」此非所論於鄙人也，唯叱存是荷。

*62 又

昨同雲九兄游紫極宫，登程知節墓，慨想林靈素如昨日，吕洞賓不可得遇。求掩鶴井，亦湮無跡，爲之低回而不能去。又欲至萬柳池，以足力不繼，遂返。〔一〕偶從蛛絲煤網中得手鈔一紙，乃宛丘鄉先輩文，恐大家歐蘇六公外，便宜屈指及斯人。稾即留尊几上，不必見返也。《小學紺珠》，九經雖有其名，不曾詳唐九經若何，宋九經若何，十三經且缺，難言難言。

*63 又

「讀書欲精不欲博，用心欲純不欲雜。觀書欲博常不盡意，用心不純訖無成功。」此黄山谷語也，録來爲吾兄共欣賞之。黄文如錢龍錫志，及毛文龍、袁崇煥公案致確，此等文有數十百篇，便可懸諸日月，將來國史取法，豈不勝爲人作詩序乎？偶得舊榻《九成宮》，唐榻未必，宋初本無疑。今摹勒上石，與天下共之。李白詩注從無佳者，杜甫詩注，亦只牧齋佳耳。〔二〕

*64 又

弟於古文一道雖不甚深，然視近代作者，已洞若觀火，承委直筆，敢不自竭其愚得？

〔一〕眉：「紫極宫即今城西南隅之天妃宫，俗傳有林靈素、吕洞賓之遺跡，掩鶴井即在其旁，萬柳池亦在其南，至程知節墓，則在城東紫霄宫之前，兩不相涉，何以混在一處？」

〔二〕《四庫》本無「偶得舊榻」至「只牧齋佳耳」句。

大抵此道最忌者，曰冗、曰穉。唯簡可以救冗，唯老可以救穉。此須多讀書，多講貫，非可一蹴至者。《劉予吉行略》情辭斐亹，讀之惻惻動人，《書類稾後》則冗穉矣。查《經籍考》，《毛詩補音》十卷，《韻補》止五卷。則昨來書還有八本已足，不必疑，當亟收之。上有弱侯印，出於焦氏亦無疑。但有一奇事，疑《古文尚書》自才老始，而此書才老又取《五子之歌》《仲虺之誥》《伊訓》爲用韻最古，何也？《韻補》内必有説，他日得購全帙，付我一目，預訂。安得其《書裨傳》忽焉呈現於吾兄前，亦俾我一目乎？弟家原有《舊唐書》，久不全，小壻劉紫函忽得其全，連披覽。如此等史學，豈不經天緯地？何苦逃之於詩人，逃之於道學？詩人、道學皆寡陋可耻者，如「西園」不能辯出爲「西垣」，亦可耻也，唯吾兄秘之。韓昌黎「餘事作詩人」，洵有味哉，不盡中所欲云。

*65 又

屯，作物之初生解，敬聞命矣。論亦真韻有，自可押[一]。《通韻》鑿鑿唐人書，寧人豈欺我哉？欲易末四句云：「頽風其再立，湖與蜀學新。更復追古始，長夜方及晨。」有昌黎《送孟東野序》「不懈而及於古」之義。胡瑗翼之，號湖學，仲車爲其高第弟子。愚嘗謂，其

〔一〕論亦真韻有自可押，《四庫》本作「真韻自可押」。

理學不愧從祀兩廡。元祐學術自指司馬文正一派、蘇黄一派、程子一派，爲紹聖以後奸臣所厲禁，初不及仲車。元祐《奸黨碑》凡三百餘人，何曾有節孝先生哉？垞，音茶，不音差去聲。鈔，音抄，楚交切，取也，略也。若讀作去聲，則錢鈔之「鈔」矣。臠，音臉。晉元帝公私交窘，得㹠豚同〔一〕以爲美，項上一臠，似指豬言，不指牛言，然今亦有指牛言者。此等講究，不可不知。

*66 又

宋宣獻家藏書止二萬卷，蓋凡無用與不足觀者皆不取。葉石林曰：「吾書每以爲法也。」南雷，葉氏壻也，《文案》稱葉爲内弟，此明朝人俗稱也。《儀禮》姑之子稱舅之子曰内兄弟，當改作妻弟，見《史記》；或婦弟，見《漢書》。孟舉自云：「舉所刻盡送弟，必不欺。弟一言慨出百金，葬先友于皇丈，而謂吝一書乎？其不送弟者，必是天蓋樓刊，非守愚堂刊也。」守愚，孟舉堂名。讀《五王列傳》，崔玄暐「少頗屬辭，晚以非己長，不復構思，專意經術」，宛然太原閻生一小像矣。吾兄以爲何如？

〔一〕豚同，上圖本圈出。眉：「『豚同』二字當作小字注于『㹠』字下，謂『㹠』字與『豚』字音義相同耳。一直寫下，便不可解。」《四庫》本無「豚同」二字。

*67 又

韓昌黎《贈太傅董公行狀》，開首三行，大書曾祖仁琬、祖大禮、父伯良，各繫官階於其下，此即作文之定例也。故《崔評事墓銘》曾大父知道、大父玄同、父倚，《施州房使君鄭夫人殯表》曾祖隨、祖玠、考絳，《河南少尹裴君墓誌銘》曾大父元簡、大父曠、父虯，《國子助教河東薛君墓誌銘》曾祖希莊、祖玄暉、父播，《監察御史元君妻京兆韋氏夫人墓誌銘》曾祖父伯陽、大王父迢、王考夏卿，《興元少尹房君墓誌》曾祖玄靜、祖肱、父鑾，《河南少尹李公墓誌銘》曾祖弘泰、祖乾秀、父夔，夫人劉氏曾祖子玄、祖餗，《集賢院校理石君墓誌銘》曾祖行褒、祖懷一、考平，《太原府參軍苗君墓誌》曾大父延嗣、大父含液、父穎，《唐故河東節度使觀察滎陽鄭公神道碑文》曾祖嘉範、祖撫俗、父洪，《清河郡公房公墓碣銘》大王父融、王父琯、父乘，《息國夫人墓誌銘》曾祖某、祖某、父某，《試大理評事王君墓誌銘》曾祖爽、祖微、父嵩，《唐故檢校〔一〕尚書左僕射右龍武軍統軍劉公墓誌銘》曾大父承慶、大父巨敖、父訟，《唐故朝散大夫尚書庫部郎中鄭君墓誌銘》曾祖匡時、祖千尋、父迪，《唐正議大夫尚書左丞孔公墓誌銘》曾祖務本、祖如珪、皇考岑、父故，《江南西道觀察使贈左散騎常

〔一〕檢校，眷西堂本作「校檢」，據《四庫》本乙正。

侍太原王公墓誌銘》曾祖玄暕、祖景肅、考政，《河南府法曹參軍盧府君夫人苗氏墓誌銘》曾大父襲夔、大父殆庶、父如蘭，《四門博士周況妻韓氏墓誌銘》況曾祖延、祖晦、父良甫，無及高祖者。間及高祖，如《唐故朝散大夫越州刺史薛公墓誌銘》是，然必其高祖有事足書，非空空名諱比〔一〕，所謂「公四世祖，嗣汾陰公，諱德儒，爲隋襄城郡書佐以卒。襄城有子二人皆貴，其後皆蕃以大」是也。弟持此論最久，恨不縮地質之太沖先生，續入《金石要例》耳。

*68 又

錢序果詳，但四聲始於南齊，周顒較沈約少前。其誤一。梁武帝問周捨何謂四聲，捨曰「天子聖哲」，非約語，特見《沈約傳》耳。其誤二。二百餘年不遵行《正韻》，太祖固不甚可此書，《實録》載之，只看《初學集·正韻序》亦知〔二〕。其誤三。「予」本上聲，今作平者非，此與《離騷》《九歌》等合矣，而《遠遊》「命天閽其開闢兮，排閶闔而望予。召豐隆使先導兮，問太微之所居。集重陽以入帝宮兮，造旬始而觀清都」，未嘗不讀如「余」，蓋字有

〔一〕非空空名諱比，《四庫》本作「非空空云諱某者可比」。
〔二〕《四庫》本無「只看初學集正韻序亦知」句。

二音。善乎鄭康成曰「余、予，古今字」，則同音餘。老杜「觸目非論故，新文尚起予」亦押入六魚韻。其誤四。上聲脱去二十五拯，止二十九部，此近代俗書也，不加釐正。其誤五。以一序四五葉，而有此五誤，豈不可怪？此弟之生平苦心戮力，晚漸有會，盤鬱於胸臆間，欲一吐露吾兄之前者，安得數晨夕乎？《皇明文衡》有胡翰《衡運論》，即萬一千七百八十年，分爲十二運，今交入大壯卦之説。雲九兄止見其書元大德間曉山老人撰，不知曉山廣陵人，姓秦氏。弟以仲中論證之耳。

*69 又

昨如李太白所云「今日醉飽，樂過千春」，然不爲折福者，以一日而三善得焉，請具陳之。第一，聞高論《椰經》《珠經》只算得東坡《酒經》，入文集雜著類中，豈得標一目曰經，實以《椰經》《珠經》乎？真不通，必非黄先生之本意也，主一爲之。弟謂昭明太子選《離騷經》，明曰經矣，列於騷之目之下，不敢曰經矣。第二，塗中誦《上山採蘼蕪》一首，蕪、夫、夫、如、殊、如、去、素、餘、素、故，凡十一押韻，雖平去相雜，實合顧氏四聲一貫之義，三百篇多有，以周顒、沈約未出，無四聲之截然畫界不相通貫者也。初以爲隔句韻，大非大非。第三，枕中思《明文授讀》必不出黄先生手，果出黄先生手，敢直標其父名曰黄尊素乎？竊以元好問《中州集》選其父德明詩，目曰「先大夫」，不敢標名，傳則用墓誌銘他人作者。錢牧翁《列朝詩集》選其六世祖錢洪詩，目曰先竹深府君，不敢標名，傳則謹按湯僉事琛、徐參政傭所作誌碣而書之；并六世伯祖，亦不敢標名，目曰柳溪府君而已，其得體如此。〔一〕憶邱季貞選《淮安詩城》，標其尊人之名曰邱峻孫，爲余懷澹〔二〕心所寄語直攻，當燬其板，且并追還其已送人間者，無令世謂淮安人不通、邱氏子爲不孝。嚴哉嚴哉，曾謂黄先生一代文獻，而忍出於此乎？敢出於此乎？請詳思熟復以答我。望望。

*70 又

老饕無厭，固見諒於知己，得毋爲君家庖人所嗤笑乎？雖然，杜于皇二丈詩云「交道看童僕，迎余有好顔」，此千古未發之嗤也。吾兄可陰爲我察自己童僕庖人，有倦厭之意乎？抑曰「我家老先生至」，如洛中待康節故事也？程篁墩《皇明文衡》選其父襄毅公奏疏二篇，直標名曰程信，亦大不是，不得籍口。黄先生却從《文衡》中，論李綱固守京城不是，脱胎爲《天津巡撫馮留仙碑誌》。劉超宗一隅之見，便不信此，可憐可憐，何況其乳臭之孫子哉？

〔一〕《四庫》本無「傳則用墓誌銘」至「其得體如此」句。
〔二〕眷西堂本無「澹」字，上圖本「懷」下補「澹」字。《四庫》本亦有「澹」字。

*71 又

許遠誤記作雙廟，而詩又不佳，豈此老耄耶？原不在古文名家之列，但識見議論也有趣，姑取數首，作小品文字，或亦無不可乎？曾蒼山起寧都，號詩國，此宋時事也。天水公作《劉室高孺人誌》，書側室之子某某與嫡子一連，以爲合子女皆統於父，而不分書所出之例，妙矣。及考《息國夫人墓誌銘》，夫人嫡也，是其所親生二男一女書出，非其所生側室之子不書，又添一例。蒼崖、太沖皆無，覺得心花俱開，只有學問有味。牧齋知之，而不盡遵用，以合時目。汪苕文夢也夢不見。〔一〕

*72 又

「夢硯齋」似重出古人，且有家諱，自宜避之，愚意作「寤硯齋」妙絶。蓋「寤」即「夢」也。《汲冢周書》「王曰：『今朕寤有商驚予』」，注曰：「言夢爲紂所伐，故驚。」又「王召左史戎夫，曰：『今夕朕寤遂事驚予』」。參以《説文解字》，寤，一曰晝見而夜夢也。硯非日日見之物，而偶夜夢者乎？此「寤」字實自弟發之。嘗謂《本草》解藥性不盡，韻書解字義不盡，當尋名手如鄭汝器八分、趙秋谷行書寫之。若杜首昌、宋曹，惡賴極矣。

〔一〕《四庫》本無「蒼崖太沖」至「夢也夢不見」句。

*73 又

新刊《經解》復閲一過。《春秋名號歸一圖》，宋馮繼先。案繼先，當作元。僞蜀朝人，宜冠宋孫復之首，乃屈居劉敞之後，何也？《孟子音義》，宋孫奭。案奭謚宣公，真宗朝名臣，屈居南宋蔡謨之後，又何也？宜乎東海云「書不經某先生眼過，譌謬百出，貽笑人口，罪過正復不小」。至「總經解」三字，不通之至。東坡《端硯銘》：「千夫挽綆，百夫運斤。篝火下縋，以出斯珍。」按斤，斧類，斫木器也。《莊子》「運斤成風」。亦作「釿」，未聞作「笇」，且徧閲字書，無「笇」字，竊以此硯斷送在此一字。答我答我。

*74 又

《通鑑考異》引《張中丞傳》，是司馬文正時猶傳，今遂亡逸，惜哉。今既不徵之於傳，則不載雷萬春事首尾。「雷萬春」，自當如茅鹿門作「南霽雲」三字爲是，黄先生説非。〔一〕「南霽雲之乞救於賀蘭也」，用「之」字、「也」字文法，分明照應前邊。不然，果屬雷萬春，南霽雲一大段無根了。文字未有無根者。不爲許遠立傳，後即爲遠辯白；不載雷萬春事首尾，後無一字及雷。天下有如此文字，昌黎不怕人笑倒邪？

〔一〕眉：黄先生之言是也，于此知閻先生古文義法之疏且拘矣。

*75 又

承問難妙甚，只以「雜肴蔬兮進侯堂」。肴，俎實也。蔬，菜也。以二物共薦，故曰雜。今坡公作「雜肴」，其可通乎？似是趁筆之誤，未可以出於坡，便是金條玉律也。忽思昌黎長女初適李漢，更適樊宗懿，《金石要例》載之，非漢死而後嫁，乃出而再嫁於樊者。果爾，昌黎死後，漢爲文集序，自稱門人，且云「辱知最厚且親」。於韓氏絶矣，猶曰「且親」乎？更奇者，《唐書》李德裕惡李漢，以漢之友壻蔣係出之外吏。係即第三女之夫，故與漢曰「友壻」。昌黎死時，三女尚未字人，後乃嫁蔣係。係，名，乂之子也，皆見《唐書》。此時昌黎女更適人久矣，猶并其姻黨謫之乎？可見漢終始以韓壻爲重，何如當日不出之乎？乞爲我一解。

76 又

牧翁曰：「唐人如岑嘉州、王右丞、錢考功，皆於杜老争勝毫芒。」初不解錢仲文何以當此，今讀《載酒園詩話》，方知牧翁之推贊不謬也。雖然，黄公却不極推嘉州，自不是。且云高勝於岑，豈其然？嘉州妙絶，顧貞觀初遇之長安，勸人誦法嘉州爲第一，且云學杜尚有流弊，嘉州無弊。《載酒園詩話》取譬語皆絶佳，可尋味之。學詩舍唐人而直趨三百篇，猶學道舍程、朱而直宗堯、舜，此病狂之言也。以爲絶代奇談者，反辭耳，吾兄豈未解耶？五七言古，一韻到底者之法，馮定遠先生所謂聲律相詭是也。〔一〕日從事吟哦，大有見解，非復吴下阿蒙。向來大言「餘事作詩人」者，所謂卿但「未得酒中趣」耳。

*77 又

百忙中不妨措思，若并不思，則非矣。《晨風》《蟋蟀》皆指詩人而言，誦《毛詩》白文可知。「自傷留滯去關東」，「去」字不是，易以「向」字，亦本等。唯「老」字又屬一層意思，可加細思。他日面語，未有不躍然者。校《太僕集》，有名介者，字安叔，其玄孫也。玄孫之子爲五世孫，名顧廬，字甫吟，冒籍常〔二〕熟，中癸酉鄉試，文人有後。頃始得知，以告同好者。

78 又

吾兄講貫學問，字字當行，而吟詠性情，頗不相及，故不憚屢次苦口變顔以諍。不意吾兄津津然甘舍所長，豈玉溪生詩「自有仙才自不知」者耶？良可痛惜。不得已，聊就來札對。唐宋之分，何嘗不在古詩，但古詩沾些宋人氣猶可，若律詩，一見令人憎，唐無就正

〔一〕簽：「五七言古」至「是也」，須取馮定遠集一看。

〔二〕常，眷西堂本作「嘗」，據《四庫》本改。

等字面入律詩。子美、聖俞家有其書，從來束而不觀。近人詩最愛者，父執杜于皇，如欲看，自洗手呈覽。參合唐、宋、金、元而出之，是牧齋宗伯，貌頗似宋，而中有絶調之作，每讀，不忍釋手，安得向遵王抄其詩注來耶？前陶季云牧齋詩不如文，非也。詩能用意，文點染不能本色，排比不能單行，却讀書多，歷年久，有一段精氣結裹而成，不可及哉！詩，第一氣骨，次則風調，宋人詩有風調乎？試看「琴堂何羡玉堂榮」，何等意思？「拂水一枝猶未長」，何等風致？加以「彩鷁蘭橈分舊雨，朱樓鱗瓦鬭新晴」，何等神理？果能篇篇如此，句句如此，老弟不勸吾兄成爲詩人，卓絶一時，爲吾黨之光者，非人也。死罪死罪。

*79 又

承詢，大加討論，讀當《廣韻》，以其備也。作詩須《韻會》，以上平十五、下平十五、上聲三十、去聲三十、入聲十七，適得古今之宜。若《廣韻》上平十六、下平十六、上聲三十一、去聲三十三、入聲十九，今作詩者遵用之乎？即宋《禮部韻略》上下平、上、入三聲同《韻會》，而去聲三十一，今作詩遵用乎？惟今俗本韻書上聲二十九，漏去二十五拯，則不可從耳。復讀顧氏《音學五書》，心花怒生，背汗浹出，錢牧翁〔一〕所謂「譬如美人，經時再

〔一〕錢牧翁，《四庫》本作「前輩」。

見，轉覺眄睞有異耳」。不知新城王侍郎何以痛掃，幾無一足取正，恐能詩未必通韻學也。又考《正韻》凡例云，平水劉氏上平十五韻、下平十五韻、上聲三十韻、去聲三十韻、入聲十七韻，共一百七韻。黄氏《韻會》本之，只查《韻會》看便已。

*80 又

鈍翁文略一披閲，竟同嚼蠟無餘味，奈何？但有一事可感者，《汪氏族譜序》：「古者宗子之妻死，其夫爲之齊衰三年，今令甲無是也。」弟代易其文曰：「宗子之婦死，其夫雖母在，爲之禫，今令甲無是也。」今新刻本果如弟所改，不可感乎？吾兄可覓《類稾》初本對之。獨《五服考異》云：「禮：同父母之昆弟期，同父異母之昆弟大功。」曾與玉峰兄弟笑古無此服制，殆汪公杜撰。《答或人論祥禫第二書》云：「唐儒又有主三十六月者。」此據《喪服四制》「喪不過三年，三年而祥」之説也，尤屬妄談，當作二十八月，與杜氏《通典》合，杜却不曾據《喪服四制》。唐雖有王元感主三十六月，已爲鳳閣舍人張柬之闢倒，所謂「元感論遂廢」是也，汪何從而知其所據乎？總之《通典》《新唐書》不熟。當時不曾與之言，遺誤到今，冥冥之中負此良友。老友山右傅青主先生、顧寧人極稱其識字，却盛稱方日升書自勝《正字通》妄語。然須黄氏《韻會》原本一對，方可決。彭城家正原本也。

*81 又

北闈策題，遠震、陳櫟、衛湜之於《禮記》，皆篤守紫陽者。無論[一]衛正叔之於朱子邈不相涉，「遠震」二字[二]係傳寫之譌，乞吾兄爲就《禮記大全》、衛湜書前列先儒姓名一正之。就一事直窮到底，勝汎覽博觀萬萬也。邢子才曰：「誤書思之，亦是一適。」或曰：「誤書思之，何由便得？」子才曰：「若思不能得，便不勞讀書。」朱子曰：「此言雖戲，實天下之至言也。」吾與兄約，若考不出「遠震」二字，吾兩人亦不勞讀書也。陳祥道《禮書》有《拜儀》上、下二篇，真曠代奇作。吾師乎，吾師乎，三百年無此等人矣！

*82 又

《顔氏家訓》曰：「學問有利鈍，文章有巧拙。鈍學累功，不妨精熟；拙文研思，終歸蚩鄙。但成學士，自足爲人；必乏天才，勿彊操筆。」此十言者可以教天下萬世，不獨吾徒之藥石已也。王深父以鄭州刺史李翺乃另一人，妙絶妙絶。古人識見，真不可及也。何則？[三]蓋《新唐書·李翺列傳》傳其歷官最詳，止出爲朗州刺史，又爲廬州，無鄭

〔一〕無論，上圖本塗去。《四庫》本亦無「無論」二字。
〔二〕上圖本「二字」下補「必」字。《四庫》本亦有「必」字。
〔三〕《四庫》本無「妙絶妙絶」至「何則」句。

州刺史之説也，自另一人。今魏叔子、杜于皇以昌黎送李愿爲西平王之子李愿，何異説夢？又[一]另一李愿，隱士也。《凌虚臺記》首句云「臺於南山之下」，自然是「臺」字。言此臺在南山下，下四方之山云云，又推開去説，細細體會自知，不知何人改「臺」作「國」，此非口舌所能辯。荆川、鹿門皆云此《記》於太守少回護，試考太守何人，於東坡何嫌而痛掃之，而作此議論，便是讀書論世之學。吾兄從此等處逐一理會，何如？

*83 又

《方山子傳》「方屋而高」四字妙絶，不知何人改「屋」作「聳」。按幘，崇其中者曰屋，故《後漢書·輿服志》：「未冠童子，幘無屋者，示未成人也」；句卷屋者，示尚幼少，未遠冒也。」東坡豈有一字無出處耶？古人文可容易竄易耶？《遠景樓記》：「立表，下漏，鳴鼓以致衆。」立表一事，下漏一事，鳴鼓一事，不知何人以「立表下」爲句。不見下文「一人掌鼓，一人掌漏」，又仆鼓、決漏耶？此豈出黄先生手筆？願明試[二]我。

[一] 又，上圖本改作「亦是」。《四庫》本亦作「亦是」。
[二] 眉：「試」字當是「示」字否？整理者按：《四庫》本作「示」。

*〔經解〕84 又[一]

昨幾夜不成寐矣，長淮大河之英靈，節孝文潛之風流，不絶於世間，鍾一二人。此一二人者，可不慎重其軀耶？[二]《爾雅》："「母之舅弟爲舅。」舅之名亦古，但「先舅」二字不見古人有，不如用《秦風》「我送舅氏，曰至渭陽」，稱曰舅氏。顧寧人先生爲千確萬當，因考《國語》，公父文伯之母曰「吾聞之先姑」，注："「夫之母曰姑，没曰先姑。」又曰「吾聞之先子」，注："「先子，先舅季悼子也。」恰恰有「先舅」二字，是稱夫之父，無加之母之舅弟者。又《爾雅》："「姑、舅在則曰君舅、君姑，没則曰先舅、先姑。」愈加不得於母黨矣。此等講貫，實實快絶。然非吾兄難我，亦不及窮析至此也。

*85 又

《羅文肅公集序》「編幅」二字非是。按「邊幅」出《後漢書·馬援列傳》，謂隗囂語耳。邊幅指布帛言。西江君子，愚嘗笑其文多别字，可耻可賤。或曰：文章全在道理氣格，不在一二字句間。則請質之吴下人，不必古也。艾千子云："「《上林》《子虚》《兩京》《三

〔一〕又，《經解》本作「又與秋谷」。

〔二〕《經解》本無「昨幾」至「軀耶」句。

都》，讀其文，不過如今之學究據《通考》《類要》之書，分門搜索，相襲爲富。求其一言一字出於其心之所自得，無有也。」此等説話，罪不容誅。班固賦曰《兩都》，張衡賦曰《二京》，無「兩京」名目。揚泉《物理論》云：「平子《二京》，文章卓然。」孫興公云：「《三都》《二京》，五經鼓吹。」可見古人稱名，無有誤也。《通考》指《文獻通考》而言乎？今學究是何人？能據以搜索，亦可謂通達國體之人矣。《類要》是何書？至真《子虛賦》久不傳，《文選》所載乃《天子游獵賦》，昭明誤分之而標名耳。此則愚之獨解，非南英所能知。南雷先生云：「艾千子與王、李，只争一頭面。」煞有見。如不讀唐以後書，邪説也。詆《上林》諸賦，又寧正論乎？均宜服上刑。

86 又

東坡《策斷下》「僭立四都」，其實遼有五京：臨潢、遼陽、大定、析津、大同。當坡作《策斷》時，五京已備，豈四都乎？而謂黄先生一一能道乎？恐未必爾。若牧齋先生，則不可知。蓋弘光時，黄石齋祭禹陵南鎮，於内閣問前代奉差何大臣，一一答之，不差一箇。聞者大驚，因舉他處以難，亦能詳對。此萬季野謂黄學問斷非錢所夢見，決不敢信者也。有志之士，務在審己所受于天之分，而力學以盡其才，固自有可傳之道與可以比儗之人，而無取乎過高之譽也。

*87 又

李商隱與陶進士書，常自兕，願得時人曰：「此物不識字，此物不知書，是我生獲忠肅之謚也。」按忠肅，謚之最美者，言我已生而得美謚矣，何幸如之？善兮[一]謔兮，正義山輕薄之故態乎？《衝波傳》顔淵曰：「人知其一，莫知其他。但知暴虎，不知憑河。鹿生三年，其角乃墮。子生三年，而離父母之懷。」懷音窠，與他、河、墮協，如何不引？

*88 又

虹考去後，考得緯書《河圖》：「大星如虹，下流華渚。女節意感，生白帝朱宣。」《宋書·符瑞志》：「帝摯少昊氏，母曰女節，見星如虹，下流華渚，既而夢接意感，生少昊。」非黄帝事也，陸氏記誤。且星如虹，非真虹也。若真感虹而生，何不用《宋·符瑞志》「母曰握登，見大虹意感，而生舜於姚墟」乎？又考得《春秋演孔圖》：「烏化爲書，孔子奉以告天。赤雀集書上，化爲黄玉，刻曰：『孔提命作，應法爲制，赤雀集。』」無「虹」字面，陸氏復記誤。弟此等考證辯析，在古人中亦屬絶學，不論今人不識，吾兄信及否？所謂虞翻「得一人知己，死可不恨」，其在斯乎？鈍翁不足攻。生平所心摹

〔一〕兮，上圖本改作「戲」。《四庫》本亦作「戲」。

手追者，錢也〔一〕，顧也，黄也。黄指太沖先生，顧指寧人先生。贊我觀書眼如月，何敢當，何敢當。又覆不一。

*89 又

《文鈔》一本，不曾卒業，聊就其序〔二〕指摘之。此《正揚》〔三〕之類，願爲我作《正正揚》焉。《禮記説義纂訂序》：「楊公獨能旁綜《儀禮》《周官》二經，淹貫馬、伏、鄭、王諸訓故。」按西漢有伏勝，東漢有伏湛，皆於三《禮》之學無交涉，豈鈍翁别讀人間未見之書，加我輩之上邪？《傷寒書序》：「夫庾跗、扁鵲之徒。」按《史記·扁鵲列傳》：「臣聞上古之時，醫有俞跗。」《索隱》曰：「音臾附。應劭曰：黄帝時。」《吕氏春秋》：上古醫曰苗父，中古醫曰俞柎。《周禮》鄭氏注：「岐伯榆柎。」陸德明曰：「本亦作俞柎。」然則必無「庾」字之理。或曰：「安知鈍翁不别有所本？」試問上三書不足據，而以他雜書藉口乎？其爲别字無疑。《古今五服考異序二》：「蓋嘗三復《喪服傳》，而不能以無疑。」此句大非，傷天害理。下文五可疑，愚皆在京師歷歷與之辯，久折其角矣，安得面陳之？《東都事略跋

〔一〕《四庫》本無「錢也」二字。
〔二〕上圖本「序」下補「一卷」二字。《四庫》本亦有「一卷」二字。
〔三〕揚，當作「楊」，指楊慎，下《正正揚》同。

序》〔一一〕：「夫舜囚堯，太甲誅伊尹，此皆書之所不載，聖人之所不道，而後世猶述而志之。凡所謂信傳信、疑傳疑也。」按「信傳信、疑傳疑」出《公羊傳》文，不過如「夏五」闕「月」字之類，非謂舜囚堯、太甲誅伊尹。此等傷天害理之説，聖賢不辭而闢之者。鈍翁讀書，多不諳文理，難言難言。又舜囚堯、太甲誅伊尹出《竹書紀年》，此非書邪？必《尚書》方謂之書邪？且《尚書》無此等言，又何待云？鈍翁真是癡人説夢。《詩説序》：「自唐世盛行毛、鄭，而齊、魯、韓三家遂亡。」按《隋書・經籍志》云：「《齊詩》魏代已亡，《魯詩》亡於西晉，《韓詩》雖存，無傳之者。」安得謂三家至唐始亡耶？又《經籍志》：「唯《毛詩》鄭箋至今獨立。」可改曰：「自隋世盛行毛、鄭，而齊、魯、韓三家已亡。」《具區志序》：「古揚州之境，踰淮距海。」「踰」字不可解。按蔡《傳》：勝孔《傳》。「徐州南至淮，揚州北至淮。」蓋以淮水爲分界，非如今淮安府跨淮南、淮北而有也。隋煬帝詩：「借問揚州在何處，淮南江北海西頭。」何等工確，不可移易。《吴逸民傳序》：「《史記》謂武王滅商，封仲雍曾孫周章弟虞仲於周之北故夏墟，是爲北吴是也。」按《史記・吴世家》，「北吴」作「虞仲」，不知鈍翁讀何本《史記》，乃有「北吴」字面。又《序》：「自漢孔安國至魏王肅、何晏諸家，俱不

〔一一〕眉：「跋序」二字不可聯用，檢鈍翁原書正之，看是「序」是「跋」。整理者按：《堯峰文鈔》作「東都事略跋序」。

注虞仲何人，近世始以仲雍實之。」按「近代」二字指朱子《集注》，不知《史記索隱》以虞仲即仲雍，是唐人久作此解矣。《篆隸考異序》：「古人之書，其字則大小篆、籀文。」按宣王太史籀著《大篆》十五篇，漢人稱爲籀書，又謂之籀文，豈得二之邪？是非一一教我，毋謂我老耄，姑聽之而棄我也。

*90 又

聞諸牧翁云〔一〕：「《樂府》『人生富貴何所望，恨不早嫁東家王』，唐人詩『十五嫁王昌，王昌且在墻東住』，當另一王昌，風流艷美人也，必非《襄陽耆舊傳》之王昌。」《傳》云：「王昌，字公伯，爲東平相散騎常侍，早卒。婦任城王曹子文女。昌弟式爲渡遼將軍長史，婦尚書令桓楷女。昌母聰明有教典，二婦入門，皆令變服下車，不得踰侈。後楷子嘉尚魏主，欲金縷衣見式婦，嘉止之，曰：『其嫗嚴，固不聽善耳，不須持往，犯人家法。』其畏如此。」古人同姓名者最多，陳驚坐，且同字、同時人矣。袁宗安述宋既庭之言曰：「荆川才大如海，評書有詳有略。」惟《文編》出陳元素手者，非其原本。兩本舍下俱有，他日呈寄，自知之。

〔一〕《四庫》本無「聞諸牧翁云」五字。

*91 又

喬氏曰：「有譏汪先生以史證經者，汪復之云云。萊按《明夷》引文王、箕子，《繫辭》引顏氏之子，此孔子之以史證經也。《明夷》引箕子，《泰》引帝乙，《歸妹》引帝乙，《隨》引王用享[一]于西山，《升》引王用享于岐山，《既濟》引高宗伐鬼方，《未濟》引伐[二]鬼方，此周公之以史證經也。惜堯峰下世，不及以余言告之。」閻子讀至此，不覺笑曰：「惜石林下世，不及以余言告之。孔子時尚可分經分史，周公時有何經史可分？此學問源流一毫不明白之論，吾兄試討論之。」

92 又

曾石塘，謚襄愍，非襄敏也，鈍翁誤記，亦猶涇陽李世達，謚敏肅，錢牧齋誤作「愍肅」乎？「六經」二字，見《莊子·天運篇》，孔子稱六經，老子亦稱六經，安有讀書人止據《莊子·天下》作文，不考及《天運》者乎？《傳經堂記》是也。

*93 又

南宋詩人有永嘉四靈：曰翁卷，字靈舒；曰趙師秀，字紫芝，亦稱靈秀；曰徐照，字

〔一〕本條「享」字，眷西堂本皆作「亨」，據《四庫》本改。

〔二〕伐，眷西堂本作「代」，上圖本改作「伐」。《四庫》本亦作「伐」，據改。

道暉，亦稱靈暉；曰徐璣，字文淵，亦稱靈淵。無所謂徐靈照也。至「争天奈何事」，現見《葉水心集・徐文淵墓誌銘》，故當正其誤曰「如徐靈淵争天奈何耳」。弟最笑京師中一人曰：「我先生安得錯？我先生高於錢牧齋遠甚。」繆之甚者也。弟極推服黄先生，與牧齋、寧人鼎峙，何嘗有第四人？何嘗限於百年以内人物？然愛而知其惡，憎而知其善，天下後世有人不敢欺，亦不能自欺本心也，當與吾兄共勉之。〔一〕中山程氏以安鄉侯程昱爲祖，自與新安程黏不上。奈程篁墩博極群書者也，尤精考究，其所取，則以開元十六年李邕撰《程長史碑》〔二〕，曰重安侯嚮，即忠壯公靈洗之孫，嚮生育，育生皆，皆生弘，弘生大辨。林寶《元和姓纂》曰大辨實北徙中山，忠壯公，其五世祖也。果爾，二程出自新安亦可。故弟此一篇文字且輟簡，恨不使黄先生聞之。

94 又

玉谿生，猶天之不可階而升也，豈吾輩所能企及？往嘗愛楊孟載《和義山無題》五首，以爲逼真義山矣。久之，覺義山天姿仙骨，藏於辭華之内，孟載猶凡胎也，去之遠矣。唯

〔一〕《四庫》本無「弟最笑」至「共勉之」句。

〔二〕《四庫全書考證》：原本脱「邕」字，據《文苑英華》增。整理者按：眷西堂本有「邕」字。

錢牧翁《和吴梅村艷體四首》，神矣，聖矣，義山復生，無以加之矣，七百年無此詩也。可即《列朝詩》《有學集》熟味之。高忠憲《與葉園適書》：「大塊百年中偶爾相遇，毋相孤負也。」有味哉其言。故老弟不惜苦口饒舌于吾兄前也。

*95 又與石企齋

昨讀馬公驌《繹史·列莊之學》，公於《古今樂録》稱莊子爲齊人也下辨曰：「周，蒙人，屬宋不屬齊。」不覺吐舌，此老學之確如此。鳳陽濠梁爲其游覽之地，曹縣漆園爲其宦游地，俱不必言。《新唐書》譙郡蒙城縣自注曰：「本山桑，天寶元年更名。」唐何以名爲蒙城，不可得而考矣。向劉超宗嘗云：「池州青陽縣有長白山，范文正子孫繁衍，聚族居於此，有譜牒，乃知長白山在此。」弟與之辯曰：長白山斷斷在今濟南新城、長山四縣界上，文正當日讀書於寺中，不必云其子孫最爲繁衍，安知不是其一枝流寓，占籍於青陽，妄指青陽一山，曰此吾祖讀書之長白山乎？今寶應現有文正子孫范姓爲秀才，現有譜牒，青陽亦此疑耳。吾輩當援古以證今，不當以今而疑古耳。孟子游宋，宋稱王當在慎靚王三年癸卯。《莊子》書亦有宋王之稱，似莊子此時尚在。然《莊子》書多後人羼入，非一一出其手筆，不比《孟子》。故昨以孟子游宋不相遇莊子者，以莊子既死，或往游他方耳。《莊子》書云惠施爲梁相，莊子曾游梁，大抵在孟子三十五年游梁之前。孟子在梁止一年餘，惠王死，襄王立，孟子往齊矣，見《孟子生卒年月考》。朱子云「莊子聲聞至於梁而止」，不知其書自云游梁也。騰[一]口説多不確，安得面一傾吐之！

*96 又

於理無礙，但以訓詁言之不可，妙妙。此已跳上子静船矣，可見吾兄心服而口不然。弟謂士夫不能陶鑄人，畢竟學問中火力未透，頗自反而愧，不敢對吾兄也。謂我欲示博，遂加朱子以罪，不敢不敢。但株守朱説，遵若金條玉律，莫若顧麟士。昨見其《詩經説約》，謂朱子於狐、貍、貉三物也而謂一物，斯螽、莎雞、蟋蟀亦三物也而謂一物，極是朱子草率處。又言朱子奈何作此憒憒乎。此等出信朱子口，當如何責之？竊以不直則道不見，吾以明道也，豈議朱子乎？總之謂吾書欲無所不有，志在駕軼古人，此真洞見肺鬲之言也。謂有意翻駁朱子，則決不敢。素愛馮定遠之言：「今人信孔子不如信孟子，信孟子不如信程朱。」弟則信孔子過篤者耳。

97 又

魏叔子有言：「胷無新得，數見高人無益。」此弟怕見吾兄也。又言：「奇文無共欣賞

[一] 眉：滕。

者，如癢極不得搔，此苦難向異體人説。」此弟思與兄相見也。又言：「古人相見，開口便有到心語也。」此當與吾兄共勉之，未敢以爲能，何如何如？一好友爲河間太守幕客，來辭行。弟以河間獻王德祠墓更新爲託，已力任。一金道州赴任柳州，以故太守章大力先生成神於彼，如羅池廟碑事，不可不隆其祀。孰知道州到日，大力夫婦旅櫬四十餘年，竟無資之歸者。道州慨然捐俸，且致書撫州太守，俾葬二柩於其祖墓之次。千古高義，令人感泣。尤奇者，發端於小子吾輩〔一〕。卿著《宋書》勿遺此士，不可不一言以紀載也。

*98 又

尊論云：「此亦古人同文之一端也。」同文，謂書之點畫，於聲律無涉。何不用《周禮》大行人之職「九歲屬瞽史諭書名」，名解作字。字，古曰名，今曰字。聽聲音」，注曰：「達六書之文，察五音之和，瞽史之職也。」故九歲則以屬瞽史。且讀陳游擊季立書，自知古無叶音之説爲精確，寧人書亦非嘔數升血讀之不可。弟素鄙薄道學先生不博學，如《讀書劄記》云「漢止文帝、武帝、宣帝加『孝』字」，何異説夢？何異見鬼？漢代皇帝謚有「孝」字，《唐書·顔真卿傳》奏疏曾言之。《唐書》，道學先生那裏看，須知《漢書》也該寓目，并哀帝、平帝皆

〔一〕眉：「吾輩」以下六字不甚可解，詳之。

冠以「孝」字也。

*99 又

昨承教後，又取韓作讀之，文真妙。竊以改作「即以二《雅》之舊人，如家父、凡伯亦云老矣。而曩者《南山》《瞻卬》之詩，何爲今不作也」，貼在平王東遷之初。蓋幽王在位僅十一年，家父、凡伯想在世上，況又加以「老矣」二字。元少真妙舌，但作《板》之凡伯，不如用作《瞻卬》之凡伯，何如？此猶想像也。若鑿鑿可據之舊人，莫若衛武公和，四十二年佐周平戎，平王命爲公。又後十三年，即平王在位十三年而薨。不當云此會作《賓之初筵》之衛武尚在，亦不復爲雅詩乎？此等死證，運入文字中尤妙。或曰：「何不及『抑抑威儀』詩？」但序以爲刺厲王，厲王已死，安容追刺之？此序之不足信也。或曰：「《炳燭齋隨筆》云：『幽王八年，衛武公相周，作《抑戒》詩。』」此係近代僞書，不足污吾輩齒牙也。非吾兄教我，不克聞過，謝謝。

*100 又

《恩制賜食于麗正殿書院宴賦得林字》，此題最古，經品彙，便改得時氣，不必言。弟抑〔一〕

〔一〕抑，《四庫》本作「亦」。

嘗細細考來，參以《舊唐書·張説傳》答徐堅云，方知每日在麗正殿皆賜食，不須家人送食，此成一代之制，故曰恩制，與偶然賜宴不同。「賦得林字」十五字爲一句。其日賦詩時，適爲賜宴，一指常，一指暫，字字不苟如此。張説卒于開元十七八年，《通鑑》不載，何也？乞考以示我。向有《釋地餘論》，謂峯之戰自峯至華不注山，一日行一百三四十里，且三周其山焉。長兄引曹操追先主於當[一]阪，一日一夜行三百餘里，可謂神速。除此外更引證一事來，弟不能答。今日讀《夏侯淵傳》注引《魏書》曰：「淵爲將赴急疾，常出敵之不意，故軍中爲之語曰『典軍校尉夏侯淵，三日五百，六日一千』。」三日五百，是一日行一百七十里，則晉人自峯戰起，勝而逐齊師，三周華不注。華不注，一點點山兒，三周之，不多時也。可爲妙證。書奉同紫函賞之，何如？

*101 又

地理三條，妙可解頤。弟解《雪宫》章，亦黜誇其禮遇之隆説，吾兄引孔僖對章帝云云折之，確不可言。自孔氏爲答鄉里人語，妙甚。但子路歸魯，視其家，意太鑿。子路自不妨有歸時耳。由，卞人也。卞，今泗水縣，在曲阜。本以「闕里」二字證《家語》爲王肅私

[一]眉：「當」下疑有「陽」字否？吾山。

定，空中窺覷，無可躲閃，快快。

102　又

《荀子》載孔子之言曰：「君子有三思，而不可不思也。少而不學，長無能也；老而不教，死無思也；有而不施，窮無與也。是故君子少思長則學，老思死則教，有思窮則施。」吾兄屢下問，僕妄亦盡其所有以告。忽思孔子「老而不教，死無思也」之語，于我心有戚戚焉。又《大戴禮記》曰：「其少不諷誦，其壯不議論，其老不教誨，亦可謂無業之人矣。」因自扁其堂名曰老教堂。如宋陸放翁老學菴之義，不識吾兄以爲何如？果爾，是此堂爲吾兄設也。

103　與劉紫函

《荀子》曰：「非我而當者，吾師也；是我而當者，吾友也；諂諛我者，吾賊也。是故君子隆師、親友，以致惡其賊。」昨勞步後，退思「只將且道」字亦非，至于「道不相配合」新增一段，仍然刪去，何等爽利，何等含蓄，所謂幸及未死，得聞高論者也，謝謝。天水札子馳覽，愈思會同即指諸侯朝于天子言，亦爲諸侯，如何云「願爲小相」？相，隨諸侯朝天子之介也，卿爲上介，大夫爲次介，士爲末介，豈是赤親身爲諸侯？真不通，真不通。陳介眉云：「季〔一〕彭山本極熟禮，不如錢牧翁直詆其杜撰不根，見即當焚棄也。」此等學問源流，窮年累月，講之難盡，奈何？

104 又

天子、諸侯皆有相，而會同則諸侯朝于天子之禮，固〔二〕《禮》所載皆是。至《春秋》，凡書會、書過〔三〕，皆譏焉，爲其非王事也。赤言志于夫子之前，不言其常，而言其變耶？至謂三子，豈妄謂周天子與之一諸侯？則顏淵問爲邦，而子告之以行夏之時，乘殷之輅，服周之冕，樂則韶舞，是何言也？且曾點兩以非邦致問，夫子明許以非諸侯而何。立言不當與之相反。

*105 又〔四〕

《春秋經》襄公六年秋，「莒人滅鄫」。「非滅也，立異姓以莅祭，滅亡之道也」，范甯注：「言非以兵滅也。莒是鄫甥，立以爲後，非其族類，神不享其祀，故言滅。」後晉武帝太

〔一〕季，眷西堂本作「李」，上圖本改作「季」。季本，號彭山。
〔二〕眉：「固」字疑當是「故」字。
〔三〕眉：「過」字疑當是「遇」字。
〔四〕又，《四庫》本作「與劉紫函書」。

康三年，賈充薨，其妻郭槐輒以外甥韓〔一〕謐奉充後，博士秦秀議曰：「《春秋》書莒人滅鄫，聖人豈不知外甥親耶？但以義推之，則無父子耳。」充舍宗族弗授，而以異姓爲後，絶父祖之血食，開朝廷之禍門。按《謚法》「昏亂紀度曰荒」，請謚荒公。《大清律》曰：「其乞養異姓義子以亂宗族者，杖六十。若以子與異姓人爲嗣者，罪同。其子歸宗。其遺棄小兒，年三歲以下，雖異姓，乃〔二〕聽收養，即從其姓，但不得以無子遂立爲嗣。」條例曰：「一無子者，許令同宗昭穆相當之姪承繼，先儘同父同親，次及大功、小功、緦麻。如俱無，方許擇立遠房及同姓爲嗣。」并不許乞養異姓以亂宗族。

*（經解）**106** 又〔三〕

前承下問昏禮用雁，匆匆對，未悉。今考之，不獨親迎爲然，曰納采、曰問名、曰納吉、曰請期、曰親迎，凡五禮皆用雁。解者曰：「昏禮無問尊卑，皆以雁爲摯者。」鄭康成云「取其順陰陽往來」者。雁，木落南翔，冰泮北徂。夫爲陽，婦爲陰，今用雁者，亦取婦人從夫之義。是以昏禮用焉，無取不再偶之説。謹覆。

〔一〕韓，眷西堂本作「諱」，據《四庫》本改。段跋本尾：諱，當作「韓」。
〔二〕乃，上圖本朱筆改作「仍」。《四庫》本亦作「仍」。
〔三〕又，《經解》本作「與劉紫函」。

*107 又

韓昌黎《祭十二郎文》，十二郎，韓之姪也。文自稱季父愈，此即所説令叔可稱名之證也。《祭女挐女文》，女挐，韓之女也。文自稱阿爹阿八，此即所説尊公不宜稱名者也。豈惟父，即姪孫自亦不名。《祭滂文》曰十八翁及十八婆盧氏，盧於滂爲叔祖母，以異姓故，别曰盧氏。昌黎行十八，對女曰阿八，省一「十」字也。闞湖逸民即書中之應廷吉，字棐臣者也，慈谿人，天啓丁卯順天鄉試舉人，與史道隣同榜，故稱同年。〔一〕忍俊不住，書中處處露出，且匿此帖，俟石二兄閲訖，問爲何人手筆，可以定吾兩人之優劣矣。黄山谷〔二〕見蘇詩「後騎且勿驅，前山正可數」，曰：「東坡不死，百詩不死。」

108 又

夏存古《大哀賦》已有「聖安」之稱，作於丙戌也。《紀年》又稱「赧皇帝」，不知何人謚的。〔三〕「赧」與「聖安」俱不確，此君非朱姓，乃福藩逃難，侍衛私擇一人以充福世子，弄假成真耳。竊以家既有之，國何獨不然？可勝浩歎，賢壻定默喻此意。

〔一〕眉：此説《青燐屑》也。予昔閲此書，亦知爲棐臣作，書中明明自言之。

〔二〕眉：「『黄山谷』下宜删。另見卷六《答吴亦韓》詩後。吾山。」

〔三〕眉：有謚福藩爲聖安者。《聖安本紀》一卷，稱顧絳著，即寧人先生也，不知真屬亭林筆否？

*109 又

賈讓上策，當日不曾行，行則徙冀州之民當水衝者矣。屯氏河絶不絶不要緊，要緊在北決於館陶。《溝洫志》兩箇決於館陶，決館陶則從渤海郡章武縣入海，即今之天津衛，即書所稱漢以後、宋熙寧以前將千年入海之大道。此須合《地理志》《水經注》觀之。班固《叙傳》「述《溝洫志》第九」，曰「成有平年」，何嘗不以成帝河平紀元爲盛事，與宣房一般？至前河成二年而決，後河成九歲而決，乃河決之常事，未嘗抹煞王延世之功也，安得面一指授乎？昌黎三女，見皇甫持正所譔文。長女嫁李漢，改嫁樊宗懿。次女聘陳氏，三女并未聘，蓋昌黎死，二女俱幼也。後考《唐書》，方知三女嫁蔣乂之子蔣係，有文名，見《唐》列傳。今之宜興蔣家正其後也，家譜晝然可稽。來《明季遺聞》二本，此書第一受張縉彦賄，第二受李明睿屬，妝點粉飾，總不足信，已被蕭震特疏參處，但也有些好處。此萬季野所以不廢也。

*110 又

異哉，晨興檢注疏，《喪服小記》獨脱落「士妾有子而爲之緦」一張，舍下豈無他本參看，奈爲金素公假去，至今不歸。乞將鄭注昨所歷歷誦者鈔示來，并以時賢意見詳及之。僕嘗笑人不好學、不好問，豈容自犯之耶？昨云單「子」字未必指女，以《禮記》《儀禮》皆稱「女子子」，或女子也，此最高明之見。但《曲禮》「子於父母則自名也」，豈無女子在內？《喪服》「子嫁反在父之室」，非女子邪？《論語》「以其子妻之」，直指女矣。

*111 又

尋玩鄭注，「子」兼男女解，亦未爲不可。但今之時賢，執此句，爲吾妾現有子，吾故爲之服，此萬萬不可。唐《開元禮》「妾無服」，司馬文正《書儀》、朱子《家禮》及明《孝慈録》，寵妾而作者，妾俱無服。蓋妾之無服，千餘年於此矣。汪苕文曰：「今卿大夫舉凡服其餘親，莫不兢兢令甲，而莫之敢越，而獨於其妾也，則必秉《周禮》，毋乃暱於所愛乎哉？」可謂刺心之論。

112 又

李本寧先生《跋來禽館帖》曰：「舊史氏本不善書，亦不善鑒，無顧癡一毛，令神明都煥。」此石梁僧所爲致嘆于竹西者也。

113 又

錢遵王講貫之精不必云，學問之博則未也。如牧齋《有學集》載《與遵王書》云：「如何蕃舉幡事，他文皆云『遮道叫閽』，則此語容有之，但不記所自出耳。」錢牧齋老耄健忘，不足怪，如何錢遵王顯然聽其流通，不怕天下人笑破口邪？何蕃無舉幡事，乃濟南王咸，見《漢書·鮑宣傳》。「遮道叫閽」四字，見柳文《陽城遺愛碣》，亦渾用救鮑宣司隸事。遵王并班《書》、柳《集》不讀矣，可博嚴一笑。

114* 又

唐方面官有節度使，有採訪使。節度使統兵，乃鎮將，故稱某鎮，如高仙芝爲安西四鎮節度使是也。採訪使非鎮將，故其稱但曰某道，如安禄山兼河北道採訪處置使是也。然採訪不言鎮，而節度亦可言道，《通〔一〕鑑》屢見之。如天寶四載，謂王忠嗣既兼兩道節度，制〔二〕邊陲要害，悉列置城堡。六載，謂蓋嘉運、王忠嗣專制數道，始兼統矣。十四載，謂安禄山專制三道，陰蓄異志，殆將十年。以此知謂節度使不可言道者非也。考唐制，太宗分天下爲十道，一曰關內，二曰河南云云。玄宗又因十道分山南、江南爲東、西道，增置黔中道及京畿、都畿，共十五道，各置採訪使。故山南、江南等可稱得某道採訪使，而節度使止名鎮，不名道也。此豈時文名士所知？非自執己見，不直則道不見，道固如是耳。賢倩一覽焚之，不可示人。頃聞吴荆山選考卷，及沈儼禄之《去公室文》，尾載儼自記，即不

〔一〕眷西堂本無「通」字，據《四庫》本補。
〔二〕《四庫》本無「制」字。

佞議論。荆山駁之正之，亦是先儒已及者，意只在遵朱子《集注》，如金條玉律，一字不可揺動耳。冤哉冤哉，荆山與僕交情亦佳，安得及屺瞻貴同年，僕之畏友乎？真令人心折氣盡。

*115 又

晤對頗暢，歸查《玉海》，無所爲芙蓉宫殿門闕者。老杜「芙蓉别殿漫焚香」乃曲江芙蓉苑，意其有殿，故曰芙蓉殿。豈有此處會百官而勅賜櫻桃乎？老杜于門下省賜櫻桃，昌黎于宣政衙賜櫻桃，不聞有甚芙蓉闕也，乃虚字面點綴耳。此千年未經拈出者。

*116 與劉頌眉

昨承問詩有自對法。清晨起檢杜詩，如「桑麻深雨露，燕雀半生成」，此「露」對「雨」，「成」對「生」，自對法也。「近接西南境，長懷十九泉」，「南」對「西」，「九」對「十」，亦自對法。「白狗黄牛峽，朝雲暮雨祠」，「黄牛」對「白狗」，「暮雨」對「朝雲」。「羈棲愁裏見，二十四回明」，《月詩》。「羈」也、「棲」也、「愁」也三字自對，「二」也、「十」也、「四」也三字自對。「四十明朝過，飛騰暮景斜」，「四」也、「十」也二字自對，「飛」也、「騰」也二字自對。「氣色皇居近，金銀佛寺開」，「色」對「氣」，「銀」對「金」，各自爲對。「社稷堪流涕，安危在運籌」，「稷」對「社」，「危」對「安」。「神仙才有數，流落意無窮」，「仙」對「神」，「落」對

「流」。「毛骨豈殊衆，馴良猶至今」，「骨」對「毛」，「良」對「馴」。「風塵逢我地，江漢哭君時」，「塵」對「風」，「漢」對「江」。凡十條呈覽，可以推類而知，其餘亦可自已。思路通，對偶廣矣。古文云：「夫人目之所及不百里，而天地之際合。及至百里以迄千萬里，未嘗合也，其去之乃愈遠。」此「晚眺」二句之所本也。文可以入詩，但要融化耳。

*117 又

考萬曆六年，潘司空季馴河工告成，其功近比陳瑄，遠比賈魯，無可移易矣。乃十四年河決范家口，水灌淮城，全城幾奪。又決天妃壩，尋塞治之。二十三年，河、淮決溢，邳、泗、高、寶等處皆患水災。以按臣牛應元、河臣楊一魁言，患少息。天啓元年，河決王公堤，水灌淮安、新聯二城，小民蟻城而居。裏外河、清河一帶，匯成巨浸。郡守宋統殷等力塞王公堤，患始殺焉。所云「蟻城而居」者，即余幼聞父老言，人在新城西門城垛上，垂足洗滌是也。安得云潘司空治後無水患六十年之説？大抵司空成規具在，縱有天災，縱有小通變，治法不出其範圍之外，故曰《河防一覽》爲平成之書云。

*118 又

《左傳》襄二十五年：「太史書曰『崔杼弒其君』，崔子殺之，其弟嗣書，而死者二人。其弟又書，乃舍之。南史氏聞太史盡死，執簡以往，聞既書矣，乃還。」杜氏無注，林氏注云：「南史氏，齊史之在外者。」安得以其「南」字懸揣有南北二史官？真妄而謬矣。太沖先生序：「崔杼弑其君，此檮杌之南[一]書法。南史，楚史官，執簡而往書齊國之事。」此何異于送死？且喫自己飯，管人家閑事乎？太沖之徒麤，此其一班。

*119 又

《明一統志》如皋縣：「本漢廣陵郡地，晉分廣陵五縣，置山陽郡。時已有如皋縣，莫知爲縣之始。隋初省入寧海，屬江都郡。唐析海陵地，置如皋鎮，南唐復陞鎮爲縣，屬泰州。」按此即邱詩之所出。但查《晉書》，止云晉分廣陵界，置海陵、山陽二郡而已，説不詳。詳則見沈約《宋書》。《宋書》云海陵郡，晉安帝分廣陵立，領縣六：曰建陵，曰臨江，曰如皋，曰寧海，曰蒲濤，曰臨澤。又山陽郡，晉安帝義熙中土斷，分廣陵立，領縣四：曰山陽，曰鹽城，曰東城，曰左鄉。無如皋屬山陽之文，且沈約明云，如皋，晉安帝立，安得云莫知爲縣之始？真不通。安得天順朝臣披尋全史地志之理？然則作詩者不必與之言。

*120 與沈敬存

承屬將陳大士《禹疏九河》一一駁正，今請駁之。提比云：「外國之人，爲患中國。外

[一]《四庫》本無「南」字。

國之水，亦爲患中國。」最爲奇妙。而艾南英批曰「纖」，何也？「中國之水流常主合，外國之水流或主分。」不知何以見得。且外國之水必指河言，昔人云河不兩行，真千古名言，此不竟説反乎？中比云：「至于積石，何以不分？」積石在今陝西河州衛西北七十里，《水經注》云「河水重源」，又「發于西塞之外，出於積石之山」。此地距九河入海處不啻數千里，何故分？又何以分得？真真説夢。「至于王屋，何以不分？」王屋，即太行山別支之名，在今河南濟源縣西八十里，此山安得有河？謂此山爲濟水之源，則合矣。而「至大陸乃分」者，大陸在元邢、趙、深三州之地，俱今直隸。孔安國《書傳》「河水分爲九道，在此兖州界，平原以北」是。若將「大陸」二字改爲「平原」，則合矣。至南英總批曰「中二比諳熟河勢」，真真冤哉。又曰「此九河入海故道，禹特疏之而已」，亦非。導河自積石以下，開天闢地直至禹始如此，豈禹之前有甚故道乎？幾於見鬼。善乎，元人于欽曰「河至大陸趨海，勢大土平，自播爲九，禹因而疏之」，非禹鑿之而爲九也。夏允彝曰：「禹之導爲九河也何居？蓋河不可分，謂其上流耳。若入海之處，泄之愈速，則河愈通利，又何害哉？今九河之下即爲逆河，殆謂自此而下，即海潮逆入矣。蓋名雖爲河，其實即海也。海水内吞，九河外灌，不惟藉水力以刷沙，而海之潮淤亦藉河力以敵之。禹之以水治水，所爲不可及也。」又曰：「要以入海之所，固宜分疏之使速泄。下流速泄，則上流不壅，河之利也。若未及于海，則流分力弱，無以刷沙，適壅之矣，故曰河不兩行。兩行且不可，況九河歟？」愚謂若將此等議論做禹疏九河文，真正古學，真正經術，可以爲三百年制義之光，數千年聖經賢傳不至爲窮措大弄壞。試問有誰能見及此者？唯有仰天太息而已，以俟百世聖人耳。先質我執友石二兄、佳壻石梁劉子，遠則應敬存之求也。

*121 又

劉克猷《禹疏九河文》讀之甚佳，非一切時文所及。但有小小譌處，亦不可不指摘出。如「漳以汾衛來矣」，汾發源管涔山，至平陽滎河縣入河，不入漳。衛在《禹貢》出靈壽縣，東入滹沱河，亦不入漳。若今衛河乃源於蘇門山者，又一衛水。然則當改作何語？曰「漳以清濁來矣」。漳有清有濁，清漳入濁漳，濁漳然後入于河，至今漳自入海矣，水道變遷如此。「海雖遠，可以徐達」，九河闊二百餘里，長約四百里，在今平原縣迤北，至滄州逼近海，安得謂之遠？「予決九川」，九川，九州之川，於九河不相涉。中二比起云「史謂禹之治河自龍門始者，不知此導河序次第之文也，而非其功之所始」。又謂「治河自冀州始者，不知此《禹貢》尊京師之文也，而非其事之所始」。鑿鑿名言，真與經傳相表裏，可傳無疑。雖然，此猶第二義。若將河何以分而爲九，却在此地説明水之性、地之勢，則天地間第一義矣，豈經生所能及哉？「河不兩行，自古記之」，潘司空季馴語也，實自《宋史·河渠志》

蘇轍疏「黄河之性，急則通流，緩則淤澱，既無東西皆急之勢，安有兩河並行之理」來。孰謂經綸大手不從屈首受書出哉？錢相國士升曰：「經正則庶民興，史熟則名臣出。」每誦其言，而三歎之。

*122 又

糾兄桓弟，此萬萬無可疑者。不特前人歷歷辯證，僕亦有譔著。至亡公子争國，無大優劣，其説最長，非面陳不可。《歐公年譜》，鄭爲歐陽觀元配，非繼娶，果少二十九歲，此亦疑得好，服服。《表》明云觀「少孤力學」，故晚婚乎？《禮記·月令》：「仲春之月，上丁，命樂正習舞，釋菜，天子乃帥三公、九卿、諸侯、大夫親往視之。」《夏小正》：「丁亥，萬舞入學。」隋制：國子寺每歲四仲月上丁，釋奠于先聖先師。迄唐不改，遂爲萬世之定制。韓昌黎詩「多情懷酒伴，餘事作詩人」，昌黎以古文爲根柢，詩爲雕蟲小技，不比老杜以生平全副精力注於詩，故詩云「詩是吾家事」。韓、杜之言如此，故曰詩可以觀。王孝逸事見《文中子》。王孝逸，陳留人，先輩之傲者也，然而白首北面於文中子。文中子十五而爲人師，豈以年哉？明羅圭峰，西涯之門生也，其稱壽之詞曰「白頭王孝逸，北面敢徐徐」，正用此事。「葛生蒙棘，蘞蔓于域」，毛傳：「域，塋域也。」「百歲之後，歸于其居」，鄭箋云：「居，墳墓也。」「百歲之後，歸于其室」，鄭箋云：「室，猶冢壙。」此衛先生以詩爲婦人臨墓而作，亦非無因，但不如僕駁正之尤確。

*123 與劉超宗丈

博考群書，舜之時，禹征三苗，事頗夥。其執干戚舞兩階而遂服者，則《韓非子》也，《淮南子》也，今一槩抹煞。如《左氏》僖十九年傳「文王退修教，而崇因壘而降」，何以解焉？一念感人動物，後世尚有，況大聖人乎？只言此時三苗丕叙，那有弗率之事或可。然苗頑弗即工，亦難解。願先生精思詳慮，彌縫其説，使無憾，則幸耳。又考禹錫玄圭在堯，受命神宗在舜，相距年頗遠，恐難以向之丕叙闢後之徂征也。《傳》曰三苗負固不服，乍臣乍叛，似獨得之，前語非，昨札猶非。晚好自攻擊其説，此亦一端也。《鈍翁類稾》已覓得一寓目，不但不及叔子，并其同儕中葉子吉方藹亦不及。横得重名，非進賢冠，及蘇州人之力乎？爲之憤絶。鈍翁有《説鈴》一帙，皆記同時交游之人之言，多黨同護前語，不肖大書其端曰「群兒自相貴耳」。或詰何解，曰出《前漢·霍光傳》。先生忽肯爲王郎作《輿圖書序》，且不待請而得之，何幸也。晚亦將援例以請矣。郗超每聞高隱者，輒爲辦百萬資，不肖之于人著書也亦然。雖無百萬資，然心則不啻過之矣。〔一〕

〔一〕《四庫》本無「鈍翁類稾」至「過之矣」句。

*124 又

百忙中簡〔一〕《野客叢書》云：「唐大曆中，權臣月俸有至九千貫，刺史無大小皆千貫，視兩漢不啻數倍。當時詞人見於歌詠，如元微之《在政府與妻》〔二〕詩『今日俸錢過十萬，與君朝暮〔三〕復營齋』〔四〕。」十萬，正十萬貫也，先生以爲然乎？抑別有證否？宋陳振孫以《水經》所叙爲詭誕，全無憑據，何也？豈不足信乎？乞示。陳壽《進諸葛亮故事表》云：「咎繇，大賢也。周公，聖人也。考之《尚書》，咎繇之謨略而雅，周公之誥煩而悉，何則？咎繇與舜、禹共談，周公與群下矢誓故也。」此段與先生「舜傳禹」「無人心、道心」等語相表裏，的的高明之見，難以言傳。郝氏言之而未妙，安得先生暢言之而見妙乎？

*125 又

來札云：「舞最在後，當升歌下管之時，尚未及舞也。」案《禮記・文王世子》云「反，

〔一〕簡，《四庫》本作「檢」。
〔二〕在政府與妻，上圖本朱筆改作「遺悲懷」。眉：「元詩悼亡，非與妻也。」《四庫》本作「遺悲」。
〔三〕朝暮，上圖本朱筆改作「營葬」。眉：「朝暮，元本是『營奠』二字。」《四庫》本作「營葬」。
〔四〕眉：「第六卷有《讀元微之遺悲懷詩題後二首》，首二句云『俸錢十萬今何有，營葬營齋盡屬兒』，即此詩也。營奠，又作『營葬』。記再取元集校之。」

登歌《清廟》，既歌而語」云云，又云「下管《象》，舞《大武》」，當下管《象》于堂下，即舞《大武》于庭中，不得岐爲二時。此報。或曰：「歐公不信《河圖》《洛書》，得一廖偁與己同，輒喜不自勝。子得彭城先生爲知己，反攻之，可乎？」余曰：「此愚之所以報先生也，不然，先生愛小子何如？教小子何如？而小子敢隱匿之，以自欺其本心哉？且此曾足損先生之毛髮乎？」或者慙而退，并次其語以報先生。蚤涼，萬唯努力。二帝三王，實鑒臨之。聞絳雲樓作史，群鬼皆夜哭，且見形焉，以翻成案而不公也。若此書，當何如哉？不覺落筆一笑。

(經解)126 又

今日清晨，方敢取「達于菏」長稾讀之，首辯《長箋》三誤，益信牧老爲不刊〔一〕之典。不特此也，「泗受沭水，東入淮」，《長箋》譌爲沛，沛出遼東塞外，西南入海，于淮曷與哉？他可知矣。但云「古以江、淮、河、濟爲四瀆，後易濟爲漢」，竊意「江、淮、河、漢是也」，乃《孟子》偶舉此四水爲行地證，非謂爲瀆。唐人止言漳水能獨達于海，請以爲瀆，以河至漢，日徙而東者也，不聞濟爲河奪，漢遂稱尊之説。千祈詳示此何書。唐高宗問許敬宗：

〔一〕刊，眷西堂本作「邗」，上圖本改作「刊」，據改。眉：邗，疑是「刊」。

「天下洪流巨谷不載祀典，濟甚細而在四瀆，何哉？」對曰：「瀆之言獨也，不因餘水，獨能注海者也。濟雖細，獨而尊。」邵文莊公曰：「江、淮、河、濟四水獨源，而專達于海，故謂之瀆，而他水不與焉，非獨以其大也。不然，淮小且近，亦瀆之，何哉？濟雖入河，尋復出而之焉，故亦瀆之。然則三吴諸粤水亦有達海者焉，曷爲不瀆？不經中國，不得列於川也。」大暑如酷吏，得故人手札，及爲人解一結，或不啻清風至耳。笑上彭城先生。〔一〕

*127 又

昨聞《集聖賢群輔録》以王霸封淮陰侯，頗訝其異。及歸檢《後漢書》，乃淮陵侯，非淮陰也。注云：「淮陵縣屬臨淮郡。」唐淮安郡即唐州，隋又曾改桐柏縣爲淮安。古今郡縣名有三淮安矣。二十八將功次云「上谷太守淮陽侯王霸」，「陽」乃「陵」字之譌。

*（經解）128 又

偶思「左手執籥，右手秉翟」，籥如笛而六孔，豈徒執焉而無聲乎？質諸家大人，家大人曰：「汝當博極群書，以釋斯惑。」因考《周禮》「籥師掌教國子，舞羽龡籥」，注云：「文舞有持羽吹籥者，所謂籥舞也。《詩》曰：『左手執籥，右手秉翟。』」《春秋》宣八年，「壬

〔一〕《經解》本無「大暑」至「彭城先生」句。

午，猶繹，《萬》入，去籥」，注云：「内舞去籥，惡其聲聞。」疏云：「吹籥而舞，謂之文舞。」《公羊傳》：「籥者何？籥舞也。」注云：「籥所吹以節舞也。吹籥而舞，文樂之長。」《小雅》「以籥不僭」，疏云：「以爲籥舞，謂吹籥而舞也。」又「籥舞笙鼓」，傳云：「秉籥而舞，與笙鼓相應。」則所謂文舞、小舞者，有聲明矣。書以爲助，所關似非小也。

*（經解）129 又

連百忙中，又細讀《虞書》數過，見《舜典》本爲《堯典》，而一典兼叙堯、舜事，舜則分登庸、在位兩截，判然不亂。承教云：「禹作司空，往平水土，豈待格文祖後耶？」愚謂何待言，蔡《傳》自明。平水土者，録其舊績；兼百揆者，勉其新功。即稷播穀、契敷教、皋陶明刑，亦申命其舊職而已，亦合《孟子》「舜敷治」一段。非至此始爲是官也。蔡《傳》精確者已萬不可易，況聖經乎？死罪死罪。《記》稱「朱干玉戚，以舞《大夏》」，「夏」字自誤。若《公羊》昭二十五年傳，「朱干玉戚以舞《大夏》，八佾以舞《大武》，此皆天子之禮也」，又竟是「大夏」，亦不誤，此愚之所以欲博極群書也。既思干戚是武舞，豈容揖遜而得天下者有之？《公羊》説不可信。不特《公羊》也，鄭康成注《禮記·内則》「二十舞大夏」曰：「《大夏》，樂之文武備者也。」其説亦不可從。晚好自破其説如此。舞是樂之終，則是辭之決，妙妙。敬受教矣。

*130 又

泗水此番洗發得明白委曲，毫髮無憾。然非小子一難，先生恐無暇及此。聖門起予助我〔一〕，不端在今日乎？「泗水出乘氏」，此「出」字乃孔穎達疏《尚書》所加，班書自注原無。妙哉妙哉，《漢書》未可輕也。陳氏議《水經》，謂其全書不指泗水，大抵昔人多輕《水經》，似自蔡仲默始引入經傳耳。此書斷爲東漢和帝以後人所著，出《通典》。以爲成帝時桑欽〔二〕，大非。

131 又

十二日，至塔莊掃墓，并看梅花，奈爲兩止丙舍中，悶懷欲絶。忽捧先生手札，及評騭拙卷，喜極而涕。虞翻所稱一人知己，死可不恨者，舍先生而誰哉？潤色詞章，吾未之敢；闡發經史，或庶幾焉。但葉公好龍，舉世皆然，即漢廷兩司馬，一遇一不遇，遇者靡麗之長卿，不遇者質直之子長，亦可槩見矣。承教「敗闕」二字不可用，極是。此不肖讀牧齋文，不覺浸淫筆底者，即拈破二字，敬謝教。《周官》經有正月、正歲之別。正歲建寅，正月

〔一〕《四庫》本無「助我」二字。

〔二〕《四庫》本「桑欽」下有「作」字。

建子，非妄用。但先生謂語氣鬆了，恐人謂持論不堅，不知是指何條？以此標題移易，不可的知耳，容面領益。杜于皇言：「吴梅村嘗云：『吾于五言律，見于皇《金焦》詩而一變。』」竊疑其言爲謙，且述自于皇，或加粉飾。今購梅村五律徧讀之，不及于皇遠矣。豈唯于皇，即不及于皇者亦不及焉。向來爲其名重，遂壓折耳。牧齋古文名最重，獨不肖以爲不佳。蓋古文宜本色，而牧齋則點染矣；宜單行，而牧齋則排偶矣。其于詩頗有原，故此老亦自負，不似謙謙于古文也。向見先生以鵞毛管印紅圈子于古古詩上，以爲選得精當。二吴未能辨此，安得爲我一選陶菴、錢、吴諸詩乎？

*132 又

雨中已將十六字大肆發揮，只言其有依傍，非能鑿空譔出者。不似郝氏，并十六字亦罵倒，太武斷矣。魏凝淑謂，今天下有不可少之書三：興化李廷尉清《南北史合注》、仁和吴任臣文學《十國春秋》、常〔一〕熟顧處士祖禹《方輿紀要》。愚謂此史也，若經著述，則鄒平馬宛斯《繹史》中《儀禮》十七篇、太原閻百詩《尚書古文疏證》，真可超前絶後。安得有如大手筆者，將此作我弁言乎？義仍集序果佳，他文遠不稱。數過而後得之，甚矣吾之鈍

〔一〕常，眷西堂本作「嘗」，據《四庫》本改。

也，并聞以志愧。

*133 又

注《綱目》地名者，乃一明人案《一統志》注之者。《一統志》無壽河，故云「未詳」。此不足怪，獨怪胡三省注《通鑑》，其於地理最稱詳確，于「敗之於壽河」之下亦無注，甚矣其難也。至新修《統志》，淮安府山川載壽河，引《十國》《紀年》凡兩部書，可謂遠勝明人。此今日顧景范、黄子鴻饒爲之事，惜先生不見此兩人。捍海塘，備載范文正《築塘方略》，真正有用之書。我問出何書，景范曰：「從范文正文集《堰記》一篇文字録來。」今人遠勝明人，鄙言豈無徵？又郡志人物缺載頗多，如列女則楊國夫人梁氏，見趙雄所撰《韓忠武墓碑》，在靈巖山下；流寓則邴根矩，見《三國志》，俱宜補入。

134 又

王汲公，不肖素所弟畜者，尚唯其直言是受，況父執如先生者乎？汲公之言曰：「《潛邱劄記》『此固後世左補闕、右補闕、左拾遺、右拾遺之所由始乎』，何不將『右補闕、左拾遺』六字删去，僅存『左補闕、右拾遺』？此古人之互文也。互文者，兩物各舉一邊而省文，故曰互文。」不肖跪而受之，其虚也如是，顧先生勿疑，不然，持論不堅，不在小子，而在長者矣。

135* 又

「禹錫玄圭，告厥成功」，孔《傳》以爲帝堯，蔡《傳》以爲告成功于舜，舜即堯，堯時尚在而舜攝也。此明白淺然可見，先生疑端必有所起，願告我。至竄三苗，分北，丕叙，弗即工，實不能定其前後，況又有僞書徂征一事雜之乎！即《吕刑》一篇，或以皇帝爲堯，或以爲舜，亦不能定。總之，《書》傳如此甚夥，非得理精證確者，斷斷不宜下論斷也。

136 又

連爲《古文尚書》，兼及《説文》引《書》處，因徧繙《長箋》，大可噴飯。信乎牧齋先生云「《説文長箋》行而字學謬矣」，即固陋如小子，猶能出囊底智以攻之，況牧齋乎？故愚嘗聞人謗錢牧齋學識、杜于皇五言律詩，輒掩耳而走，用是重得罪于當代君子。亦曾欲變易議論以媚于世，奈良心難昧，鬼神不容，故不得已昌言正論，期與天下共明此學。不識先生以爲何如？奉誠園在安邑坊，出程大昌《雍録》，則的在長安無疑，并報。

137 又

歸舟依稀憶得「烝徒」二字出《詩經》，及歸，簡《魯頌》，果然，深用慙愧。向見亡友張季望兄手録《欽定逆案》，云係先生家本。舍下久有此書，乃桐城左忠毅公家所重刻，官爵、地里一一具載，爲阮集之所深恨者，今已亡之矣。家父多致意，奉假尊本一録，不久稽也。真西山《文章正宗》有唐荆川批評者，其本最佳，鄴架上必有之。或多方轉覓，付一目尤感。

*138 又

《後漢》河内郡有山陽邑，山陽郡則治昌邑。荆，光武之子也，其所封當在此。或郡或邑，不敢定，若必以在山陽乃此地，何苦聞西羌有變，徙封廣陵，止遠之於三百里乎？唯其或爲金鄉之山陽，或爲河内之山陽，方徙之爾。至於山陽爲此地鄉名，亦不可定，但不可謂其爲縣、爲郡耳。至西漢梁孝王子封爲山陽王，定陶共王初曾徙山陽王，皆不聞在此地，何獨於荆而疑之？又徧檢東漢諸王，或初封，或徙封，皆是郡或縣，無取鄉亭爲名者。此可爲苦辯，然有益。死罪死罪。〔一〕

*（經解）139 又

昨札去，尚有考之未盡處，今補上。《左傳》「見舞《象箾》《南籥》者」，疏曰：「樂之爲樂，有歌有舞。歌則詠其辭而以聲播之，舞則動其容而以曲隨之。」又曰：「《周禮》舞《雲門》以祀天神云云，凡六樂者，文之以五聲，播之以八音。鄭氏注：『播之言被也。』是以舞

〔一〕又見本卷第一六四、一六六條。

爲主，而被以音聲。」又曰：「禮法，歌在堂而舞在庭，其實舞時，堂上歌其舞曲也。」則所云舞止有容，當進一解矣。又疏言：《象箾》武舞，《南籥》文舞，皆文王之樂。然則文王其獨兼文武乎？此亦禮書未詳者，當補之。又龜山猶知回護干舞，即孔疏亦然，獨孔《傳》不知，蓋傳與經同出一手也，知則不復犯矣。蔡《傳》則竟無一字及之，其寡昧如此〔一〕。近考得微仲乃啓之次子，亦奇。

*140 又

不肖曾考得《韓非子·五蠹》曰：「當舜之時，有苗不服，禹將伐之。舜曰：『不可，上德不厚而行武，非道也。』乃修教三年，執干戚舞，有苗乃服。」又考得《淮南子·繆稱訓》曰：「忠信形于内，感動應於外，故禹執干戚舞於兩階之間，而三苗服。」此二段皆《繹史》所未載，脱去執干戚兩階舞之事矣。查《揚州府志》，通州有軍山而無君山，冢墓類亦無春申君，似是土人傳聞，要當購通州專志詳考也。《樓山集》有精論，何不當日逐條標出，使小子開光明耶？張雲子有書來云：「人生讀書攻苦，得達之九重足矣。」此語可泣，亦晚爲先生泣耳。

〔一〕《四庫》本無「蔡傳」至「如此」句。

***(經解)141 又**

細閲《漢・地理志》，泗水有二：一出乘氏入淮，一出卞縣入泲，各自分路揚鑣，未可混而爲一。或班氏不能如《水經》分爲西東流，誤合而爲一乎？願先生更加詳核，勿爲古人所眩，此亦大關係也。班氏自注頗畫然，不糊塗，必是誤認。何如？如汶水亦有二，見《水經》，見《漢注》，泗得毋類是。仁山謂「泗上可以通河〔一〕，下可以入淮，非通淮也」。晚已撰一段辯之，亦據《水經》云爾。《漢志》泗入泲似誤，乃泲入泗，《説文》所謂「泗受泲水，東入淮」是也。蔡《傳》「泗之上源自泲，亦可以達河」，「上源」字確否？恐誤與仁山同。近代有《春秋列傳》一書，係大庾劉節字介夫者重編，不知劉節是何時人、何等人？不曰著而曰重編者，何也？豈劉之前已有此本乎？又《春秋議論》中有李琪者，又有吕大圭者，皆不知其爵里、朝代、生平，乞老社師爲我一詳考之。又元虞集爲趙汸序《春秋》云：「近代論筆削，有依據，無出陳氏右者。」係陳氏，非程氏，不知此陳氏何人，并望詳示，不宣。〔二〕

〔一〕河，眷西堂本作「菏」，據《四庫》本改。

〔二〕《經解》本無「近代」至「不宣」等句。

*142 又

《春秋》原非本經，麤涉一過，遂敢立論，放膽極矣，不知先生屬辭比事之學，如此之精且細也。但有一端可疑者，謂春秋初有失禮而無僭禮，不必遠徵，只以《史記》所載。秦襄公祀上帝于西時，其子文公也亦然，皆在周平王初，非僭禮乎？然有可諉者，曰未見於《春秋經》也。再以《春秋經》證之，隱公五年九月，考仲子之宫，初獻六羽。夫曰「初獻六羽」〔一〕，則前此用八佾可知矣，非僭禮而何？乞先生爲我釋此一疑，則大快矣。他端瑣瑣，固不足云。

*143 又

昨云苗安得有君子小人。晚獨從旁擊節，蓋搔着我癢處也。退而考之，《吕刑》曰：「唯時苗民，匪察于獄之麗，罔擇吉人，觀于五刑之中。」吉人非君子乎？此亦妙解，書發先生一粲。國子學正梅鷟曰：「征苗誓師、贊禹還師等，原無此事。舜分北三苗與竄三苗于三危，已無煩師旅。僞作者徒見《舜典》有此文，遂模倣爲誓師還兵、有苗格諸語。」前所言即指《與霍兀崖書》，偶因其中有席元山諸公字面，遂以爲與元山諸公。其實與元山别有

〔一〕《四庫》本無「夫曰初獻六羽」句。

書，陽明所謂「草草作答」者是也，今不復傳矣。吴氏疑《泰誓》爲晚出之書，自是吴才老棫無疑。才老《書裨傳》凡八篇，末曰「孔傳」，蓋辯古文之非。其説實與朱子相表裏，而朱子之疑古文，又不一而足焉。

*144 又

吴草廬《春秋備忘序》曰：「觀范氏甯《傳序》，喜其是非之公；觀朱子《語録》，識其優劣之平。觀啖助、趙匡《纂例》《辯疑》，服其取舍之當。然亦有未盡也。遍觀宋代諸儒之書，始於孫明復、劉敞，終於趙、吕，其間各有所長，然而不能一也。」請問「趙」「吕」是何人？又尊札云：「《春秋》有四傳三家。」「三家」是那三家，此名定於何人，俱乞詳示不吝。

*145 又

蔡《傳》：「徐之川莫大於淮，徐之浸莫大於沂。」愚謂淮海惟揚州，揚州之域北至淮，不過言其疆界所至。淮不曾泛濫爲患揚州，但在徐耳，故徐曰其乂。此最易了了，先生得毋〔一〕過求之耶？寧人著有字書五種，託力臣繕寫授梓，力臣曾寄一樣本來，果博且精，不

〔一〕毋，《四庫》本作「無」。

可及也。嘗私願此地縉紳有如馬宛斯其人者，文學中有如傅青主、顧寧人其人者，使後生小子感奮興起，紹明古學，直追金華、嘉定諸先生之遺風，豈不盛哉？豈不快哉？

*146 又

前札謂不肖虚己，亦虚于先生之前耳，豈他鄉里小兒所能得其心折哉？今亦有不虚者，是《尚書古文疏證》，得大關鍵處：傳經的派，得于《漢書》；卷篇名目，得于注疏。然後持此以攻擊句字之脱誤，迎刃而解矣。此古人先河後海、從源及流之學問，若沾沾以句字賞其工，猶未爲盡也。何如何如？見開送單，有仁和吴志伊，深快人意。遂欲移書都下，責君家宗衮之官廷尉者，家有名士三十年而不知，猶可言也，豈竟忘所師承乎？然師承爲時文，原不知古學根柢，此或可恕。故中止一嘆，作字與季貞云，安得將杜于皇濬、閻古古爾梅、周茂三容、屈翁山大均、姜西溟宸英、彭躬菴士望、邱邦士維屏、顧景范祖禹、劉超宗某、顧寧人炎武、嚴蓀友繩祖、彭爰琴桂、顧梁汾貞觀〔一〕一輩數十人盡登啓事，齊集金馬門？真可賀野無遺賢矣。不肖雖旦夕填溝壑，猶含笑。語出血誠至性，非汎汎，故并録聞。

〔一〕「閻古古爾梅」「屈翁山大均」，上圖本墨筆塗去。《四庫》本無「閻古古爾梅」「屈翁山大均」「邱邦士維屏」。「武」，眷西堂本作「午」，上圖本改作「武」。《四庫》本亦作「武」，據改。

*（經解）147 又

前偶以僭禮一則奉詢，未及詳語，今敢不避狂瞽之罪而縷陳焉。一尊札謂用牲於社，常禮也；用幣於社，變禮也。竊以爲，用牲于社，亦未必盡爲常禮。何以言之？周宣王當大旱之時，作《雲漢》之詩，曰「靡神不舉，靡愛斯牲」，又曰「自郊徂宫，上下奠瘞，靡神不宗」，又曰「祈年孔夙，方社不莫」。《集傳》曰：「社，祭土神也。」是宣王固嘗因旱災而用牲于社矣，豈得盡謂爲常禮耶？謂爲常禮者，可通於《王制》，而不可通于《毛詩》也。一尊札謂唯康侯從千載之後，斷爲鼓社。竊以爲，《公羊傳》及何休注《公羊傳》皆以「鼓」字屬社，是連讀者不始於康侯也。一尊札謂伐鼓也，用牲也，于社也，于朝也，一時並舉，兩地偕作，有不可以先後分者。竊以爲，以杜預爲不足信則已，如以杜預爲足信，杜預明云「諸侯用幣於社，請救于上公，伐鼓于朝，退而自責」，所謂「退而自責」者，正指諸侯親身而言。若一時並舉，諸侯將置其身於社乎？抑置其身於朝乎？豈能化一身而爲二人乎？若止置其身於社，而朝廷之上，雖鼓聲淵淵，乃虚無諸侯之跡焉，吾不知所謂自責者何等也。此三則者，實所不安于心，若其他屬辭之精、比事之切，晚雖欲辯之，亦烏從而辯之？且唯有嘆服，唯有仰慕而已。日來讀《尚書》，至今文、古文之别，頗覺紫陽、草廬諸大儒所疑的不可易，安得階前一尺地，跪而進其所得乎？

*148 又與戴唐器

「長洲苑」對「短簿祠」自工。但作詩則可，若講學問，「長洲苑」三字加不得蘇州，我唐器兄知之乎？請備言之。一枚乘説吴王曰「不如長洲之苑」，一左思《吴都賦》「佩長洲之茂苑」。長洲，指廣陵郡東陽縣，有長洲澤，吴王濞太倉在焉。東陽，今盱眙是也，於蘇之長洲縣絶不相涉。蘇長洲名縣起於武后萬歲通天元年，析吴縣置長洲，取《越絶書》《吴越春秋》「走犬長洲」以名縣。又《漢·王莽傳》：「臨淮瓜田儀等爲盜賊，依阻會稽長洲。」此亦指在蘇州者言，非東陽縣也。果屬東陽，不得冠以會稽。張籍《寄蘇州白二十三使君》詩：「閶門柳色煙中遠，茂苑鶯聲雨後新。」則以長洲茂苑貼蘇州。此借用，詞人之常，不必核實。原有兩途，無怪乎昨席上吴儂聞吾兩人之言若罔聞也，真正告子不得於言，勿求於心。學問雷何思〔一〕太史以爲千古大受用人也。

*149 又

昨云象鐵山，依稀記是唐代事，無工夫查，今趁早凉查出。《李靖列傳》：「其妻卒，詔

〔一〕眉：「『雷』下『何』字當是『同』字，然下三字又難解。又眉：「此評似誤，『學問』二字當屬上句讀，『雷何思』乃太史之姓字也。既點破句，文義又致不通。甚矣，評書之不易也！吾山。」

墳制如衛、霍故事，築闕象鐵山、積石山，以旌其功。」特遣力奉報。刻《王臨川集》作序者不知荆公墓所在，可笑極矣。荆公晚居金陵，死即葬金陵，《一統志》明載之。

*150 又

歸查《漢·藝文》《隋·經籍》《新唐·藝〔一〕文》三志，俱無「農書」二字，直至《宋史》始有陳旉《農書》三卷。近代則上海徐文定公光啓著《農書》八本，可覓一部，大〔二〕經濟有用書也。牧齋〔三〕稱陸放翁《巢車望塵》詩，查付一讀，學問只得零星捃拾，以補少壯寡陋，可憐可憐〔四〕。《尚書大傳》：「武王釋箕子囚，箕子不忍周之釋，走之朝鮮。武王聞之，因以朝鮮封之。」又曰：「箕子既受周之封，不得無臣禮，故於十三祀來朝。」然則陳範在來朝之日，解亦新妙。

*151 又

今日讀魏叔子《歙縣程君墓表》，首云：「程氏出周程伯休父後，東晉元譚由廣平持節

〔一〕藝，上圖本改作「蓺」。
〔二〕一部大，《四庫》本作「一大部」。
〔三〕牧齋，上圖本改作「近有人」。
〔四〕《四庫》本無「牧齋」至「可憐」句。

守新安，有善政。」不覺大駭，太守安得有持節事？因考《晉書·職官志》《文獻通考》，並云持節有三：上曰使持節，得殺二千石以下；中曰持節，得殺無官位人；下曰假節，惟行軍得殺犯令者。至太守持節，乃唐武德元年改郡爲州、改太守爲刺史，方加號持節。然則刺史方持節，太守斷斷無之。節，即今之王命旗也。吾兄所謂若輩兒自誇〔一〕大其遠祖，而不知國典朝章者也。此等經牧齋手筆，必無此杜撰官守。次則我黎洲、寧人尤熟典故，但不作文字耳。天下此三人而已。〔二〕太子太傅是官，非爵也。爵則公、侯、伯、子、男五等之謂。汪苕文謂「爵至太子太傅」，豈不可笑之至耶？吾兄每輕魏而重汪，殊未允。

*152 又

《金石例》仍奉上讎對，柳道傳有此書序，如何不刻？可怪可怪。偶繙《德政碑式》，《易州刺史田仁琬德政碑》下注：「蘇靈芝，唐之能書者，非文人。」遂證以《金石録》，絶佳之書，可覓一本。卷六第一千一百六十五《唐易州刺史田仁琬德政碑》下注：「徐安貞撰，蘇靈芝行書。」果然，鄙人不謬。吾兄能於《金石例》瀾翻爛熟，文人學者，一舉兼得，卓然千古

〔一〕誇，眷西堂本作「跨」，上圖本改作「誇」。《四庫》本亦作「誇」，據改。
〔二〕《四庫》本無「此等」至「而已」數句。

矣，區區詩人云乎哉？詩人云乎哉〔一〕？明日有人招弟，肩輿三十里，往看柳鋪灣梅花，因思「老愛青春貧愛酒，尋花只當作生涯」，父執余澹心佳句，今人能到乎？弟眼白今人詩，非過也，兄自不覺耳，不宣。

153 又

牧齋於〔二〕同時文士，不見集中者，黄先生耳，真咄咄怪事。杜二丈五言律，則《丁家水閣留題絶句》至竟《離騷》屬楚人是也。《跋沈石田卷》有張祜《金山》詩，是學究對聯等語，皆爲杜而發，詆其中風狂走，可謂至矣極矣，其故甚長。此老之春秋，不足作準，容面縷陳，乃詞場文章升降關係。古人要口訣以此，吾兄細讀指示，必有妙處，不妨就此真窮到底。絶學豈外是乎？努力努力。

*154 又

陸去肆兄游孔林歸，見從祀先儒缺李延平牌位，深以爲訝。余曰：「此不足訝也。」遂舉其顛末告之，且互相考訂者三日，方寫書山左學使，令其行文補置主，真不枉此一游。

〔一〕《四庫》本不重「詩人云乎哉」。
〔二〕上圖本墨筆塗去「牧齋於」三字。

然非弟助之，膽亦堅剛不來。還是講學問、講經濟，隨地可以及物。詩不中用，不見刻下一原〔一〕本詩集送人，有一毫關係耶？董文敏《容臺集》，止題跋四卷佳耳，然其論書痛貶趙吴興、琴川馮、嘉定婁諸公，深不以爲然。

155 又

前問崔、蔡，崔是何人。漫對曰名駰，字亭伯。又考蔣之翹注《柳河東集》「崔駰、蔡邕」。然考《後漢・崔駰列傳》，子瑗、孫寔，俱盛有文譽。未知誰屬。考《唐書・蓺文志》，駰集十卷，瑗集五卷，蔡邕集二十卷，亦不能定。唯唐盛行之《文選》，載崔瑗一篇，伯喈二三篇，其崔瑗、蔡邕乎？考據之學，弟所長也，然美芹不知，奈何？

*156 又

《武帝紀》《恩澤侯表》總無若干户封冠軍侯之説。《史記・霍去病列傳》「再冠軍，以千六百户封去病爲冠軍侯」，《漢書》作「二千五百户封冠軍侯」。無如尊扇上所書數目，奈何？但即用《史記》故事，對千六百户冠軍侯，區區千六百户耳，何足與「二十四考」作對？遠比趙公，三十六年宰輔；近同郭令，二十四考中書。趙公，長孫無忌也。久而後知

〔一〕原，《四庫》本作「厚」。眉：「原」字似是「厚」字。

辛稼軒紹興末屢立戰功，嘗作《九議》暨《美芹十論》上之，皆切中時務。酌古，陳同父；美芹，辛稼軒也。

157 又

十二聖人者，錢牧齋〔一〕、馮定遠、黄南雷、吕晚村〔二〕、魏叔子、汪苕文、朱錫鬯、顧梁汾、顧寧人、杜于皇、程子上、鄭汝器，更增喻嘉言、黄龍士，凡十四人。謂之聖人〔三〕，乃唐人以蕭統爲聖人之聖，非周、孔也。杜于皇他詩未見得，若《茶村五言律》《三山倦游》二種，非今日詩聖乎？無功兄弟以查夏仲《門神》詩「宣明面目依稀似，優孟神情刻畫真」宣明故事見訊，弟記謝氏有字宣明者，果得之《南史・謝晦傳》中，并聞，以當一《真珠船》。

158 又

昔人云：「諛墓文字，須黑夜作，以喪心也。」然未至如汪琬此文喪心之甚者也。牧齋、太沖必不至此。文章家架子，豈容倒却？容面一抵掌。更可笑者，光時亨降賊，爲弘光所誅，惡名萬代，其力白公被誣狀，何苦據而引之耶？可引據者，首則徐石麟，次或沈惟

〔一〕十二聖人者錢牧齋，上圖本墨筆塗去。
〔二〕吕晚村，上圖本墨筆塗去。
〔三〕聖人，上圖本墨筆塗去。

炳乎?「人衆者勝天,天定亦能勝人」出《史記》,爲申包胥語,三尺童子皆知之,東坡不過引之。引之以爲東坡語,可乎?至明制,有官,有階,有爵。爵者,公、侯、伯、子、男是也,太子太傅乃官,非爵,亦人所共曉者,何錯互至此?

159 又

《趙充國辛慶忌傳》贊曰:「山西天水、隴西、安定、北地處埶迫近羌胡,民俗修習戰備,高上勇力鞍馬騎射,故《秦詩》曰『王于興師,修我甲兵,與子偕行』。其風聲氣俗,自古而然。今之歌謡慷慨,風流猶存耳。」按《史記》《漢書》《通鑑》「騎」俱音奇,今人多讀作其。果爾,「射」當讀作石,真不識字之傖。温庭筠《贈知音》詩「翠羽花冠碧樹雞」,竹垞「花冠雞」,即此事。

*160 又

昌黎詩「蘄州笛竹天下奇」,注云:「《一統志》,蘄州今屬湖廣黄州府,其地出竹,以色瑩者爲簟,節疎者爲笛,帶鬚者爲杖。」蘇東坡《寄蘄簟與蒲傳正》詩云「蘭溪美箭不成笛」,注云:「蘭溪在蘄州蘄水縣,竹所出之地也。」本是笛材,而以爲簟耳,請吾唐器兄先讀昌黎此首全詩,較諸唐人已少變。若東坡此首全詩,讀之不甚好看,無甚意趣。此唐宋之别也,何苦苦愛宋人,走入邪路,永斷正宗?戒之哉。愚意當將《選》詩蘇李七首,《古詩十九首》，《四愁》四首，魏武帝《樂府》二首，魏文帝《芙蓉池作》，《樂府》二首，《雜詩》二首，陳思王除《責躬》《應詔》《朔風》三四言詩且不讀，餘自《公讌》至《情詩》二十一首，通共五十七首，親手録成一帙，細加丹鉛，熟誦斕翻，有不拔去胷中宿垢乎？汪若文詩學范石湖，何嘗有一腐句，有一熟調？然我輩舍古人而偏學他，此老杜所謂「遞相祖述復先誰」，愈趨愈下矣，可懼哉！周密《癸辛雜識》：「或云『上巳』當作十干之『己』，蓋古人用日例以十干，亦不盡然，「祭必用亥日」，見《儀禮》。如上辛、上戊之類，無用支者，若首午尾卯，則上旬無巳矣。」愚按沈約《宋書》曰：「自魏以後，但用三日，不以巳也。」請證以王羲之於《蘭亭》，乃晉穆帝永和九年，三月三日乃丙辰，次日方丁巳。宋文帝元嘉十二年三月丙申，禊于樂游苑，正是月之三日，是亦不用巳日。昨有疑「笛牀」二字，偶思王徽之泊舟青溪，桓伊於岸上過，徽之曰：「聞君善吹笛，試爲一奏。」伊已貴顯，素聞徽之名，便下車據胡牀，爲作三調〔一〕，弄畢，上車去。此「笛牀」二字之所自來。《江止菴》〔二〕草草一過，真可不刻。安得有如黄先生選《明文案》手，爲揀存一二篇，俾天下後世人有不得其全集而讀之

〔一〕調，《四庫》本作「弄」。
〔二〕《四庫》本「菴」下有「集」字。

之恨，豈不快哉？

*〔經解〕161 又與劉超宗丈

所諭變禮有二：一昔無而今有者，謂之變禮，如用牲于日食是也；一對四時常祭而言者，亦謂之變禮，如日食之災異是也。此雖變亦常，剖析精微，真堪羽翼經傳，敢不心折？但愚謂「鼓」字連讀，不始於康侯，《公羊》何休已先康侯爲之。其語意原輕，非敢謂《公羊》何休真勝于《穀梁》范甯也。若以《春秋》大義論，《公羊》之所得，自不如《穀梁》，《穀梁》又不如《左氏》，《左氏》又不如本文。程子所謂以經别傳之真僞，此固晚之素心也，豈待今日而始曉然哉？又諭：「鼓以助陽，非以聲罪。」竊謂鼓以助陽者，其一説也；以聲罪者，又一説也。若謂非以聲罪，則「小子鳴鼓而攻之」謂何？且向來第二札謂「天子以鼓責勾龍」，以鼓責勾龍，非聲其罪乎？不與其説自相背馳乎？大抵著一書、立一説，必處處圓通，不至有一毫隔礙而後可，何如何如？又來札謂魯止有祈穀之郊，而無冬至之郊，不知此事出何書？實晚所不知者，非敢與先生辯也。伏乞并《初獻六羽義》統示，望望。〔一〕

〔一〕《經解》本無「何如何如」至「望望」數句。

*162 又

來札謂魯不祭地，故無方澤。竊謂此止據《明堂位》之文，而未嘗參考諸《祭統》也。《祭統》明云成王、康王追念周公之所以勳勞者，而欲尊魯，故賜之以重祭。外祭則郊社是也，内祭則大嘗禘是也，非魯有方澤之明驗乎？又來教謂隱、桓以下六七公無僭禮樂事。竊謂《左傳》僖三十年，周公閱來聘，饗有昌歜，白黑形鹽，周公以爲備物，辭不敢當。文四年，衛甯武子來聘，宴之，賦《湛露》及《彤弓》。武子不答賦，曰：「其敢干大禮以自取戾。」杜注雖未詳言，然陳氏皆引以爲魯僭禮樂之事。乞先生更將此三條爲我一釋，則無容置喙矣，敬懇敬懇。

163 又

「蠻裔猾夏，明刑治之而有餘；四裔交侵，征伐制之而不足。虞、周之德，天淵矣。」此王伯厚之言也，取以證禹無加兵有苗事，卓且絶矣。必欲謂五見爲一事，更考文十八年《傳》太史克曰：「舜臣堯，賓于四門，流四凶族。」又曰：「賓于四門，四門穆穆，無凶人也。」確是舜徵庸事，苗頑弗即工，上呼爲帝，下亦呼爲帝，斷已在位，雖有善辯者馳波濤之口，亦不能少移動也。先生他日論《大禹謨》，只言禹不煩征，皋陶之刑具在，兩階之舞非干已定以折其喙矣。至分北三苗，爲史家補叙例，此則出人意表。晚殆于文章學，長一格價矣，敬謝敬謝。

*164 又

丁綝有言：「能薄功微，得鄉亭厚矣。」豈有堂堂天子之子，爵名爲王，而取鄉亭以爲名乎？何也？建武中，此地山陽未名爲郡爲縣，或止以名亭名鄉，果光武子荆封山陽王是此地，是取鄉亭以爲名，恐必無此事。且光武十一子，東海、沛、濟南、阜陵、中山、楚、東平、廣陵、臨淮、琅邪，有一不取郡國及縣者乎？阜陵原封淮陽王，以罪故徙爲阜陽王，食二縣。阜陵即富陵，其地下濕，即今阜陵湖地，然終是縣名也。先生篤信《古文尚書》非真，而於酈注反不敢一筆抹殺，得毋過信？分明道元以山陽從廣陵王相近附會之耳，不可信也。

*165 又

向延陵仲子云：「有人持奉誠園在貴鄉山右甚堅者。」愚曰：「此必誤讀唐睦子《唐詩解》矣。」問何故。愚曰：《唐詩解》云奉誠園在安邑坊。安邑乃長安坊，非山右縣名也。有一妙證，昌黎《馬少監墓誌》：「余以故人稚弟，謁北平莊武王于安邑里第。」其時昌黎舉進士，在京師，窮不自存，故往拜謁之，則可證安邑之在長安中矣。不識仲子能解此語否？要唯先生可言之耳。

*166 又

屢承下問，敢不竭其管見，以蹈瞞心昧己之譏乎？夜來思荆封山陽，唯其在今之兖州，或懷慶。方以西羌[一]有警，徙居東南廣陵。蓋當時以兖、懷爲中原，而廣陵則僻在南服也，若如今山陽去廣陵三百里耳，何取乎其徙封？大抵山川有不可改者，如鄭樵有言：兖州可移而濟河不可移也，梁州可改而華陽黑水不可改也。此《禹貢》以山川定州疆界，爲萬世之書也。至於區區丘垤故蹟，似不可盡以爲據。試觀塔兒頭，儼然舊治故基，土人尤[二]言之鑿鑿，以爲古淮安在此，此豈足信乎？不妨故城、土城盡屬射陽、山陽舊治，但不可繫之山陽王荆耳。再試觀劉伶臺，已見唐詩，果真伯倫荷鍤地乎？不過以此地山陽附會之耳，何如何如？

*167 又

舊《統志》止載[三]棠梨涇、白水塘、常豐堰，未及澗河，且未及高家堰，疏略可知。務要沿革扼要十數語，不可多。黄河尚可暢言之，庭柱長聯佳絶，異日可入先生家傳中。但

[一] 羌，《四庫》本作「方」。
[二] 尤，《四庫》本作「猶」。
[三] 《四庫》本「載」下有「唐」字。

微有議者，「析薪」雖出《毛詩》《左傳》，與數米而炊從儉之意不合。「稱柴」二字又俗。欲取古人家貧負薪以自給，易「析」爲「負」，且暗合漢群臣從官皆負薪寘決河意。下即接「完國税」，「國」字對下「童」字。「精功」當作「工」。「讀書」二字反説得闊，不如用《周禮注》「倍音佩。文曰諷」，「倍文」，疏作「背文」，即暗誦之説，與先生今日尤切。朱子嘗稱「伏生倍文暗誦」，亦兼二義。愚嘗謂古人學博，一句兼二三事合併用之甚多。死罪死罪。

168* 又

《淮南子洪保》，馮子山公所著書名，與閻子《尚書古文疏證》辯論而作也，其執如傾山倒海而出，却可惜所憑據在《逸周書》《穆天子傳》，又可惜在《家語》《孔叢子》、僞本《竹書紀年》，尤可惜，則在《魯詩世學》《世本》《毛詩古義》耳。真繆種流傳，不可救藥，吾末如之何也已矣。向來以《春秋》純用周正，《毛詩》純用夏正，今考之殊不爾。「曰爲改歲」，非周之歲乎？「十月之交」「朔日辛卯」，非周之月乎？「維莫〔一〕之春」，非周之時乎？但不如不改者之多耳。先生以爲何如？

〔一〕莫，《四庫》本作「暮」。

*169 又

歸檢《漢書·惠帝紀》顔師古注曰：「諸賜言黄金者，皆與之金。不言黄者，一金與萬錢也。」可見漢除真金及錢外，無别賞賜，驗之他處亦然。寧人《日知録》，晚頗有駁正，不知先生以爲何如？《洪保》主人亦云信古文非真，所論難者他語耳，正恐信亦不透。靈雲臺中無淮陰侯，步隲遠祖，在秦漢之間者，有此封號，久識之矣。〔一〕陸德明《經典釋文》於杜預「射陽湖」下曰「射，食亦反，又音亦」，然則又有二音矣。射水不知何處，此張毅文會心處，先生亦取之耶？

170 又

初聞郝氏有九經也，自爾公始。既聞于皇述其初受知大泌山人事，頗妙。每欲箄之書，未果也。其歷官最奇，始授給事中，即降外，凡三四處縣令，終南京中書舍人。此參考履歷及五十六家序而後得者。先生云讀其書，方悔前之未盡，不知是指《尚書解》何處？千祈標示，以見不肖心之同然乎。向云各從其好，亦殊不然。學問只怕差，不怕異。吾黨兩三公乃差矣，豈止與先生異趨哉？近儒有言：士君子不能陶鑄人，畢竟學問中火力未

〔一〕眉：「步騭遠祖封淮陰侯，見《三國志注》，潛邱竟未寓目耶？但不知『靈雲臺』是何語。」

透。敬以爲先生獻。若小子，真可似顏子見鑄於孔子矣，何如？

*171 又

歸檢《淮陰侯列傳》，果有「鼓行出井陘口」之句。「鼓行」對「賦奏」，最典切。但細思「冠軍侯」三字一連實字，對不得「天子之氣」。且讀者必不肯認作「鼓行先取冠軍侯」，將「侯」字作「封」字解。愚意改曰「鼓行先取冠軍功」，何如？然「賦奏」句乃相如一人事；鼓行，韓信事；冠軍功，霍去病事。出一人對兩人，也不緊嚴。近讀《載酒園詩話》，頗悟詩道理，近人直是去之萬里之遥。

172 又

孟子喜而不寐，以善人得志當路也。今有清議得申一事，奉聞長者，以爲寢食有味，何如？臺臣馮瑞，進士出身也，利人所有，題一疏，爲加納官員一體陞遷，不必用保舉，部議允行矣。垣臣錢晉錫，明經也，爲新總憲所使，具一疏嚴駁之，議部不準行。奉旨着現行事例行，蓋允錢而不允馮也。一時公論喧騰，人心暢悦。此非初出草廬第一功乎？〔一〕

〔一〕眉：此刻不當存，删之可也。

*173 又

晚疑俄羅斯國必非羅刹國，混爲一者，京師貴人不考故也。〔一〕今讀《隋書》，羅刹國在婆利之東，其人極陋，朱髮黑身，獸牙鷹爪。晚親見其國來降人，何曾此等形狀？婆利國見《南史》，亦見《隋書》。在東州東南海中洲上，去廣州二月日行，屬南蠻，不屬東與北也。至俄羅斯，當另考以聞。錢惟善，字思復，錢塘人，至正辛巳鄉試，出《羅刹江賦》，鎖院三千人，皆不知錢塘江爲曲江。思復據枚乘《七發》引用，因此得名，遂號曲江居士。見《列朝詩集》甲前。此一證也。後有所得，自呈覽。

〔一〕眉：「俄羅斯在極北，東西横亘數千里，時來與中國貿易。今京師東江米巷御河橋西有俄羅斯館。」

潛邱劄記卷六〔一〕

吴門後學許廷鑅直夫選

賦

1 璿璣玉衡賦有序。

粤二帝而上，道與天通；逮三代以還，事惟人治。授時正日，雖方壺之有推。俯察仰觀，多《周髀》之莫驗。弊沿累季，謬匪一家。欽惟我皇上德齊穹壤，氣順陰陽。曆定二千年，精奥探太極之藴。朔垂億萬載，晷景測宣夜之微。書證天官，調四時而珠聯璧合。法宗虞聖，齊七政而麗象明躔。撫兹璿璣玉衡之圖，爰命搦管摛辭而賦。賦曰：

惟天成象，惟聖憲天。雖庶政之允迪，於若時而尤虔。覽正朔於歲首兮，農工有序。體乾行於宵衣兮，君德與肩。既履端以舉正，胥歸餘於不愆。自夫羲和謝職兮，嵎暘莫

〔一〕眉：賦、詩皆不必録，留刻全集可也。

宅。乃至重黎有命兮，玄穹遂隔。孰推行是而爲迴爲旋，孰主宰是而以亭以毒。蓋天運不爽於纖芒，而理數每窮於智術。舜於是治曆要矣，觀象先之。璿璣既飾，玉衡用窺。參低昂於南北兮，貫天經之軸。捷轉輪於東西兮，分天緯之依。或夜以候天兮，晦不可測。雖以手爲轂兮，原以睫爲鵠。摶旋轉之在握兮，炯精微於兩目。環雙單於躔度兮，如轂如車。軌晝夜於輪腹兮，爲出爲入。此其不差不改圭箭定兮，嬗二曜以氣隨。不驗不用分差晰兮，錯五緯而斗移。仰覆盆之渾渾兮，匪設象之能齊。疇人子弟之貿貿兮，曷取範於渾儀？由是太史作程，春官協律，天子居左个於青陽。群物祖徧，包而不息。八柱互承，四維同質。天雖高兮，作覩明明。象雖頤兮，指掌歷歷。又何怪乎軒騰榮露，閣掩蕭雲，熙時叙亮功之績，焕光華旦復之文也哉？此則大舜之法天，亘古今而立極。因明試而賦兹，願我朝廷綿歷服于於萬斯年，駕三代而上取重華之則。

詩

1 省耕

一統敷皇極，三春卜稔年。屠維方應序，姑洗恰調絃。紫陌流鶯囀，青郊瑞麥連。載陽農舉耜，出震帝乘乾。化洽羽干日，勤知稼穡篇。民依邦重本，歲省食爲天。躬籍三推後，行春四野前。排雲飛鳳蓋，拂露出麟輧。御道纖塵淨，高旌曉日懸。遠盧桑柘密，近塢柳桃鮮。蠶織機兼柚，鋤犁胝與胼。土膏分舜壤，作息隸堯編。其畝南東沃，有秋婦子便。方占豐屢屢，猶廑念拳拳。德浹壺漿沛，歡騰鷄犬聯。粒餘歸地力，家歉屬宸憐。人鼓村村腹，炊浮井井煙。不煩天雨玉，已慶澤如泉。穀寶瞻脩壟，花明照遠阡。太平長有象，歌詠在桑田。

2 **恭呈御覽詩八首**

生日唐名節，河平漢紀年。于今稱聖代，終古戴堯天。鼓腹遊方樂，摳衣趨忽前。霓裳曾共詠，衰白羨群仙。

其二

體仁閣下試，荏苒廿年餘。錫宴施珍簞，裁詩就玉除。晚惟研性命，近益惜居諸。何意天顔喜，猶同竊仰初。宋朱熹戊申上封事，有「竊仰天顔」之語。

其三

堯水仍堯治，無煩伯禹功。但勤閲視外，盡入睿謀中。萬國梯航集，千村禾稼同。應知未三載，史策詫神工。

其四

九龍浴聖日，二氣合神時。問月爲方盛，逢年甫半期。文明徵祚遠，燕喜識春遲。常作丹墀舞，聞韶共鳳儀。

其五

冕臨天北極，鑾出海西頭。夾道齊瞻矚，傾心奉豫遊。租蠲真似水，粟賜亦成丘。第自上元數，南巡始於甲子。鴻恩古莫儔。

其六

江南尤望幸，父老合情深。草愛承雕輦，鶯歡變上林。鄒枚盡濟濟，兵衛不森森。所願邀宸藻，恩波非自今。

其七

塞懸北斗外，曾駕六龍來。瀚海成飛渡，天山計日回。武威綿寶曆，文物盛金臺。側席幽人切，猶思舉網該。

其八

纔見豳民祝，還聞召虎揚。敷天同愛戴，只有壽無疆。既醉雲堯酒，曰饑充禹糧。可知巡守典，原具翕河章。《周頌》「允猶翕河」，爲武王巡守祀四嶽河海之樂歌。

3 鏡月歸余以先朝典故數事送難於令兄暎碧先生先生以爲聞所未聞有僑札之譽感賦一律敬寄以下《眷西堂集》。

垂白李昭陽，經秋忽報章。焚餘周石鼓，劫後漢靈光。道大寧從闕，知深轉覺傷。何年荀氏子，御罷更登堂。

4 東湖泛舟過霞舉紫嵐兄弟兼送其南行

野水初無岸，人從樹杪行。萍開緣槳動，鳧散值舟橫。未厭身飄泊，還憐爾弟兄。廣陵濤正壯，八月賦南征。

5 重送霞舉

幾度雙蛾畫，猶憐態未工。須知漢殿裏，仍與越溪同。失母癡無盡，求賢願若通。江天得早鴈，便擬報簾櫳。

6 重送紫嵐

阿姊行高邈，君寧獨不然。朱顏方薄俗，玉佩自良緣。舊識吴歈意，新成蜀錦篇。小姑溪畔過，一爲謝孤眠。

7 贈別子方

久倦圖飛翼，還傷北望神。因成向南國，爲予更霑巾。所業經秋老，餘情逐物新。終期採芳桂，寄慰白頭人。

8 聞旌德令從兄聘試江寧先是國博兄連同鄉會二試

藻鏡分南北，朱輪集一門。楚材原待晉，祖德自依孫。參議公主試萬曆間，於今六十餘年。文重銷兵氣，知真減淚痕。還應與兒子，桃李細堪論。

9 村月

月出蘆簾外，光摇一路長。初疑採蕪逕，猶帶故人香。李太白詩：「日日採蘼蕪，上山成白道。」强起覓何得，人帷愁未央。漢家水晶箔，竟夕更相望。

10 李表弟邴二十索贈念其宿有神童之目口占以應

二十年真蚤，獨君殊似遲。倒懷曾答日，信口遽能詩。多患勞生後，初貧失學時。古來成大器，强半是孤兒。

11 平河舟望

滿目魚龍氣，俱從一櫂收。垂垂天欲盡，汩汩地應浮。渴日海奔急，斷霞川帶悠。靈槎如有信，直擬到牽牛。

12 答子方

自分無媒久，空成欲嫁衣。曬猶臨七夕，舞定減多圍。因爾別增恨，將余夢當歸。天孫新樣錦，仍出舊鴛機。

13 徐顧林過談

舊雨猶堪數，晨星却漸孤。惟君留古道，不欲逐窮途。麥飯河壖盛，蓴羹水國殊。兩鄉俱足老，隨意事團蒲。

14 寄從兄錦濤

官向青山下，長吟小謝詩。歡情仍負米，協趣忽行師。邑偪防巖險，民頑問土宜。急將新政報，早被故人知。

15 訏五歸述所見

梁鴻溪畔路，片片散朝霞。無復坐臨閣，真成出浣紗。問年頗有弟，得壻總宜家。莫怪周郎早，雄姿不勝花。姓適相合。

16 聞楊公西狩督學秦中遥有此寄

關中秋色滿，君忽動華鑣。士莫輕捫蝨，文尤重射鵰。積兵連二嶽，麾羽隔三橋。不乏貂褕贈，何由慰寂寥。

17 贈超宗丈

五十高常侍，君尤老十年。詩篇能並美，名位合誰先。地静聞花落，齋空見鳥還。亦知屏累久，超宗孤居十餘歲。不是爲參禪。

18 得酒人消息

側身西望意，寧只爲君來。問道自何處，傳書隔幾回。老應淚洗面，愁任鬢盈頤。剩有烏皮几，還憑坐碧苔。

19 銀漢

天路當秋白，應從秋水生。景能隨宛轉，流莫任縱横。洗甲心徒壯，成章涕欲盈。何如銜石鳥，不向此中平。

20 海棠

愛爾花開處，庭分一半陰。質嬌疑迸淚，色淺絶傾心。緑葉熊茵合，紫莖湘管侵。終銷君國破，只在睡情深。

21 方坦菴先生自寧古塔歸遇家君誦余拙作甚多不知何從得之異日賦此志感并以爲弔

纔返雞林國，先傳孺子詩。通家原孔李，先參議出先生叔父大理公之門，故與先生尊人太僕公暨先生俱有交。半面却參差。余乙巳始過維揚，謁先生未値。色逼風霜古，聲餘金石悲。恭承庭話後，絮酒酹何時。

22 答勃安

家擅雕蟲技，人推貫蝨工。寧知拂脊者，却在畫籌中。第五名應賤，東山樂亦窮。勞君相勉日，苦蓋卧西風。

23 酬超宗丈見贈

哀死情彌切，憂生念轉深。自惟清淨理，真作音佐。白頭吟。定覺蟲臨砌，起看松落陰。籍戎方共輩，超宗正長余二十歲。誰見鬢年侵。

24 贈潘山補

我母母之祖，厥官曰中丞。傳君已六葉，家法守還能。縱酒愁書亂，離鄉畏病增。高堂幸强飯，勉矣就蜚騰。

25 雪舫來口占即事以贈

重見已成翁，傷懷話不窮。小侯四姓長，新樂一門忠。正誤能留史，探亡欲作風。寥寥乞米帖，裝裹至今雄。

26 答琴川丈

皋魚方未死，風木盡悲吟。偶感入孤調，孰云求賞音。永酣阮籍酒，復託韋高琴。煩謝軒車語，時賢無此心。

27 丁舅兄爲其二子來乞名余名之曰醴源曰禾根以文恪公後人也并繫以詩

清門盛文藻，遥胄出諸孫。當益顧名義，寧徒恃本根。雙丁曾重魏，孤族尚稱翻。獨笑陽元晚，何由報外恩。盧綸《送姨弟裴均》詩：「相悲得成長，同是外家恩。」

28 余少有悼亡諸篇什爲茸城夫人所賞夫人手譜諸琴時一動操聞者皆掩涕焉追賦

憑誰傳舊恨，香閣得鍾期。調急勞纖手，哀繁損曲眉。福應當此盡，罰轉自今遲。願向安禪榻，茶煙裊一絲。

29 夜坐有懷

霜重秋城柝，更深聽漸低。無端偏蛩語，不定獨烏棲。萬里尋書記，三年狎鼓鼙。他時麟閣畫，冠箭總堪題。

30 家君云過鶴江蔡公宗伯墓下爲水所嚙公先孺人曾王父也時子孫蔑有存者傷哉

言從尚書墓，正屬蔡家親。司空曙《贈外弟盧綸》詩：「平生自有分，況是蔡家親。」石馬欹秋草，銀魚掩夜燐。公官兼學士。麥盤誰更薦，桂甕久虚陳。去去猶盈淚，寒泉在夢頻。陶淵明《孟嘉傳》：「淵明先親，君之第四女也，《凱風》寒泉之思，實鍾厥心。」

31 與下第諸子

無官十居九，不第莫潸然。獨惜非高士，空云有棄賢。唐勤州舉日，杜老賦成年。況更兵麾滿，須拌時醉眠。

32 移寓雜興贈陳子壽先生五十首即《隴右倡和集》。

懶下西樓爲暮霞，强移東舍就朝花。煎茶石鼎依然在，炊盡勞薪即當家。

虞山老子劇可憐，眼底無花筆有禪。莫悵相從遲十載，而今方許共牀眠。元裕〔一〕之《題中州集後》詩云：「愛殺溪南辛老子，相從何止十年遲。」

絳雲墳典迴隨風，劫火何曾到腹中。他日傳家雙綵鳳，飛飛還集帝梧桐。子壽閣名「清於」，取義山詩語爲令子讀書處。

入門高興轉堪傷，玉腕鈔詩有底忙。秪得三錢買水筆，隴俗絶無佳筆，故戲用東坡語。願將玳瑁與重裝。

温玉孤亭更在東，秦風留得楚人風。亭爲京山李本寧宗伯出宦時所搆。百年片石苔花滿，可語還推大泌翁。

亭畔高松日幾過，聽時無那客愁多。直須對爾重論賞，醉倚松根作擘窠。亭别有額曰「聽松」，余欲取杜老語易爲「論松」，屬子壽書之。

〔一〕裕，眷西堂本作「褡」，據大成齋本改。

勝絶湖州是舊遊，溪山金粉一時收。子壽集有《苕霅遊記》及《聽歌艷體》諸絶句。人生有福還應折，老向窮邊詠四愁。張平子《四愁詩》有「漢陽隴阪」之語，即此地。

手霹萬人曾得活，心冰十郡舊皆寒。先公祠宇今猶在，君説遺黎淚未乾。先大父起家湖州司理，與郡守陳公筠塘同時，政最有聲，首二句即用《直指方公魯嶽薦疏》中語也。

一日争傳有謫仙，烏啼烏棲蜀道篇。誰知賀老清狂甚，不把金魚當酒錢。余知子壽自蔣子荆名從都門歸始，故追記其事。

鷃笑堂開鎮日閒，堂爲少參階六先生静攝處。也知心物兩相關。丹丘消息初探得，何用東柯養鬢斑。

藥轉曾聞爾亦工，豈緣關塞便衰翁。白雲若在柔鄉裏，枉訪崆峒萬里宫。

倡荅詩篇錦不如，敧斜補綴笑天吴。重吟細寫成長卷，歸去家山示酒徒。余與子壽有隴右倡和詩若干首，子方東歸，請子壽書之，酒徒謂荆名。

别後驚傳事可悲，入門應悟夢先知。莫尋元稹傷兒句，重和秦嘉贈婦詩。

故鄉秋水晚瀰漫，直接新林浦上寬。天際歸舟雲裏樹，何人得入畫圖看。子方將有宣州之行。

搔頭傅粉歎天人，底事歸藩賦洛神。君向芝田曾瞥見，凌波果爾襪生塵。

秦川家世玉溪名，慣逐歡場側帽行。我别有懷忘未得，隴雲深處話平生。謂小鳳，子壽每道之。

故鄉人忽異鄉逢，誰道鴻泥有定縱。坐久晝移魚鑰動，輸君獨聽曉天鐘。謂霞舉所居西偏與僧寺近。

令弟長余剛一歲，君今又長二年餘。馬融門下康成小，已報兒曹速寫書。霞舉、紫嵐同余受業靳茶坡先生之門，時余年最幼。

暫遊萬里屬仙家，岱嶽崧高接太華。君只三旬能偏歷，子壽以客歲經齊魯周秦地，自號三嶽山人。因愁少別即塵沙。佛家有塵沙劫。

岣嶁神碑何處覓，南嶽岣嶁峰有神禹碑。王官飛石亦成疑。恒山王官石相傳自雲中飛至曲陽，歷代遂因以祀北嶽，其説紛紜，究無定論。不應號爾陳三嶽，五嶽于今讓阿誰。

簟紋如水曉驚秋，推枕尋釵搭臂韝。郎困宿酲猶未起，一簾微雨看梳頭。末句乃子壽湖州艷體詩也，余愛而足之。

歌能傾耳笑傾城，花底逢伊活一生。不分天涯老蕩子，當筵空託水盈盈。子壽集有《和李雲田顧生》詩六章，雲田每自稱老蕩子。

家鄰姑射隔年回，昔歲於汾晉間有所遇。添得離情是燭灰。羨爾佳名同小鳳，玉釵頭上早飛來。

氍毹醉卧滿堂嬌，暗掐檀痕記益牢。桃葉桃根何處去，新聲只數鄭櫻桃。偶與子壽閒話舊事，遂有二作。

昨宿林宗知掃地，今來應物驗焚香。高情合許閒人得，共醉滄浪水石傍。

蘇灣阮曲二公名，蘇灣在湖州城南，阮曲見《水經注》。更有王維寫孟亭。試問千年誰刺史，風流端在少微星。霞舉所居爲子壽舊寓，暇日同遇，見壁有畫石，淋漓飛動，因題二首。

堯時何得有賢遺，招隱翻爲猿鶴悲。莫笑巢由迎馬首，淒涼更欲活頭皮。

頭白真堪付汗青，獨愁地志與山經。百年共説康公筆，康對山太史《武功縣志》最有名。争似琵琶曲可聽。

紛紛把筆學題詩，未見劉揚博極時。却羨歸來堂畔客，謂鄒平馬公驄御，其讀書處即宋趙明誠故莊。浩如煙海細如絲。

臨川嘉定百年中，謂湯義仍、歸熙父兩先生之學。新變方能許代雄。若爲門庭求廣大，瓣香合禮絳雲翁。

綺語曾聞懺惠休，況從獺祭恣冥搜。謂虞山石林源公所注義山詩集。參寥也羨江瑶柱，清簟疎簾畫楚樓。參寥子嘗欲以「楚天巫峽半雲雨，清簟疎簾看奕棊」之句作畫，東坡戲問：「道人亦愛斯語耶？」參寥子曰：「譬不事口腹人見江瑶柱，豈能免一朵頤？」坡大笑。

茗椀初嘗歌板新，楸枰玉子妙通神。潁川吏部能憐賞，總許紅樓繞一身。劉公𤸫考功曾語余：「今人百不及古人，所差勝者，品茶度曲圍棊耳。」

宋史紛如聚訟深，霜松雪柏一生心。李燾字仁父，張南軒稱其如霜松雪柏，絶無世味，所著《續資治通鑑長編》凡四十年而成。天將遺稾歸東壁，君向人間何處尋。公𠜂從錫山購得《長編》，余爲辯其非是，蓋此書乃錫山秦氏家藏，歸於牧齋宗伯。絳雲災後，此書絶矣。

莫言北地便無書，牧齋嘗云内閣有謝承《後漢書》，爲一時相持去，今人間絶無具本。然余曾於太原郡城見之，永樂間刻也。一一牙籤觸手虚。亂後西州猶拾得，衛徐傳授免躊躇。《東觀漢記》：杜林於西州得漆書古文《尚書》，衛宏、徐巡皆受其學。

旗亭貫酒賭高王，剩有凉州一曲狂。底事竹枝能繼響，子壽有《隴右竹枝詞》，紀邊地風土甚悉。可無風雪引紅糕。

成紀王孫二李推，新詩偏許樂工知。管絃遍譜黄金重，消得平生嘔血癡。李君虞詩與長吉齊名，每一篇成，樂工争以賂求，取之被聲歌，供奉天子。

不因中酒愛朝眠，觸眼飛光蝶夢旋。却借屏山高百疊，恍然身賦小遊仙。子壽喜晚起，故云。

金河又見一秋分，燕去真愁鴈早聞。安得生年健筋力，阜鵰射罷看黄雲。

趙家金石勝歐公，丞相風流漢隸中。宋洪适有《隸釋》《隸續》。載去江南誰得並，棗梨宋刻合同工。余嘗告子壽金石文字北方爲多，棗梨文字南方爲勝。子壽曰：「今時刻愈廣愈譌，疑誤後生不小，要當以宋本爲定耳。」

夏五傳疑史遂成，遠從碑版考來精。金石文字足爲史傳正譌補闕，余曾與陽曲老友傳青主極論其事。漢家老媼方知姓，《史記·高祖本紀》「母曰劉媼」，司馬貞注云：「打得班固泗水亭長古碑文，云母温氏。」秦代儒生始著名。《漢書·儒林傳》「伏生，濟南人」，魏張晏注云：「名勝，伏氏碑云。」

邁氣雄名倍苦辛，天涯重見夢還真。余六歲時見家古古先生，壬子春復遇之交城，相去三十餘年矣。緣君玉貌觀如堵，不作山東避難人。

尚書高宴必聯吟，擊鉢含毫並擲金。獨出螳螂鸜鵒句，就中低首是知音。家古古於合肥宗伯座上賦詩，有「螳螂誤入琴工指，鸜鵒虛傳鼓吏名」之句，一時名流咸閣筆不繼。

我友初傳新柳辭，謂霞舉。清秋回憶柳絲絲。可能重繡平原影，併繫春光醉客遲。

哀誄能工世所稀，安仁已矣義山非。沙黃磧冷層層路，招得羈魂可當歸。子壽近有祭兩邊臣文，甚哀。

舊雨人來南北多，眷西堂上日徵歌。惟憐下食無兄弟，獨聽忘縻事幾過。余幼時每侍家大人與諸名宿語。

多病翻爲萬里遊，薊門春老太原秋。相期祗隔桑乾水，似有并刀翦不流。

秦晉重姻地亦連，爲尋遺跡着吟鞭。涇源佛峽皆天險，涇水源出六盤山，金佛峽在華亭。望裏猶愁嶽頂蓮。

餐館初嫌尚未同，移牀恰喜近元龍。油燈一炷勝官燭，欲滅還挑話幾重。罷吟只解緣詩瘦，力學何曾得道肥。今日聽君談袞袞，十年前興忽翻飛。愛友論文實性成，何期絶域慰平生。他時若共吴儂語，隴水遥添嗚咽聲。吴儂亦謂荆名。

33　贈李公凱明府曾受經先外舅。

馬融門下有康成，又得袁郎女早行。慚愧我徒迎百兩，風流君已擅專城。碧雞晴見巒天遠，白鶴寒歸遼水清。兩地並吟詩卷好，把來還惹客愁生。

34　贈陳解人

莫笑巢由拜馬前，今朝徵君尤可憐。閩南候火接天起，薊北聘書任壁懸。羨子麻衣能感衆，經時旄節得稱賢。一身往返萬餘里，泣向慈仁老樹邊。

35　贈胡又弓學士

曾披邑志驚椽筆，氣壓層山接大河。紫誥回看三掌少，朱輪細數一門多。鄒枚從獵朝成頌，燕趙論文夜放歌。知向令公香裏過，姓名何意記煙蘿。謂高陽相國。

36　贈舒漢雯舍人

長安今日始相知，説項難于未面時。自愛江魚堪作隱，却憐隴鶴又成岐。地清每捧金函出，召急仍將玉珮馳。倘得恩叨鳳池上，明春恭和早朝詩。

37 酬蔡子構南歸留别諸同學見贈之作

後先同作帝城浮，似别情懷不暫留。華貴争傳唐進士，孤寒唯泣李崖州。帆開秋水千層白，路入霜林一葉愁。笑爾枉將車笠約，長才寧獨滯林丘。

38 贈倪六通海州人，州有孔望山，官儀封令。

如君真屬不凡材，入座西山爽氣開。家在聖人臨眺處，身同仙吏抱關來。朝揮鐵筆千峰峻，夜擁銀箏一鴈哀。尤擅清談兼馬矟，擬尋九日醉高臺。

39 九日和張毅文即席韻即贈

共邀獻賦向蓬萊，但願金莖分露杯。誰似枚生文獨老，謂尊公鞠存丈。況兼公子興能開。園林霽日朝馳轡，隴首秋雲晚上臺。聞道將翻新製曲，昭容祇愛夜珠來。

40 疊前韻贈舒舍人

曾煩芳訊到荒萊，飲德寧須接酒杯。漸聽故人蒲轂轉，謂嵇、張兩公。原隨上相閤門開。帽簷穩插霜籬菊，屐齒高登雪苑臺。尤愛朝衣嘗入坐，親從侍史護香來。

41 奉贈邱曙戒先生

輕命嘗思倚北欄，君虞何地有彈冠。雲山故國初傳信，涕淚新知舊憶歡。瓊海謫來香案吏，金臺徙處法曹官。最憐詩律兼刑律，慘淡能令毫髮安。

42 **贈李梅谷吏部**國博兄同年，昔與同官，故有下句。

河尹傳來問孔融，也緣名姓與兄同。敢懷鳳闕經年刺，不謁龍門百尺桐。聯座絳帷皆近北，分曹藻鏡獨懸東。曾聞省壁留圖鶴，可許人乘上碧空。

43 **偶讀唐人李郢登第後爲妻作生日寄意詩戲簡毅文**重陽前一日爲毅文内子初度，毅文有詩寄内，「謝家生日好風煙，柳暖花春二月天」及「應恨客程歸未得，緑牕紅淚冷涓涓」，皆郢詩也。

世間快意誰過此，折桂人當設帨辰。況是謝家風景好，又兼越女嫁時新。不歸猶憶牕前淚，失路寧禁夢裏身。細數廿年曾九度，無如此度絶傷神。

44 **寄贈高澹人舍人**

朝飲新豐酒未殘，驚開捷徑五雲端。侍臣自信無媒易，聖主應教有夢難。手校銀鈎呈玉几，家沾仙饌出金盤。人間止得賡歌跡，一德由來契若蘭。懋勤殿有秋蘭，舍人獻賦焉。

45 **和毅文移寓待尊甫吏部公來京之作**嵇杭州，其外舅也，亦將至。

倚閭人忽上征輪，綵服朝衫一樣新。崔氏詩成今日讌，枚家賦獻漢宫春。郊園縮地移千里，御饌從天潔爾晨。更喜嵇公交未絶，還同少傅作名臣。

46 **贈王元輔功郎**遼東籍五臺人候補。

太行遥共豎閭連，中有玉山雲霄巔。一代自爲佳吏部，爾時須使無遺賢。邑子趨門公倒履，故鄉在眼各問年。庭前嘉樹手早植，攜酒來看樹底眠。

47 贈趙遊戎新野人。

江淮草木迴凌霜，也識威名入望長。上將營平非異姓，通侯高密是同鄉。幾年射虎臨滄海，早歲聯鷳向戰場。又見春風檣纜動，好催正賦到倉箱。

48 代仲兄酬石林舍人贈別之作

每憶流光自照時，誰工三十六體詩。君身却具仙人骨，我老虚同錦瑟思。義山《錦瑟》詩大旨取五十以寓其年，解多誤，余年亦始滿。不去庭闈凝望久，飄然閶闔夢魂遲。銅龍聽漏知相待，只恐清班又上移。

49 懷家古古先生杜于皇二丈

佳會猶先問伏滔，黨人翻不見人豪。共傳鼓吏才難近，或意狂奴足尚高。泗水寄書尺半鯉，廣陵送別幾層濤。何時同向山陽過，應笑枚皋侍從勞。

50 贈何崑孚會稽

驚傳握節漢臣還，梨嶺烽煙枉設關。六領諸侯成上郡，雙尋風貌復仙班。因依緑水詩情麗，暫對寒流旅思閒。倘許狂生分半席，聲華明日滿燕山。

51 **王昊廬宫詹招飲話舊奉贈**先太史起家淮司李。

棠梨花下憶經過，猶覺淮陰二月多。白髮門生今寂寞，烏衣家世日嵯峩。繙經重續青藜火，珥筆分賡太液波。賜得錦袍天上暖，暫緣接座已陽和。

52 **送陳子度之任太原**

太行燕趙劃西東，匹馬漳南北亦通。天設羊腸登詰屈，地盤鳥道入虚空。鄉心不盡看飄葉，宦蹟何端類轉蓬。最是關情兒女子，早緘錦字慰衰翁。謂家君。

其二

關隴歸來禄養稀，謂尊甫少參公，養，上聲。羡君勝着老萊衣。一官已抵十年計，半菽還充多士饑。時待詔諸公議給食用。簿領從容才素健，拜迎稠疊分寧違。閒過晉水知乘興，可奈楊花似雪飛。

53 **石紫嵐書來以詩報之**

不信長歌蜀道難，但愁一第若千盤。夢中何路丹梯上，天外有人白眼看。自分平生遺憾少，且兼孀母食眠安。絳紗坐罷閒吟眺，憶到幽州此日寒。

54 **口占贈毅文**

昨出沙阿塵撲天，今來張掖晴吐煙。中外兩父俱賢者，漢二千石唐三銓。經義治河歸掌底，神術發姦高日邊。爾從家學濡染久，射策金門恩拜偏。

55 **頌眉見過口占**以下《秋山紅樹閣集》。

老住睡鄉多，門前任雀羅。何期驚剥啄，頓覺興婆娑。酒至賓翻主，情深怨亦歌。及時惟有學，此福足消磨。

56 **贈頌眉**

昌黎愛侯喜，新有能詩聲。況在里門内，因之無間情。傳筩徵債急，送酒比淮清。既醉忘吟苦，深憑爾弟兄。

57 **過魚莊**

夾岸水紅花，舟行逐港斜。漸無人識處，祇有網爲家。溪上娟娟月，潮平片片霞。願言秋賽近，酾酒賀桑麻。時蝗不爲災。

58 **頌眉來云尊公文起大行典試山左志喜之作**

萬里輶軒使，三秋藻鏡開。文從東國轉，名自小山來。吐鳳曾多侶，成蹊亦有媒。爲傳余問訊，今的鑄顔回。

59 **晚眺和頌眉**

天地際將合，悠然一望中。無端成暮色，不了帶殘紅。路漫東西水，林飄慘淡風。晚將心契託，嘉藻愧酬工。

60 垂老

垂老尚謀生，中宵思忽清。飽于伯夷卧，樂勝啓期行。壽漸臻耆宿，身常遠藥鐺。他年漢史傳，稽古一桓榮。

61 八月十五夜月

獨有中秋月，能同萬里天。光如桂斫盡，輪比鏡飛圓。但益關山迥，寧知臨照偏。故人得解者，還寢夢嬋娟。

62 寄石二企齊

不復夢尋路，是君已解維。江山共綵筆，綸綍候新詞。月漸清輝減，濤偏勇卒馳。要聞玉珮響，徹首話相思。

63 卷書

挂眼復何事，晨昏一卷書。亂思同複壁，隱跡驗庭除。老可呼黄妳，生堪化白魚。還憐稚孫輩，續誦每徐徐。

64 十七夜月

端坐待已久，山銜月半輪。光穿東屋角，影下小池濱。桂暗香能細，蛩寒語倍親。高樓誰倚徧，紅淚恐占巾。

65 哭超宗丈

老淚不能多，聲聲喚奈何。平生知己盡，萬事任蹉跎。第許孤魂及，官曾一命過。鄉邦志文獻，終古首編摩。

66 採蔆詞示頌眉

分付採蔆舟，昨宵歇渡頭。紅妝愛朝日，皓腕怯深秋。角利翻宜數，蔓長摘更留。君家承詔者，下筆不能休。

67 琴

彈出文君手，琴心應更奇。山從眉際見，音現。風向鬢邊吹。琴曲名有《風入松》。緑綺名原合，高臺響易差。天公真木異，閨閤互牙期。

68 寄長籍嗜琴。

躭茲有道器，遠見古初賢。情性且能適，微痾胡不痊。塞門纔脱木，鄉國正寒蟬。勉矣躬調膳，知君孝友偏。

69 待紫函

是夕鴈初至，高齋秋氣清。蓽門掩半啓，蘿逕掃還成。就案齊緗卷，臨池滌玉觥。已儲下酒物，因見老人誠。

70 逢吴子話舊

史局置湖山，天教就曠閒。陸洪虚異代，掩鉞掩崇班。棊散人猶值，泥留鴻故還。重陽得且住，爛醉菊花間。

71 在瞻來詩有萬里從知己之句余即用爲起以贈

萬里從知己，黔南復北燕。一聲歌出塞，收淚返林泉。嘗與天下士，羨君師友賢。越江勤寫定，臨老望流傳。謂太沖先生。

72 宗安至自興化得既庭消息

霓裳同日詠，不省是何年。各未歸天上，相於隔眼前。秋風吴郡早，海月楚城偏。且喜著書暇，南牕穩晝眠。

73 與亦韓

每笑淮南桂，年來生忽稀。君家斧尤利，亦未獲芳菲。不厭百回讀，纔酬一寸暉。天高須下聽，鈍榜狀元歸。

74 與雲九食蟹告以子瞻在揚州以此寄先龍圖公少游詩率集中載爾成詠

紫蟹數揚州，團臍味更優。不須着糟醉，已自愛脂流。蘇詩云「團臍紫蟹脂填腹」。應號君家物，寧從蘇氏求。彀黄螯勝雪，併映緑瓷甌。

後讀《淮海集》，始知「團臍紫蟹」等句出少游，蘇公用之耳。「應號君家物」，似可爲詩讖。笑笑。

75 過企齋

年衰戀舊友，年盛樂新知。各自氣相合，詎容别少時。黄花矜晚節，芳草失前期。暇輒披衣笑，莊生汝尚癡。

76 詠漢鄭康成

牛猶能識字，婢亦解談詩。書帶草無種，鄭公鄉有基。經神信所絶，畫手曷由追。余屢欲傳康成照。寫定禮堂畢，日西方暮期。

77 詠宋劉敞李燾王應麟馬端臨

原父復仁父，經奇史更奇。辭科推一手，謂《玉海》爲博學宏辭科而設。國論屬吾兒。馬端臨之父廷鸞卒後爲冥官，謂其鄉人曰：「可憐吾兒，讀書將來有用處。」蓋自元訖今，徵古者必於《文獻通考》，鬼固已先見之矣，異哉！有宋雖煙海，斯人獨羽儀。綢羅遺失盡，異代即同時。余嘗集四公逸事爲一帙，足補《宋史》列傳之略及馬無傳。

78 公擇見過

入門纔接杖，入坐命童移。自指新充耳，能聞輒解頤。心懸在口相，晝對至冥時。何必尋唐舉，蒼茫問後期。

79 西洮見過

見面翻無語，昨書已細陳。體安原勝學，心醉詎關醇。風葉空庭亂，寒花曲室親。仍懷十年讀，應結爾爲鄰。

80 贈喬森

愛爾解吟詩，晨朝走小溪。出懷箋細疊，拭眼墨初迷。法到唐人備，風從勝國低。須拚窮日力，不悔陟丹梯。

81 故人子劉予吉以勤學而死異日始知遂有此作

長轡未及騁，車輪出户摧。旁觀猶起歎，白首定餘哀。魂去同秋草，名留秖夜臺。前身覃季子，碣待柳州來。

82 北闈聞西溟得雋

六十纔一解，真成人勝天。陳同免狼疾，熙甫罷周旋。老織新花樣，貧操舊管絃。樂游原上句，重誦倍潸然。崇禎庚午鄉試，陳大士中式，年五十八矣。臨榜前忽墮淚，人問其故，不答。固問，始誦李義山詩曰「夕陽無限好，只是近黄昏」。

83 寄頌眉

寧親真令子，得士即名臣。報國文章獨，趨庭館舍新。葦鳴無雨夜，菊綻欲霜晨。蕭瑟明湖上，重過會有因。

84 送吴亦韓之山左兼寄顧在瞻二首以下《許劍亭集》。

觀樂宜從魯，撫碑首及秦。非君號閎覽，何以作佳賓。九點齊煙遠，千重海市新。余雖倦遊者，仍欲向風塵。

顧子信翩翩，先君月五圓。大明湖畔路，風漾荷花鮮。對此應相憶，折來誰與傳。可堪蘆葦續，蕭瑟暮秋天。

85 吞聲爲東海公作。

無復空山哭，吞聲阮步兵。時從高處見，猶似玉峰晴。鳳詔徒霑命，鴻文已隔生。恩深楚父老，永保汶陽耕。

86 送宫允徐公北上并序。

公初聞召，有遲迴之意，余移書勸之曰：「昔宋元豐末大程子謂司馬君實遠臣也，不可不辭；吕晦叔世臣也，不得不出。逮南渡後，朱子又遠臣也，宜辭；張敬夫世臣也，宜出。今先生乃世臣，非遠臣，以兄弟蒙恩，故且一家而兩召，一已矣，一尚存，忍不出乎？」公聞而慨然就道，于其過淮也，送以詩。

十二年來處，三千里外行。撫心原戀闕，顧影只傷兄。與物了無競，爲霞定有成。劉禹錫詩：「莫道桑榆晚，爲霞尚滿天。」平生知己最，力疾餞朝旌。

87 讀唐書張説列傳有懷

佩刀唐令辟，瓦器漢纍臣。但得風雲會，寧辭艱險頻。在家隨諜史，引類若成鄰。讀罷忽三歎，惟公繼後塵。

88 送申孝廉東海公甥。

何處是西州，羊曇醉裏遊。風飄珠履盡，塵壓玉籤收。爲我謝諸子，終當傳鄴侯。末二句失稾。

89 送劉埍紫函

所業忽思徙，故書將復尋。城南秋別墅，山口夜深林。勤學誠闢福，家聲詎自今。杖端出藜火，亦覺鬼神欽。

90 哭喬石林姨弟二首

兩人非白首，一別遽黃泉。可贖身翻在，將招魂未旋。聲蜚藝苑早，澤及故鄉偏。泉下逢東海，參差意見捐。

彼蒼何太酷，五日歲龍蛇。東海公薨於七月十七日，後四日石林卒。蒿里尚書第，遺函太史家。素車歸未幾，丹旐望偏賒。留恨松雲嶺，還須簣土加。

91 題趙漁玉塹遊萬里草

君定驂鸞侶，余爲鍛鶴翁。不然萬里道，詎得半年中。雄秀川原異，登臨歌哭同。詩瓢盡攬取，吟賞意何窮。

92 題金道州魯游艸

地脉群尊岱，星文獨重奎。於人瞻至聖，何處復堪栖。校藝分藜火，論交半馬蹄。明年春艸緑，賴爾一相攜。

93 何堉而粟授保定縣令

得子畿南信，欣然倣古人。才同劇郡治，官過廣文貧。一念持三載，群謳漸四鄰。阿翁方轉粟，粒粒上星辰。爲浙糧憲。

94 送秦雲九還錫山

愛絶石泉清，誰標第二名。素華朝汲散，碧色夜窺瀠。昨飲疾已愈，今思體更輕。君還時寄我，不羨賜金莖。

95 **示唐器**戴西洮新更字也。

勸爾廢吟卷，知余别有因。人皆識風雅，世益篤彝倫。但力追前軌，毋輕染後塵。菊殘梅又發，題徧綺牕春。

96 **送沈壻敬存還鹽瀆**

最小謝庭女，于歸沈氏郎。能爲介婦長，已習海城荒。佐讀帷留火，調絃旦在旁。須臾丙子歲，六翮養應長。

97 **鄰笛**

今日山陽路，潛移到玉峰。一聲鄰笛發，萬淚滴芙蓉。絲繡勝平聲，唐人亦作過也解。金鑄，龍塋愧馬封。誰云老賓客，失意欲他從。

98 **送趙漁玉還錢塘二首**

曾聞别母難，真、文、元、寒、删、先六韻通，故唐譚用之七律第一句押「端」字，下「川」「煙」「蟬」「泉」入先韻。張泌第一句押「殘」字，下「天」「煙」「鞭」「年」入先韻。君已間重泉。但末几筵徹，能無伏臘牽。麻衣霑楚雪，畫舫破吴煙。見説春風動，王程一月天。將陪查太史北上。

我遊君故里，一室成古今。彝鼎斕斑色，絃歌幼眇心。因忘逼殘歲，發興度深林。君若逢朋好，瑶華定遺音。

99 贈趙漁玉兼簡范用賓二首

文藻集清門，吴興文敏孫。數來凡幾葉，承去賴孤根。淚漬和丸重，心懸着線温。終期邀佛日，長護北堂萱。

君友亦我友，居然少伯風。煙波常席畔，蝦菜足湖中。蘇小新鄰侶，參寥舊寓公。謂碩揆。南屏寒食近，野祭許誰同。

100 示李堉喬森

是我舊遊地，子歸纔幾時。周秦憑一水，陵冢辨殘碑。嶽陟星堪拂，河窮派自岐。歸攜有圖志，歷歷補新詩。

101 贈查公子

濁世名佳易，秦川去貴難。君才真繡虎，何筆不迴鸞。愛客西園月，懷人楚澤蘭。願憑前致語，勿藥勝加餐。謂母夫人。

102 夢唐器賦寄

誰言不識路，我夢却逢君。君夜或同夢，晨朝應遺聞。花源隨雨合，唐盧綸有《同吉中孚夢桃源》詩。楓塞逐魂分。倘忽吹微雪，攜衾就水濆。

103 得劉壻紫函書感賦

若輩漸相親，知余老態新。園林返景候，風雨落花辰。甘味分從我，清絲寫任人。古文疏證畢，端望作宏巡。杜林得漆書《古文尚書》一卷，後授東海衛宏、濟南徐巡。

104 晨起送漁玉不及

牕白一聲雞，君行豈後期。因人難少緩，別友闕臨岐。林杪櫂歌出，雲間鴈影差。到應時二八，圓月映羅帷。

105 題仲子花嶼讀書牀圖

此語咏高岑，風流照耀今。因尋開士畫，彌見古人心。書味酣同醴，花光錦簇林。翻憐杜陵叟，隴草動哀吟。

106 哭萬公擇五兄二首

一老魯靈光，謂黄太沖先生。門多弟子行。充宗經作笥，季野史成箱。就内推殊絶，於心辨眇茫。小樓授書外，直欲廢篇章。

顧我質頑鐵，空期百練金。苦言宜鏤骨，玩物不觀心。倏忽斯人化，經承何處尋。負君真已矣，長涕對書林。

107 劉頌眉同兄紫函讀書寄之

一葉下連枝，無風葉亦隨。讀書還共被，求友却逢師。高眺水天合，迴看霜月疑。新詩久不寄，我寄此催詩。

108 殘年哭知己

白日居然瘦，寒風也自號。東將入海盡，北忽視天高。落葉亦物理，翻雲聽爾曹。楚些哀宋玉，只爲賦離騷。

109 贈曹子猷

骨肉誰兼筆墨歡，令兄子清織造有「恭惟骨肉愛，永奉筆墨歡」之句。羨君兄弟信才難。南臨淮海熬波遠，北覲雲霄補衮寬。坐嘯應知勝公幹，暮歸還見服邯鄲。請揮一匹好東絹，善畫。怪石枯枝即飽看。

110 壽吴姬望丈

世承孔李後，交在紀群間。顧予曾摩頂，宜翁屢破顏。高名震寰宇，惇史著朝班。尚有聖居約，招攜任往還。丁改亭年八十，元日先往謁孔廟，余十載前曾舉此以擬吴丈，今届期矣。

111 讀元微之遣悲懷詩題後二首

俸錢十萬今何有，營葬營齋盡屬兒。自笑黔婁翻不死，彊將開眼報攢眉。

其二

選壻何人得似元，他時興慶首朝天。鴛鴦翡翠春無數，輪與西亭鶴獨眠。李義山《西亭》詩云「孤鶴從來不得眠」。

112 酬劉頌眉餉菊

繞堦採摘向霜天，李義山詩云「霜天白菊繞堦墀」。水遞何當又惠泉。烹飲一杯涼沁肺，殘牙缺齒笑依然。

113 席上贈賈五鉉二首

偉節不西行，黨禍終莫解。舉世名龍門，感恩同覆載。誰知千歲間，此事一而再。聞語復見人，儼若尚書在。欣然倒衣迎，盡呼兒女拜。恭承道義交，永締骨肉愛。燈花何燦爛，談笑殊相對。吾老忽少壯，樂哉今夕會。

其二

吾生著讀書，不以老而倦。奥篇及隱帙，倍文如覿面。家藏苦不足，假借遭人賤。思僦春明居，願謝主翁饌。忽聞東土司，插架十萬卷。歷傳自隋唐，人間未經見。因君達書名，繕寫煩郵傳。續留古慧命，萬世猶歸善。

114 答戴唐器

遺到黄柑憶昔歡，落霜霏霧齒增寒。細君不在殘燈在，一任癡兒女飽餐。

115 洞庭山人餉橘

讀書洞庭秋，霜林耀金實。冬倏奇寒生，枯絶百遺一。君從何處採，致此離離橘。爲言陽和轉，大地草木茁。培滋歷十年，芬香更稠密。此物固足珍，循環理可述。

116 劉行人訊至答之

自愛多年布被眠，宛同雪窖與冰天。道人不作綺疏夢，賽過蘇卿十九年。

117 題壁

枯木寒巖不見花，非僧非俗道人家。行年六十又加四，尚想桑榆變彩霞。

118 讀管寧傳

皂帽單衣白布裙，臨池澡濯薦蘋蘩。此翁八十何其健，應守曾參王駿言。孫男學冀注：寧年八十四卒。初，寧妻先卒，知故勸更娶。寧曰：「每省曾子、王駿之言，意常嘉之，豈自遭之而違本心哉？」

119 有感四首

御史高臺迴向西，霜威栢影意都迷。從今樂府篇名滅，但有烏棲無夜啼。

其二

大烏不語小烏聲，猶使池頭老鳳驚。莫道盛明無闕事，古來憂盛更危明。

其三

西臺策馬便西天，咫尺曹司自序遷。他日漁洋續文略，諫書焚盡不曾傳。

其四

汪筆王詩重本朝，詩尤兼筆挾風騷。晚來酬答争名甚，輸與抽身價却高。

120 贈天台周道士

君向此峰隱，崔嵬萬八千。天風吹欲化，海月照還顛。已近期頤日，歲九十八。自生隆萬年。拍肩并挹袖，願賦續遊仙。

121 送周道士之清江

漢皇雄略河效靈，瓠子歌罷梁楚寧。咄哉黄金獨不成，算緡四出天下驚。乃知二者難合并，何况區區之編氓。我曾持鍤隨隄平，沙黄莫辨銀鑄城。人言河塞田可耕，田耕焉用金滿籯。我笑此若蒼蠅聲，世間孰有黄金精。朝結壯士任縱横，夜吟華屋羅群英。即如仰眠目上瞠，著書欲求後世名。亦須飽飯腸充盈，孟郊喫飽僻思生。韓愈牽率筆不停，今我一日腸九縈。婦則已矣憂孺嬰，道士大笑以指令。君書成于我藥鐺，點化丹湏光熒熒。月有寄兮歲有星，舉室歡嘩真夢醒。且向清江爲經營，脂車秣馬導之行。恍惚如有飆輪迎，天風吹雪花冥冥。

122 題窈窕居四首

簾垂簟竟偏塵埃，窈窕名居自可哀。不信星能替月没，衹思香得返魂來。

其二

義憤填胷生亦輕，闕君何事戒卿卿。而今歎逝兼修道，不覺人間有不平。

其三

死去全憑文字留，誰家碑版照松楸。語兒不用丹青手，淡掃蛾眉也便休。詠將爲其母乞銘長安。

其四

良農工在鋤非種，種欲繁時亂我苗。願變東皋成旱土，不生短葉及長條。

123 送邱汝紹孝廉二首

關河凍合路，杳杳少人行。君獨乘騾去，余因暗計程。心隨沂水渡，目若岱宗迎。到日剛新歲，晴光滿鳳城。

其二

家本秦川舊，名傳洛下新。撫心惟鞠養，謂祖母太夫人。得力正孤貧。濟世誠關福，當雷始報親。若逢劉文起行人。與李，公凱太常。欵欵話垂綸。

124 **題邱珠巖吟卷二首**

二十今過一，寰區老氣横。閒情偏在賦，秋讀漫多聲。宜作拏雲計，還期逐鹿行。眼中吾老矣，端望爾成名。新更名曰兆元，請予字之，字曰期一。

其二

從兄年長七，謂邇求。腹笥富便便。武庫縱横見，文淵委折旋。由來邱氏望，祇覺六朝傳。兩接泥金信，讙諠動市廛。

125 **簡邇求**

聞説讀書處，新添窈窕廊。月斜方入寢，風捲亦凝香。餘事及玄箸，深心託素章。鐘聲仍夜半，聽輒意難忘。南齊邱仲孚讀書，嘗以中宵鐘鳴爲限。

126 **示兒詠并孫學翼學林**

報道明年租盡捐，聖恩如海復如天。就中亦效涓埃助，日省治音持。隄十萬錢。

其二

治隄使鬼亦勞神，何似人遊浩蕩春。家祭告翁期異日，聽然一笑見吾身。〔一〕

其三

一般博學兩詞林，死後猶垂濟物心。謂喬石林。也知天網曾無漏，伏枕殘軀蟲鳥音。

其四

天地無爲只有生，人懷生意即平成。讀書益展經綸手，且取陳編牕下横。

127 新先輩錢四亮功徐四學人見過

雪中來二妙，真屬阮何雙。玉貌纔傾座，寒威敢逼牕。顧廚令辦飯，入室自開缸。忽爾摇鞭去，看花醉帝邦。

128 與唐器

一笑不平事，聊因君自鳴。人同舊曆棄，詩似新春生。

〔一〕簽：聽然一笑見吾身，「聽然」不成語，當是用「听然而笑」句，刻書者誤以「听」爲俗「聽」字，致譌耳。戊戌九月二日。整理者按：末鈐「礼山」朱文小方印。

129 **讀向長傳二首**

勑斷家人事勿關，家居快似老深山。不知何故同禽慶，虛費草鞋錢若干。

其二

名山未徧意難消，同好同遊勝寂寥。直至無人識終局，方知損卦死爲超。

130 **讀王僧虔傳**

生即愛松柏，何復關兒子。達哉王僧虔，遠勝虎丘鬼。唐《大曆虎丘寺石壁鬼》詩云：「雖復隔幽壠，猶知念子孫。」

131 **朝誦獨漉篇**

朝誦獨漉篇，暮誦獨漉篇。父冤胡不報，乃在嶺海巔。我欲往從之，海何澹澹嶺難攀援。眼昏齒脱霜盈顛，恐此殘骨委烏鳶。委烏鳶，奚足憐，上可恥雪對青天，下可無恨歸黃泉。朝誦獨漉篇，暮誦獨漉篇。

132 **除夕寄周道士**

暫遊原小别，窅若天之涯。明旦逢元日，碧桃千樹花。誰能九十九，笑予家無家。願一隸仙籍，赤城凌紫霞。

133 吴亦韓有札謬獎孫學翼詩句賦此志慨

雛鳳豈真清老鳳，後人端欲跨前人。請看一盞屠蘇酒，輪到家翁是末巡。

134 讀唐器鴛湖憶曲蓋興起於義山歸來已不見錦瑟長於人句也調之

錦瑟爲身可抱眠，夜深何用怨相捐。鴛湖波路春來闊，已上忘歸范蠡船。鴛鴦湖側有范蠡湖。

135 過亦韓

隔溪定過版橋西，相似柴門只覺迷。不是君家人識得，誰能曳杖入春泥。

136 題張閣學樸園圖卷

謝公跡京華，心猶躭丘壑。昔曾聞斯語，風流不可作。今見滏陽公，繪圖遥寄託。矧兼述祖德，元氣彌渾噩。人代閱滄桑，素業留如昨。丹青既鱗差，珠玉亦綺錯。就中覺長洲，筆路五丁鑿。顧余實何人，繼聲慚體弱。忽憶昌黎詩，和裴得大略。林園勝事窮，鐘鼓清時樂。

137 雨宿寤硯齋二首

夜雨對牀好，空憐百徧過。今來欲同夢，寧問路如何。池漲巴山遠，江連平陸多。猶思向篷底，聲雜老漁蓑。

其二

四十强而仕，如君不仕奇。爲郎羞犬子，對客説熊兒。茗椀啜留墨，書籤觸化緇。鄰雞帶雨急，聽罷起相思。謂秋谷趙先生。

138 宿安宜李氏水亭

過半春猶冷，寧知三月來。爲傳芳禊近，忽見水亭開。流急觴難汎，雨多絃易哀。還思饁南畝，相勸徧蒿萊。

139 安宜訪唐器

亦知君不在，動即叩君廬。牀有讀殘卷，泥多過後車。鶯聞白田近，橋度彩虹餘。唐《安宜》詩「二橋交往來」，今仍如之。倘復頻年稔，相攜定卜居。

140 聞某官京師納妾之作

老背誰當復與搔，垢汙生癢夜中號。也知不及閻夫子，炳燭攤書筋骨牢。孫男學林注：光武詔丁邯曰：「漢中太守妻乃繫南鄭獄，誰當搔其背垢者？」

141 贈張石虹太史

倚相千年後，誰當良史名。卿雲兼麗絶，筆舌並風生。愛覺相從晚，交於意外成。願言享黄髮，衡宇變蓬瀛。來詩云「衡宇欣相對」。

142 重贈

老益惜光景，昔人皆已然。詩將求海外，書直訪唐前。孤義辨如響，高文賞欲顛。聯牀更接膝，不食過年年。尹敏與班彪談，嘗宴暮不食。

143 三贈

一贈復再贈，蟬連豈自由。官同輕薄尹，人是敏彪儔。城濮君甘屈，絳臺吾且留。城濮、絳臺皆近所談事。流傳成雅謔，翻爲脱頤愁。

144 四贈

江河流萬古，晉楚霸同時。人地巧相值，雲泥詎足知。有孫承素業，時贈孫學翼詩。無夢赴佳期。空説肩生鳳，攜來謁導師。

145 五贈

地老天荒日，虞翻得一人。豈應死無恨，直覺物皆春。於樂同笙磬，爲祥比鳳麟。他年撰年譜，記取在庚辰。

146 雨中簡石虹太史

積雨罷行吟，空齋坐卧深。湘纍悲自昔，越病感于今。慰藉當遷擢，淹留或鑒臨。蒲觴邀共泛，又恐動鄉心。

147 **重簡**

五月倏如秋，彌深澤國憂。古苔侵几榻，今雨絶朋儔。蔗境何當失，桑陰頗倍收。自言讀疏證，三復不能休。

148 **三簡**

最美玉山禾，年年付白波。千倉君較少，一粒我争多。大塊俱勞役，微生在養和。共成冰雪卷，避俗手攜過。

149 **四簡**

吾黨有三子，戴邱稱賞音。六朝冠文苑，《南史·文學傳》以邱靈鞠遲居首。兩漢列儒林。班書戴德、戴聖，范書戴憑。苦詰口銜檗，利機鋒作心。煩公爲酬對，衰謝力難任。

150 **五簡**

天無不漏處，忽見霞蒸時。地有欲沉勢，安流鎖支祇。行將杵雷動，已似檣飆馳。且喫此間飯，細和河復詩。東坡聞黄河復故流亦在庚辰歲，《河復》詩則熙寧十年徐州作也。

151 **重五日陪閣學張公泛舟蕭家湖因易名曰學士湖即同用李白句作起**

郎官愛此水，因號郎官湖。學士泛此水，湖應與官俱。清光何必醉，相賞在菰蘆。裊窕沖融間，神女儼弄珠。樂哉今夕宴，毛髮濯冰壺。不復歌瓠子，寧須弔左徒。我公別有懷，江湖語非誣。佳名標佳境，照耀楚城隅。安得王石谷，潑墨寫爲圖。傳之百千代，尚可謫仙呼。

152 年少

誰家醉年少，挾彈美邀遊。隸事抽花簟，聯吟得玉鈎。風流真自絶，眄睞亦何愁。祇覺銷魂處，盈盈紅袖樓。

153 家大人追和先大父楞伽臺述懷并命璩作以下篋中遺稿。

到此成三世，居停總一僧。神州悲易變，祖武愧難繩。小艇當春載，高臺正晚登。追隨愁不極，江水捲層層。

154 醉中爲潛菴題

一鳥飛雲端，二鳥向樹止。止將爲飛勢，吾故以潛氏。

155 壽子仁二十韻

吾聞堯元載，竹書歲丙子。後幾七十周，實爲吾生始。桑蓬設門左，羊酒來鄰比。或曰東坡生，磨蝎命相似。迄今六十年，祇得窮不死。所以昨稱觴，聞之輒愧耻。閉户逃書林，嗒焉但隱几。甲辰有雌雄，戊子更變徙。詎此丙子中，不有偉人起。偉人者爲誰，叔子汝南氏。手揮千萬金，足踏千萬里。結納皆豪英，扶持盡委靡。譬彼欲飲人，就君得醇醴。譬彼病困人，就君霍然已。渾然元氣成，帝應錫蕃祉。逼除纔七日，行樂争寸晷。華屋肆長筵，笙鏞錯舄履。君忽顧余笑，乞子一言耳。余跽前致辭，以德安敢齒。願訂歲寒交，心期同淡水。

156 送張大理雲翼歸省及娶二首追録戊午冬作。

將門才子漢廷尉，執法驚傳長者風。興慶班行常領北，謂母夫人。江淮輸轉久辭東。遠臨黑水旌旗麗，近指黄河帶礪雄。恰愛逋翁詩句合，西飛憑目送歸鴻。唐顧況《送大理張卿》云「目送歸鴻飛向西」。

其二

千峰雪色照桑乾，導擁誰云行路難。舊賜金盤緣射鴈，新頒綺席爲乘鸞。秦樓地近雲多綵，漢苑春生花未殘。調膳煩君前寄語，安危身繫在加餐。

157 奉投江寧巡撫宋公二首

相門才子百僚師，漢以御史大夫爲百僚師。使節真瞻兩道宜。唐江南東道理蘇州，江南西道理洪州，公兩任恰合。心比玉壺冰更潔，人當化國日初遲。鯨波息罷功彝鼎，鴈羽招來澤孑遺。願祝松筠慚後至，祗緣錢鎛向東菑。鄭康成以《毛詩》「維莫之春」爲今正月。

其二

八千里路幾旬過，有脚陽春奈爾何。猶似振衣臨渤碣，「振衣臨渤碣」，王新城《讀公秋日巡海雜詩》句也。居然長嘯駕黿鼉。閒情謝傅惟論畫，餘事韓公亦作歌。自笑白頭王孝逸，將從北面未蹉跎。

158 簡吴子山吴門

老嫌寂寞惟尋酒，貧愛繁華只看花。鄧尉山邊千樹雪，憑君消息報天涯。

159 贈劉長籍

淮南叢桂近如何，折向仙娥又屬他。紫綬回看七葉少，朱輪細數一門多。交從燕趙文逾壯，心戀庭闈病易磨。遲爾燈牕六月息，依然兄弟並鳴珂。

160 示學翼

老翁晝抱孫，夜即抱孫睡。多年冷布衾，不許足踏碎。惟許默記書，挑之口能背。始徐既瀾翻，終未遺隻字。昌黎一代豪，教兒止期貴。何必香山叟，津津涎欲墜。果得綰與衮，箕裘曾勿替。遠哉君子澤，亦在進士第。大可鞭八荒，小則民社寄。總由一束書，屈首復遜志。披華臺閣體，躭寂山林意。效此輒飛騰，蹈彼恐淪棄。作詩示汝誦，汝轉告群季。一門七業興，諷讀當遊戲。老翁顧之笑，西山凝爽氣。高、曾墓在太原西山。

161 詠史

子房後韓生，信陵先魏死。未識當彼時，何策延宗祀。棊殘藏勝着，醫高具生理。即墨賢大夫，有謀不用耳。

162 重簡子山

爲却春寒懶出門，西山玉雪未曾翻。憑君預蓄鱗鱗酒，攜去同看月挂村。

163 三簡子山

漸覺風恬日色暄，凍雲解駁碧山鮮。爲憑早向中丞道，折獻繁花棨戟前。

164 貽邱克承

聞道邱遲宅，常鄰水寺鐘。也知讀最苦，復有子能從。擘荔紅牛夢，探梅白滅蹤。舊遊多勝絶，未許遂疎慵。

165 唐有永樂縣併入蒲州今爲永樂鎮讀漁洋山人集知李義山玉溪在焉慨然作

不省玉溪生，偏于此擅名。神仙尚留宅，呂洞賓，永樂縣人，有故宅。佳麗已傾城。楊貴妃，永樂縣人，幼孤，養叔父家。自説丘園坐，曾看草木榮。煙深纔咫尺，追昔有餘情。余癸丑冬欲遊永樂鎮，未果。「煙深載酒入」，閻防詠永樂縣詩也。

166 **送金道州之官馬平兼簡沈融谷來賓**追録丙寅春作。

孔李先朝籍最真，先參議出麗陽中丞公之門。翻從京雒奉清塵。忽傳去國六千里，猶勝騎驢三十春。榕葉陰邊收翠羽，鉤輈聲裏化蠻民。寄書能吏今聯璧，爲看雙鳧向闕頻。

167 **喜戴慶之至戲贈**

越女弄煙水，嫣然一笑幽。君能了不顧，如返剡溪舟。麗句真同白，高懷誰與儔。故人毛季子，謂遠公孝廉。仗此遂淹留。

168 **後漢郡國志會稽郡餘暨縣今蕭山縣也劉昭於餘暨縣引越絶書注曰西施之所出則知爲諸暨人者非喜而正之**

兩地苧蘿山，誰生窈窕顔。信從端木筆，疑是子皮還。蓉採若耶近，艷逢浣浦艱。年年春賽日，歌舞不曾閒。蕭山有土神祠像，爲西施。

169 **送沈守備之官銅鼓**在靖州。

伏波銅柱武侯鼓，並在西南天地間。誰取佳名標此衛，儼聞遺響動諸蠻。光生溪洞金多現，俗近巴渝布尚班。待號蒼頭馳奏捷，碧山學士笑開顔。謂公凱讀學姑之夫也。

170 **承聞合肥相國以生平文筆非得閻某校定不克免誤敬賦**

一人知己足，驚喜得元臣。涓滴歸淝水，衡峰集片塵。德初徵白燕，勳重畫黄麟。已識挂名後，垂輝並映春。

171 吴梅村有不似少陵長作客祝融峰下住年年之句戲題其後

祝融峰下思迴棹，即是死生離別時。那得經秋還客此，也應枉讀少陵詩。

172 將過江展司寇徐公墓先寄

素車曾未至，宿草益興哀。終古幽明隔，空云雞黍來。冢高難挂劍，花盛忍銜盃。哭罷應餘淚，隨潮到海迴。

173 二月十六日渡江作

不信江神也世情，爲余波定放舟輕。昨宵有夢蓬瀛上，已占春風第一名。

174 舟中聽止所誦詩

真成風雪過江寒，撲面銀山眼倦看。我欲翠衾歸卧穩，湘娥哀怨動波瀾。

175 贈洞聞

三千客後又三千，師弟風流六十年。今日逢僧追舊事，水天閒話淚潸然。

其二

買絲曾繡合肥像，沽酒惟澆司寇墳。誰知客散秋風裏，留得空門一洞聞。

176 **化城菴**趙凡夫葬處。

支硎此度引深蹤，放鶴亭連馬鬣封。一道澗飛千尺雪，數聲經和六時鐘。

177 **悟石軒梅**

水國陰寒花未開，穿林踏嶂昨空回。忽驚爛熳迎風笑，似爲生公傍講臺。

178 **梅花樓紀所見**

纔隔珠簾已杳然，傾城消息託僧傳。不知當日闔閭墓，曾許芙蓉徹曉眠。「芙蓉睡」，李長吉《詠西施》也。

179 **題壁**

一百五日作春光，閏三月。却恨風風雨雨忙。迴棹靈巖花未見，客居虎阜月偏藏。

180 **訪馬長逸**

聞名揖貌迴堪驚，委巷泥深没徑行。回首松莊稱韻學，謂陽曲傅青主二丈，松莊，其所居也。何圖斯世有元聲。

181 **與藝初話舊**

平生知己感偏希，適館分驂未足奇。亂稾淨書藏篋衍，名爲安石碎金詞。

182 **元旦作**

屈首牕間受一經，東西遊走竟何成。憑將骨與青天誓，老入儒林號伏生。

183 **祝蝶莊**

山小而高岑，特爲衆川注。黄山彼拳石，奚若德門聚。中宜産偉人，經綸唯其遇。上籌國計豐，下協輿情素。五色書焕爛，巧值爲初度。衆賓醉長筵，酬獻不知數。余時曝南榮，蚤覺陽春布。立春前二日。題詩字欹斜，實恐高才顧。請更念老饕，麟脯分一箸。

184 **答吴亦韓一絶**

老愛青春任杖藜，却嫌委巷入深泥。君家雪色壁如舊，醉罷還能滿壁題。黄山谷見東坡《和陶飲酒詩》，讀至「前山正可數，後騎且勿驅」，曰「此老未死」。今日讀閻徵君此絶句，曰「百詩不衰」。益都趙執信評。

185 **贈曹子清侍郎四律**

漢代數元功，平陽十八中。傳來凡幾葉，世識少司空。手自裁雲似，心還補衮同。我遊當首夏，正颺楝花風。

其二

亭名志孝思，最賞杜陵詩。謂父執杜于皇二丈。已覺風雲遠，寧爲草木期。女勤襄邑杼，貢勝兗州絲。燕寢清香動，猶追侍從時。

其三

又得泥金信，風流第一人。謂阿咸狀元。沙平新賜馬，地近蚤攀鱗。伊陟仍傳户，唐趙嘏上令狐相公詩「榮同伊陟傳朱户」。延年但遂身。漢杜延年爲御史大夫，以父曾居此官，不敢當舊位，坐卧皆易其處。古來饒盛事，未若此殊倫。

其四

藻火彰虞帝，冰紈重漢官。直疑天作樣，不與巧同觀。蕭鼓中流湧，筐箱兩岸盤。既蒙公一顧，短褐遽忘寒。

186 失題二首

直道從遭黜，寧爲繞指柔。欲加應有罪，反己實無尤。日月光華徧，風雲際會優。誰言鳥翼塌，寥廓任遨遊。

其二

獨立金隄上，洪波遂却迴。天心真易感，臣節詎容摧。雨潤白門柳，香飄靈谷梅。遥知浮大白，呼我盡餘杯。

187 **賦謝王淮揚觀察十韻**

仲冬日建庚，忽傳歌鹿鳴。老瞶卧牀蓐，亦往聽韶韺。濟濟何所爲，餞送入上京。恭惟王夫子，兩主斯文衡。振起已墜典，儼復試集英。豈徒朝服立，豈徒拜於庭。「相公朝服立，相拜送於庭」，韓昌黎《舉張籍進士西上》詩也。觀者塡闤闠，共羡登蓬瀛。余時獨惆悵，兒輩久啓行。虛被國士知，一間隔春明。馳書誇盛事，何限囑兒清。末用中丞公新句。

188 **讀陳書**《張麗華傳》云：「貴妃髮長七尺，容色端麗，每瞻視盼睞，光采溢目，照暎左右，常於閣上靚粧，臨于軒檻。宮中遥望，飄若神仙。才辯彊記，善候人主顔色。是時後主怠於政事，百司啓奏，並因宦者蔡脱兒、李善度進請，後主置貴妃於膝上共決之。李、蔡所不能記者，貴妃並爲條疏，無所遺脱。」

後主勤政事，想當酒醒時。麗華坐膝上，剖決無復遺。玲瓏記事珠，即屬傾城姿。陋彼駢脅人，南威底見推。音吹，排也。

189 **讀金石録**李易安《後序》云：「建中辛巳，余年十八，歸趙氏，夫婦每獲一書，即同共勘校，正集籤題。得古畫彝鼎亦摩玩舒卷，指摘疵病，夜盡一燭爲率。余性偶强記，每飯罷，坐歸來堂，烹茶，指堆積書史，言某事在某書某卷第幾葉第幾行，以中否角勝負爲飲茶先後，中即舉杯，大笑，至茶傾覆懷中，反不得飲而起。甘心老是鄉矣。」

男女各有命，色復兼才奇。歷覽無遺文，茗椀非空持。一笑覆懷中，翩若驚鴻時。願言沾餘瀝，千載沁心脾。余老矣，不復能彊記。仰思古人，得二人焉，各繫以詩。

190 遊弘濟寺題宋荔裳先生詩後戊寅冬。

燕子磯頭潮未生，榜人高卧容偏行。穿林不礙空濛雨，踏閣方知錦繡晴。歎逝問年僧泯滅，題詩覩壁句縱橫。萊陽才子今觀察，足與江山共盛名。

191 弘濟寺僧言杜二丈于皇淺土未葬感賦

空山萬古宅，雖卜未曾居。薄命何應此，高文詎似渠。魂猶戀鍾阜，主或寄僧廬。他日延陵約，松楸種自如。

192 贈王慈峨

海雲明倏滅，君笑渡江來。爲攬三山勝，真同六代才。雄心仍溜馬，韻事且銜杯。未信春生早，驚看一樹梅。

193 北固山徑有懷王于一杜于皇二丈

北固名山徑，祇因二老過。有僧識遺跡，無客敢高歌。目極江流湧，魂消戰壘多。平生重知己，奈此瓣香何。

194 荔軒司農有微吟許劍詩之句賦寄

丈夫重然諾，寶劍等鴻毛。一片心長在，千秋義並高。顧余猶志感，于世敢稱豪。回憶微吟日，邊淮首獨搔。

195 揚州詠古

春風路十里，明月夜三分。錦帆天子後，占盡是司勳。

196 慈峨言紀一丈伯紫亦未葬愴然同作

鍾山有遺老，痛未土親膚。幾見群公助，還聞一墹呼。湫帷時嘯鬼，枯木不棲烏。藏得相如艸，茂陵求也無。

197 過無錫

煙波此爲最，宜載傾城人。莫具千絲綱，常生逐步塵。櫓柔見欸欸，風細覺粼粼。遥向白雲道，姑蘇訪隱淪。

198 荔軒司農屬過蘇州訪織造李君賦贈

片帆纔別石城頭，又見閶門瓦欲流。兩地裁雲供玉府，一時補袞護金甌。探梅舊約須春至，詠雪新篇待客酬。回首甘棠鄞最盛，烽煙銷盡貢航浮。〔一〕

199 書篷牕

平生不中酒，祗是阻風多。自笑懷忠信，其如未試何。

〔一〕簽：新添、草鞋、春來。

200 **謝張寶應**己卯。

假公畫舫二千里，臘底春初足五旬。載得高人并名藥，入門一笑未爲貧。

201 **送徐知望之如臯**

吾鄉仲車子，往師安定翁。卓哉得正傳，蘇湖猶餘風。今來仲車後，秉鐸海陵東。此理若循環，當益正其躬。濟濟羅生徒，淵淵伐鼓鏜。芹藻生海濱，采奠聖人宫。況值敷文德，在泮屢獻功。勿以一氊微，遽愧司馬公。謂令祖諱越。

202 **祝王撝齋淮揚副使四首**

漢家將拜河隄使，中祕先頒禹貢書。永平十二年遣王景治汴渠，賜以《河渠》《禹貢》等書。北播九條皆到海，東流千載尚臨徐。謂淮水。經明始覺奇謀出，漢以經明《禹貢》，使行河。績考應知前計疎。見説生申是陽月，梅花待雪綻堦除。大雪前一日。

其二

綵服朝衫一樣新，稱觴先獻百年人。家爲國瑞皆云盛，孝作臣忠兩得伸。樹遶叢臺形隱見，雲連行阪氣嶙峋。回思慷慨歌同地，今日題詩却治民。張籍《寄蘇州白使君》云「題詩今日是州民」。

其三

朝破堅營擄健兒，已從昨夜望前知。城頭赤氣原呈瑞，幕下詞人半賦詩。忽爾投戈陳俎豆，依然緩帶見師資。玉溪贈句偏相合，謂李商隱《贈杜牧司勳》詩。羊祜韋丹盡有碑。羊祜碑於楚，韋丹碑於豫章，二地皆公所宦游。

其四

鳳紀龍飛四十載，河平應許在斯年。庚辰已足成先兆，《古岳瀆經》：禹獲淮、渦水神名巫支祈，授之庚辰，始制淮，永安流。癸巳何妨嗣古賢。漢河平元年，歲癸巳，成功者，王延世也。隴首糧餘隨鹿至，澤中堵作見鴻旋。如淮之酒爲公壽，願勒青瑶當彩箋。將以此詩授梓。

203 酬劉紫函

相思駕千里，況在跬步間。爾汝卌年交，有往理亦還。師資出骨肉，韓李宜仰攀。陶陶永夕話，我故甘癡頑。

附録與石紫嵐書

細思原唱「只向眷西老」，「只向」二字有諷吾兄僕僕之意。竟就此意，此古人和意不和韻之妙也。嵇康與吕安善，每一相思，千里命駕。「跬步」出《禮記》，跬，音窺，上聲，不音葵。禰衡與孔融作爾汝交。卌，心入聲，四十也。「有往理亦還」，我到他家，他未嘗不到我家，非我僕僕也。韓昌黎之壻李漢，即門人也，言眷西堂老可爲紫函之師，汝亦當僕僕請教，不獨我。尹敏與班彪相厚，每相與談，常晏暮不食，晝即至冥，夜徹旦。彪曰：「相與久語，爲俗人所怪。然鍾子期死，伯牙破琴，曷爲陶陶哉？」故《廣絶交論》「班尹陶陶于永夕」。「我故甘癡頑」，甘爲俗人所怪，此隱隱以紫函爲俗人。《詩序》：「主文譎諫，言之者無罪，而聞之者足以戒。」詩雖猶人，然頗有用意處，此等便有入門處。此五言古，非律也。

潛邱劄記佚文

1 國圖本卷一第四四「南齊書高逸列傳」條後（南圖本在「舊唐傳往哲微言」條後）

「元豐六年十月望日夜，解衣欲睡，忽見月色入户，忻然起行。念無與樂者，遂步至承天寺尋張懷民。懷民亦未寢，相與步於中庭。庭如積水空明，水中荇藻交横，蓋竹柏影也。何夜無月？何處無竹[一]？但少閒人如吾兩人耳。」

2 國圖本卷一第八七「宋史梅堯臣傳」條後（南圖本在「程材篇云從農論田田夫勝」條後，無「宋史梅堯臣傳」條）

《程材篇》云：「董仲舒表《春秋》之義，稽合於律，無乖異者[二]。然則《春秋》，漢之經，孔子制作，垂遺於漢。論者徒尊法家，不高《春秋》，是闇蔽也。《春秋》、五經，義相關穿。既是《春秋》，不大五經，是不通也。」

〔一〕南圖本「竹」下有「栢」字。

〔二〕南圖本旁（朱）：漢時以《春秋》爲折獄之書。

3 國圖本卷一第三三七「越絶書」條後（南圖本同）

《雜記》「過而舉君之諱」，諱指君之非名乎？

4 同上

子家羈。仲孫它。

5 南圖本「語録武王當時封許多功臣國」條後

晁迥《晁氏客語》：「《唐書》不書詔，列姦臣於夷狄後。」

6 國圖本卷一第四〇二「史稱呂正獻」條後

愚嘗謂太祖高皇帝之功業，湯、武視之有慚色；王文成之功業，顔、孟對之有遺憾。

7 國圖本卷一第四五一「邢蒯聵曰」條後（南圖本同）

衛公云：「酒色之殺人，此甚於作直。」

8 國圖本卷二第三六「東絹注引坡詩注」條後（南圖本同）

畢景遺炎蒸，按□□殷臻，幼有名行，袁粲、褚彦回並嘗異之。每造二公之席，輒清言畢景。《北史·王晞》：昭帝勅炎蒸聽還。

9 國圖本卷二第八一「水經注汶水」條後（南圖本同）

崑山鍾淳涯國初有佳句曰：「偶窺秋水驚新髮，忽洒春風弔舊袍。」又「魚腹好容獨醒客，松毛穩臥不言人」。詠揚州：「破城云天寒，危堞哭毛人。」

10 國圖本卷二第八九「景范湖廣總論」條後（南圖本同）

呂祉曰：「吴紀陟之聘魏也，司馬昭問吴戍備幾何，曰：『西陵至江都五千七百里。』又問道里甚遠，難爲固守。對曰：『疆界雖遠，而險要必争之地不過數四，猶人有八尺之軀，其護風寒不過數處耳。』今所謂險要必争之地者，不過江陵、武昌、襄陽、九江。江水源於岷江，下夔峽而抵荆楚，則江陵爲之都會。嶓冢導漾，東流爲漢，漢、沔之上，則襄陽爲之都會。沅、湘衆水合洞庭之波而輸之於江，則武昌爲之都會。豫章西江與鄱陽之浸浩瀚吞納而匯于湓口，則九江爲之都會。守江陵可以開蜀道，守襄陽可以援川陝，守武昌、九江可以蔽全吴。蜀、漢、吴、楚併而爲一，則東南之守亦固矣。」

11 國圖本卷二第九二「西溟曰古者卿大夫」條後（南圖本同）

又曰：「徒單益都曰：『今大事已去，方逃罪不暇，豈有改易髻髮、奪人城池以降外方乎？』後國亡，卒不改髻髮，以至於死。崔立之變，命蒲察琦改易巾髻髮，謂元好問曰：『今日易巾髻，在京人皆可，琦獨不可。』即自縊死。遼金制，士人皆禮冠，不薙髮。至元始戴笠薙髮矣。」

12 國圖本卷二第二六一「寶應縣志」條後（南圖本同）

睢城故城在今商丘縣南，東南門曰㡳澤門。《括地志》：「宋東城南門曰澤門。」

13 國圖本卷二第二九六「宋陳瑩中言」條後（南圖本同）

朽布衣閻《輿地》詩：四海比一身，百體分九州。如人東北枕，足踏西南陬。《晉宮詞》：狼顧不知牛在後，龍浮那得馬稱尊。

14 南圖本「隋書經籍志自後漢佛法行於中國」條後

《梁書·劉杳傳》：「王僧孺被敕撰譜，訪杳血脈所因。杳云：『桓譚《新論》云：太史《三代世表》，旁行邪上，並效《周譜》。』以此而推，當起周代。」案《漢書·溝洫志》王横引《周譜》云「定王五年，河徙」，即此譜也。

15 國圖本卷二第三二三「林畊字耕叟」條後（南圖本同）

《三國志·張紘傳》：「紘箋曰：『自古有國有家者咸欲脩德政，以比隆盛世。至於其治，多不馨香。』」

16 南圖本「世本曰伯夷作五刑」條後

《物理論》語曰：「能理亂絲，乃可讀詩。」

17 國圖本卷二第三六七「汝南太守范孟博」條後（南圖本同）

《晉·孫盛傳》：「著《晉陽秋》，詞直理正。桓温見而大怒。盛子請於父不得，遂爾改之。盛寫兩定本，寄於慕容儁。太元中，孝武帝博求異聞，始於遼東得之，以相考校，多有不同，書遂兩行。」

18 國圖本卷二第三七三「劉跂暇日記」條後（南圖本同）

陳湯曰：「夫胡兵五而當漢兵一，何者？兵刃朴鈍，弓弩不利。今聞頗得漢巧，然猶三而當一。」

19 國圖本卷二第三七四「梅福曰自陽朔以來」條後（南圖本同）

《漢書·郊祀志》：「美陽得鼎，獻。張敞好古文字，按鼎銘勒而上議曰：今鼎出于郊東，中有刻書曰：『王命尸臣：官此栒邑，賜爾旂鸞黼黻琱戈。』尸臣拜手稽首曰：『敢對揚天子丕顯休命。』此鼎殆周之所以褒賜大臣，大臣子孫刻銘其先功，藏之于宮廟也。」

20 同上

《後漢書·竇憲傳》：「南單于於漢北遺憲古鼎，容五斗。其旁銘曰『仲山甫鼎，其萬年子子孫孫永保用』，憲乃上之。」

潛邱先生墓誌并銘〔一〕

益都趙執信撰文并書丹

先生諱若璩，字百詩，姓閻氏。潛邱，其晚所自號也。先生非今之人，蓋古之學者也。其於書無所不讀，又皆精晰而默識之。其篤嗜若當盛暑者之慕清涼也，其細若織紉者之於絲縷纖縞也，其區別若老農之辨黍稷菽粟也。其用力，雖壯夫駿馬日馳數百里，不足以喻其勤；其持論，雖法吏引囚決獄，具兩造，當五刑，不足以喻其嚴也。於諸經注疏皆能成誦，史學綜核貫穿。

少讀《尚書》，多所致疑，謂自孔安國至梅賾幾五百年，中間半出傅會，遂著《尚書古文疏證》，復爲《朱子尚書古文疑》以申其説。《疏證》迄今未成書，而所引類魏晉以前書，浩然不可窺其涯涘。其論《泰誓》《武成》斷爲僞託，雖專家無以難也。常疑《論語》書孔門弟子皆以字，而漆雕開獨名爲不倫，乃據《漢書·古今人表》，開實名啓，以正太史公列傳之誤。諸所辨正多此類。嗚呼，微言絶而秦火熾，後代儒者非剽賊浮華，即迂疎言理耳。

〔一〕上圖本此誌在卷首。眉：此附于卷末。

先生起於二千年中，抱遺文而窮毫末，豈偶然哉？束髮與前輩名流遊處，莫不傾異之，謂所就非我曹所及。崑山顧處士炎武以博洽稱，每不可一世。先生壯歲返太原，見其所撰《日知録》，即爲改訂數條。處士黽俛從之。中年在京師，與長洲汪編修琬反覆論難。汪性護前，嘗與先生議喪禮，不合，輒謂人曰：「百詩親在，而豫凶事，可乎？」先生曰：「於史，蕭望之以禮服授皇太子，漢不諱也。唐人去《國卹》篇而以凶禮居五禮之末，識者非之。於經，《檀弓》篇『子張死，曾子有母之喪，齊衰而往哭之』。按《孟子》，孔子没，子張尚存，則《記》所載《曾子問》，正其親在時也。又《雜記》曾申問於曾子曰：『哭父母有常聲乎？』是以子問父也。」汪無以應，聞者莫不駭服。

崑山徐尚書乾學以文章被眷遇，領纂修數局，所邀與商略皆天下名士，而先生爲首，周旋累年，敬禮不衰。尚書既没，先生居于家，雖守土大吏及南北好事者類謬相推重，而實無有爲之地者，故先生卒窮老不遇。始應鄉舉，屢躓塲屋，一以博學鴻詞徵試闕下，罷歸。歲在癸未，天子南幸過山陽，有以先生名聞者，召見，竟亦不果。明年，皇四貝勒以書幣禮致之，先生力疾赴。至都中，則相待厚甚，踰於賓友，悉索所著書。自二種《尚書》外，《四書釋地》至於三續，手校《困學紀聞》《古文百篇》凡八種，首付《紀聞》剞氏，餘將次第爲表章。海内有識者爲先生〔一〕、彌爲斯文幸，而先生不起矣。時康熙四十三年甲申六月八日，年六十有九。

先生先世太原人，自六世祖諱居閶始遷山陽。曾大父諱國順以明經官訓導。大父諱世科，明萬曆甲辰進士，官至遼東寧前兵備道參議，聲績卓然。考諱修齡，世所稱牛叟先生者也，以文名一時，撰著甚富。至先生，家日落而名益以起，隱然爲文獻之宗矣。先生元配梁氏，繼配張氏，皆先先生卒，將於先生之葬也而祔焉。子男子三人，詠有學行，少舉於鄉，多爲賢豪引重。次訓慤，次議略。女子五人，婚嫁咸令族。孫男十有一人。先生之學寧惟顯於後世，蓋將大其家矣。

執信早識先生都下，後過淮，屢主先生家，引與談議，許爲忘年交。信之學，視先生蓋溪沼之於江河也，而先生顧盛稱其詩文，自以爲不及。疾且革，命詠曰：「必使趙夫子銘我墓。」詠泣受命，由潞河扶柩歸，卜以康熙丙戌十月七日葬於山陽城東南之學山墩，匍匐詣信，以遺言告。信其何敢負先生知且虛詠之懇，乃爲之銘。銘曰：

先生於學邁嗜慾，少壯迄衰日不足。典墳索邱完在腹，旁薄紛綸引以觸。理細大緒

〔一〕清錢儀吉《碑傳集》卷一三一「先生」下有「幸」字。

窮繁縟，地千萬里燦手目。事累百代儼親矚，上都嶽嶽折五鹿。談家如雲甘屈辱，經神武庫騰高躅。聲日以昌身終伏，暮齒浸亨嗟不禄。大雅推藏淮川曲，於文先生後私淑。

皇清召試博學鴻詞待贈徵仕郎内閣中書舍人先考百詩府君行述〔一〕

閻詠撰

嗚呼，痛哉！先府君之遠涉京師，去家二千餘里，絶於罳罳不孝孤詠一人之手，而子姓男女二十餘人，俱不得奮飛以來奉醫藥，啓手足，經營含飫，以伸厥辟踊也。嗚呼，痛哉！然府君實非不愛躬身，輕舉跋履也。實有感於聖天子之知，賢王之禮遇，欲以垂暮之年努力空文以圖報稱。而天不哀其忱，俾賫志以殁。俾不孝輩頓足搏膺，泣盡繼以血，而莫可如何也。嗚呼，痛哉！

府君年四十餘時，嘗舉博學鴻詞，召試體仁閣下。去年春，皇上巡河，至淮安城西門，今内閣學士李惺菴先生以通政使隨駕。上遣問此中有學問人乎，學士以府君對。巡撫副都御史宋公亦在側，云長于考據，最爲精核。隨傳旨召見，以御舟行速，不果。其時，皇四子貝勒殿下知府君，則邀相見，見則語極歡，曰：「吾知東南讀書種子僅存三人：朱檢討、

〔一〕據王春偉整理東北師範大學藏本卷首佚名抄録《行述》謄正，見《〈潛邱劄記〉版本研究》。

胡太學及先生耳。」朱、胡謂竹垞、朏明兩先生也。

四月，府君命不孝詠恭呈《萬壽詩》八首、《四書釋地》一帙於暢春園，蒙恩見收。五月中旬，上遣問勵編修令式，語因及府君，云：「閻若璩學問甚優，與徐嘉炎同。」不孝聞之，感激涕零，馳書報府君。府君因屬不孝曰：「皇上天章雲爛，草野布衣，皆得望見。汝且勿歸，爲我老臣求之。我身若健，或當親來，未可知。」九月，大駕自口外回京。不孝至石匣口山邊，跪迎河干，恭懇御書。上親問不孝父子姓名、履歷。行數十步，澗水湍急，龍舟飛渡，不獲再奏。十一月，殿下乃召不孝詠，以手書諭府君曰：「聞先生志求御書，盍不自來館我齋中？皇上萬幾之暇，我得乘間代先生請。」諭到，正值小恙，捧讀之頃，霍然起，語不孝訓慤、議略及諸孫曰：「吾績學窮年，未獲一遇。春間天子召見，吾復未及。今賢王下招，古今曠典，乃斯文之幸也，其可勿赴？」正月登車，一月抵都，寓學士先生家。以行役之勞，體小憊，不孝詠延同年李御史牧癡診視，旋愈。學士垂髫交好，聚首甚歡，曰：「我蓄疑多端，非兄不能爲我析也。」

三月二十七日，進府。殿下止府君跪拜迎送，執手賜坐。日索觀所著書，每進一篇，未嘗不稱善。凡飲食、藥餌、衣服，及几研陳設諸物，罔不經心目，極其精腆。命太醫院林大文先生朝夕視，且曰：「吾受益先生日正長，勿亟論著。」夫以皇子至貴，人間仰之如天上，或求一望顏色而不得，或思以其技徹左右而逡巡不敢。府君以疏遠之人，情浹意孚，開口吐奇。王之禮賢下士，高誼驅策千古，固不待言。而府君臨老，遭逢梁園西邸之下，又豈偶然者哉？

府君北上時，不孝訓慤扶侍。四月下旬，命訓慤還，曰：「余身已復初，汝勿慮。」又一月，忽謂不孝詠曰：「吾眠食雖如常，恐不能久，奈何？」不孝驚泣，諫曰：「大人疾由讀書，讀書則忘疾，讀久未有不疾者。掩卷則憂疾，憂疾亦未有不疾者。今兩月坐不讀書，遂輾轉疑至此乎？」詎意二十六日，忽下泄，神氣頓委，謂不孝：「吾夜所夢之書，皆非素見，何耶？」六月初四日，友人來候榻前，談三《禮》義疏高下，問「常熟馮定遠先生，稱讀《爾雅》則六經學皆通，其説何如」，猶亹亹不輟，卧而復起者再。五日早，乃謂不孝曰：「此地非易簀所也。吾病殆不能起，殿下比以世子抱恙，憂心忡忡，而慰我日再至，老人心甚不寧。汝可泣求移館，勿延旦暮矣。」六日晨起，頓首辭。殿下固留不可，則命以大牀爲輿，上施青紗帳，二十人舁之，移城外十五里，如卧床，不覺其行也。言笑自若。抵館舍，日晡時，私謂侍僮曰：「吾三日内逝矣。」不孝聞之，跪泣失聲。府君曰：「夫人有生必有死，何足悲？但此來，御書未得，賢王崇禮未得報稱。汝當謹銜吾訓，服任遂功。并歸語諸子若孫，皆志吾志。」七日，洩瀉不止。執不孝手，命曰：「吾一生著書九種，已刻者，《四書釋地》《四書釋地續》《孟子生卒年月考》；未刻者，《重校困學紀聞》《四書釋地又續》《朱子尚書古文疑》《眷西堂古文百篇》；未成者，《尚書古文疏證》《釋地餘論》。今《紀聞》蒙殿下序而行之，可以不朽。餘未刻未成者，汝當兢兢典守，不可妄改一字，以待傳者。」時王大司寇阮亭先生送詩文集十四種，猶加繙閱。命不孝取笥中《火經》，口授數語，書於卷端，云：「此書乃大司寇大父方伯公所著，向諸檢寄，不可忘也。」又云：「汝扶櫬回淮，兩弟不必來，到則位我本宅，葬宜速。我愛參議公墓旁地，汝勉爲之，并遷汝母合葬。」明日早，不孝見氣色漸異，泣問體中有所苦否，府君慨然曰：「吾年六十有九，不能自主持，則平日讀書奚爲？殿下禮老朽甚，比遣官料理我喪，且從厚。我家風本儉素，取其稱可耳，勿有絲毫過。倘有欲延僧誦經，爲資冥福者，祈免。」語畢，微笑而逝。不孝詠慟絶數四，哀迷困匱，手足無措，所賴以辦大事者，秋毫皆殿下賜也。嗚呼，痛哉！

府君生雖不遇於時，而聖主知名，賢王加禮，學詣行身，直追古人，有必傳之道。苟以不孝詠譾劣無文，諸弟子姪皆莫在側，而使吾賢父之懿美闕而不彰，不孝之罪，真百死莫可贖矣。用殫心追念，考索遺書，并博訪諸戚友在都下者，把筆長號，以血和墨而書之。拉雜顛倒，荒率不章。唯當代大人先生哀其孤，閔其瞀亂，一賜觀覽焉。

府君姓閻氏，諱若璩，字百詩，號潛邱。始祖貞逸公，諱仲寶，居山西太原府太原縣之西寨村。六世祖西渠公，諱居閭，業鹺，來江南淮安府，遂家焉。五世祖明將仕郎、太醫院吏目雙溪公，諱翰。生先高祖考歲貢生、江西南安府上猶縣儒學訓導、封文林郎、浙江湖州府推官覺吾公，諱國順。生三子。長龍門公，諱世科，先曾祖考也。萬曆甲辰科進士，歷寧前兵備道參議，政績俱載《通志》。常熟錢宗伯爲像贊，墓誌銘則漳浦黄詹事爲之。祖考諱修齡，字再彭，號牛叟，府學生，有文聲，與里中靳貢生茶坡、張秀才虞山諸先生聯望社，社稿大行於時。四方名士，莫不願登眷西堂者。所著有《閻氏本支録》《五思録》《秋心詩》《一蒲菴詩》諸集。先祖妣姓丁氏，嘉靖己未科狀元、吏部侍郎謚文恪諱士美公孫女也，盛有壼德，生府君。參議公酷愛之，常抱置膝上，摩頂熟視，曰：「汝貌甚文，汝其爲一代文人，以光吾宗乎？」府君生六十九年，讀書論述，本朝儒林庶幾獲與，蓋自幼已見端緒。而參議公朗鑒先知，要亦非凡眼所到也。

六歲，就小學，資頗鈍，且口吃。所授書，讀至千百過，字字著意。又多病。先祖妣丁太孺人每聞讀書聲，輒止之。府君奉命，輒闇記，不敢出聲。十五歲，冬夜讀書，有所礙，憤發不肯寐。漏四下，極寒，堅坐沉思，筆研皆冰凍。有頃，心忽開，如門牖洞闢，屏障壁落，一時盡撤，自兹穎悟異常。是年，補府學生，乃順治八年也。

以病，嘗就醫鎮江，特延李寶應叔則先生偕行。偃仰金山之楞伽臺，日作詩倡和，夜則乘月浩歌達旦，與江聲相應。長洲金聖歎聞而訪焉，語輒詘，逡巡别去。名流老輩如李宗伯太虛、方處士爾止、梁商邱公狄、王處士于一、李孝廉小有、杜貢生于皇、宗人孝廉古古諸公來訪先祖，下榻嘉樹軒。或留止經年，或數月，日與府君上下其議論，咸拱手曰：「子將來成就，非吾輩所及也。」

吾家明朝俱以《詩經》中式，國朝則皆治《禮記》。府君初入小學，則曰：「一經不可畫也。」進而之五經，則曰：「十三經不通，五經不能精也。」次第讀至《尚書》，至古文諸篇，以爲自孔安國至梅賾，遥遥幾五百年，使其書果有，不應中間人無見者；又讀朱子及吴草廬書，時時有疑，疑即辨，著《尚書古文疏證》。蓋自二十歲始，而諸子史集，亦自是縱學，無不博焉。

康熙元年，始遊京師。時合肥龔大宗伯方以文章奔走天下，名流雲集。宗伯，府君父行也，知最深，頗爲延譽，由是知名。自遷淮以來，高、曾以下，類多先就僑籍考試，然後歸。故四年又附太原縣學，隨補廩膳生。八年，鄉試山西，受知於前給事中、交城縣知縣趙恒夫先生。爲同考所忌，不售。府君感其知，執弟子之禮終身。時顧處士寧人亦客太原，出所撰《日知録》以示，府君爲補遺校正不一。未幾，游鞏昌。與陳秀才子壽聯牀夜話達曙，一夕共成七言絶句百首，名曰《隴右倡和詩》，黎副使媿曾爲序。歸而先祖妣下世，府君毁瘠殊常，先祖考屢禁抑之。

十七年，應鴻詞制科。在都下，日與傅山人青主游處，而反覆辯論，則李天生檢討、汪鈍翁編修爲多。嘗與鈍翁論喪禮不合，鈍翁謂人曰：「閻渠有嚴親在，奈何喋喋與人言喪禮，豫凶事？非禮也。」府君應之曰：「宋王伯厚嘗云：『夏侯勝善説禮服，謂《禮》之《喪服》也，蕭望之以禮服授皇太子，則漢世不以《喪服》爲諱也。唐之姦臣，以凶事非臣子所宜言，去《國卹》一篇，而凶禮居五禮之末，皆爲不達禮意。』鈍翁其未聞此耶？」大司寇徐公時官贊善，聞之曰：「於史有徵矣，於經亦有徵乎？」曰：「按《雜記》曾申問於曾子曰：『哭父母有常聲乎？』申，曾子次子也。《檀弓》：『子張死，曾子有母之喪，齊衰而往哭之。』夫孔子没，子張尚存，嘗見《孟子》。子張死而曾子方喪母，則孔子時曾子母在可知。如鈍翁言，豈宜以喪禮相往復，如《曾子問》者乎？」司寇公擊節稱善，都下一時傳之。蓋府君讀書，每於無字句處精思獨得，而辯才鋒穎，證據出入無方，當之者輒失據類如此。

二十一年，客福建方歸。司寇公來邀，復至京師。公家盛賓客，客皆當世魁士，而賢重府君逾常等，每詩文成，必示府君。既辭歸，復招致。後公歸里，開書局於洞庭湖東山，既又移寓嘉善，既又歸崑山。府君咸相與晨夕，談古援今，懸譬開廣，不以出處隱顯異致。公嘗謂盧孝廉六以曰：「閻先生乃古人，其學有經法，亦非吴志伊輩可望也。」

二十六年，居先祖考憂，喪葬中禮，鄉里至今以爲法焉。先是，府君殫精經學，佐以史籍。客司寇公所，時方修《大清一統志》，與顧處士景范、黄處士子鴻周旋，遂喜談地理。二君，故地理專家也。府君於古今沿革考索尋究，不遺餘力，往往出其意表。朏明先生嘗稱：「吾輩老年人，讀書只宜優柔厭飫，自得之樂。徵君用力太苦太鋭，殆非所宜。」府君聞，愈益力。十餘年中，成《四書釋地三續》，又有《釋地餘論》若干篇。嗚呼！府君自少至老，勇於讀書，故能所業大成。而厚德元神，頤養略備，卒不能七十以終，其或者由此。而胡先生之言，愈思蓋愈有味也。嗚呼，痛哉！

三十四年，壽六十。府君以先祖考六十時祖妣服未除，不稱觴，故亦展一年。適不孝詠授内閣中書舍人，自都門抵里，捧同年姜編修西溟壽序，偕諸弟子姪拜堂下。府君曰：「汝等知吾今日之樂乎？」皆頓首曰：「大人周甲之年，康彊充腴，大慶無窮。」府君曰：「非也。吾讀書五十餘年，喜今日纔得一『貫』字耳。」三十七年，先妣卒，晝傷至今。自六十以後，時訪友數百里内，往來蘇杭間，輕舟載書册酒茗，徜徉湖山煙水間，衣冠瀟落，見者以爲霞外人。竹垞及毛檢討大可兩先生則時時過從，商確學問事，蓋最多云。

嗚呼！府君從前四至京師，二十八年歸里之後，無復遠游意矣。誠以聖天子一語之知，賢王八行之雅，感激奮厲，壯心復然，終有斯役，永訣家門。而不孝詠等摧頽瓠落，承臨終之至訓，戰競惶灼，又不知何日始得一當，以慰我府君於九京也。嗚呼，痛哉！嗚呼，痛哉！

府君雖不講學，然精究儒者書，不談内典，尤長於攷證辨覈，常語不孝輩曰：「讀書不尋源頭，雖得之，殊可危。」手一書，至檢數十書相證，侍側者頭目爲眩，而府君精神湧溢，眼爛如電。一義未析，反覆窮思，飢不食，渴不飲，寒不衣，熱不解，必得其解而後止。殿下《祭文》云：「當其未得，寤寐之求，萬鍾千駟，莫解厥憂。當其得之，飛舞泳游，如鳥入雲，如魚脱鉤。」蓋實録也。所著《尚書古文疏證》十卷，引晉以前書，浩博無涯涘，歷年不釋手，迄未成書，亦不多示人。黄處士梨洲先生嘗見而奇之，歎曰：「吾一生疑團，見此盡破矣。」此外，掊擊者不乏人，有著書相攻者，府君曰：「萬世是非有公，此時故當不辯耳。」又檢朱子書，與相合者，爲《朱子尚書古文疑》，命不孝詠輯之。《四書釋地》三書則以四子爲幼學首習之書，而地理經、古注疏、集注以後，簡略蒙訛尚多，故特加考隱，爲經學始基。《重校困學紀聞》二十卷，因浚儀之舊，而駁正箋釋推廣之。年六十四，書成。又以孔子生卒出處年月具見《史記》，而孟子獨略，遂以七篇爲主，參以《史記》等書，作《孟子生卒年月考》。《眷西堂古文百篇》則因師吴太乙先生之舊而加以評注，最爲近人，學古文者傳之。古文詞不常作，偶存序記數十篇，非泛然者。詩甚夥，有《眷西堂》《許劍亭》《秋山紅樹閣》《窈窕居》諸集。嘗與不孝詠座主趙秋谷先生論詩云：「吾詩無可傳者。」比上殿下書，亦云：「某生平篤志經學，無暇爲文，間有所述，無足觀采。」其虚己不自滿假如此。

性雅潔，不治産業，篤行信言。每聞一善，汲汲孜孜，殆所謂未之能行，惟恐有聞者。孝於親，睦厚宗族，交游徧天下。先後輩名流咸以文學相質，府君必詳細條答。雖熟記之書，必檢示。或閲他書，可以印證者，輒復手録示之。或數年後，猶時時劄記，馳書告之。客游四方，常周人之急，傾囊不惜，至資斧告匱，束手無策，不以爲悔。有負義者，未嘗不深惡。及其人有故，仍扶携之恐後。閭里中有不法事，輒切齒，常云：「桑梓間大利害廢置，非我責也。然生長於斯，而不能竭力救護，無用爲人矣。」生平所正事不可紀，每致憸人之怨，而終不能中府君者，以府君行誼完潔開亮，而誠懇之心，可以上格神明、下孚士類故也。

府君生於明崇禎九年十月十四日亥時，卒於皇清康熙四十三年六月初八日辰時，享年六十九歲。元配先妣皇清待贈孺人梁氏，貢生巽卿公女。繼配先妣皇清待贈孺人張氏，萬曆己丑科進士、禮部儀制清吏司郎中幼白公曾孫女，淮安府學廪生青丘公女。

子三人。長即不孝詠，康熙甲子科舉人，候選内閣中書舍人。娶陳氏，前庚辰科進士、工科給事中、外轉參議諱台孫公孫女，山西布政使司經歷諱楷公女。次訓慤，廪貢生，候選訓導。娶陸氏，順治乙未科進士、福建提學道僉事、候補參議諱求可公孫女，太學生諱志寬公女。次議略，太學生。娶李氏，順治辛丑科進士、陝西督糧道副使諱時謙公孫女，太學生諱師耳公女。俱張孺人出。

女五。長適前萬曆丁丑科進士、光禄寺卿、贈户部右侍郎邱公諱度元孫，郡庠生諱倬子，太學生世求。梁孺人出。次適浙江督糧道參政何公諱源濬子，康熙乙卯科舉人、現任廣東平遠縣知縣寬。次適順治己亥科進士、宛平縣知縣劉公諱昌言孫，康熙壬戌科進士、工部屯田清吏司主事諱愈公子，康熙庚戌科進士、吏部文選清吏司郎中諱始恢公姪，丁卯科拔貢生、候選學正永禎。次適順治辛丑科進士、陝西督糧道副使李公諱時謙孫，候選知縣諱師沅公子，歲貢生、候選訓導爲梗。次適順治戊戌科進士、四川遵義府推官沈公諱漢孫，太學生諱志范公子，康熙壬午科舉人儼。俱張孺人出。

孫十一。長學翼，郡庠生，聘現任直隸真定府知府劉公諱中柱孫女，廩貢生諱家珍公女。不孝訓慤出。次學林，未聘。不孝詠出。次學丹，聘順治乙未科進士、福建提學道僉事、候補參議陸公諱求可曾孫女，太學生諱志寬公孫女，貢生諱應麒公女。不孝訓慤出。次學機，聘康熙甲戌科進士、現任廣西南寧府永淳縣知縣徐公諱鳳池女。不孝詠出。次學殖，未聘。不孝訓慤出。次學樹，聘康熙丁未科探花、都察院左都御史董公諱訥孫女，行人司行人諱調公姪孫女，康熙戊辰科進士、吏部文選清吏司郎中諱思凝公姪女，歲貢生、候選訓導諱思懋公女。不孝詠出。次學麟，未聘。不孝議略出。次學枏，聘順治辛丑科進士、現任内閣學士兼禮部侍郎李公諱鎧孫女，歲貢生、正藍旗教習、候選知縣諱珣公女。不孝詠出。次學陽，聘勅封文林郎、翰林院編修吴公諱璜曾孫女，康熙壬戌科進士、左春坊左中允兼翰林院編修諱晟公孫女，庠生諱泰公女。不孝議略出。次學群。不孝訓愨出。次學炳。不孝議略出。

孫女六。不孝詠出者一，幼未字。不孝訓愨出者一，適順治壬辰科進士、兵部督捕理事官徐公諱越曾孫，廣西柳州府武宣縣知縣諱覺公孫，現任江南揚州府如臯縣儒學教諭諱本豫公子。不孝議略出者四，一字郡廩生何公諱九徵子、郡庠生景行。餘未字。

謹述。

不孝孤哀子閻詠、訓愨、議略仝泣血稽顙。

年家眷世同學姪盧軒頓首拜填諱。

四庫全書總目〔一〕

潛邱劄記六卷 編修程晉芳家藏本

國朝閻若璩撰。若璩有《尚書古文疏證》，已著録。是編皆其考證經籍隨筆劄記之文。曰「潛邱」者，若璩本太原人，寄居山陽，《爾雅》曰「晉有潛邱」，《元和郡縣志》曰「潛邱在太原縣南三里」，取以名書，不忘本也。此書傳本有二，一爲其孫學林所刻，一爲山陽吴玉搢所删定。考若璩《尚書古文疏證》卷六第八十一條下有云：「《潛邱劄記》恐世不傳，仍載其説於此。」然所載兩條，一推《春秋》莊公十八年日食，一推晉光熙元年正月、七月、十二月頻食，今兩本皆無之，蓋其少年隨筆劄記，本未成書，後人掇拾於散逸之餘裒合成帙，非其全也。此本即吴玉搢所重定。原刻首兩卷雜記讀書時考論，多案而未斷，此本删併爲一卷。原刻卷三曰「地理餘論」，以《禹貢》山川及《四書》中地名已詳《疏證》與《釋

〔一〕據國家圖書館出版社二〇一九年影印《武英殿本四庫全書總目》謄録。

地》，此特餘論耳，此本次爲卷二，而取首兩卷内合於此一類者次爲卷三。原刻卷四上録雜文序跋，卷四下曰「喪服翼注」，曰「補正日知録」，此本取首兩卷内涉及喪服者次「喪服翼注」後，合爲四卷。移雜文序跋附「補正日知録」後，次爲卷五。原本以與人答論經史書録之卷五，以應博學宏詞賦一首併雜詩若干首録之卷六，詩賦非若璩所長，且劄記不當及此，此本删去，而存其與人答論經史書，次爲卷六。蓋學林綴輯其祖之殘稿，徒欲一字不遺，遂致漫無體例。此本較學林所編尚有端緒，今姑從之。中間重見者四條，三見者一條，尚沿原本之誤，今悉爲删正。若璩學問淹通，而負氣求勝，與人辨論，往往雜以毒詬惡謔，與汪琬遂成讐釁，頗乖著書之體，然記誦之博、考核之精，國初實罕其倫匹，雖以顧炎武之學有本原，《日知録》一書亦頗經其駁正，則其他可勿論也。兹編雖輯録而成，非其全豹，而言言有據，皆足爲考證之資，固不以殘缺廢之矣。

别本潛邱劄記六卷江蘇巡撫採進本

國朝閻若璩撰。若璩有《古文尚書疏證》，已著録。此書有吴玉搢編次之本，亦已著録。此本乃其孫學林所編，前有學林識語，云「《劄記》卷一至卷六乃大父有疑即録，自爲問難之書。其中有已校訂者，有止存舊説而未校訂者。或謂『已校訂者自當付梓，未校訂者乃古人舊説，似宜删去』，學林以是皆先人疑而未訂之義，何敢妄加去取。至卷五一册，乃仲弟學機竭數年之力，尋先人手迹陸續成帙，不敢漫爲分析，惟依原本付梓，以成先志」云云。蓋學林尊其家學，不欲一字散失，故全録舊文，漫無體例。如卷一中突出一條云「此自其勝場，安可争鋒」，又突出一條云「此書詎復須注，徒棄人作樂事耳」。此類至多，當時不過以備簡牘之用，乃一概録之，亦復何取？又六卷皆録若璩之詩。若璩學無不通，惟詞賦一道涉之甚淺，凡所持論，多强不知以爲知。學林録而刻之，適足以彰其短，殊不及吴玉搢本有條理，故今以吴本爲定，而此本附存其目焉。

同文書局石印本凡例〔一〕

一凡是書原刻脱誤尚多，今延名宿細爲校正，其有可疑者仍照舊刻空闕，以存本真。

一凡是書卷一爲先生劄記經史子集各語，間參以己見；卷二至卷四乃攷訂經史子集各疑義；卷五與國初諸老辨難訂譌之作。原刻俱無目録，未免望若汪洋。今倣《通鑑》例，將所記、所攷各事揭其要領，標在書眉。復編成總目，以便檢查。

一凡先生考據之學，名傳禁籞，聲播寰區，故江鄭堂先生《漢學師承記》首列其名，以爲之冠。是先生之學不以詩重。故卷六之詩已有題目者，不别標。

一凡是書原刻，《左汾近稿》編在卷首，未免倒置，今附於卷六後，以符體例。

紫瑛閣主人謹識。

〔一〕録自湖北省圖書館藏清光緒十四年上海同文書局石印本卷首。

卷一

1 先聖生	2 伯禽受封	3 后稷元妃	4 武成尊稷	5 采薇詞怨
6 瓠巴鼓瑟伯牙鼓琴	7 君道篇言治亂	8 六馬不和	9 子弟事父兄等喻	10a 奚仲車正
10b 相土作乘馬〔一〕	11 盡倫盡制爲天下極	12 水東似志	13 土生五穀	14 魏封于畢
15 人生如騁驥	16 荀卿非王道	17 李密答張華問孔明言教之碎	18 倉公傳詔問太倉長臣意方伎	19 疑獄疑賞
20 金鐵蒙驥	21 朱子論易	22 堯典唐傳	23 桑穀祥異	24a 始皇歲異攷
24b 算曆於夏周有疎處	25 古今畝數異	26 歐公未讀儀禮	27 車戰易騎兵	28 釋例稱凡
29 子思年疑	30 老萊子教孔子	31 黎亭	32 黃金臺	33 名生於真
34 秦秀議何曾謚	35 子馥立鎮戍罷治諸	36 由榮習儒業	37 隋孟讓王薄等攻剽	38a 煬帝問盜賊事
38b 蘇威隱柱	39 周法尚挫王孟	40 王充破賊	41 故鄂城	42 瘞鶴銘
43 勃海郡名	44 惠明有道術	45 平揖古賢等語	46 楊綰經學詣極	47 綰略經史
48 微言奧義綰覽即通	49 趙女救父	50 以烏知楚齊師遁	51 向栩坐處	52a 禹得雒書

〔一〕若一條有二目或多目，則在編號後加小寫英文字母標記。

續表

52b 邵子悟易	53 金縢有然有不必然	54 尚書是正言文與受	55a 顧命等與金縢之別	55b 冕服非失禮
56 呂刑比罪猶今用例	57 周犧尊攷	58 其二	59 周象尊攷	60 周素犧罍攷
61 真卿元静先生碑銘	62 平西王碑有子曰愿	63 宋文貞碑引張公事	64 真卿祖工各書	65 分野攷
66a 論古人文章	66b 讀書分年法	67a 朱子謂大事記纖巧	67b 樂天説清高與淵明異	68a 文帝置論語等博士
68b 武帝罷傳記博士	69 顓臾城	70 鄭公鄉	71 康成知書萬卷	72 春秋防諸鄙各注
73 脈訣非叔和書	74 令狐楚碑泥洹茶毗之語	75 濟寧州	76 力慎所勝	77 蓬生蔴間等語
78 丹青文爲聖賢惑	79 奉天之義	80 忘事害性	81 譽美毀惡	82 世德猶春
83 天行如船行	84 刑故宥過	85 齊繡襄錦	86 從農從商之論	87 梅堯臣詩法
88 吏事易經學難	89a 董揚爲文之烏獲	89b 郭路定舊説死燭下	90 以游都市證游道藝	91 閉心塞意
92 盜賊邪心	93a 禹益作山海經	93b 董劉定二疑	94 子政等並出猶文武周公	95 作樂經太玄經誠庶幾才
96 文在意奮筆縱	97 周世著書漢世直言等輩	98 俗好高古	99 寒温爲人君喜怒	100 物之異性同氣

續表

101 得從説聞甘對之法	102 禹治水病之良醫	103 蒼頡知蟲風氣所生	104 張伯松賤太玄法言	105 太平之效等語
106 宣帝畫漢列士	107 子雲之篇君山之書	108 天晏暘如人性奇	109 豐居喬木	110 侯國占人
111a 子雲法言不爲財勸	111b 叔皮讀書不爲恩撓	112 詩與論衡一言之蔽	113 天地之性有能不能	114 物生含太陽有毒螫
115 小人皆懷毒氣	116 葬曆堪輿曆	117 丙與子卯爲忌日	118 郵人過書門傳教	119 孔子素王君山素相
120 略正題目粗説	121 居幽思至兼筆利	122 秦不燔子書	123 知屋漏等語	124 漢多作書
125 鄒伯奇等爲文雅英雄	126 實事華虛之異	127 漢多造書論	128 讀古文聞異言等語	129 筆著口論之要
130 言瞭於耳之喻	131 美色悲音等喻文	132 士之所願	133 天下書至死難徧讀	134 校定之職劉揚方稱
135 戒妄下雌黃	136 鈍學勝拙文	137 耿舒論伏波	138 王丹論交道之難	139 劉歆治左氏引傳解經
140 鄭賈受業於子春	141 朱子謂孔叢子僞書	142 庾蔚之語	143 馬融儀禮君母服注	144–145 唐經籍藝文志韓詩異〔一〕

〔一〕若二條或數條共標一日，則以起始編號標記。

續表

146 李先以經典益王者神智	147 陳同父語	148 舊唐書孔叢子	149 唐石經尚書	150 胡朏明解關雎
151 馬融論嫡子	152 開元禮出降例	153 岑參驪姬墓詩注	154 李白詩	155 静修寺本李邕舊宅
156 太卜卜立君注	157 相土作乘馬	158 詢立君注	159 考工記注	160 婦人俠拜
161 婦拜扱地	162 鄉飲主賓拜注	163 鄉射主賓拜注	164 特牲饋食三拜注	165 少牢饋食三拜注
166 有司徹三拜注	167 作鐘磬笙簧	168 肅拜手拜	169 家語王肅增加	170–182 摘鈔中説
183–196 摘鈔法言	197 王仲任言君子小人	198 先儒經解題例	199 朱子答程泰之謂禹貢	200 語類中庸引孫毓語
201 草廬言康成注中庸	202 朱子論伊川易	203–204 鄭樵好説中原山川	205 禹治水未徧歷天下	206 程子策問
207 漁仲論詩小序	208 大序亦有鑿説	209 四牡詩古注	210 論抑之詩	211 學春秋多鑿説
212 郢書燕説	214 春秋難看難曉〔一〕	215 通典可設一科	216 書有難考	217 蘇黄是今人詩
218 韓詩平易	219 朱子論孔叢子	220 論丁所生繼母憂	221 禮爲所生父母服攷	222 母之姊妹服

〔一〕正文第213條無標目，下編號缺者倣此。

續表

223 説制度惟信周禮儀禮	224 周禮如唐六典	225 古今畝數	226 古鍾今異	227–228 古今升斗兩異
229 子翼傳本生父母事	230 門户證	231 看文如法家深刻	232 江文卿博識群書	234 何休爲公羊忠臣
235 孔叢子到東漢突出	236 歐公排佛不如景文	237 六經亞文	238 介甫言律是八分書	239 文姬言八分書
240 東坡説定慧	241 韓公等不如舊	242 范文正更精密	243 論文中子	244 家語不純
245 家語是王肅所編	246 孔叢子鄙陋	247 論匡衡疏	248 善讀聖人書	249 論唐府兵制
250 唐口分世業	251 杜祐有意於世務	252 喪禮只二十五月	253 祖在父亡祖母死等説	254 服議漢儒爲一家學
255 爲所生父母心喪	256 夫婦合葬位	257 亡國社尸用刑人	258 明帝祔光武廟	259a 答子禮問廟主
259b 廟制西爲上	260 神主與尸位	261 横渠撰墓祭禮	262 伊川考禮不如横渠	263 滕國疏
264 密阮共之地	266 薛即漢魯薛縣	267 古甲今鎧	268 開方法計十百里	269 朱隗序論詩
270a 熙甫論空同文	270b 曾子固書魏徵傳後	271 夏彝仲論得失	272 朱子答商伯論本生繼母	273 答商伯方喪無禫
274 吴喬論時文	275 傅寅禹貢集解	276 梁武帝賦詩	277 劉熙釋拜	278 墳典丘索亡

續表

279 説文㾦字解	280 曹丕令	281a 君山爲莽典樂	281b 文帝得魏文侯樂人	282 華人攘莊列説
283 仲舒對策	284 君謨百衲碑	285 右軍敵石崇	286 右軍以蘭亭序申志	287 名畫記木劍幃帽誤
288 光熙元年日三蝕	289 象緯訂天體度等語	290 張子信精曆數	291 僧一行日度議	292 春秋日蝕攷
293 天寶九年八月無辛卯	294 醫有啞科	295 黄太沖論曆從漢志	296 張以寧喻前人功力	297 先儒論朱子學
298 蘇威獻古文尚書	299 根證章	300 宋璟獻無逸圖	301a 高忠憲論六經	301b 六經爲天法律
302 孟子不受齊禄	303 引鶴江語辯杜詩假託	304 列朝詩集朱應登傳正誤	305 季氏非世執魯柄	306 范氏喜藏書
307 蔣鳴玉岷峩攷	308 甄龍友善辨給	309 駔儈爲牙郎	310 馬遠三教圖贊	311 鄧光薦文山像贊
313 關氏世系	314 見聞録記楊博事	315 幾亭論學問經濟	316 張融文體	317 黄太沖論卦變
318 天子德澤相令始終	319 了翁瀘州學記	320 氏族略姓氏同異	321 忠憲言書有四始	322 後村題三錫書鈔詩
323 汪水雲幽州歌	324 王貽上畫跋	325 轉附	326 今文尚書辭多奇澁	327 楊龜山論

續表

328 尺以車工爲準	329 九拜攷	330 歐公欲與韓並	331 方平論都陳留	332 後蒙古南下用郝經策
333 南齊書目録序史	334 楊維楨揖拜辨	335 古不分銀錫	336 考工記金錫攷	337 錫銅所出
338 互文	339 物見貴通方	340 措大	341 漢儒引書	342 王霸正名篇奇作
343 論經學譬遺矢	344 權會徐份誦經事	345 淮陰縣治	346 趙汝談論各經	347 劉蘭毀公羊董仲舒
348 徐遵明讀舊寫春秋	349 元城不遺日	350 古碑刻國號	351 程朱存心愛物利濟	352 韓王印
353 侯太常不易成籍	354 周密題壁語	355 三蘇以名望顯	356 宋文公始用殉	357–358 薄姑封太公二條
359 武王時侯伯數	360 胡注通鑑序	361 大清田宅例	362 景文咳唾珠璣	363 韋虞忠節
364 荀子論喪	365 劉攽論杜白詩	366 江祏害謝眺	367 黄朱實地用工	368a 舒元輿論斯冰篆
368b 安石倉頡臺句	369 王道思序沈青門詩	370 西州非西川	371 序項王等嚮坐	372 薛序四書人物攷
373 漢古諺語	374 東西崤	375 楊文懿舜典語	376 公讓名將推張岳	377 顏碑名衡
378a 顏氏世系	378b 顏碑稱真卿第七誤	379 六經外之文	380 涪翁喜苦筍	381 經非一世書
382 書籍之厄	383 直齋等修吴興人物志	384 孫奭闢天書	385 李應禎闢佛經	386 武王多封功臣

續表

387 漢津改漢陽	388 撰述以稚川爲盛	389a 萬曆黨論	389b 楊維垣屢恒滿户	390 楊維垣畫圖見志
391a 律吕新書數義	391b 古今錢兩等異	392 程實之論讀尚書	393 幼安白帽辨	394 夏侯審等詩
395 克構謂陳思忠語	396 錢塘江爲曲江	397 世説新語梅賾事	398 評金山白塔院兩詩	399 爲後人尋疑勘誤
400 史書有得失	401a 小學由杜公	401b 杜林以漆書傳衛宏	402c 劉陶中文尚書	402 吕正獻薦諸賢
403 明士大夫積習	404 東林書院等起復	405 理數等訓可入六經	406 壻稱門人	407 子瞻得力於荆公
408 子瞻難易處	409 淮南言性命本莊子	410 東坡論道語	411a 名士之始	411b 仲連天下高士
412 漢唐等文法	413 立儲用人同一關紐	414 廉恥二字引證	415 子儀仁傑過於伊周	416 厚道人可貧富
417 自滿自棄	418a 孔子示人作文詩法	418b 孟子得讀書讀詩法	419 明議禮李王門人異	420a 歐公議濮禮
420b 張桂議大禮	421 歐公從祀以濮議進	422a 元祐各黨	422b 萬曆諸黨	423a 荆公與茂叔語
423b 荆公屈服於晦叔	424a 封史遷後	424b 封謚屈平諸公	425 漢兩昌邑王	426 用修務博好勝
427 徐文貞畏畢公	428 鄧文潔深心禪悦	429 金正希以文章名世	430 趙春時幼即善文	431 杜寫懷詩本阮語
432 魯公忠義服人	433a 韓文二公論青苗	433b 潞公斬史志聰	433c 魏公竄任守忠	434a 方叔責子瞻不薦己

續表

434b 長公對朋友即對君父子弟	435 引王濟山簡論骨肉〔一〕知己	436 晉明帝誤敵智倣增竈	437 論鍾敬伯游武夷	438 王通王昶出語如一
439 朱子說房杜莊周	440a 韋昭作史忤旨見殺	440b 追謚追尊作紀録之始	440c 趙歐知史職	441 清談之罪
442a 議薛文清祀典	442b 劉念臺論文清	443a 論請祀王守仁	443b 請羅李祀	444a 王遴覆椒山劾嵩疏事
444b 遴議陽明從祀等語	445 論濂洛關閩諸儒	446 論宋儒經學	447 論朱子發之經學	448 亞聖道光
450 山少傅名言	451 邢蒯聵語	452 秦失金鏡	453 胡之飢就仁祖食	454 小人不與作緣
455 共愈交未說著文	456 檀弓言物始	457 忍飢誦經	458 史鰌有君子道三	459 見士季如入武庫
461 廣無記虞多録	463 經師人師	465 公子牟言富貴等語	467 魚豢諺言	468 公之喪疏
469 虞氏云有	470 大社王社疏	471 辠改爲罪	472 僞泰誓	473 陳琳豫州檄注
474 舜好生惡殺	475 谷永對引僞泰誓	476 漢武帝詔	477 詩孜序語	478 鹽鐵論百王同律
479 延平志特奏名孜	480 康成戒子書語	481 康成網羅衆家	482 鄭興書有未學	483 范升論人師

〔一〕肉，原作「月」，據正文改。

續表

484 引桓譚等謂世主論學	485 和靖言經	486 堪輿之始	487 仲夏紀武王克殷	488 唐制租庸調攷
489 中論治學脩本語	490 劉勰〔一〕論情慾	491 碑證等語	493 孔叢子記夫子墓塋	494 魏文侯好古
495 先王之禮爲大法	496a 使者行立	496b 莽徵龔勝	497 雲梯關海口	498 中峰輟席
499 禪門五燈	500 伏生授上世遺書	501 宋鋟板始成	502 朱子等言書味	口 經書句有同異〔二〕
503 朱子謂經有隔重説	504 説文解豈字	505 陶丘堯城	506 光武不喜酒與叔寶異	507 楚元王廟
508 蘇詩楊道士攷	509a 梅將軍廟	509b 梅賾上古文尚書	510 王以旂梅廟碑	511a 聚寶山
511b 李白登梅岡贈姪詩	511c 梅岡接謝安墓	512 李靖妻墳	513 李勣陪葬昭陵	514 阿史那社尒陪葬昭陵
515 元地之廣	516 併淮陰三縣	517 朱思本論河源	518 何基讀書加標點	519 李翺論性書
520 大陸水	521 岷崍崌所出	522 岷三江首	523 白水入潛	

〔一〕勰，原作「緦」，據正文改。

〔二〕若標目與正文無對應，編號以「口」代替。

卷二

1a 駁正顧仲恭禮記序	1b 小戴月令爲馬融足	1c 宣和殿名	1d 犧尊刻牛形	1e 犧尊畫鳳羽飾象骨
1f 簠方簋圓皆銅器	1g 罍無畫山雲象	1h 觶角之別	2 籩豆攷	3a 傅山長於金石遺文
3b 金石學之始	4 文人無過歐公	5a 姓同氏異爲婚姻説	5b 孔氏有出於子姑姬不同	5c 二己得姓不同
6 始皇本姓趙氏證	7 堯舜之姓	8 孔疏堯典百官謂百姓	9 禹貢各水各州川總結攷	10 豫州去帝都最近
11a 既修太原引朱子語	11b 恒衛既從引東萊語	12 高麗無進古書事	13 郭震行狀誅毒龍	14 以通史同通鑑編年體非
15 以通鑑接左傳	16 樂毅辭伐燕文綱目補出	17 采苓證謬	18a 孝公平公後先同名	18b 名子不以謚
19a 龍城攷證	19b 謝眺等字有不同	20 細務當作虛稱	21a 以壬戌戰韓決爲夏正	21b 春秋之經用周正
21c 經傳甲子合證	21d 傳有先經始事後經終義	22 論貞觀君臣	23a 齊威朝周後有肅侯	23b 孔子先魯連義不入秦
24 漢有兩山陽王	25 子厚文喚醒李斯	26 與青主考鞠居	27 使功不如使過引證	28 西園攷

續表

29 漢追匈奴各里數	30a 韓世忠傳兀朮登金山廟辨	30b 龍王廟在銀山	31 文章學問不及古者有三	32a 鄉先生攷
32b 孔北海墓	33 始皇紀今年祖龍死疑證	34 徒步歸行	35 毛敬裴畢爲酷吏	36 鵝溪絹
37 呂太一有二	38 司空非贈官	39 韓杜干執政	40 裴宣明二子有逸才	41 唐鐫勒使亦士人爲
42 西域貢金桃銀桃	43 烏麻	44 評張彪草書	45 常少仙疑人名	46 蜀花椑杜詩誤
47 滕王注	48 玉臺觀	49 昆吾御宿注	50 唐敬陵惠陵	51 肅常屈筆於武后
52 以秋瓜起興	53 大清河小清河	54 清河有三	55 封州即封川	56 小村落名三江口
57 三江	58 吴地記三江口	59 蘭陵故城	60 隋置東海郡	61 以錢蘊宅免災
62 檀道濟子八人	63 袁淑爲王宏所賞	64 王松年妹夫盧士游	65 尉佗置酒介漢使	66 韋曜以茶荈當酒
67 家父仍叔凡伯	68 陸終生子坼剖證	69 熙寧時河大決	70 乾封縣界有五汶	71 酌言獻之等傳箋
72 四産十六男	73 民有廿一子而七雙生	74 獨斷五十八篇爲文字祖	75 古隄南決經南北清河	76 賈魯言治河用物之效
77 徽宗詔漕運引開邗溝	78 黃淮正流支流入海道	79 梁山濼水金置屯田	80 大野澤涸爲平陸	81 桃城鄡城合一之非

續表

82 朽布衣擬鍾體	83 黄宗羲水經序誤	84 河水源出星宿海	85 瓊海潮候	86 管晏後世禄於齊之盛
87 田蚡侍酒史漢不同	88 郭璞山海經注語	89 范景湖廣總論	90 蔣乂後善屬文	91 武陵王祭城隍之異
92 卿大夫五十不稱字	93 金人常服攷	94 蘇子瞻虛心	95 唐德宗以孫爲子	96a 宋駙馬尚主多易名
96b 公主出降行舅姑禮	97 宫觀提舉自若谷始	98 張洎上書願棄靈武	99 還吕溱論宰相疏	100 元科目罷與舉行攷
101a 唐修隋書五代史志	101b 隋書兼齊周梁陳事	102 大司樂倍文聲節注疏	103 路隋請刊定順宗實録	104 高允徵士頌
105 龍門山	106a 黄河	106b 錯開河	107 龍門關	108 鄭沖授經被賞賜
109 束晳識科斗書	110 霍山始列爲五鎮	111 李吉甫料〔一〕河北事	112 羊祜據險要建五城	113 蜀險
114 利瑪竇幾何原本序語	115 賈疏儀禮宫廟有碑證	116 條鞭法始於白公棟	117 鹽池	118 盬鹽即解鹽
119 魯城縣	120 黄老非濫在釋前	121 以經術興太平	122 姚宋同歸於治	123 宋璟危言切諫
124 嘉貞請元宗用其及時	125 王勃卒年	126 元澹爲仁傑藥籠中物	127 王肅規鄭玄被劾	128a 張融孝義

〔一〕甫料，原作「料甫」，據正文乙正。

續表

128b 桓元立忌時	129 盧高士名斿	130 聞雞起舞	131a 唐韻正也與邪通	131b 王璵以祠解中帝意
132 唐五經博士	133 華陰分秦晉之境	134 平原	135 終南山	136 敤手舜妹
137 虞世南世系	138a 嘉靖五星聚於營室	138b 星聚非大福即大禍證	139 春秋長曆論語	140 四星五星聚斿
141 晉熙寧星聚	142 立表望日	143 天寶五星聚	144 集議承周漢廢周隋爲閏	145 大業復古斗稱
146 堯元年景子	147 劉洪乾象曆鄭玄注	148 横漳	149 歐公謂開河如放火	150 伯雨奏禹治水因變以導
151 漳河	152 史守一修晉祠水利	153 淤田之利	154 劉瑾言楚州等地可興置	155 志有八難
156 元河渠志序語	157a 唐時大經中經小經	157b 治經限歲	158 楊綰請以論語等爲一經	159 李德裕家不置文選
160 韓愈寄張使君借圖經詩	161 蘇轍古北道中詩	162 唐諸州圖送職方	163 郊祀以天下户口陳臺下	164 晉澤
165 枯絳河	166 沇	167 滎陽城	168 滎澤	169 敖山
170 鞏城	171 故温城	172 古有分土無分民	173 黑龍江入海之道不確	174 大江

續表

175 四鎮增爲五	176 梁元日〔一〕朝坐位次	177 舄履靴	178 袴褶之制	179 議南郊圖并論畫
180 平州歸宋	181 孟顗事備恨靈運	182 齊武以杜定左傳賜子懋	183 三輔舊書	184 沈約書王筠草木十詠
185 爵位文才王氏爲盛	186 崔慰祖好聚書	187 弘景算熹平冬至之差	188 敬則不知科法	189 詩宗詩趣
190 皎然詩式	191 清廟等詩入樂	192 朱子去詩舊序之害	193 詩有景有情	196 今人做韻非做詩
197 四賓主法	198 注釋詩文之冷鎚	199 隋置棗社驛	200 鉏城	201 淮分縣界
202 鍾數	203 兩池	204 郭林宗墓	205 襄陽無西東	206 淮水改漢水
207 亳葛相去八十里	208 重置欒州	209 中受降城	210 滎陽漕渠	211 圃田澤
212 河勢不同	213 明初葉許民開墾不起科	214 清江高安税	215 新安至潼關爲崤函之險	216 懷慶糧數
217 入渦至衛元運故道	218 王黃華論汴河	219 扶溝田畝數	220 蒲州永樂城	221 夏路以左
222 故長城爲方城	223 文法須明白	224 李密至稠桑驛	225 布八十縷爲升	226 孔疏金作贖刑誤

〔一〕日，原作「旦」，據正文改。

續表

227 江南人呼水曰江	228 五湖九澤難必其數	229 禹治水後作禹貢	230 張良墓	231 朽布衣詩〔一〕
232 漢中入關三道入蜀二道	233 隴坂關山	234 天井山	235 金山門	236a 太白山
236b 終南太一非一山	237 敦物山即太華誤	238 武關	239 岐陽廢縣	241 岐山
240 陽平關	242 駱谷成荒塞	243 大野既豬解	244a 揚州解	244b 彭蠡三江在揚州
245 浮于江沱潛漢解	246 江合于漢漢入于江	247 王恕老猶著述	248 項羽本紀詳坐次	249 六經混亂易尤甚
250 郭隗論才至	251 禹治水後舜始置十二州	252 洹詞言理事	253 顔没夫子之傳亡	254 滎陽下爲鴻溝
255 灉入泗古今異	256 王莽時河行與禹貢不合	257 鴻溝在滎陽里數異	258 大梁在浚儀爲渠水所經	259 相鼠説文引誤
260 成化鹽法	261 運河隄即平津堰	262 岷山導江解	263a 江水逕永安宮	263b 水經若三國後人所爲
264 分天綱地紀	265 杜牧謂白詩纖艷	266 稱老泉爲文公	267 岷嶓蔡蒙	268 郡下附氏族非古
269 賜支即析支	270 李承捍海堰	271 五通蕭姓	272 歙風土志	273 歙民不染他俗

〔一〕衣詩，原作「詩衣」，據正文乙正。

續表

274 分廣漢爲武都	275 古賢皆通土地書	276 郟僑論天下之水	277 吴中水利書引考工記	278 周夏二公治水吴中
279 水學推郟單	280 吴松與錢塘揚子稱三江	281 廣安等十縣皆漢宕渠地	282 杇布衣易陳語	283 高崇文選兵
284 禄山使承嗣守潁川	285 東海縣四面環海	286 唐置荆南節度使并南都	287 親王領節度使	288 東京
289 瓜州改西沙州	290 陽關玉關在龍勒縣	291 將利縣非漢武都	292 均州爲禹貢雍豫	293 均州直爲豫州
294 堯臣論詩	295 舉孝謙取年少能報恩	296 王氏有負恩漢不忘	297 趙武生年	298 子瞻謂民愚不可欺
300 梁武引孔傳華蟲解	301 讓賢推德	302 佛法兼婆羅門書	303 説文羿弢	304 人窮反本
305 先時不逮時皆殺	306 中蘬之言	307 伊尹	308 湯改朔易服	309 引鄭馬孔注證集注附會
310 士喪禮公注	311 禮諸公鄭賈説異	312 稱君鄭賈説異	313 公士大夫之衆臣爲君服解	314 公妾
315 公子公孫	316 公之喪疏	317 築字義	318 傅咸謂奢侈甚於天災	319 子程子曰等論

續表

320 上古喪服不知何時定	321 儀禮爲侯國作	322 儀禮十七篇有逸文	323 林眪互詰趙辯孔安國書	324 漢使天下誦孝經
325 三年喪君夫人歸疏	326 王臣公疏	327 唐太宗以天下爲家	328 藏金玉於陵是爲盜積	329 藏主在堂上壁中
330 河清王懌議孔悝	331 周尺比明鈔尺弱	332 府君夫人尊神通稱	333 垓下之戰史漢不同	334 呂氏春秋能增損
335 格物只辨本末	336 室中窔奥依解	337 孝子聞名心瞿	338 張耒語謂私謚	339a 周禮之先王蓋稱后稷
339b 鳧鷖非武王成康時詩	340a 文粹序蕭李常楊文	340b 貞和元和時文辭富麗	341 仲虺言取師友	342 黎丘部奇鬼
343 呂氏春秋言精熟	344 漢東西南北里數	345 東坡論封建	346 血瀝骨滲即父子	347 結草屈巾
348 管子論聽五音	349 梁簡文謂文章横流	350 屈私情以嚴祖考	351 長子可爲人後	352 公羊傳伐有主客
353 殷周道異	354 發聲助句	355 公子字即宗爲氏	356 姚崇力主捕蝗	357 姚懿父子同謚
358 牛弘奏除期練禮	359 月令鄭注引今尚書	360 周書各解語	361 尚書有傳信傳疑	362 伯夷作五刑
363 嘉濟北王至孝	364 宋公修楚元王墓	365 中興後經解希立學官	366 董卓虓闞爲情	367 晝諾坐嘯

續表

368 世本奚仲作車之誤	369 輿服志六馬攷	370 子夏傳喪服篇	371 禮記目	372 奪宗奪嫡
373 劉原先因發冢致病	374 以言爲諱	375 即位後生劭	376 楊賜辭廷尉	377 皋陶治獄後猶先亡
378 龐統〔一〕爲半英雄	379 詩有二章不相遠	380 炭説	381 董昭通運	382 陳鄧留意地形
383 陳登治射陽	384 曹操軍國饒由屯田	385 自商距漢亡八支	386 李晟附貫萬年	387 正統始考察
388 項羽爲卞山王	389 士民名羽爲憤王	390 合葬祔葬	391 伯樂能相相馬	392 謝莊分左國山川圖於木
393a 武侯讀書臺	393b 士人獻木牛流馬	394 帝王雄辯	395 桓靈之主合小人	396 金之養相體
397 燕都防患明證	398 紫荆爲要害	399 楊謙閲紫荆圖	400 疆界必争險要	401 獻宗奏議
402 唐都秦宋都梁明都燕	403 季穆通經世大典	404 葉正則立新例	405 嗣宗作明右史略	406 唐議昭德后謚
407 唐立淑妃爲后	408 三鄭爲相及言官	409 杜祐子不可爲諫官	410a 元豐詔舉諫官	410b 臺諫爲執政親改官
411 皇祐禁風聞言事	412 吕誨奏徽攻訐	413 高麗日本多古書	414 南康王五歲爲領軍	415a 顏含安命

〔一〕統，原作「寵」，據正文改。

續表

415b 令狐潮焉知天道	416 關壯繆生辰辯	417 科斗書	418 詩非序莫知自來	419 詩書所興之始
420 古今銖兩	421 金匱玉函經	422 蘇子容東坡精審處	423 舜舞干羽	424 王孔問答
426 用干戚兼二女	427 梅賾分堯典爲舜典	428 才老舒州人	429 京田與時田異	
卷三				
釋地餘論〔一〕	1a 幽并營三州辨	1b 肅愼爲寧古塔地	2 舜分置營州	3 潼關攷
4 老子去周至關	5 漢揚州與今異	6 山陽名始	7 恒代遺風	8 嶺南攷
9 韶石	10 南海	11 禹貢物産等非不及嶺外	12a 北平堯柳	12b 昧谷作柳谷
12c 舜玉升庵誤作舜梧	12d 舜蒲堯柳	13 何遜在揚州	14 漢山東攷	15 長生殿
16 碣石有三	17 温縣濟水	18a 北嶽祀典	18b 周以霍山爲中嶽	18c 周非以汧爲西嶽
18d 漢移南嶽唐改西嶽	19 鞍之戰	20 羊叔子故里	21 闕與有四	22 濟水枯復通攷
23 論輿地圖	24 西伯戡黎	25 九河苞淪於海之譌	26 九河六曰簡潔	27–28 濟漯攷二條
29 滎解	30a 論濟三伏三見	30b 兗荆梁貢道	31a 虞夏貢物	31b 周禮九貢

〔一〕此爲類題。

續表

32 沔渭褒斜行漕辨	33 禹鑿龍門攷	34a 千畝攷	34b 晉境不至介休辨	35 周千畝
36 鎬方涇陽太原攷	37 梁岐二山攷	38 晉四都相去里數	39 齊桓塞河辨	40 碣石入海
41 山西山東湖廣等名	42 四至八到	43 關隘下載至某地	44 碣石山疏補正	45 海旁出爲渤
46 河徙從頓丘入海	47 河入海在碣石	48 中國山川東北流	49 導河塞河	50 河自直沽入海辨
51a 保定水利	51b 論晉水利	52 代有四不止三遷	53 江西名有三	54 賈魯治河寇起辨
55 防解正誤	56 申吕解	57a 江陵去揚州里數	57b 吴越分界	58a 揚州貢道
58b 邗溝通江	58c 蔣之奇等開新河	59a 郡國下先書之縣爲治	59b 秦漢郡國治不同	60a 唐地理志及漢郡治所
60b 郡國不即治第一縣證	61a 元和志有牴牾	61b 水經郡治與班志異	61c 郡治第一縣證	62a 郡縣始自秦
62b 秦十四郡所治之縣	63a 西漢第一縣非必郡治	63b 龔勝所居縣里	64 長洲有二	65 射陽故城
66 射陽縣古今攷	67 高家堰	68a 寶應縣志土田議	68b 山陽田制	68c 魏氏行田
68d 不易之地等注	69 蘇松二府糧重之故			
卷四上　策、跋、序、啓、哀辭				
1 修史	2 郊祀	3 經學	4 守令	5 經筵
1 素問	2 家禮	3 火經	4 金石要例	5 邵文莊簡端録

續表

6 春秋左傳屬書	7 老蘇集	8 益智録	9 江文石遺集	10 堯峰文鈔
11 古文尚書冤詞	12 僧某某書千字文	13 太上感應篇	14 潘孟升詩集	15 賀黄公載酒園詩話
16 變雅堂集	17 題劉隨州詩	18 刊正楊升菴石經考	19 春郊送別圖	20 周郡守晉祀碑亭記二則
21 錢清溪遺稿	1 初刻唐百家詩選	2 補刻唐百家詩選	3 宋中丞犖七十壽序	1 生日展期
2 乞言小奏	1 南雷黄氏哀詞			

卷四下

1 王子有其母死注誤	2 尊不厭卑	3 降服不獨有四	4 宗子母在爲妻禫解	5 當禫有四
6 爲妻服期有三義	7 六不厭之禮有二厭	8 女子子爲曾祖父母等服	9 大宗小宗之別	10 論汪琬類稿儀禮説
11a 舅姑有外舅外姑	11b 女子稱舅姑有二	12 三年喪有無禫二	13 男女斬服	14a 喪服或問
14b 答或人論祥禫	15 天子三年喪數變	16 妻有不從夫服	17 適孫爲祖母服議	18 父妾無子不稱母
19 嫂不拜叔	20 庶母卒父服非	21 母服與父分等差	22 父在爲母期	23 漢文短喪詔
24 暴秦王莽行三年喪	25 喪期无數疏	26 如喪考妣之百姓爲百官	27 舜居堯喪實事	

續表

補正日知録目録

續表

10 答辰六鈍翁以幼子爲長子後	11 與紫司攷漢嗣君即位	12 與山史論點將録	13 與天生論杜公母	14 答青主聲子韈登席
15 答圃芝同詠霓裳攷	16 與圃芝論宋之問詞	17 與公凱論聖言之確	18 與紫司論三年喪	19 與冰修述紫司論類藁
20 與翼王論鈍翁喪禮	21 與毅文論學不逮古	22 與碩林論畫	23 與其年論鈍翁詩	24 與紫司論男女嫁娶
25 與紫司論漢高謚	26 與雹發論元儒之學	27 與紫司論檀弓多誣	28 問勝力左傳晉稱之異	29 與筠長論君即位後生太子
30 答友人論治河	31 與公凱述親在可言喪禮	32a 與秋谷論王選唐詩	32b 圃田店詩涇水本京水	32c 渡湘水詩潯陽本涔陽
32d 燕歌行楡關作渝	32e 御亭誤作卸亭	32f 蔡州等句當作洲	33a 答萬公擇拜禮攷	33b 跪坐不同攷
34 與企齋考漆園	35 監板儀禮脱誤	36a 文王之囿攷	36b 割河西之地以獻秦	37a 耿弇無屠城事
37b 通鑑不載問牛喘	38 取女有吉日女死壻弔疑	39 正屺瞻穀圭七寸誤	40a 通鑑有大可議二事	40b 茅蕉説秦王歸太后
40c 尉繚説秦王賂豪臣	40d 削黄吕食客未允	41a 正歸太僕文序誤	41b 荀卿莊周非楚人	42 武王追王在牧野後
43 古納采問名非今討庚帖比	44a 與亦韓論魯附庸	44b 謝玄暉詩	44c 不主皮解主漢不主宋	45 與唐器論顧命以西爲重

續表

46a 經術家參政	46b 引李謝倡和勸勿和韻	47a 圖章書家復古一端	47b 閱文案論吴園次文	48a 李淅東疑李翱
48b 張白非同年進士	49 正陳定生墓誌誤	50a 作詩法	50b 古今聲詩源委	50c 正文憲書誤
51a 九執曆	51b 星聚與道學無涉	52a 憒戈憒兵	52b 南園記	52c 封西嶽賦表
53 集注磯字誤	54a 老杜用韻	54b 仲虺左相	54c 仲車與元祐無涉	55a 跫音
55b 文鑑文海	56 伯厚好奇等語非跋	57a 摘待訪録誤	57b 原君語誤	57c 原臣語誤
57d 學校語誤	57e 取士上下語誤	57f 建都語誤	57g 田制語誤	57h 財計語誤
57i 奄宦語誤	57j 十二運	57k 無叩馬諫事	58 正叙先世等五條	59a 程子晟字意
59b 陳剩夫字勦襲	59c 地理綜要	60a 並河並海	60b 佩玦閒〔一〕情等解	61a 過字音
61b 遺蟹報書	62a 游紫極宫登程知節墓	62b 紺珠不詳九經	63a 山谷語	63b 黄文可縣日月
64a 古文最忌	64b 五子歌等爲用韻最古	65a 屯解論韻	65b 元祐學術派	65c 垞字等音

〔一〕閒，原作「間」，據正文改。

續表

66a 藏書法	66b 内弟俗稱	67 昌黎各墓誌銘無及高祖	68a 摘錢序之誤五	68b 胡翰衡運論
69a 一日三善	69b 子不標父名	70a 杜于皇詩	70b 墩篁標父名	71a 雙廟詩不佳
71b 側室子嫡子有合書不合書	72 夢硯齋	73a 新刊經解之誤	73b 東坡端硯銘	74 論張中丞傳
75a 肴蔬	75b 昌黎之女	76 論唐人詩	77a 晨風蟋蟀皆言詩人	77b 歸太僕有後
78a 唐宋之分在古詩	78b 詩要氣骨風調	79 論韻學	80a 易汪文宗子婦死禫	80b 汪公杜撰及遺誤
81a 北闈策遠震謡寫	81b 邢子才語	81c 陳祥道拜儀篇	82 李翱李愿另一人	83 論東坡文屋字義
84 舅姑引證	85a 羅文肅集序編幅字非	85b 論上林子虛等賦	86 四都五京	87 義山輕薄
88 虹考	89a 鈍翁文誤	89b 庾附攷	89c 舜囚堯甲誅伊	89d 齊魯韓詩亡
89e 古揚州	89f 虞仲即仲雍	89g 大小篆籀文	90 兩王昌	91 經史可分不可分
92 六經二字見莊子	93 永嘉四靈	94 義山詩有仙骨	95a 與企齋論莊子孟子	95b 長白在濟南

續表

96 朱子誤解狐狸等物	97 引叔子語勉友紀載	98a 瞽史論書名	98b 漢代帝謚有孝字	99 凡伯家父衛武
100a 賜食于麗正殿	100b 夏侯淵日行神速	101 子路家卞	102 少壯老三思	103 與劉紫函論小相
104 天子諸侯皆有相	105 引春秋論立後	106 昏禮用雁義	107 尊有稱名不稱名	108 赧與聖安不確
109a 論賈讓河策	109b 昌黎二女攷	110 女亦稱子證	111 妾無服論	112 跋來禽館帖
113 何蕃無舉幡事	114 唐節度採訪使	115 芙蓉殿	116 詩有自對法	117 潘季馴治河比陳賈
118 左傳南史攷	119 如皋縣	120 與敬存論禹疏九河	121 論禹疏九河文	122a 糾兄桓弟
122b 文中子十五爲人師	123 與超宗論三苗	124a 唐俸倍兩漢	124b 咎繇賢周公聖	125 論舞
126 江淮河濟四瀆	127 淮陰淮陵淮陽	128 左手執	129a 舜典本爲堯典	129b 舞大夏
130 泗水出乘氏	131a 正月止歲之別	131b 論吴詩錢文	132 天下不可少之書	133a 壽河
133b 郡志人物缺載	134 潛邱劄記補闕拾遺	135a 告厥成功孔蔡傳異	135b 徂征爲僞書	136a 説文長箋行而字學謬
136b 奉誠園在安邑坊	137 欽定逆案録左刻	138 山陽辯	139a 舞象萷南籥	139b 微仲啓次子
140 韓非淮南記三苗	141 泗汶有二	142 春秋僭禮之證	143a 苗有君子之證	143b 吴氏疑泰誓晚出書
144 春秋備忘序語未盡	145a 揚州在徐	145b 寧人字書五種	146a 古人學問先河後海	146b 與季貞書

續表

147 用牲用幣伐鼓辯	148 與戴唐器辯長洲	149 象鐵山	150a 漢隋唐無農書	150b 箕子陳範在來朝日
151 太守無持節	152 田仁琬德政碑	153 詆杜爲中風狂走	154 從祀補置李延平	155 崔蔡
156 冠軍侯無户數	157 十二聖人	158 汪琬文錯互	159 北地民俗	160a 蘄州竹詩別唐宋
160b 録選詩	160c 上巳攷	161a 再與超宗論常變禮	161b 鼓助陽兼聲罪	161c 魯郊有祈穀無冬至
162 魯有方澤並僭禮	163 禹無加兵有苗之證	164 山陽非名鄉亭	165 奉誠園證	166 山陽在兗州懷慶
167 舊統志疎略	168 馮山公著書多謬據	169a 漢除金錢無別賞賜	169b 雲臺無淮陰侯	170 郝氏九經述
171 鼓行賦奏對語	172 加納官員疏	173 俄羅斯非羅刹國		
卷六				
賦一篇				
古今體詩二百八十五首				

上圖本各卷首尾題跋

1 卷一卷末題跋

鳳卿借校于范陽城南石室中。

2 卷二書衣題跋

篇中多未定論，經程魚門重校，更精益求精矣。十四日記。

鳳卿曾觀。庚戌八月。〔一〕

3 卷二卷首題跋

篇中每擇〔二〕内未有議論者，但從删。辛亥。

凡入「釋地餘論」及入「喪服翊注」者皆補鈔各書尾。

4 卷三書衣題跋

此書經魚門太史手定，未能手寫副本，甚率。後余從廢書得之，欲録一通，又匆匆少暇。

〔一〕書簽下端。

〔二〕擇，疑「則」字音近而譌。

今年秋闈後，晤方石高，渠許覓抄，亦未能之。不知何時方了此愿也。鳳卿記。時庚申十月。

釋地餘論。〔一〕

5 卷三卷首題跋

「釋地餘論」宜别爲一卷，不可攙入「劄記」中。西牕。

式

釋地餘論卷第一。潛邱劄記卷三。

太原閻若璩撰。承德孫馮翼校。

6 卷三卷末墨書

輿地書必不可少者：正史各地志、《春秋地名考略》《詩地理考》《地里通釋》《元和郡國志》《通典》《唐六典》《太平寰宇記》《輿地廣記》《九域志》《寰宇通志》《方輿紀要》《禹貢錐指》《日知録》《水經注》《水經補注》《山海經》《一統志》〔二〕《水道提綱》《黄河表》《地理沿革表》《行水金鑑》、各省通志、各府通志。

〔一〕書簽下端。

〔二〕右下行間有「圖説」二字，不知所指何書。

7　卷四書衣題跋

此本中惟「喪服翼注」「補正日知録」二種全抄，其序、策、跋、啓，留刻全集，不必贅入。

8　卷四卷首題跋

策、跋、序、啓、哀辭，均留刻全集，此不必載。西牕。

9　卷五書衣題跋

此不必重抄，留刻全集，録入「書簡」一門可也。魚門。

書簡中多駁朱子之語，大賢豈可妄議哉？宜酌改一二語方可。庚申正月再記。

此卷五同卷四上序、跋、啓、策皆不必抄入，留刻入全集。魚門之言爲善。鳳記。

庚申八月十八日，約方石高覔抄是書，石高欣然，余亦欣然。十九日早飯後記于都門西河沿粗旗桿廟。

10　卷六卷首題跋

此本亦不必抄。魚門先生之言爲善耳。

「吴中〔一〕後學」一行可删。翼。

〔一〕「中」當爲「門」，指卷首署名「吴門後學許廷鑅直夫選」。

清嘉慶三年丁晏跋〔一〕

庚午南闈後購，凡六卷。吾鄉閆〔二〕徵君撰。末附《左汾近藁》，則其子復申著也。丁晏識。

〔一〕録自湖北省圖書館藏清乾隆大成齋刻本卷首。
〔二〕「閆」當作「閻」。

清光緒十九年段朝端跋〔一〕

《潛邱劄記》有二本：一爲先生孫學林所刻，即此本是也；一爲吴山夫先生所删定，《四庫》以之著録，世尠傳本。聞路君山夫藏有臨本，亟叚讀。以《提要》證之，編次殊不合。《提要》云：原刻首兩卷雜記讀書時考論，多案而未斷，此本删併爲一卷。原刻卷三曰「地理餘論」，此本次爲卷二，而取首兩卷内合於此一類者次爲卷三。原刻卷四上録雜文序跋，卷四下曰「喪服翼注」，曰「補正日知録」，此本取首兩卷内涉及喪服服内〔二〕者次「喪服翼注」後，合爲卷四。移雜文序跋附「補正日知録」後，次爲卷五。原本以與人答論經史書録之卷五，以應鴻博賦一首並雜詩録之卷六，詩賦非所長，且劄記不當及此，此本删去，而存其與人答論經史書，次爲卷六。吴本之目次如此。今按此本卷一、二兩册有删無併，仍其舊次。卷三「釋地餘論」末題云「凡入『釋地』者皆入此條之後，計其頁數多寡

〔一〕據王春偉《〈潛邱劄記〉版本研究》謄録。

〔二〕「服内」二字不可解，疑衍。

釐作二卷，爲卷三卷四」。原本卷四上雜文多所芟薙，卷四下「喪服翼注」及「補正日知録」皆一字不遺，惟于「喪服」卷末題云「前卷凡入『喪服翼注』者入此後」，而未言卷數，據原本卷五眉端題云「此分二卷，爲卷六卷七」，是原刻卷四上下，此本編爲卷五也。原本卷六賦詩全删，而於《左汾近稿》中删存九條，亦未分卷，以臆見撰之，是卷八也。與《提要》所云絶不相同，而移易删併，不過背謬。據卷首題云「朱筆華師道先生，墨筆朱竹君、吴山夫先生」，低一格注云「後晤魚門，云間列己評，非竹君也」，可知非盡出山夫先生本意。或此猶初稿，厥後細加討論，定爲六卷，而《四庫》遂以之著録歟？此吾鄉常箴傳先生臨本，上有「柳溪堂藏書」「國子先生」二印。不知何時流入皖境，復爲路君所得，攜歸淮上，毋亦山夫先生之靈嘿相之耶？下方間坿吾山司寇評語，而箴傳先生案語極多，字畫謹嚴，考覈精審，雖非吴本真面，亦可珤貴。爰照録一過，而標其與《提要》齟齬者爲此。師道名玉淳，金匱人。《春秋大事表》後附師道手柬五則，即助顧震滄先生輯氏族、世系、官制三表者。

光緒癸巳三月十三日，水香村人段朝端笏林甫跋尾。

一九二二年傅增湘跋

此書編次漫無義例，校刻亦復草率，有前後重出及脱文錯簡者，苦無别本可以是正。頃書友陳琰自南中來，携有寫本書四册，題爲《風庭掃葉録》，朱竹垞所輯，而卷中乃有詆及竹垞語，殊爲可笑。及披閲終卷，始知即《潛邱劄記》一、二兩卷與「釋地餘論」「喪服翼注」也。取刻本對勘，後二種無異處，前二卷補脱文二十一條，均添於行間及眉上。最可異者，卷一四十五葉「郝經議取荆淮」一則，其前半竟誤入卷二，别爲一則。若非得此本正之，殆不可解矣。古人著書多手自編定，或託諸同志，似此鹵莽滅裂之弊，庶幾免乎！

歲在壬戌立冬後五日，傅沅叔記於藏園。〔一〕

壬戌九月二十四日依抄本校補。〔二〕

〔一〕録自中國國家圖書館藏本卷首。

〔二〕録自中國國家圖書館藏本卷二末。

一九四九年尹文跋〔一〕

鈔本《潛邱劄記》不分卷，三册，在兩種刻本之前，吴刻本、家刻本。卷内有潘次耕手跡數則，甚精妙，精氣的是同時人。並有次耕小印可按，當移入甲庫。

己丑夏五石公識。

〔一〕見南圖本書後。

一九五六年黄裳跋〔一〕

此眷西堂本《潛邱劄記》。余前已收有一本，今日過市觀書，又見此朱墨批本，後更附舊抄《左汾近稿》一册，因更收之。潛邱此書刻於身後，編次零雜，漫無次第，山陽吴氏爲之重編刻之，即《四庫》所著録者也。此本與《四庫》本亦未盡同，山夫之外尚有朱笥河、華師道兩君所注，外更有墨筆批語甚富，曰「循按」，不知係焦里堂先生筆否？固是珍物，因不憚重收複本也。暇日當重爲校定之，并求教於世之識里堂墨跡者。

丁酉春分日，黄裳漫記於來燕榭中。

百詩文中多及牧翁，此本每每墨塗去，不知何也，豈在錢氏著作厲禁之時耶？又識。

〔一〕録自網絡所見二〇一一年嘉德秋拍書影。

較閲姓氏〔一〕

大興黄叔璥玉圃，平陰朱續晫近堂，襄平高士鑰景萊，安丘曹涵巨源，閩漳朱輝實甫，天津王又樸從先，桂林冷時松茂若，吴門周夢華元禮，吴門陸廷燦朗亭，真州吴殿雲崧生，真州蕭理貫夫，岑山程宗揚東起，岑山程春浩懷遠，厚村孫士勉侣安，古歙程曰庠虞南，維揚許華生西存，真州蕭璸冰澳，武陵胡佑申謙齋，山右李如桂文攀，雲溪丁其祥朗亭，毗陵黄簡應中，奉天蕭欽時亮，雲南南應心暉東，淮安吴泰方岳，淮安周龍官翼皇，岑山程振箕澤弓，岑山程崟夔州，淮安阮學浩棐園，淮安阮學濬澂園，古歙程梁禹甸，古歙金之恂超寇，古歙方逢泰履武，真州王國樑冠三，古歙金文昇曉瞻，古歙方元鶚堯居，西安張世統述先，淮安楊嘉紳書佩，徽州胡善麐半山，徽州程瀚匯六，岑山程佺載南，岑山程鍾葭應，岑山程鏊藝農，淮安劉景晦兩至，蒲城王克任志仁，維揚馬曰琯秋玉，維揚馬曰璐半查，新安江潚静涵，秀水徐高華海文，真州汪楷樹端。

〔一〕上圖本無此名單，據中國國家圖書館藏本補。

引書來源索引

整理者按：《潛邱劄記》鈔録他書，多有不注來源者。今就目力所及，標示書名篇名，編成索引，以供參考。掛一漏萬，讀者諒之。

卷一

序號	條目	引用書名篇名
3	宣三年石癸曰	《左傳》
4	金氏前編注武成云	《通鑑前編》
14	魏世家武王之伐紂	《史記》
16	刑法志時惟荀卿	《漢書》
18	倉公列傳詔問	《史記》
19	連語云獄疑則從去	《新書》
26	歐陽公自云平生何嘗讀儀禮	《困學紀聞》
28	釋例終篇云稱凡者五十	《春秋釋例》

續表

33	名生於真非其真弗以爲名	《春秋繁露》
34	秦秀議何曾謚曰	《晉書·秦秀傳》
45	平揖古賢氣吞時輩	《舊唐書·韋辭傳》
46	楊綰傳經諳微趣	《新唐書》
48	舊唐傳往哲微言	《舊唐書·楊綰傳》
50	楚幕有烏楚師遁	《左傳》
57	紹興古器評曰周犧尊	《紹興古器評》
58	博古圖曰周犧尊二	《宣和博古圖》
71	唐碑稱康成	史承節《後漢大司農鄭公之碑》
74	歐陽公曰令狐楚碑文	《集古録·唐百巖大師懷暉碑》
88	程材篇云説一經之生	《論衡》
151	馬融曰除嫡子一人	《儀禮注》
160	士冠禮鄭注婦人於丈夫	《儀禮》
167	明堂位注世本作曰	《禮記》
170	子曰無赦之國其刑必平	王通《中説》

續表

183	聖人之言似於水火	《法言》
278	謂三墳五典八索九丘曰	《釋名》
280	曹丕令曰權備尚存	《答輔國將軍劉若等以下一百二十人令》
282	唐書李蔚列傳贊曰	《新唐書》
283	董仲舒列傳武帝即位	《漢書》
291	唐書曆志僧一行日度議曰	《新唐書》
293	通鑑天寶九載八月辛卯	《新唐書·玄宗本紀》
295	黄太沖曰凖之曆算	《答朱康流論歷代甲子書》
298	隋煬帝時蘇威欲諫不敢	《新唐書·吴兢列傳》
299	根證該審	《新唐書·薛登列傳》《劉子玄列傳》《王縉列傳》
300	宋璟嘗手寫尚書無逸	《新唐書·崔祐甫列傳》
301	高忠憲曰三代而後	高攀龍《高子遺書》
306	右司馬范欽字堯卿	胡文學《甬上耆舊詩》
315	陳幾亭曰凡事到至當處	陳龍正《幾亭外書》
316	南齊張融曰吾文章之體	《南齊書·張融傳》

續表

317	黃太沖論卦變曰	《易學象數論》
318	蔡襄曰天子之尊	《送黃子思寺丞知咸陽序》
321	高忠憲言經莫尊于易	《高子遺書・拂雲齋書經社草序》
325	趙氏德曰轉附作轉鮒	《四書箋義》
328	韓邦奇曰今尺惟車工之尺最準	《苑洛志樂》
331	張方平曰國家都陳留	《宋史・張方平列傳》
332	後蒙古取襄鄧入漢濟江	錢謙益《牧齋初學集》
336	考工記攻金之工皆曰金錫	姚際恒《詩經通論》
338	賈公彥曰凡言互文者	《儀禮疏》
342	董斯張曰王霸正名篇	《吹景集》
343	錢牧齋與卓去病論經學書	《有學集》
347	劉蘭列傳排毀公羊	《北史》
349	劉元城歲晚閒居	徐度《卻掃編》
356	成二年傳宋文公卒	《左傳》
357	闞駰曰周成王時	《水經注》

續表

358	班志周成王時薄姑氏	《漢書・地理志》
362	王景文在太學與九江王阮齊名	《宋史・王質傳》
366	江祏常詣謝朓	《南史・謝裕列傳》
367	黄中字仲庸官修撰	《兩浙名賢録》
371	錢牧齋曰序項王項伯等某嚮坐者	《初學集》
374	程大昌曰東嶠至西嶠三十五里	《雍録》
376	湯胤勣字公讓東甌襄武王曾孫也	程敏政《篁墩集・湯胤勣傳》
377	顔氏大宗碑顔君廟碑	《至大金陵新志》
378	廟碑云含琅邪臨沂人	《顔君廟碑》
379	竊嘗妄論六經之外	婁堅《學古緒言・手書蘇長公問養生後題》
381	歐陽公曰經非一世之書也	《歐陽文忠公集・答宋咸書》
384	宋真宗得天書以問孫奭	《續資治通鑑長編》
385	明李應禎命寫佛經	《列朝詩集》
388	甬上李鄴嗣曰	《甬上耆舊詩》
392	宋程實之曰讀尚書	《答友人論讀尚書書》

續表

398	楊蟠金山詩天末樓臺横北固	陳師道《後山詩話》
399	程篁墩曰有若天誘其衷	《篁墩集》
411	秦滅魏聞張耳陳餘	《史記・張耳陳餘列傳》
412	唐應德序董中峰集曰	《荊川集》
436	晉明帝微行于湖察敦營壘	《晉書・明帝紀》
443	按嘉靖間首疏請祀陸九淵	《雒閩源流録》
448	歐文云孟軻之道愈久彌光	歐陽修《祭丁元珍文》
451	邢蒯聵曰吾既食亂君之禄矣	《説苑》
453	王胡之若饑自當就謝仁祖索食	《世説新語》
455	共愈往還二十餘年	《劉賓客嘉話録》
456	何胤曰檀弓兩卷皆言物始	《南史・何胤傳》
457	天隨生曰我幾年來忍饑誦經	陸龜蒙《杞菊賦》
458	史鰌有君子之道三	《説苑》
459	見鍾士季如入武庫	《世説新語》
460	此書詎復須注	《世説新語注》

續表

462	分其才藝足了十人	《南史·柳惲傳》
463	經師易獲人師難遭	《太平御覽》
464	我與安期千里共遊洛水邊	《世説新語》
465	公子牟曰夫貴不與富期	《戰國策》
468	喪大記公之喪疏曰	《禮記》
471	陸德明曰罪本作辠	《禮記音義》
474	尚書大傳成王問周公曰	《文選·檄蜀文》李善注
478	鐵鹽論殺人者死	《荀子·正論》
481	鄭玄括囊大典網羅衆家	《後漢書·鄭玄傳》
482	鄭興曰臣于書有所未學	《後漢書·鄭興傳》
483	范升曰誦而不行知而不言	《後漢書·范升傳》
484	桓譚以不善讖流亡	《後漢書·賈逵傳》
485	尹和靖言經雖以誦説而傳	《宋名臣言行録外集》
491	時人不復尋其碑證	《水經注》
494	藝文志六國之君	《漢書》

續表

495	歸太僕曰先王之禮爲之大法	《震川集·亡兒翽孫壙誌》
496	拕紳使者入户西行南面立	《漢書》
498	昔人歎中峰輟席	《有學集·憨山大師夢遊全集序》
499	禪門五燈自有宋南渡以後	《有學集·紫柏尊者别集序》
500	伏生所授二十八篇	《吴文正集·題伏生授經圖》
501	宋三百年間鋟板成市	《吴文正集·贈鬻書人楊良甫序》
502	朱子曰讀書須到不忍舍處	《答王雩子予三首(其二)》《晚興》
507	一統志楚元王廟在府城内	《明一統志》
509	晉梅將軍廟在江寧府聚寶門外	《客座贅語》
510	梅將軍廟晉梅賾嘗屯營	《(萬曆)應天府志》
512	李靖列傳妻卒詔墳制如衞霍故事	《新唐書》
517	臨川朱思本曰大槩河源東北流	《元史·地理志》注
521	郭氏注岷山爲大江所出	《山海經注》
523	郭氏曰白水今在梓潼白水縣	《山海經注》

卷二

序號	條目	引用書名篇名
5	愚按鄭樵有言氏不同而姓同	《通志・氏族略》
6	又按余嘗問人秦始皇何姓	《史記・酈生陸賈列傳》《漢書・武五子傳》《史記・秦本紀》
9	又按禹貢之水有散見於一州	《書集傳纂疏》
11	又按書傳會選既修太原	劉三吾《書傳會選》
13	張説郭震行狀云	《文苑英華》
14	音注資治通鑑序云	《梁書・吴均傳》
15	初智宣子將以瑶爲後	《資治通鑑》
16	綱目赧王三十六年	《通鑑綱目》
17	按朱錫鬯與顧寧人書	《曝書亭集》
27	按憶甲子初夏	《舊唐書・李靖傳》
28	按西園翰墨林	《後漢書・張讓傳》
32	按胡朏明注韓文	《後漢書・孔融傳》
34	按徒步歸行此未抵鄜州	杜甫《徒步歸行》

續表

35	按唐書曰畢曜不見注	《舊唐書·酷吏·敬羽傳》《新唐書·叛臣·喬琳傳》
36	東絹注引坡詩注	《新唐書·地理志》
37	按吕太一注云云	杜甫《自平》
39	按姜宸英曰世薄韓退之	《湛園札記》
41	送翰林張司馬南海勒碑	《湛園札記》
42	鸜鵒啄金桃	杜甫《山寺》《新唐書·西域康者傳》
43	烏麻蒸續曬	杜甫《寄彭州高使君適虢州岑長史參》
44	草書何太苦	杜甫《寄張十二山人彪三十韻》
46	按樓鑰曰嘗與蜀黃文度裳	《攻媿集》
47	滕王注云元嬰	《錢注杜詩》
51	太后當朝肅	《寄劉峽州伯華使君四十韻》
68	楚世家陸終生子六人	《史記》《史記集解》
74	陳第曰惟唐韓退之	《尚書疏衍》
84	河水源出吐番朶甘思之南	黃宗羲《今水經》
86	管晏列傳子孫世禄於齊	《史記》

續表

90	唐書蔣乂列傳子係善屬文	《新唐書·蔣乂列傳》
92	西溟曰古者卿大夫五十不稱字	《湛園札記》
93	金輿服志金人之常服四	《金史》
94	蘇子瞻曰麻衣如再着	《監試呈諸試官》
96	宋駙馬尚主多易其名	《東都事略》
97	仁宗康定二年參知政事李若谷	《湛園札記》
103	唐書路隋列傳初韓愈撰順宗實録	《新唐書》
111	唐書李吉甫列傳魏田季安疾甚	《新唐書》
112	羊祜列傳祜以孟獻營武牢	《晉書》
113	高山尋雲霓	《晉書·羊祜列傳》
116	張鶴騰曰條鞭之法	《天下郡國利病書》
120	南史顧歡曰若謂黄老雖久	《南史·顧歡傳》
122	唐書姚宋列傳贊曰唐史臣	《新唐書》
126	唐書儒學列傳元澹以字顯	《新唐書》
129	歷代名畫記盧鴻一名浩然	《升菴集》

續表

131	唐書王璵列傳玄宗在位久	《新唐書》
136	古今人表敤手舜妹	《漢書》
137	唐書虞世南越州餘姚人	《新唐書·虞世南傳》
138	嘉靖三年五星聚於營室	《湧幢小品》
141	晉安帝義熙三年二月癸亥	《宋書·天文志》
142	唐書天文志宋元嘉中	《新唐書》
149	歐陽修嘗謂開河如放火	《宋史·河渠志》
155	侯一元曰蓋志有難者八焉	《大名府志後序》
157	唐書選舉志凡禮記春秋左氏傳	《新唐書》
158	寶應二年禮部侍郎楊綰上疏言	《新唐書·選舉志》
169	敖山在河陰縣西二十里	《讀史方輿紀要》
176	梁天監六年詔曰頃代以來	《隋書·禮儀志》
178	袴褶之制未詳所起	《晉書·輿服志》《隋書·禮儀志》
179	劉子玄曰議者以祕閣	《新唐書·車服志》
182	杜預手所定左傳	《南史·文惠諸子傳》

續表

183	梁蕭琛得班固漢書序傳真本	《南史·蕭琛傳》
184	沈約於郊居宅閣齋	《南史·王筠傳》
186	崔慰祖好學聚書至萬卷	《南史·崔蔚祖傳》
187	陶弘景以算推知漢熹平三年	《南史·陶弘景傳》
188	王敬則曰臣知何物科法	《南史·王敬則傳》
189	子瞻云詩以奇趣爲宗	《圍爐詩話》
202	率三十鍾而致一石	《太平寰宇記》
204	郭林宗墳在汾州介休縣東三里	《元和郡縣志》
206	裴秀曰漢氏釋淮水	《元和郡縣志》
210	漢書有滎陽漕渠	《太平寰宇記》
213	洪武十八年三十一年及永樂初年	《天下郡國利病書》
217	渦河在淮之南	《肇域志》
221	越王句踐世家越王曰	《史記》《史記集解》
225	布八十縷爲升升登也	《儀禮疏》
233	隴山在隴州西北六十里	《讀史方輿紀要》

續表

235	金門山在隴州南百四十里	《讀史方輿紀要》
238	武關在商州東百八十里	《讀史方輿紀要》
278	錢有威曰昔周夏二公治水吴中	《三吴水考序》
279	屠隆曰昔人之推水學者	《東南水利論》
282	無邀正正之旗勿擊堂堂之陳	《孫子》
300	隋書禮儀志云梁武帝	《唐韻正》
318	傅咸上書竊謂奢侈之費	《晉書·傅咸傳》
327	唐太宗曰王者以天下爲家	《唐鑑》
337	鄭康成曰孝子聞名心瞿	《禮記注》
349	梁簡文書曰徒以煙墨不言	《南史·庾肩吾傳》
350	江霦云厭屈私情	《晉書·禮志》
353	賈公彦曰周道然也者	《周禮疏》
354	賈公彦曰在上謂之發聲	《儀禮疏》
355	黄宗羲曰公子之字	《答萬季野喪禮雜問》
363	章帝八王傳濟北孝王次	《後漢書》

續表

367	汝南太守范孟博	《後漢書·黨錮列傳》
372	梅福曰諸侯奪宗	《漢書·梅福傳》
374	梅福曰自陽朔以來	《漢書·梅福傳》
392	牧齋曰昔謝莊分左氏經傳	《初學集》
422	焦弱侯曰往蘇子容聞人語故事	《澹園集》

卷四下「補正日知録」所補條目

序號	條目	《日知録》條目標題
1	補日知録曰國語	雌雄牝牡
2	全唐詩話韓翃久家居	邸報
3	正日知録曰單名以偏旁爲排行	排行
4	漢書言李固杜喬朋心合力	除貪
5	宣防既築導河北行	河渠
6	寧老云詩儀字凡十見	鴻漸于陸
7	堯舜禹皆名也古未有號	帝王名號

續表

10	寧人謂春秋蓋必起自伯禽之封	魯之春秋
12	春秋自僖公以前	大夫稱子
13	寧老云外大夫若宋	有謚則不稱字
14	寧老謂古人琴瑟之用	樂章
19	寧老云今人但以貢生爲明經	明經
20	進士有甲乙二科	甲科
21	八股盛而六經微	十八房
22	元祐八年三月庚子	經義論策
24	日知録云以縣統鄉	鄉里
25	其都亭則如今之關廂	亭
26	劉衡碑云爲勃海王郎中令	期功喪去官
33	古時有人臣而隆其稱曰君者	君
34	春秋時稱卿大夫曰主	主
35	幽并營三州在禹貢九州之外	九州
36	班固漢書叙傳三代損益	郡縣

續表

37	衛世家言二世元年	秦始皇未滅二國
38	古所謂山東者	山東河内